戦前ホンネ発言大全 第2巻

高井ホアン

落書き・ビラ・投書・怪文書で見る

戦前反戦発言大全

反軍・反帝・反資本主義的言説

『戦前ホンネ発言大全』まえがき

特高警察、憲兵、そして現代の公安および体制の犠牲になった人々に本書を捧げる

私たちは、平和で自由な民主主義の国に生きている、といわれる。「実態は本当にそうか」はともかく、我々は少なくとも民主的な憲法のもとに暮らしている。そして、日本の歴史を眺めると、我々は戦後という地点に立っている。１９４５年（昭和20年）８月15日以前と以後が、私達の社会の有様を隔てている、とされる。もちろん、多くの人々や建造物や諸々は、それをまたいで存在しているが。しかし、同時に、政治的には複雑な橋渡しもあった。まさに昭和天皇は、「戦前」の20年と「戦後」の44年をその立場で生きた。戦前と戦後の狭間で断罪された多くの政治家や有力者も、相当の数が戦後に再び同じ立場を得た。さらにさかのぼって、「戦前」とはどんな時代だったのか。

中学校の歴史教科書を開くと、たとえば日中戦争から太平洋戦争開戦を経て敗戦まで、わずかなページに押し込まれている。義務教育の歴史・社会科の授業や、高等学校の日本史の授業で、我々は当時の日本において自由が抑圧されていたことを学ぶ（教師の思惑がそうでない場合や、そもそも授業が飛ばされることもあるだろうが）。しかし、「治安維持法」「ファシズム」「特高警察」「天皇制」「機関説事件」などという単語を学んでも、それが一体どのような姿かたちを持って市民に掛ったのか、また市民一人ひとりがそれを見てどう従い、あるいは抗い、やり過ごし、

対処し……その時代をどう生きたかと言う記録は、残念ながら教科書や付属の資料を通して学ぶことは難しい。また、「戦前」を経験した人々も高齢化に伴い年々減っており、直接話を伺うことも難しくなりつつある。よく、戦後〇〇年といわれる。だが、敗戦時から遡る、だけではない。太平洋戦争開戦から。日中戦争から。満州事変から。治安維持法から……。戦前は、どんどん遠ざかっている。現代においてすら、ずさんな管理で資料が散逸し、あるいはWEBページが予期せぬサービスの終了などにより数百万単位で消えていく。いわんや人の記憶をや。しかし、いくつかの、重要で興味深い手掛かりが残っている。

特高警察および憲兵隊は戦前、まさにその職務のために膨大な記録を残した。その中には、共産党関係への膨大な監視記録、小林多喜二が築地警察署で「死亡」した有名な事件、またキリスト教を始めとする宗教者への圧力や、水平社（部落解放運動）への監視などの記録がある。そして、それらに属していない市井の人々を監視した記録もある。明治時代の自由民権運動に始まり、社会主義者、無政府主義者、共産主義者、自由主義者、宗教者、朝鮮・中国人、右翼、部落そして民衆と、戦前史上あらゆる物を監視し続けた組織は、落書きから子どもの替え歌まで権力の脅威となるもの全てを弾圧するに際し記録した。それが特高月報であり、憲兵隊記録である。そこには、皮肉にも権力の監視を通して、当時を生きた市民の様々な姿が残っている。

心から反戦と平和を唱えた崇高な人々もいる。完全な抑圧下にありながら天皇制へ堂々と逆らった人々がいる。消極的にせよ中国や米国への戦争に疑問を抱いた人々もいる。息子や友人の徴兵召集に文句を言った人々もいる。戦争に疲れ、いっそ敗戦を望んだ人々もいる。また、一部には歴史的事件に直接繋がっている人物もおり、これは貴重な記録となっている。

しかしそれら「綺麗事」だけではない。井戸端会議も便所の壁も、早い話が現代の掲示板やSNSである（発言にも「便所は我らの伝言板なり有効に使え」とある）。あからさまなデマは多く存在する。宇宙から何かを受信してしまった人、訳の分からないことを言う者がいる。天皇のペニスやセックスの様子を予想した者がいる。天皇の写真で葬式の真似をした子どもたちもいる。皇族を騙った単なる身分詐欺師もいる。差別的な何かを行う人もいれば、ユダヤ陰謀論者は昔から全く変わらない。とにかく、単に面白い人々もいるのだ。

当時の体制への不平・不満を抱えながらもしかし権力や戦争遂行に強く抵抗するという訳でもない、１００％加害者寄りではないがしかし被害・差別について特に意識している訳でもない、ただちょっとした発言や皇族への幾分下品なゴシップ的興味のために捕まった多くの「庶民」の姿もそこにある。もう少し過激な人々が大勢いる状況を想像した人もいるかもしれない。だが、わずかでも「人殺し」である戦争への抵抗の意思を持ち、あるいは天皇制のおかしさにも「あいつら、俺たちとあんまり変らないね」というレベルでも思考が出来る人々は、それでも少なかったのだ。大多数の、全くの「臣民」はこの月報には載りもしないのだから。

もちろん、体制側による記録であることから、鵜呑みにできない部分もある。一部では冤罪や事件のその後（起訴猶予・無罪など）にも触れている。だが、落書きやビラ、多くの抗弁者などの姿を伝える、重要な史料であることには変わりがない。これらの史料は戦後しばらく表に出ることは無く、60年代から70年代にかけて再び注目されたこともあったものの、深く大衆に広まらずに再び図書館の本棚の奥やわずかな論文の参考資料欄、WEBページに眠っている。

私は2012年ごろから特高月報などに触れた。一個人あるいは一ハーフとしても非常に興味深く、数多くの、発言や落書を始めとする行動の記録を集め、様々な場で紹介もしてきた。そして今回、みなさんの目に広く触れてもらおうと、出版という形でこの記録、そして戦前の人々の声を広く公開する。本シリーズ1・2巻は、特高警察の内部回覧誌である特高月報と、憲兵隊による調査記録をもとに、特に「庶民」（特高月報では主にそう分類されている）に着目し、その姿を再び現代に蘇らせるものである。

たまに、政治や民族の問題に絡めて、保守的な人々から「○○（誇りや国体など）を思い出せ・忘れるな」といわれることがある。ならば、あえて戦争と天皇制を問い、巻き込まれ、またコケにした当時の人々を見て、知ってみよう。これも我々が忘れていたことかもしれず、無意識のうちに目を背けていたことかもしれない。根源的な疑問や不満を隠さなかった人々から学べることがあるかもしれない。あるいは、単に面白く眺めるだけでも良いだろう。だが、「特高警察」的なものが現代にも引き続き存在していることだけは忘れないようにしよう。これで「笑える」平和な世界がいつまでも続くように願いつつ。

2019年5月上旬　「令和」の始めの日々を過ごしながら

高井ホアン

『戦前反戦発言大全』まえがき

日露戦争以後、ロシア革命によるロシアの消滅とソ連の誕生もあり、満州に鉄道などの利権を持っていた日本は、「満蒙は日本の生命線」として満州を影響下に置いていた。しかし、蒋介石による北伐の刺激や世界恐慌もあり、大陸への侵出と勢力拡大を狙った関東軍（現地駐留の日本軍）は1931年に柳条湖事件（中国軍の行為に見せかけた日本軍による鉄道爆破事件）を起こし、日本政府の許可もないまま自衛のためと称して満州事変を引き起こした（一五年戦争の始まり）。1928年12月に国民党軍に従っていた現地勢力の張学良はこれに抵抗できず、満州は関東軍の支配下に置かれた。関東軍は1932年に旧清朝最後の皇帝である溥儀を君主とした傀儡国である満州国を建国したが、世界各国の反発もあり、1933年3月に日本は国際連盟を脱退し世界的に孤立し始める。塘沽協定により満州事変は終結したものの、以後も日本軍は中国への侵出を図った。1936年12月には西安事件が発生し、翌年以降中国国民党は中国共産党と協力して（国共合作）、日本に立ち向かうこととなる。そして、1937年7月7日、盧溝橋事件が発生し、以後なし崩し的に軍事衝突が相次ぎ、支那事変、後に「日中戦争」と呼ばれる戦争が始まった（ただしこの時点では宣戦布告は行われておらず、太平洋戦争開戦時に正式に宣戦布告が行われた）。

1937年7月より、特高警察の内部雑誌である『特高月報』内で、左翼運動欄の末尾

「左翼分子の反戦的策動」として庶民の発言が記載され始めた。それまでも度々市井の人々の声が記録されたことはあったが、まとまって記載されるようになったのはこれが初めてである。未だ「事変」の最初期であり、不拡大方針が採用される可能性もあった内から、特高警察は市井に「戦争」を嗅ぎとっていた。そして以後、多くの発言・行為が記録されていくこととなる。太平洋戦争を待つまでもなく、日本は日中戦争の時点で既に多くの統制政策が行われ、疲弊していたことが、内容からも伺える。

そして、日中戦争と仏印進駐による更なる国際的な孤立化を経て、太平洋戦争開戦を迎えて日本は無謀な二面作戦を展開していった。１９４３年以後、本土に迫る米軍始め連合国軍への圧力が紙面にも表れるようになる。また、軍需工場で働く徴用者など労働者たちの発言や落書きも見逃せない。特高警察は国内にありながら、最も早く市民の疲弊に気づいていた組織の一つである。また、デマや誇張の類も当然存在する。現代から見ればおかしかったり笑えるかもしれないが、当時の人々にとっては迫真な情報であっただろう。ましてや、インターネットを使い、日々新しい情報に接しているつもりの「現代」の我々ですら様々なデマに振り回されているではないか。一歩引いた見方も必要であろう。

本書では、左記主に日中戦争期から敗戦までの８年間の、戦争と向き合った・向き合わされた市民たちの言動と行為を収録する。

目次

社会運動の状況

凡例

内容について

・本書の内容は、『特高月報（特高外事月報）』における庶民の記録を主とし、『社会運動の記録』、各種憲兵隊記録・『思想旬報』なども加えつつ、現代向けに再構成している。そのため、原典とは異なる分類、配置がされている場合がある。

・特高月報の内容は主に１９３７年（昭和12）７月から１９４４年（昭和19年）11月までを扱っている。憲兵隊記録及び思想旬報は、主に太平洋戦争末期を扱っている。

・特高月報は、創刊日時については不明ながら、昭和５年３月ごろよりの発行が確認されている（この三月分には、さらに以前の発行分についての記載もある）。特高月報は途中『特高外事月報』への改名も挟みつつ刊行され続けたが、１９４５年には印刷されなくなり原稿のみとなっている。収録に際しては政経出版社より１９７３年に復刻された版を主に使用した。

・『社会運動の記録』は、内務省警保局により毎年発行されていた記録である。庶民に関する記録は特高月報にすでに記載されている物が多いが、ごく一部新規収録されている物があったため収録した。収録に際しては三一書房より１９７１年に復刻された版を主に使用した。

・憲兵隊記録は、憲兵隊司令部による記録と、東部（東京）憲兵隊による記録をまとめたものである。どちらも、ほぼ東京とその近郊の関東地方での事例のみを扱っている。特高月報と比べ、収録の方法が異なっており、また流言・デマや軍事情報に注目した記録が多い。なお、内容はほぼ全てカタカナ文であったため、平仮名に改めた。これらの資料の原本は、日本の公的図書館・公文書館には（おそらく）収録されておらず、個人所蔵の資料の刊行という形で明らかになっている。

・１９７５年より以前の段階で故・松浦総三氏がアメリカ公文書館で発見したとされるもの：昭和特高弾圧史第５巻に一部（東部憲兵隊資料の１９４５年（昭和20年）５月分と思われるもの）が収録

・故・南博氏および故・池内一氏所蔵の資料：近代庶民生活誌第４巻に（憲兵隊司令部資料（１９４３年12月〜１９４５年５月）および東部憲兵隊資料（１９４４年12月〜１９４５年５月分））が収録。

１９４５年の記述に関してはこれら憲兵隊資料でしか確認できない発言が多いため、特に興味深いもののみを抜粋し、筆者のコメントを交えて引用紹介した。

・思想旬報は内務省警保局保安課による、一五年戦争末期の社会情勢（いわば銃後）について、様々な側面から調査された記録である。国立公文書館に収蔵されているもの（1、2、3、7号）を参照している。

・特高月報をはじめとして、本書で扱っている記録はほとんど体制側の意図による記録である。そのため、本来の「事実」とは異なる事態、冤罪などが記載されている可能性がある。

記述について

・本文においては、作者の判断により、文中の大意を損ねない程度に変更を加えた部分がある。例えば、旧字やカタカナ文を、可読性を高めるために現代の通用漢字やひらがな交じり文に取り替えたり、ルビを振るなどの変更を加えた部分など。

・引用部分をのぞく、本文のコメントやコラムは作者による見解であり、絶対の正確性を担保するものではない。

・文中、現代の価値観からすると差別的な表現、行為が見られることがあるが、記録の重大性や当時の人々の意図を優先し、そのまま記録している。本書はいかなる差別への加担も意図しない。

人名解説、用語解説、年表、参考文献について

・人名および用語解説、参考文献は不敬編に、年表については（戦争や社会情勢が絡む発言が多いことから）反戦編に分載した。

・人名および用語解説については、本シリーズに登場する人物や当時の重要人物らについて、かな順に掲載している。

・本文に登場する人物について、特に重要なものについては記載された資料の年月と都道府県を付した。

・年表については、1931年（昭和6年）の満州事変勃発から1952年（昭和27年）の日本国主権回復までを扱った。主に政治情勢、戦争、社会の様々なニュース、海外情勢の4つに的を絞って構成している。

昭和１２年（１９３７）

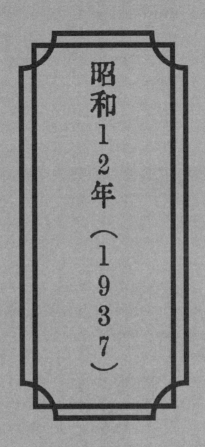

昭和12年7月　岡山県　反戦的策動

綱島辰吉（25）

七月十九日自己の営業広告と共に「前略・・・・誰人も平和を希求しないものはないと信じます、第一次世界大戦の悲しむべき惨害は全人類に何を教示しているのでしょうか、そうしてその結果は全勤労大衆に何を与えたでしょうか？・・・・後略」と記載せる印刷物千五百部を作成し、同日約五百部を新聞紙に折込み都窪郡早島町、妹尾町の一部に頒布せり。（残部を押収すると共に即日本人を検挙し出版法違反として送局す）

※特高月報12年10月号では綱島長吉となっている。

特高月報　昭和12年11月号　出版法違反により罰金三十円（十月十四日確定）

特高月報　昭和12年7月号

昭和12年7月　石川県　反戦的会合

金沢一般労働組合常任　社大金沢支部執行委員　布目芳一　外四名

七月十六日夜金沢市尻坂通り野村康雄方に会合し北支事変に関し意見の交換を為したるが其の後

（イ）今度戦争となれば日支間の経済的打撃は非常に大きいものであるから我々無産者は苦しみを受けることを覚悟せねばならぬ、
（ロ）従って無産者の態度は戦争反対であることは言を待たない、
（ハ）戦争になれば我々の生命自由が保障せられないことは余りにも明かであるから我等は主義に殉ずる為の凡ゆる心構えが必要である
等と極めて注意を要する言動を為したり（動向注意中）

特高月報 昭和12年7月号

昭和12年7月　石川県　反軍的言動

石川県立図書館長　中田邦造

七月十日左翼分子の時事懇談会（会員九名出席）において講師として出席し、左の如き反戦的講演を為したり

「上海事変当時日本の陸戦隊は生きている支那民衆をトラックに積んで海に投じた」

これを見ていた支那民衆は何時憤慨することなく日本人に配達する郵便物の如きは実に正確なものであったと云うことである、日本人はまず相手を殴って然る後争うと言う様な具合でこれが為支那群衆の反感を受け遂には袋叩きにされることが日本人に対する暴行として伝えら

れているらしく今や支那民衆の抗日感情は想像以上である云々」（本人に対し厳重に戒告す）

※中田邦造は社会教育家で、日本における図書館教育の先駆者である。記載の事件にも関わらず後には東京帝大附属図書館司書、日比谷図書館長を務めた。
※「支那民衆をトラックに積んで海に投じた」かは明らかでないが、第一次上海事変当時に中国人住民が「便衣隊狩り」として数百名虐殺されている。

特高月報　昭和12年7月号

昭和12年7月　岡山県　反戦的造言

売薬行商　小野義夫（32）

七月二十一日岡山県小田郡今井村塩飽末野に対し

「（イ）最近の支那兵はなかなか強く日本兵が相当殺されている、それに今度の戦争はロシヤ、アメリカ等も支那を援助するから戦争は大きくなるばかりだ。

（ニ）日本は半年ぐらいの戦争で金は無くなってしまう、**大和魂があっても金が無ければ戦争は負ける敗戦になると敵の飛行機が来て爆弾で老人も女も死んでしまう**、

賀屋興宣

（ハ）大蔵大臣は開戦に反対したが、陸軍大臣が十円の税金が二十円になっても搾り取って戦争すると言って遂に開戦となってしまった、

（二）戦争の時の決死隊は志願の様に言っているが願出るものは一人も無く皆命令だ爆弾三勇士も命令で死んだのだ云々」と反戦的言動を敢てせり（一）七月二十二日検挙岡山憲兵部隊に引渡す（二）岡山区裁判所の公判に付され八月五日禁固三月（執行猶予三年）の言渡ありたり）

※（イ）の次が（二）なのは誤植であろう。

※当時の大蔵大臣賀屋興宣は6月に所謂「賀屋・吉野3原則」を提唱し、統制経済化を推進している。また当時の陸軍大臣杉山元との表立った対立は確認されていない。

特高月報　昭和12年7月号

昭和12年8月　青森県　反戦的策動

東北文学社同人　田中常二　外七名

八月一日の反戦デーに際し青森県下碇ヶ関に名をピクニックに借りて会合し
「（イ）今後県内四ヶ所に毎月研究会を開催するの方針の下にこれに関する各責任者の分担を決定し
（ロ）来月以降「東北」文学には反戦的題材を選定登載すること
（ハ）反戦的題材の作品を石黒劇団をして上演せしむること」等を協議決定し反戦的行動に出づ。
（八月四日関係分子十四名を検挙し目下治維法違反被疑事件として取調中）

※特高月報昭和13年4月号では田中定二となっている

特高月報昭和13年4月号　田中定二他十三名検挙取調中の所内十名は微罪にて警察釈放、田中外三名を治安維持法違反として送局、山中他二名は三月二十四日起訴猶予、田中は三月三十九日（ママ）懲役二年二年間の起訴猶予の言渡あり、即日服罪

特高月報　昭和12年8月号

昭和12年7月　新潟県　反軍的言動

新潟県刈羽郡柏崎町　後備歩兵伍長　後藤茂夫（34）

七月二十二日柏崎町本町四丁目喫茶店「タカラ」に於て飲酒中居合せたる者数名に対し目下新潟県下に於て実施中なる簡閲点呼予行演習に付き「今回の点呼は甚だ面白くない、如何に重要時局なりとしても**一回の点呼に三、四日も予行演習をやる必要が何処にあるか**、点呼とは名前を答えればそれで充分だ、何も猛烈なる訓練をせなくとも点呼の意義は判る云々」と反軍的言動を洩したる事実あり。（厳重戒告）

※簡閲点呼とは、数年に一度、予備役・後備役らいわゆる在郷軍人を集めて行う点呼・査閲の事。軍務に関する知識のチェックを行った。

昭和12年7月 静岡県 反戦言動
静岡県清水市江尻紺屋町 金物行商 草ヶ谷宝作（46）

七月十五日行商の為静岡県庵原郡袖師村嶺牧田長吉方に至り同家に居合せたる同人外数名に対し「日本が支那と戦争をしても支那にはソ連が付いている ソ連には共産党と言う確りした団体があるから日本は負けるに決っている、**ソ連では労働者が死ぬと政府で葬式を出してくれる**が日本ではそんなことは無い、戦争が始まると貧乏人は不景気で食えなくなるから困る早く戦争を止めて貰いたい、戦争は人を殺すから反対である云々」と反戦言辞を弄す。（静岡県憲兵隊に引渡し目下同隊に於て陸刑違反として取調中）

※この時代、ソ連の実情は庶民には良くも悪くも知られていなかった様だ。

特高月報 昭和13年5月号 憲兵隊に於て取調の上昭和十二年八月四日事件を静岡区裁判所検事局に送致したる所同年八月二十五日起訴猶予処分

特高月報 昭和12年8月号

昭和12年8月　大阪府　反戦反軍的落書

大阪府　不明（落書き）

七月末施行の京阪神地方防空演習に際し大阪市大正区大正防護分団本部団員控室として使用せる大正尋常小学校内教室の黒板に「**出征兵士負けて帰れ**、後に来るもの貧民の生活難」との反戦反軍的落書あるを発見す。（厳探中）

特高月報 昭和12年8月号

昭和12年8月　広島県　反戦落書

広島県　不明

広島県下海田市町省線海田市駅構内共同便所内に「資本家の手先となった新聞、ラヂオ、映画等で外国が悪い様に宣伝して戦争をしかけるそして利益は自分等が取る戦地で死ぬのは誰だ、国家の為だのやれ忠義だのとおだてられて機関銃の的となる農民労働者よ云々」と反戦落書あるを発見す。（厳探中）

※メディアの意図を見抜いていた重要な発言である。

昭和12年8月　大分県　反戦的落書

大分県下毛郡真坂村　応召兵一等水兵　山本勝郎

八月六日応召の為真坂駅出発に際し見送の小学校長に対し「自分は今度戦地に赴くが同じ出征する軍人でも職業軍人である将校と三大義務に基く一般兵との間に極端なる待遇上の差異あることは甚だ遺憾だ　この際国民もこの点について関心を持たねばならぬと思う、云々」と反軍的言辞を弄し尚出発の際居村小学校々庭の朝礼用黒板に「今度の戦争はプロレタリア対ブルジョアの階級闘争である　国民は一大覚醒を要する以下不明」と反戦的落書を為したる事実あり。（憲兵隊へ通報、憲兵隊に於ては所属分隊長と共に取調べ戒告せり）

※将校とは少尉以上の階級にある軍人を指す。「帝国陸海軍辞典」によると、昭和18年における陸軍軍人の給与は二等兵が6円、一等兵が9円であり、少尉は70円、大佐は370円であった。また、死亡恩典の違いもあった。他に様々な手当があり一概には言えないが、待遇上の格差は大きかった。

特高月報 昭和12年8月号

昭和12年8月　三重県　反戦的落書

三重県　不明

八月十四日三重県下鳥羽町所在鳥羽電気工作所（軍需品工場）内便所に「**隣国友好国に兵を出すとは正義に反した侵略行為ではないか**、日本は未だ反省の余地あり。召集令状動員馬鹿。神鋼哲人」と落書あるを発見す。（内偵中）

特高月報 昭和12年8月号

昭和12年8月　宮城県　反戦的ビラ

八月八日仙台市名掛町自転車修繕業石塚哲夫及同町仕立業松本新兵衛方店頭へ西洋紙に謄写印刷せる左記内容のビラ（縦一二、二センチ、横一五、五センチ）各一枚を投込あるを発見せり。

「一、北支皇軍の奮戦○○部隊は二十九路軍をさんざんに破り逃げることをやむなくしたり
二、我が新聞記者佐藤公介死せり。
三、皆うそ　宗文社」（厳探中）

※メディアを風刺しているのか？

昭和12年8月　岡山県　反戦的言動

住所不定　縫針行商　椿原萬蔵（56）

八月三日岡山県下和気駅に集合せる応召軍人並その見送人等五、六十名に対し「**戦争をするのは馬鹿だ、学校で勉強しても戦争する様な事では何の役にも立たぬ、戦争すれば日本人は困るばかりだ国民は苦しい目に逢うばかりだ、大体総理大臣が悪い、戦争をする様な総理大臣や陸軍大臣は殺して仕舞え**」と絶叫したる事実あり。

（警察犯処罰令により拘留二十日に処す）

特高月報　昭和12年8月号

昭和12年7月　長崎県　反戦的言動

長崎県大浦町食料品販売　山口光太郎（41）

七月三十一日午前十一時頃長崎市大浦町「ヨーロッパホテル」前街路に於て付近在民婦女子五名を相手に雑談中談偶北支事変に及ぶや「日本は戦争して折角満州を取ったがその結果税金が高くなり一般のものはかえって困っている　只一部の者が利益を得るだけでこの点から見ても戦争はするものではない」と洩したる事実あり。（戒飭）

昭和12年8月　香川県　反戦的言動

住所不定　似顔絵師　川崎義夫（35）

八月十日午前十一時頃香川県下白鳥本町国鉄白鳥駅事務室に於て同駅駅長小野久太郎外二名に対し

「資本家は税金を出すのみで実際戦争に行って死ぬのは我々の様な下の者のみだ、今度の事変は欧州大戦より大きくなる、支那兵も日本兵も皆死んでしまってから如何に戦争が悲惨なるかを知ればよい、**今度の事変は日本の領土的野心から起った**のであるが支那全部を取っても統一は出来ぬ云々」

と反戦的言辞を弄す。

（陸刑違反として身柄共送局）

特高月報昭和13年5月号　昭和十二年十月二十日造言飛語罪により高松区裁判所にて禁固二月（三年間執行猶予）

昭和12年8月　島根県　反軍的言動

島根県高津町　職工　信国虎雄（26）

八月一日石見人絹工場女工が夜間出征兵士を鉄道沿線に於て歓送したるにこれを批難し同僚数名に対し

「女工の癖に晩遅く迄騒いで居るなんて**女は女らしく早く寝るがよい、出征兵士だからとて騒いで送る必要はない**、朝の仕事に差支える様な遅くまで見送りしなくとも早く休むがよい云々」

と反軍的言辞を洩す。

（厳重戒飭）

※女性差別とも、騒ぎにつき合わせない思いやりともとれる発言である。

特高月報 昭和12年8月号

昭和12年8月　警視庁　反戦的言動

矢崎弾こと　神蔵芳太郎

八月七日淀橋区角筈寶亭グリルに於て開催せられたる同人雑誌「星座」の例会席上（出席者一六

名）

「日支事変の原因は相互の政策が悪いからだ双方今一歩進んだ考を以て行ったなら戦争をしなくとも幾らでも和平的に解決が出来たことと思う、もう世界は終りだ、今回の日支問題をきっかけに世界は必ず二派に分れて第二の世界大戦まで進むと思う、**それからこの際日本主義者即ち「ファショ」を徹底的に撲滅して仕舞わねば日本主義者の為に日本は滅びて仕舞う**云々」

と反戦的言辞を弄す。

（検挙取調中）

※矢崎弾は有名な文芸評論家。12月には人民戦線事件でも検挙。

特高月報 昭和12年8月号

昭和12年8月　新潟県　反戦ビラ貼付

八月十八日新潟県下七日町字上栗、角山金治方物置小屋及同部落道路指導票に墨筆にて半紙に横書せる左記内容の反戦ビラ貼付ありたるを発見せり

「1．北支上海事件支那軍万歳

日本軍滅敗、我々は支那軍絶対擁護

大戦争反対、支那空軍我国攻撃万歳

2．支那とは争い反対だぞ、日本敗戦だ
我々は大いに支那後援するぞ
日本政府の手段反対だ
我々は一丸となって日本やるぞ。」
（本件は共産主義運動の戦略戦術たる「自国敗戦主義」を宣伝したるものにして犯人厳探中）

特高月報 昭和12年8月号

昭和12年8月　静岡県　反戦的言動

静岡県浜名郡新津村　法枝二二五九　書報外交員　杉本勝（32）

八月八日夜浜松市海老塚町カフェーオリンピックに於て飲酒中居合わせたる堀敏明（23）に対し「今度の事変は日本が支那の土地を取る為に始めたのだ。日本の貧乏人は幾ら働いても頭が上がらない、これは政治が悪いからで、**ロシアの労働者は楽しい生活が出来る**様になって居る。弱い者いじめをすれば必ずやられる時が来る云々」と反戦的言辞を弄す。（厳重加諭始末書を徴す）

特高月報 昭和12年8月号

昭和12年8月　兵庫県　反戦的落書

八月二十日神戸市内新開地、東宝チエン映画常設館「朝日館」内男便所内側白壁に鉛筆にて「戦争は嫌だ、兵士を救え」との落書あるを発見す。（内査中）

特高月報 昭和12年8月号

昭和12年8月　新潟県　反戦的言動

長岡市城内町一ノ七八五　薪炭商　岩淵富八（67）

八月七日、長岡市城内町一丁目町内伍長丸山金一郎が皇軍慰問金寄付募集に関する町内委員会に出席方勧誘したる所同人に対し

「自分の家では二人も軍隊に関係があるがもし出征しても市の扶助を受けないし又他人の世話にもならないから出席する必要はない、又弱い者苛めをする様な戦争は好きでないから委員の相談も出る必要はない云々」

と反戦的言辞を弄す。

（厳重戒告）

※町内伍長とは在郷軍人ではなく、町内会の役割のことであろう。岩淵は堂々と断ったものの、密告されてしまったようだ。

特高月報 昭和12年8月号

昭和12年8月　愛媛県　反軍的言動

西宇和郡川上村大字川名津甲三五八　農兼土木請負業　田中繁一（47）

八月十六日以後居村木下峯松外数名に対し
「出征兵士も金儲でただではない骨が折れれば金鵄を貰うこれも金だ」
と反軍的言辞を弄したるを以て村内に於ては皇軍を侮辱するものなりとて憤慨し居るもの多し。
（所轄署に於て召還取調中）

特高月報昭和12年11月分　思想傾向無きを以て説諭処分に止む

特高月報 昭和12年8月号

昭和12年8月　滋賀県　出征兵士の待遇に対する不平

犬上郡西甲良村大字呉竹同大字小川原部落青年の一部

出征官吏の俸給全額支給に対し「今度の事変では官吏と言わず国民はどしどし召集されて暴支膺懲に身命を捧げて居るが出征兵士中官吏のみには俸給の全額を支給されて居るらしいが我々農村の出征兵には何の特典があるのか、同じ出征兵士に何で斯様な差別的取扱をなすのか我々は其の間の消息は判らぬが独善的な差別待遇ではないか云々」と不平を洩すもの漸次増加しつつあり。

（厳密取締中）

※待遇差については前述。

特高月報　昭和12年8月号

昭和12年8月　神奈川県　反戦的言動

国府津駅連結手　飯山正章（24）

八月二十八日午前五時頃神奈川県平塚駅前に於て

「今度の戦争は日本は敗けだぞ、**君等は幾等一生懸命になって兵隊を見送っても敗北だから無駄だ**」

と連呼し更に同駅前に於て出征兵士見送者三、四十名に向かい同様の言辞を弄す。

（検束取調べたるに泥酔し居り思想的傾向なきを以て拘留処分に付す（十日））

特高月報 昭和12年9月号

※泥酔により処分が軽くなる例は以後も多々ある。呑兵衛に甘い社会の数少ない利点だろうか。

昭和12年8月　福島県　反戦的言動

福島県浅川町米穀商　白坂カネ（62）

八月二十五日自己の長男多三郎の出征挨拶の為来訪せる浅川町役場書記野口数里に対し

「私等の如きものが一人息子を召集されては今後の生活に困るから税金は納めぬ」

云々との言辞を弄したるため町内一般より非難せらる。

（興奮の結果の言動なりしを以て戒飭に止む）

特高月報 昭和12年9月号

昭和12年7月　熊本県　反戦言動

熊本市鹽屋町大日本護国軍熊本団幹部　中島進

七月二十八日出征兵士送別会席上その他に於て

「支那を武力に依って征服しても今のままでは日本国が将来に於て内部より崩壊する恐れがある現在の日支戦争は資本主義同志の戦争であって、我々とは何の関係もない、**俺が戦争に召集されたら上官と喧嘩してやる**、鉄砲の筒先は敵ばかりに向かっていない、後方に向って打ち殺す場合がある、召集された兵士は町人や農民で純真な者ばかりであるから俺の言う様になる、それを利用すれば如何様（叛乱を意味す）にも成る、北支事変で死ぬのは馬鹿だ生きて帰らなければならぬ、兵士が戦死すれば一千二百円貰えるが女郎よりも安価なり、満州事変の際二個中隊が事変半にして原隊に帰還せしめられた、それは中隊長が共産党員であったと言うことである」

等と反戦言辞を弄したる事実あり。

（八月三日検束取調中なるが本年三月頃より左翼出版物を閲覧研究し共産主義分子と往来する等漸次左翼に再転向したるものなり　十月四日陸軍刑法第九十九条違反として送局）

※彼が実際にそれを実行出来るかはともかく、上下関係が著しく厳しかった日本軍においても上官に反抗した兵士は存在した。部下に反抗されたことは上官にとっては著しい不都合となるので

処罰もなく、内密に済まされることもあった。有名な例では、独立工兵第三十六連隊の奥崎謙三は上官を二度も暴行し、何の処罰も受けていない。

特高月報昭和12年11月分　陸刑第九九条違反により十一月四日禁固一年六か月（求刑二年）

特高月報 昭和12年9月号

昭和12年8月　群馬県　反戦的言動

佐波郡殖蓮村村長　大木種蔵

八月二十七日役場楼上に於て郷軍役員、村議、小学校教員等三十五名出席出征軍人壮行会を開催したる席上

「今度の動員は度々行われ又多数の充員があったので驚いた、又予想以外補充兵を充員するのだから驚き入るばかりだ、**これ以上動員があっては困却する、あまり動員すると地方産業の伸長に多大の損害があるからである**云々」

と述べたる為郷軍幹部より問責せられたり。

（戒告）

※地方の実情を示す例である。

特高月報 昭和12年9月号

昭和12年8月　群馬県　反軍的言動

碓氷郡磯部町　土工　栗原瀧次郎（36）

八月二十一日飲酒泥酔の上平素確執ある隣家藤巻静男方に至り「出征兵士を送るとか何だとかこの騒ぎをしてたまるか、**兵士は我々から餞別を貰ったり送られたりして運良く帰れば勲章を貰ったり金を貰ったりして裕福になっている**者がある、俺等は毎日汗を流して土方をしても一日八、九十銭にしかならぬ云々」と反軍的口吻を洩す。

（戒告）

特高月報　昭和12年9月号

昭和12年8月　高知県　反戦的言動

社大高知支部連合会会長　代議士　佐竹晴記

八月十四日数名に対し「支那との戦争は多大の費用を要するものであってその費用は我々代議士が議会に於て尽力し予算を取るものであるが今仮に二十億の

佐竹晴記

予算を取るとするも戦争の費用は一ヶ月五億円を要するが故に二十億は四ヶ月で費消するを以てその時期に至れば我国は財政的に行詰ることになる、**古来歴史を見ても敗戦国が亡びたと言うことはなく現に独逸も再興している、ナポレオンは戦争には勝ったが亡びた**ではないか云々」

と反戦的言辞を弄したる事実あり。

（特高課長に於て戒告）

※衆議院議員。戦後、片山内閣で司法政務次官を勤める。

特高月報 昭和12年9月号

昭和12年8月　山形県　反戦的言動

予備歩兵一等兵　沼澤重次郎

八月三十一日山形歩兵第三十二連隊に応召入隊したるが出発にあたり居村駐在巡査に対し

「**召集されるよりは監獄にいた方がよかった　召集されて行ったら露西亜に逃亡する**云々」

との言辞を弄せり。

岡田 嘉子

（所属連隊長及所轄憲兵隊長に通報）

※仮にソ連・ロシアに逃亡できた場合でも、大粛清下のロシアではスパイ扱いされる可能性も大きい。１９３８年（昭和１３年）１月３日に樺太国境からソ連に越境した日活女優岡田嘉子と新協劇団演出家杉本良吉はスパイ扱いされ、杉本は銃殺、岡田も長く拘束された。

特高月報 昭和12年9月号

昭和12年8月　高知県　反戦的言動

社大党員　山中勇三郎

八月二十六日高知市役所宮本教育課長が本名宅を訪問し、本名の弟良吉が国家の為戦死せりとの公電ありたる旨伝達し弔辞を述べたるに対し

「私は弟が御国の為に死んだものとは思わぬ、資本家地主の為の戦争で死んだもので、私は資本家地主を恨む云々」

と述べたる事実あり。

（本人平素の言動より反戦思想の現れと認めるも弟戦死し日浅き為適当の機会に訓戒の予定）

特高月報 昭和12年9月号

昭和12年8月　高知県　兵士非難の投書言動
山口県　不明

八月二十九日山口連隊区司令部宛宿舎兵の行動を非難したる左記内容の投書ありたり。

「大至急御願申上げます**兵士の町宿に当りまして実に困却して居ります、ビールを一日に三、四本もあけられ寝床の上げ下ろしお膳の持ち運びあまつさえ不埒極まる行為までせられまして誠にこの上なく兵士なればこそ泣寝入りの有様**実に我々を苦しめる兵士一日と言わず一時間も早く出動出来る様御手配下されたく切に祈上げます皆どれだけ苦しめられているか御推察願上げます。　困る家」

※処分は記載されていない。果たして状況は改善されたのだろうか。

特高月報　昭和12年9月号

昭和12年8月　静岡県　反戦的ラジオ放送

八月三日午後十一時五分より十分間左記内容の反戦的ラヂオ放送を聴取したるものあり。

「日本の兵隊さん達何故あんた方は支那と戦争しなければならぬか、そして東洋人種の同胞なる支那人を殺傷せねばならぬかご存知ですかあなた方が戦争して受ける利益は何ですか、日清戦争の結果を考えて御覧なさい、又は日露戦争の結果を考えて御覧なさい、日本の得た利益は何も無いではないですか、今度の支那との戦争の結果も同じことで一、二軍閥の利益と特権階級の一部の利益をもたらすのみに過ぎないのです、しかもこの反動として経済界は逼迫し民衆の生活は更に深刻になるのみに過ぎません日本の兵隊さん達よあなた方の故国には両親も居るでしょう、その人達は一刻も早くあなた方の帰りを待ち詫びています、早く銃を捨てて国に帰るようにしなさい。

（日本語による放送なるもあくせんと等よりして南京政府に於て為したるものに非ざるやとも認めらる、が時節柄極力内偵中）

特高月報 昭和12年9月号

昭和12年8月　**群馬県**　**反戦言動**

桐生市芳町　社大党員　清水金造（30）

八月十一日山田郡相生村貯水池工事場に於て人夫小林豊外四名に対し

「**日支事変は我国の侵略的領土欲に依るもの**で、利するは「ブルジョア」のみである、故に我々労働者は戦争に反対せねばならぬ、戦争が永引けば永引く程我々の生活は困窮する、

ソ連は全世界の資本家国家を相手にしているので軍備は世界一であり、軍事費も多額であるが労働者や農民は安楽の生活をしている云々」
と反戦言辞を弄す。
（始末書を呈し厳重戒飭）

特高月報　昭和12年9月号

昭和12年8月　京都府　反軍的言動

京都市左京区梅津北町　小作農　小山活三郎（38）

過般馬糧乾草等の徴発ありたるに拒否的態度に出で町内の反感を買いつつありたる際偶々町内よりの出征者あるに当り
「**出征軍人を万歳万歳と言うて見送って居るが兵隊さんも金儲けではないか、**軍務公用者や輸卒の如きはぼろい儲になるのだ　自分も忙いので見送りなんかして居られん」
との言辞を弄し出征兵士の見送りを為さず。
（検束厳諭）

特高月報　昭和12年9月号

📅 昭和12年8月　📍 新潟県　☰ 反戦的言動
👤 新潟県佐渡郡新穂村　応召兵　本間泰（26）

八月三十日応召出発に先立ち村内神社境内に於て字民百四、五十名集合戦勝祈願を為したる際之が答辞として歓送者一同に対し

「私はこの様に皆様から盛大な歓送を受けて誠に感激に堪えません、斯くてこそ始めて我々は意を強くして戦地へ赴き華々しく戦死しても何等心残りは無い、しかしながら我々が血を流し悪戦苦闘して獲得した権益たるや皆様の為には少しもならず、いずれも資本家財閥の利潤となるのみである、銃後に於けるは皆様この点に深く留意して権益擁護に当って貰いたい」

と述べたる事実あり。

（所轄憲兵隊へ通報）

特高月報 昭和12年9月号

📅 昭和12年8月　📍 島根県　☰ 反軍的言動
👤 島根県美濃部吉田町　左官職　中島房次朗（34）

八月七日吉田町中吉田原部落総会（出席者十四、五名）の席上に於て出征軍人遺家族の救済に関

し部落長より各戸一人ずつ田の草取その他耕作に労力奉仕を為さんと提議したるに対し「自分は応召軍人の家族に対し田の草取なんか手伝する等は嫌である、同人等が出征して帰れば金の二百円位は貰えるのであるから、あたかも金儲に行って居る様なものだ、自分でも召集があれば何時でも行く」
と称し該労力奉仕に参加せず。
（厳重戒飭始末書を徴す）

特高月報 昭和12年9月号

昭和12年9月　埼玉県　反戦的落書

川越市字松江町五一九泰馬造方前道路公設掲示板（九月二日川越市役所に於て掲示したる銃後の後援に関するポスター）に万年筆を持って「**日本撲滅**」と落書しあるを九月八日発見す。

特高月報 昭和12年9月号

昭和12年8月　愛知県　反戦的言動

豊橋市山田町　青物商　河合七郎（47）

八月十日以後数回に渡り友人八木徳太郎外出征兵士見送人数名に対し「今度の戦争は大資本家擁護の戦争で貧乏人の我々はどうでもよい戦争だ、それだのに戦争に出るのは貧乏人ばかりだから気の毒である、**貧乏人はどうせ働かねば食えないのだから戦争に負けて支那の国になろうが構わない**云々」と反戦的言辞を流布す。

（拘留五日に処す）

特高月報 昭和12年9月号

昭和12年8月　神奈川県　反戦的落書

九月五日午後九時十分頃横浜市神奈川区宝町二番地日産自動車株式会社プレス工場西側便所第三ドアー内側に「日本果して支那に勝ち得るや？支に（ママ）ソビエイト有り武器有る」と釘様のものにて落書しあるを発見す。

昭和12年9月　静岡県　演劇台詞中の反戦的言辞

宮本日向の引率する俳優　酒井龍之介　一行

九月四日、五日静岡県田方郡田中村所在大仁座に於て上演せる軍事劇「新召集令」並「暁の爆撃機」と題する演劇中左の如き反戦的台詞を使用せり。

1　新召集令　軍籍にある者と高利貸との対面の場に於て高利貸の台詞中「御前は軍籍にある体だろう　此の度の事変で毎日々々召集されて軍籍にある者は召集されて行く万歳々々となー　大体俺はあの万歳と送る奴の気が知れんのだ、何うせ、戦争に行けば生きて帰る奴はないんだ**万歳々々と叫ぶ代りに南無阿弥陀仏と念仏を唱へてやる方がまし**な位だ」。

2　暁の爆撃機　劇の主人公休職陸軍中尉白川洋一は新鋭爆撃機の製作に没頭し漸く之れが完成を見て試験飛行に成功し病める愛児の病床に行き「御父さんはお前を今迄かまつてやることが出来なかつたが今日からは本当に御前を幸福にしてやるぞ」と言って居る所へ召集令が来たので「召集令が下りました、此の病児を目前にして出征して行かなければならぬと思へば召集令が呪はしくなりました」」。

※演劇に関する事件は以後もいくつかある。戦争を美化しないもの、また惨状をリアルに描いた

ものなど、様々な演劇が規制を受けた。

特高月報 昭和12年9月号

昭和12年9月　高知県　皇軍の軍略非難

高岡郡佐川町　後備役海軍一等機関兵　大工職　山本敏義（38）

高岡郡佐川町飲食店植田稲喜方に於て飲酒中

「和知部隊長は支那に十年も居って十分事情を知って居るにもかかわらず、目茶苦茶な戦争をして居る、連絡なしの戦争をするので一個小隊が前方で全滅するのを知らなかったり、死なないでもよいものが死んだりする、こんな部隊長の部下になったら命が幾等あっても足らん云々」と大声にて放言す。

（故意なく泥酔の結果放言せること判明せるを以て厳重訓戒釈放す）

※不拘→かかわらず、高聲→大声、とした。

※和知鷹二は中国において長年参謀・特務機関を務めていた。

特高月報 昭和12年9月号

昭和12年8月　島根県　反戦的言動

東京市赤坂区青山南町　帝国秘密探偵社員　小林整（35）

八月中旬頃能義郡安来町実業学校長に対し「自分は知己である海軍の主要な地位にある人から聞いたことであるが、**今回の北支事変は軍の政策に出でたもので、無理に戦争をしなくともよかったのに軍の一部のものの主張によりかかる結果に至った**と言う事である云々」と洩らせり。

（厳重訓戒）

※そのまま小説や漫画に出てきそうな会社名だが実在している（現・テイタン）。

特高月報　昭和12年9月号

昭和12年9月　島根県　反戦的言動

松江市大正町　元市議　福田利三郎（34）

九月八日松江市役所に於て居合わせたる吏員及所轄署員に対し、

「戦争程不経済極まるものはない、自然我々大衆生活の保護も逐次剥奪されて行くと思う、**排日侮日と言うが究極する所これは支那人として自然発生的に現れた**所の行為である、支那にしてこの行為あるは当然である云々」

と洩す。
（厳重諭示行動警戒中）

特高月報　昭和12年9月号

昭和12年9月　石川県　国旗寄せ書

社大金沢支部　金沢一般労働組合　園山定盛　他数名

応召者二名（左翼分子）に対し国旗に寄書を為して寄贈したるがその寄せ書中特異のもの左の如し。

一、太陽を背に（反逆者の意を含めたるもの）
一、屍を越えて（赤旗の歌の一説）
一、赤心奉公（赤心は左翼思想を諷刺するもの）
一、鉄の如く（スターリンの言葉）

※こじ付けの可能性が高い。

特高月報　昭和12年9月号

昭和12年9月　福島県　反軍言動

石城郡鹿島村　農　八代久（40）

八月三十日午後七時五十分石城郡小名浜町より湯本町間の乗合自動車内に於て乗客が、支那事変に関し支那の暴戻を非難し、且陸軍の奮闘振りを賞賛したる所

「なに今度の事変は日本が悪いんだ　その内に日本が敗けて皆死んでしまう」

と放言したる為乗客より袋叩きにされたるが、傷害の程度に至らず遁走せり。

（検束取調べたるが幾分低脳且泥酔し居りて思想関係なきこと判明したるを以て厳戒釈放せり）

特高月報　昭和12年9月号

昭和12年9月　石川県　出征兵士侮辱

金沢市堀川島場町　鈴木鉄工場見習工　出口良二（18）　外三名

九月九日午後八時頃工場裏通りを通過中の出征部隊に対し「コラ父ッア等しっかりやって来い、家にはジヤーマ（妻）が首を長ふして待っとるわい」「ありゃ此親爺元気のない奴やな」と高唱したるため居合せたる一般歓送者等は之に投石せんとするものあり、一方出征兵士に於ても極度に激昂し一時事態悪化せんとしたるも取締巡査の制止により辛じて事なきを得たり

昭和12年9月　栃木県　反戦言動

下都賀郡小山町　雑貨商　後備上等兵　柿沼修三（34）

九月三日、十四日の二回に渡り下都賀郡穂積村柴山一郎及同村秋山彌太郎に対し「俺が招集されたら友達四、五名と小山町で飲み、親戚廻り等しないで宇都宮に行って芸者をあげて遊ぶ、**戦地に行ったら支那人もロシヤ人も俺と同じ境遇だから殺さない**、鉄砲は上を向けて打ったり下を向けて打ったりして**向こうの兵士はねらわず日本の兵隊を打って殺してやる**云々」と反戦言辞を弄す。

（九月十六日検挙陸軍刑法違反として所轄検事局へ送局す本名は中央大学在学中映画研究会、マルクシズム研究会に加盟したることあり多数の左翼文献を所持す）

特高月報昭和12年11月分　十月二十三日不起訴処分（陸刑違反）

特高月報 昭和12年9月号

昭和12年9月　島根県　銃後の後援反対

島根県八東郡秋鹿村大字秋鹿二の一八三　農業　吉岡作市（51）

九月二日部落内の出征軍人家族救援協議会席上

「日清、日露戦役当時は今日の如く銃後の後援とか労力奉仕とかなく、自分も出征中左様な事をして貰って居ない、自分は労力奉仕や慰問金募集等には絶対応じない」

云々と救援反対の言辞を弄し部落民を憤慨せしめたり。

（我欲一直の人物にして他意なく其の不心得を諭旨す）

※昔にも世代間ギャップはあったのだ。

特高月報　昭和12年9月号

昭和12年8月　島根県　反軍的言動

島根県簸川郡田儀村大字口田儀七二五　木挽職　石飛節（42）

八月十日飯石郡西須佐村木賃宿今岡フロ方に於て同宿人に対し

「今度の日支事変は支那軍の暴戻に対し日本軍は止むなく応戦した様に報道されて居るが、

実際は日本軍が喧嘩を吹き掛けたものでそれは結局弱い支那を叩き付けて領土を取ろうと言うのであって、日本軍は盗人の様なものだ云々」と反軍的言辞を弄す。

（思想的関係なく厳重戒飭）

特高月報　昭和12年9月号

※この時点でどこまで日本の庶民が正しい情報を得られていたかは不明だが、後世から見るとこの指摘が正しい形となる。

昭和12年8月　愛媛県　反軍的言動

愛媛県上浮郡小田町大字寺村乙五六九　商業　森分藤枝（39）　右同乙一〇八　商業　高橋杢重（39）

森分は客月十四日部落民会の席上、軍部に対する乾草納入に関し「役場が勝手に多量の乾草を引受けたのだから我々は刈る必要なく随って俺は納入しない」、又高橋は、八月十七日隣村石山村村民に対し「今回の乾草は草地を所有する者のみが納入すれば事足る、然るに役場が勝手に刈取る様にしたのだから我々は承知が出来ない云々」との言辞を弄す。（他を誘導するやの恐れあり諭旨す）

※虞あり→恐れあり、とした

※自治体が勝手に供出の割当を引き受けてしまうこともあったのだろう。戦争協力は自主的に行われることもあればなし崩し的に行われることもあった。

特高月報 昭和12年9月号

昭和12年8月　新潟県　反戦的言動

新潟県古志郡東谷村大字赤谷二二六四　栃尾町役場書記　佐藤松太郎（42）

八月二十八日福島県に旅行中同乗中の氏名不詳の一男子より「小作争議の深刻な所は応召員がない」との言を聞き、翌日栃尾町役場に於て同僚に対し「王番田は召集令状が来ないと言うがそれは赤が多いからだ、**戦争に行きたくなかったら赤になればよい**、尚日本はロシヤと戦争すれば負ける、負けそうになったらロシヤに行ったらよい云々」との言辞を弄す。（所轄署並憲兵分隊に於て取調べ調書を徴し釈放す）

※戦争にはいかない代わりに、刑務所に送られる可能性がある。

特高月報 昭和12年9月号

📅 昭和12年9月　📍 新潟県　☷ 反戦反軍的言動
👤 新潟県北蒲原郡本田村大字月岡五七三ノ一　菓子商　山井一夫（26）

七月中旬並に九月一日の二回に渡り同字月岡旅館赤松登志方に於て家人等に対し「日本は外国と戦争して負けた事はないと云うが或本に依れば負けた事がある、又日本は日露戦争の時等外国から軍艦を貰っている、又大きな軍艦等海軍工廠では出来ないから三菱造船所だけで造っている、毎日の新聞やラジオでは日本軍が勝った様に言って宣伝して居るが、上海の敵前上陸の際等日本の決死隊は六人だけ残ったと云う有様で全く支那兵が強いのだ云々」と反戦的言辞を為す。

（悪意なかりしを以て厳重説諭す）

※負けたことがあるというのは「白村江の戦い」のことだろうか？　芥川龍之介も短編「金将軍」でこの「日本は負けたことがないのか」問題に触れている。

特高月報　昭和12年9月号

📅 昭和12年8月　📍 大阪府　☷ 不穏言動
👤 大阪市浪速区広田町二　香具師　綱沢健三（30）

八月十二日及び九月四日の二回に亘り大阪市浪速区玉造稲荷前夜店に於て「記憶力増進器」販売中、**此の器具は山本宣治が推奨せるものである**とて同人を激賞し「私は無産階級解放の為に過去に於て血みどろになって戦いました、我々無産階級の子弟は現在北支の荒野に於て身を犠牲として戦って居る、三井、三菱の子弟が一人でも戦争に出たか、支那相手の戦争に沢山出兵する必要もあるまい、目的はロシヤにある云々」の不穏言辞を弄す。（厳重戒飭）

※香具師とは独特の口演や見世物で実演販売を行う商売人のこと。早い話が戦前の寅さんである。恐らくエジソンバンドのような物を売っていたのだろう。しかし山本宣治もこう利用されるとは思わなかっただろう。

特高月報 昭和12年9月号

昭和12年8月　鹿児島県　応召兵侮辱

鹿児島県出水郡出水町　同町在郷軍人分会長　同町兵事係　山下夘市

応召兵松島徳重が八月十八日夜親戚知己等を招待決別の宴を開催中、上記山下夘市は酩酊し来り松島に対し「町の指示に従わざるは甚だ不都合なり、君は応召しないでも良い云々」と罵倒せり。

（鹿児島憲兵分隊に於て始末書を徴す）

特高月報 昭和12年9月号

昭和12年8月　愛知県　反戦言動

自称　本籍東京市牛込区柳町三番地又は大分県中津市広瀬町二七　ペンキ職工、土工

伊藤為之（31）

八月二十八日頃より宝飯郡三谷町三谷港埋立工事場に於て

「今回の北支事変で上海及北支で盛んに戦って居るが、兵卒は殆ど貧農の子弟又は下層階級労働者で、三井、三菱の如き大資本家の利益擁護の為に戦って居るのであるから、国家の為とか我々民衆の為とかには関係のない事である云々」

と反戦言辞を弄す。

（九月一日所在不明となり目下捜査中）

特高月報 昭和12年9月号

昭和12年8月　兵庫県　反戦日記

姫路市柿伏山中上町　三浦大二郎（25）

自己の日記に「九日より部分的に出征をし十二日には全部姫路を発って仕舞う、哀れな兵士達は故国に恋しい妻子を、老いて病みたる両親を残し、別離の涙に咽びながら偉大なる権力の前には如何とも出来得ず、最早自暴自棄何せ死んで行くんだから、（中略）――彼等の敵が自身の利益を守る為に闘って居ると言ふ様な事は毛頭知る由もなく、上官の命ずるままに弾雨の中をかけ回り、凡ゆる惨逆も目を閉じ敢てせなければならないのだ、姫路連隊管下では一万二千を召集して仕舞った、勿論凡ゆるミジメなエピソードの数々を残して（八月十一日）」「荒れ狂う帝国主義の威圧をハネ返さんとして立つ支那民衆、彼等を如何とも制することの出来ない中央政府軍なのだ、尚最近では直接指揮下にある軍隊内に帝国主義への追撃が加えられて来た（八月十四日）」。其の他同志某宛反戦的筆致を弄せる通信を為したる事実あり。（九月九日検挙し目下治維法違反事件被疑者として取調中）

※おそらくその他の通信が発覚した後に、捜索を受けて日記の内容も明らかにされてしまったと思われる。

📖 特高月報昭和12年11月　治安維持法違反として十月二十五日起訴（予審請求）

特高月報 昭和12年9月号

昭和12年9月　岐阜県　反戦的言動

岐阜県武義郡洞戸村市場八〇一　米穀・肥料・木炭商　長谷部四三男（28）

九月一日午後四時頃岐阜県武義郡洞戸村市場山下卯吉方に於て同人及神山金吾の両名に対し「今次事変は財閥ことに関西財閥の積極的策動に依り発生したるものにして、資本家の権益擁護の為の侵略戦争である、これが為農山村子弟に多数の犠牲者を出し気の毒に堪えない、しかも二十五億の膨大な戦争予算の大半は軍需工業会社等の財閥のみ巨利をしめ、農山村は犠牲となり疲弊する、しかし戦争は我国は必ず勝つが、**財政的に悪性インフレとなり破綻する**に至る云々」と反戦的言辞を弄す。

（九月十五日陸刑違反として送局九月十七日起訴前の強制処分に付せられ九月二十七日起訴せらる）

※殊に→ことに

特高月報昭和12年11月　九月二十七日陸刑第九九条違反として起訴、十月十六日禁固五月（即日控訴）

特高月報昭和13年5月　十二月二十七日造言飛語罪により禁固四月（三年間執行猶予）に処せられ上訴中

特高月報 昭和12年9月号

昭和12年9月　福島県　反戦落書

九月二十日東北本線郡山駅（福島県）構内便所に「資本家地主のための帝国主義戦争反対、出征兵に限りない同情を注ぐ」と落書あるを発見す。

特高月報 昭和12年9月号

昭和12年9月　群馬県　反戦言動

桐生市東町八四四　栗原功一郎（28）

九月十一日午後十一時頃桐生市東町八一六飲食店美好堂に於て飲食中、伏見武一に対し「今度の戦争は日本が負けたってかまわない、第一今戦争なんかすることが宜しくない云々」と反戦言辞を弄す。

（思想的背景無く酔余の間に発したるものと認め厳重戒告始末書を徴す）

特高月報 昭和12年9月号

昭和12年9月　群馬県　反戦言動

群馬県多野郡美土里村大字篠塚二三　農　神田重治（60）

九月十八日美土里村主催の戦争祈願祭に出征兵家族の一員として列席し、午前十時頃同村役場小使室に於て村民数名と雑談中、「戦争位馬鹿気たものはない、金を費消（ママ）して物を破壊し、**又支那兵は飲料水に黴菌を散布し人を殺すと言うが、斯様な非文明な話はない**云々」と反戦的言辞を弄す。（警告）

※実際には日本軍が731部隊などにおいて細菌を撒布していた。

特高月報 昭和12年9月号

昭和12年9月　滋賀県　反戦言動

滋賀県甲賀郡南杣村大字塩野三六九　村議　西村仙吉（49）

九月十五日銃後の後援に活動しつゝある辻義兵衛其の他数名に対し「将校は商売で召集兵は義務で行くのだ、我々銃後にあるものは留守番さえして居ればよいのだ、何も家を留守に迄して出征軍人を歓送する必要はない、軍部の方針は如何程兵隊を殺しても犠牲者を出しても構わん、早く事変を解決したら良いと言ふ遣方だ云々」と反軍的言辞を弄す。（厳戒）

特高月報 昭和12年9月号

昭和12年9月　富山県　反戦的言動

富山県西礪波郡戸出町市野瀬　農　高田与七郎（59）

九月十日軍人後援会の基金募集のため来訪せる方面委員田辺外之助外二名に対し、「**自分は米国に居た時は税金もなく寄付金を募集に来る者もなかった**が、此処へ来てからは無暗に戸数割は取立てられるし寄付は求められるし全くやりきれぬ、今度も戦争して居たため株価は大暴落で、大変損をしたから寄付の求めには応ぜられぬ。云々」と述べて寄付を拒絶せり。（厳重戒飭、始末書を徴す）

特高月報 昭和12年9月号

昭和12年9月　新潟県　反戦ビラ貼付

九月二十五日午前六時頃新潟市流作場新潟駅構内公衆大便所表戸内面に左記内容の反戦記事を書きたる便箋一枚貼付しあるを発見せり。ビラの内容「戦争ハ絶対反対ダ不参加ダ々々々々万歳ニ送ラレテ死ニニ行ク馬鹿モアル送ラレテ立タントスル時一度ジート色々戦争ノコトヲ家庭ノコトヲ考エテ見ロ美名ノカゲヲ考エレ家族ハドウ生活ハドウ子供ヲドウスル幾多不十分ノ点ガアル、兵士ヲ出サヌ家ヨリドンドントッテ配分シロ、其内ニ立タントスル人ヲ訪ヌルカラ見タ人ハ知ラシテ下サイ相談スルコトトスル 戦争不参加ドーメイ」（犯人厳探中）

※カナ文は原文と思われるため直さなかった

特高月報 昭和12年10月号

昭和12年8月　長野県　反戦反軍言動

長野県小県郡塩田村大字保野五八二　ズロース・月経帯販売行商　石井冬一（52）

八月二十五、六日頃新潟市礎町通り山本喜一郎外市内行商先数戸及佐渡郡内各地に於て「日支間の戦争は反対である支那の様な弱い国に日本が武力を加えることは賛成し難い、**通州事件でも原因が支那ばかりが悪いのではなく日本の軍人政治家実業家が威張り散らしてるからだ**、日本の政府は戦争に主力を注ぎ国内の問題には構わないから益々不景気となる、事変は日本のごろつき連中の救済擁護の為に日本が起したのだ」云々と反戦反軍言動を弄す。

（九月一一十三日警察犯処罰令違反として拘留 二十五日に処したる処不服として即日正式裁判の申立をなしたり、九月一一十八日新潟区裁判所に於て 陸刑違反として禁錮ニケ月（求刑三ケ

月）の判決言渡ありたるが即日上訴せり）

※通州事件の詳細は用語集を参照。この通州事件を引き合いに「暴支膺懲」、つまり「暴虐な中国を懲らしめろ」と言う風潮が一気に日本に広まり継戦ムードが高まった。通州事件が起きた冀東防共自治政府は日本の傀儡政権的性格を持っており、ここを介して日本が不当な関税による輸出や麻薬製造、特務工作などを行い、中国経済に打撃を与えていたことを考えると、この発言はそう間違った認識ではない。

特高月報昭和12年11月分

十月三十日禁固二月（未決拘留二十五日通算）、十一月一日上告、十一月八日取下服罪

特高月報 昭和12年10月号

昭和12年9月　京都府　反戦策動

京都市中京区小川通り六角上ル猩々町　一四二　画家揚照コト　木村伊之助（27）

画家大村万治郎より「支那事変の為画の販路なく転業の外なきに至るやも知れず斯様な事実を考える時共産主義は正しい云々」と扇動的説明を聞き其の刺激に依り日本共産党の「戦争を内乱へ」のスローガンを実践化すべく決意し先づ反戦的気運を醸成すべく知人長田鹿之助外数名に対し「（1）皇軍の天津飛行場は敵の逆襲を受け格納庫全滅し日本飛行機七十台は焼失した、（2）

長崎市に敵の空襲あり同市は大混乱に陥っている、（3）北京の皇軍参謀部は丸焼となり多数の将校が死傷した、（4）今に**ソ連の飛行機が空襲し京都全市は全滅する**」との造言飛語を為したる事実あり。（九月十四日検挙し陸刑第九九条違反として目下取調中）

※どれもデマである。ただ翌年の1938年（昭和13年）5月20日には中国軍爆撃機が九州中部に飛来し、反戦ビラを投下しており、（ソ連の支援も受けた）中国軍機による本土爆撃の脅威が無かった訳ではない。

特高月報昭和12年11月分

十月二十六日陸刑第九九条違反として起訴

特高月報昭和13年1月分

十一月十六日裁判長より禁固八月言渡あり、立会検事は同月十五日に控訴の手続き

特高月報昭和13年5月分

十二月十八日京都地方裁判所にて禁固十月（未決二十九日通算）の言い渡しあり即日服罪

特高月報 昭和12年10月分

昭和12年9月　京都府　不敬反戦言動

京都市上京区小山玄以町一一　市電車掌　佐々木孝一郎（30）

九月十九日頃京都市上京区上加茂菖蒲園町立溝立方に於て同人外数名に対し
「（1）今度の事変は宣戦が布告されていないから戦死しても恩典がないからつまらぬ、
（2）金沢や第十六師団に動員が下り出動した、
（3）今度の動員は年長者が召集され現役は出征してゐない、
（4）多数部隊長が戦死しているが其の隊は全滅だ、
（5）共産党の運動は実に正しい、皆一度共産党員に話を聞いて見るとよい、
（6）天皇陛下天皇陛下と言うが神でも仏でもない、何処が我々と違うのである」
と造言飛語並に不敬言辞を弄す。（九月二十二日検挙、陸刑第九九条違反として送局十月十一日起訴）

※宣戦布告がなく、なし崩し的に戦闘が拡大していったのは事実である。戦死者には死没者特別賜金が支払われるなど恩典が一切無かった訳ではないが、戦況の悪化に伴い「賜金国庫国債」と言った国債に代えられた。そしてそれらは戦後に紙切れ同然の価値となった。

特高月報昭和12年11月分
十月十一日陸刑第九九条違反として起訴

特高月報昭和13年1月分

十月二十七日裁判長より禁固四月の言い渡あり、本名は不服として同月二十九日控訴

特高月報昭和13年5月分

十二月二十一日控訴を取り下げ服罪

特高月報 昭和12年10月号

昭和12年9月　富山県　反戦落書

九月二十日富山県下富岩鉄道越中岩瀬駅構内便所内腰板に「**世の中は不思議だ箸より重いものは何も持ったことのない奴が毎日酒を飲み毎晩妾を何人も抱いているかと見ると日給九十銭の職工が紙一枚で戦場へ引張られ真闇中で機関銃の音と共に誰にも知られずに死んでいる、生れる時は同じ姿で生れた人間がこれは何故だろうか**、本当に何故だろうか、戦争は妾を何人も抱いた金持が利権を得る為に行われる、金持に酒を飲ませ人を抱かせる為に貧乏人が死ぬ、同じ人間だのに嗚呼同じ人間だのに資本主義の恐ろしい醜い一断面だ、金持を戦場に送れ、いやいやと彼等は言う、戦争は金が要る、貧乏人の喫う煙草が上がる、全く世の中は不思議だ、東岩瀬町住民」と落書あるを発見す

※現代から見ると稚拙な文章に見えるかもしれないが、経済や機会の格差、また地方と都市の格差が現代以上に離れていた当時のことを考えると切実な文章である。

特高月報 昭和12年10月号

昭和12年8月　熊本県　反戦反軍言動

熊本県八代郡鏡町三七　無職　岡田季吉（47）

八月十七日下関発上り急行列車内に於て女店員肥州トシエ外数名に対し「今度の事変は支那が悪いのではなく日本人から仕掛けた喧嘩である、八月末頃からロシヤが支那に加勢するから支那はなかなか負けない、そして日露戦争が始まるのだ、日本の飛行機が支那各地で爆撃をやっている、其の惨状はは眼もあてられないものがある、**支那人とは言え実に可哀想である**、支那があの様に戦意を固くしたのは日本軍と又其占領地の宣伝隊とが合併して攻めるのでいよいよ興奮して反抗して来たのである云々」と反戦反軍的言辞を弄す。（列車移動警察官に於て検挙し陸刑九九条違反として送局）

※愈々→いよいよ、とした。

※「支那人とは言え実に可哀想である」と言う言い方からして、当時の認識が垣間見える。

特高月報昭和13年5月分

昭和十二年十二月七日造言飛語罪により大阪地方裁判所にて禁固四月、上告するも昭和十三年三月十七日上告棄却

特高月報 昭和12年10月号

昭和12年8月　警視庁　反戦的画貼付

九月二十一日午後六時三十分頃東京市浅草区蔵前一丁目二番地　松崎建築場板塀に吉野紙に「マダムと土左衛門」と題し反軍を風刺せるが如き図を画き其横に「物質文明と精神文明との対立は古今を通じて戦争と破乱とを生み女性の労働が如何に低級なるかを物語るものである」と記載せるものを貼付しあるを発見せり。尚九月七日、十九日の両日之に類似のもの二ヶ所に貼付しあるを発見せり。（左翼ルンペンの所為に非ずやと捜査中）

特高月報 昭和12年10月号

※「マダムと土佐衛門」、全く想像がつかない。

昭和12年7月　秋田県　反戦策動

仁平三郎　大槻喜一

本年五月初旬より「コミンテルン」の新方針たる人民戦線戦術により党組織の素地を作るべく文学青年数名を獲得して数回に亘り座談会を持ち、共産主義思想の普及に努めつつありしが今次の事変勃発するや、これを帝国主義侵略戦争なりとて反対を強調しつつありたるが七月十八日召集せられたるグループ員船越福司の送別茶話会を開催し席上大槻は「戦争はブルジョアが自己の利益の為に為すもので勝っても何等我々無産階級の利益になるものではない、支那と日本は提携して行かねばならぬ時代に在るにかかわらず戦争を起して支那を敵とするが如きは以ての外である、この意味からしても我々は大いに敗戦主義に則り（敗戦主義とは戦場に於て敵味方の兵士が互に交歓して戦争を中止すること）それから戦地に行く者は大いに戦場に於て此の戦争中止の気分を全兵士に宣伝すべきである云々」と扇動したる事実あり。［秋田県］（八月二十二日八名検挙、治維法違反として取調中）

※ここでいう人民戦線戦術は、1935年（昭和10年）にコミンテルン第七回大会で提唱された共産主義の運動論である。当時ナチスドイツやスペイン内戦に脅威を感じていたソ連のスターリンが、各国の共産党において急進的行動を取らせず他党派と妥協し（＝人民戦線）、革命よりも反ファシズム闘争を優先することを目的とした。しかし1939年に独ソ不可侵条約が締結され、一時的にドイツの脅威が薄れると人民戦線運動もこの時、終結した。

特高月報 昭和12年10月号

昭和12年8月　新潟県　反戦策動

新潟県　北農南部地区争議部長　五十嵐鉄太郎（51）

八、九月中数回に亘り塚野兼次外数名に対し「今回の戦争には日本は必ず敗戦に帰す、その時に於て日本の資本主義制度は倒壊し**露西亜と握手の下に我々の天下となり**以て貧困者は始めて救済されることになる云々」と敗戦反戦思想の宣伝をなす。（陸刑第九九条違反として十月十三日送局）

特高月報昭和12年11月分

十一月四日禁固六月の判決言渡、十一月八日控訴申立

特高月報昭和13年5月分

十二月二十四日前審通り造言飛語罪により新潟地方裁判所に於て禁固六月に処せられ即日服罪

特高月報 昭和12年10月号

※「今回の戦争」とあるが、これが太平洋戦争ではなく日中戦争（支那事変）の時点での発言であることに注目したい。日中戦争の時点でも日本は困窮しつつあった。

昭和12年8月　富山県　反戦言辞

富山県　富岩鉄道株式会社 西ノ宮信号所詰駅手　池森強（36）

七、八月数回に亘り梶原松之助外数名に対し「俺が戦争に行けば日本の将校共を後ろから殺してやるのだ、一体この頃の新聞は戦争の事ばかり書いてあって一向面白くない、新聞には日本が勝った様に書いてあるが日本は少しも勝って居らん、この調子で行けば戦争が長引き、やがて日本には食うものも兵器もなくなって仕舞ってどちらにしても負けるに決っている、事変が長引けば国内に暴動が起って現在の無産党が政権を執ることになろう、大衆は戦争によって資本主義の犠牲になるので仮に戦争に勝っても大衆は資本主義下に今迄同様の圧迫を受ける事は免れぬ云々」と反戦言辞を弄す。（陸刑第九九条違反として九月三十日送局）

※なぜこの処分が有価証券偽造行使などに繋がったかは不明。あるいは詐欺の最中に揺さぶりをかけようとこの発言を行ったのだろうか。

特高月報昭和12年11月分

有価証券偽造行使詐欺、業務横領並陸刑第九九条違反により懲役一年

特高月報 昭和12年10月号

昭和12年8月　岐阜県　反戦的言辞

岐阜市金園町八丁目六番地　自動車販販売店外交員　鈴木卓男（30）

九月中数回に亘り安藤銀次外数名に対し「上海では我軍が上陸すると直ぐやられたし、又死骸や負傷兵がゴロゴロしている、それで音便のないものは死んだか負傷したかである、実際こう不景気では戦争なんか早く済まして貰わなきゃ商売も上ったりで食って行くことも出来ん云々」と反戦的言辞を弄す。（陸刑第九九条違反として十月一日送局、即日起訴前の強制処分に付さる）

特高月報昭和13年5月分

昭和十二年十月三十日造言飛語罪により禁固四月、これを不服として控訴し十二月禁固四月（三年間執行猶予）

特高月報　昭和12年10月号

昭和12年10月　警視庁　反戦落書

十月四日東京市淀橋区新宿駅構内共同便所扉内側に「打倒日本、中国人よ団結せよ！　朱方正」と落書しあるを発見す。（捜査中）

※朱方正は中国人の人名と思われるが、詳細は不明。

特高月報 昭和12年10月号

昭和12年9月 **群馬県** **反戦的言辞**

群馬県多野郡中里村大字魚尾甲ノ二 日雇稼 黒沢槌三郎（33）

九月十二日高橋鎌蔵外数名に対し「今度の事変で召集された人は運が良い 一日皆で食べて着て一円五十銭以上になり家の方では出征兵の家族の慰問とか手伝とか言って村の青年団や他の者に応援して貰いこんな良い事はない 我々は一生懸命働いても一日七、八十銭位しかならない、**村長や校長が出征兵士に対し後ろのことはしてやると言うが召集された家族等かまう必要はない**云々」と反軍的言辞を弄す。（厳戒）

特高月報 昭和12年10月号

昭和12年9月 **神奈川県** **反戦投書**

九月二十九日横浜市神奈川郵便局に於て郵便物取集中陸軍省宛左記内容の匿名の投書を発見せり。「日本ヲ倒セソ連建テ日本小国王ヲ殺セ支那ヲ救ヘソ連立テ断然日本流ノ美辞麗句ノ君主ヲ撲滅セヨ日本何ゾ近衛政治ヲ即時覆滅セヨ原因ハ此処ダ然ラザレバスパイ。」（共産主義分子の所

為と認め捜査中）

特高月報 昭和12年10月号

昭和12年10月　北海道　反軍的言辞

北海道有珠郡伊達町一　牛馬商　菅原正（47）

十月十日青森、北海道間連絡船内に於て安達章蔵に対し「北海道の種馬上りの馬匹は北海道で売るよりも内地の馬市に持って行けば三百五十円から四百円位の高値で売れる、其の馬に、白髪頭の将校が鉄砲で射たれて死ぬのも知らずに乗って行くのだ云々」と反軍的言辞を弄す。（厳重説諭）

特高月報 昭和12年10月号

昭和12年10月　群馬県　反軍的言辞

群馬県多野郡美原村七八　養蚕技師　榑沼金作（39）

十月八日金沢喜義に対し村民約二十名参集し居る面前にて「御前の弟の様に運の良い者は無いなー、上海事変にも召集されて金を貰い又今度も召集されるなんて運の良い男だなー、まるで国

家の金を掴み取りじぁねーか、戦争のある度毎にうまくやっている云々」（厳重戒飭、始末書を徴す）

特高月報 昭和12年10月号

昭和12年9月　高知県　反軍的言辞

高知県　渡川水力電気発電所建設作業所　電工　松井十作（36）

九月八日発電所観覧に来りたる佐賀村国防婦人会員に対し「貧乏人が戦争の話を聞くには及ばぬ金儲けの話を聞けばよい　大体出征兵士を見送ったりするのが可笑しい、戦争に行ってもどっちに向けて鉄砲を撃つかも判らぬ　日本が戦争に勝とうが負けようがどっちでもよい　戦争に勝っても賠償金は取れないかも判らぬ云々」と反戦言辞を弄す。（厳重説諭）

特高月報 昭和12年10月号

昭和12年8月　新潟県　反戦策動

新潟県刈羽郡七日町村字上栗八七　無職　角山良尭（24）

七、八の両月に渡り数回青年倶楽部員角山正樹外数名に対し「戦争に出て行って殺されたり場所を荒されたり破壊されたりする者は戦争に食われるのだしその反対に戦争をやりそれによって領土を取ったりしてそこで金を儲ける資本家は戦争を食うものである。そんな戦争は帝国主義侵略戦争であり、そんな戦争には反対しなければならぬ、今回の戦争も帝国主義によるものであり我国の一部特権階級や資本家達の利益を擁護する為に行われ我々は結局其の一部の者の為に身命を投げ出して戦わねばならぬ立場に在って甚だ不利益の立場だが人類愛と言う立場から言っても自分は戦争には反対だ云々」と反戦思想の宣伝を為したり。（八月十七日発見せる新潟県下に於ける反戦ビラ貼付被疑者とし て八月十九日検束取調べたるに被疑事実薄弱となりたるが上記の如く共産主義に基く反戦意識高揚のため居村青年に対し宣伝し居りたること明瞭となり十月十日、陸刑九九条違反として送局せり）

特高月報昭和12年11月分

十一月二日検事の求刑通り陸刑第九九条違反により禁固六月

特高月報 昭和12年10月号

📅 昭和12年10月　📍 大阪府　☰ 反戦落書

十月十日大阪市北区大阪駅（西駅）便所内裏手窓硝子に「**持たない国が持てる国を攻撃することは当然云々と遂に日本外務省は日本が侵略国たる事をその宣言に於て認めた、我人は日本人として否有色人種として支那の兄らを殺損することに不同意だ**　しかも戦争に倒れるものは支那並に日本無産階級である」と落書しあるを発見せり。（行為者捜査中）

特高月報 昭和12年10月号

📅 昭和12年10月　📍 静岡県　☰ 反戦的投書

十月十一日静岡市西深町七二番地静岡歩兵三十四連隊長留守宅連隊長夫人田上千代子に宛て左記内容の匿名の投書ありたり。「一言申シマス、初メテノ戦争で部隊全滅ニ十億余ノ事実デ無数ノ犠牲者、十九世紀ノ戦争カ、ソレデモ何トモ思ハヌカ　戦死者尊族家族ノ胸ハ張リサケル　自分等ハ無事デ金鵄ガ欲シイカ　**犠牲者位ヤムヲ得ナイトハ何タル人鬼、戦死者家族慰問ナド売名行為ハ止メロ**　慰問ニ来ラレルト家族ハ気ガ違ウゾ　部下ヲ思フ様ナ記事ヲ度々新聞ニ出スナ　戦死者家族」（憲兵隊と協力捜査中）

※（「戦死者家族」と言う記載を信じるなら）「慰問に来られると家族は気が違うぞ」など遺族感情の生々しい記述である。どうやら田上夫人は戦死者遺族を慰問していたようだが、この遺族にとっては白々しく、腹立たしい事だったようだ。

特高月報 昭和12年10月号

昭和12年10月　千葉県　反戦遺書

千葉県印旛郡川上村吉倉五一四「房総文学」同人　日暮甲一（24）

十月五日治維法違反事件（「房総文学」関係）に依り検挙し所持品を捜索したる処本名は未教育補充兵なる関係上今次の支那事変に関し召集せらるるを予想し友人日暮信夫に宛て「自分は召集せられたならば**軍司令官を暗殺し又は鉄道爆破を敢行してマルクシストとしての任務を遂行する**云々、中国革命万歳、帝国主義戦争の内乱への転化」其他共産主義のスローガンを書きたるものを所持し居りたるものを発見せり。（治維法違反として取調中）

特高月報 昭和12年10月号

昭和12年9月　埼玉県　反戦的投書

九月二十四日頃差出人埼玉県北足立郡鳩谷町字里村○△はる子名義を以て陸軍省恤兵部宛（内封筒には「支那のお友達江」）左記内容の投書を為したる者あり。「**支那に住んで居らっしゃるお友達方よ。**私は日本の一女よ、私の様な者でも貴女方にお便りしたいの、貴女方の国では今どうなっているか分るでせう、どうしてこんなみじめになったか位は分る事と思ひます貴女方だって一日も早く安心して暮して行けますか「私達の国でも安心して行けませんわ一言戦争と聞いただけでも身ぶるいするじゃありませんか多くの軍人を戦地に向けて戦死をなされたり又は傷をつけたりする方が多いのですどうしても戦争をしなければならないでしょうかもし戦がないならばどこまでも平和を保つことが出来るでしょう」**私はあなたの国をにくむわけではありませんが早く仲なおりして親善を結びたい**ものですね貴女方一同お友達は日本をどう思って居るか知りませんが誰でも戦を喜ばないと思ひますねお友達一同にもよろしくおつたい下さい後略。（憲兵隊と協力捜査中）

特高月報 昭和12年10月号

昭和12年10月　福島県　反戦的言辞

本籍宮城県仙台市南材町　僧侶　須藤衛（41）

抵鉢を業とし諸方徘徊中十月三日福島県下川俣町木賃宿に於て同宿者国分秀八外三名に対し「戦争が始って以来俺等の商売は何処に行っても上がったりだ　いつまでこんな戦争が続くのだ早く止めて貰いたいものだ云々」と反戦的言辞を弄す。（戒飭）

特高月報　昭和12年10月号

※托鉢＝商売？　中々の発言である。

昭和12年10月　静岡県　演劇中の反戦台詞

東京市下谷区谷中清水町二〇　興行師　戸塚巳一　一行

九月二十五日（静岡県）下田方郡三島町所在劇場歌舞伎座に於て上演せる現代劇「軍国の母」と題する演劇中左の如き反戦的台詞を使用し居るを発見す。高利貸「お前は軍籍があるだろう？今は非常時だあっちもこっちも召集が降りたお前は前科者だ人間としての交りの出来ない人間の層だ、だからイの一番に召集される、お前の様な前科者は一番先に回されて敵の弾丸にあたって死んで仕舞う、死んだ後は一体誰に催促するのだ云々」（厳戒、始末書を徴す）

特高月報 昭和12年10月号

昭和12年8月　岐阜県　反戦的言辞

岐阜県大野郡久々野村　農業日稼　中川熊之助（25）

八月二十日自宅に於て田口定次郎に対し「**朝鮮人に聞くと今度の戦争は日本が負けると言っている。**こうなると朝鮮人の取締をする本部が大阪にあって基処から内地で百人以上朝鮮人が集まっている所へ全部通知が来ることになっている、其の通知が来ると**内地の全部の朝鮮人が一緒にあらびる（暴動を起す意）ことになっているそうだ**云々」と反戦的言辞を弄す。（陸刑違反として送局　十月二十五日起訴前の強制処分に付さる）

※悪質なデマである。

特高月報昭和13年5月分

昭和十二年二月十二日（ママ）造言飛語罪により禁固四月に処せられ上訴中

特高月報 昭和12年11月号

昭和12年10月　**和歌山県**　**反軍的言辞**

和歌山県西牟婁郡東富田村　農　中岩鹿蔵（40）

十月十四日省線田辺駅上り列車内にて同乗の森田与七外四十名位のものに対して「お前等は兵役関係なき故軍隊のことは何も知らぬ、俺は現役へ行って来た上等兵だ、**今度の日支事変は何だ、子供の喧嘩と同じことだ**、出征して居る兵士も遊んでいる様なものだ、この様なことに大変な費用を使いやれ家族の慰問だやれ出征兵士だと煽てられて居る奴は全く馬鹿野郎だ云々」と反軍的言辞を弄す。（陸刑違反として十月二十三日送局）

※後に無罪となる。

特高月報昭和13年5月分

昭和十二年十二月八日造言飛語罪により禁固三月に処せられ控訴、昭和十三年一月十九日和歌山地方裁判所にて「自己の感想を吐露したるに止まり進んで或特定具体的事実を告知伝唱したるものに非ず」との理由により無罪判決

特高月報　昭和12年11月号

昭和12年9月　**島根県**　**反戦的言辞**

島根県仁田郡三成村大字三成六四五　中間島太郎（46）

九月五、六日頃、清水万次郎に対し「支那事変は日本が無理である。日本が支那を取ろうとするから悪い。**日本の国へ外国から来て戦争をしたらどうであらう**。左様なことをするから日本の兵隊が多く死ぬのだ云々」と反戦言辞を弄す。（九月十六日所轄署に拘致し陸刑法違反として取調べたるが思想的傾向なく厳戒す）

特高月報 昭和12年11月号

※「思想傾向無く」と警察も認めざるを得ない通り、極めて真っ当な発言であるが、当時の雰囲気の中でこの様な発言をすることは、非常に勇気の要ることであっただろう。

昭和12年10月　岡山県　反戦落書

十月二十二日岡山停車場構内便所壁板に「戦闘的労働者農民諸君、軍国的侵略主義戦争絶対反対、打倒資本主義」と落書しあるを発見す。（捜査中）

特高月報 昭和12年11月号

昭和12年10月　沖縄県　反軍的放歌

沖縄県中頭郡美里村　後備歩兵一等兵　農　知花朝仁（35）

十月五日友人三名と共に美里村料理店城間亭に於て遊興中、左の如き反軍風刺の数え歌を放唱したる事実あり。「数へ歌　一つとせ人が嫌がる軍隊に、志願で出て来る馬鹿もある、御国の為とは言ひながら　二つとせ二親離れて来たからは二個年たたなきゃ帰られぬ」（以下略す）（酩酊の結果放歌したるものにして反軍意思なきを以て厳戒、誓書を徴す）

特高月報　昭和12年11月号

昭和12年9月　千葉県　反戦落書

（千葉県）下志津廠舎衛兵所裏便所腰板に「国を守る戦争に非ず。資本家の腹を肥す戦争なら勇士も馬鹿さ、　戦争とは？　解答：吃るものなり」と落書あるを憲兵隊員発見す。（憲兵隊と協力捜査中）

特高月報　昭和12年11月号

昭和12年10月　大阪府　反戦ビラ貼付

（大阪府）三島郡吹田町会社員日比野明春方表板塀に左記内容の反戦ビラ二枚貼付しありたるを発見せり。

一、銃を取る前に貴方々の家族を考える必要がある

一、支那の人民を打殺すな！（支那より郵送せられたるものを貼付したるものに非ずやと認め捜査中）

特高月報 昭和12年11月号

昭和12年10月　愛知県　反戦言辞

新京永昌胡同代田友舎　司法部技工　滝島勘左（33）

十月二十五日午後八時頃下関行列車内食堂車（名古屋通過後）に於て氏名不詳の**応召軍人に対し**「アンタ方は如何なる気持で出征するか、日本は余りにも余りにも支那を馬鹿にして戦争を吹きかけているが皇軍の戦死者の多いことはどうか、支那の軍備は相当充実して居る、少なくとも軍の計画が誤られている、政治的に解決することが緊急の要件である云々」と反戦言辞を弄す。（酔余の洩したるものなること判明したるを以て厳戒に止む）

※酔っていたとは言え、軍人当人にこのような発言をするとは驚きである。

特高月報 昭和12年11月号

昭和12年9月 福岡県 反戦言辞

小倉市魚町一一〇 文具店々員 浜中博（25）

九月、日不詳午後七時頃夕食の際友人小西義則外一名に対し「支那事変は発生以来三箇月にもなるがいつまでも戦争戦争で騒ぎ早く済まねばいかぬと思う、**俺は戦争をして人を殺すと言うことは絶対嫌いだ**云々」と反戦言辞を弄す。（厳戒）

特高月報 昭和12年11月号

昭和12年10月 警視庁 反戦的画貼付

下谷区金杉上町八三 田村義一方 中村亀松（35）

九月二十一日東京市浅草区蔵前一丁目二番地松崎建築場板塀外二箇所に反戦的画貼付しありたるを発見し調査中なりしが上記の者の所為と判明したるを以て十月二十日検挙し取調べたる処精

神異常者なりしを以て親権者に引渡したり。（精神病者）

特高月報 昭和12年11月号

昭和12年10月　鹿児島県　反戦的落書

十月三十日公衆の出入する場所等に付き不穏落書等の一斉取締を執行したる処鹿児島市所在第七高等学校造士館内学生便所に左の如き反戦其他の落書あるを発見せり。

一、学校教練反対

一、**ミリタリズムを排撃せよ**

一、軍部絶対反対

一、悲惨なる無産階級を見ろ

一、現役将校のたたき出し七高に革命せまる

一、ああ伝統に輝ける東寮生よ手をとりて希望の岡をみつめつつ赤旗の下に進みなん

一、労農ロシヤは思想を唯一の武器とする一の帝国主義国家なりロシヤ一の帝国主義国家なり

ロシヤ一億五千万の民衆は二十万のゲ・ペ・ウに支配されている

一、自由の学園を兵器化するなかれ

一、不当の圧迫を排撃せよ

一、打倒○○主義（行為者内偵中）

※ソ連に対しても批判を行っている当り、書き主は純粋な自由主義者だったのだろうか。大粛清の一端を担ったソ連GPU（国家政治保安部）に言及しているのも珍しい。

特高月報 昭和12年11月号

昭和12年10月　山口県　反戦的言辞

下関市入江町一一八　本地郷商事株式会社員見習　木村正（24）　同所　松本茂当（24）

十月二十九日カフェー月世界に於て飲酒中偶々演奏せるレコード軍歌「露営の夢」を聞くや両名はそれぞれ「何だい弾が急所へ命中して天皇陛下万歳だなんて言えるものか云々」と大声を発し更に松本はスタンドに備えつけありたる国防献金箱を取上げ「**国防献金等するからなんぼでも戦争をやるんだ　こんな事をして何になるか　俺は甲種に取られたが実に困ったものだ**云々」と放言し木村は更に飲食店泡盛下関販売所に至り飲酒中同店内障壁に「主人出征中に就き宜敷御願します」と記載せる貼紙ありたるを見て「出征兵士も糞もあるか出征して幾何働いた処で何なるか（ママ）、戦死しても傷ついても帰って来て二、三年も経ったら惨めなものじゃないか云々」と放言す。（酔余の放言にして改悛の情顕著なるを以て戒飭、始末書

を徴して釈放す）

※「何だい弾が急所へ命中して天皇陛下万歳だなんて言えるものか云々」とは中々な発言だが、それにしてもこれだけ暴れまわっても、酔っぱらっていると罪が軽くなるのは良いのか悪いのか。

特高月報 昭和12年11月号

昭和12年10月　福島県　反戦的通信

福島県若松市材木町　後備陸軍砲兵少尉三郎治妻　星野美子（28）

夫砲兵少尉三郎治の戦死に対し慰問状を受けたる返信として十月二十四日鈴木スミに宛て「前略、**支那の兵もやはり人間です**あちらにも私と同じ運命いやそれ以上悲惨な者がどんなにか多いことを思ひますと自他共にもはや一兵も傷けたくありませんこの悪魔の様な戦争が早く終って下されと願うばかりで御座います。後略」と反戦的通信を為したる事実あり。（注意）

※希ふ→願う、とした

特高月報 昭和12年11月号

昭和12年7月　栃木県　反戦策動

栃木県　石材職工　石材職工　斎藤太一（27）

七月二十九日松本福次郎外七名に対し、「戦争戦争と騒いで居るが日本は支那に負けて仕舞って金持も労働者も皆同じに食って行ける**今のロシアの様に俺の思ふ世の中が来る**のだ。金持は戦争をやらせて、金儲をするのだ、資本家は金儲の為満州に投資しているがそれで足りないで今度は支那を自由にして金儲をする為に戦争を起したのだ決して国家の為や天皇陛下の為の戦争ではない、支那戦争にしても一つしかない命を捨てるなんてとんだ考え違いだ、金持の為の戦争だから反対なのだ、又国の為としても今の日本の国では反対だ、ロシアの様になることが労働者の幸で、そうなれば我々労働者は平気で命を捨てるが現在の日本では命は捨てられない云々」と反戦思想の宣伝をなす。（十一月六日検挙、十一月二十五日不敬罪及陸刑九九条違反として送局）

特高月報昭和13年1月分

昭和十二年十二月二十八日起訴、一月十七日不敬罪及造言飛語罪により懲役十月に処せらる

特高月報 昭和12年11月号

昭和12年9月　北海道　反戦言辞

社大党札幌支部　顧問　刃物研師　高橋幸広（52）

大正十五年頃より共産主義的思想を抱懐し反ファッショ、帝国主義戦争反対等の運動に奔走中なりしが日支事変勃発するや八、九月中数回に亘り高田光治外数名に対し「新聞には日本軍が連戦連勝している様書いてあるが事実は仲々そんな易々と行くものではない永田部隊は上海に上陸するとすぐ全滅している、新聞には十名とか十五名とか日本軍の戦死が少くしか報道されていないが事実はそんなものではないもっと余計に死んでいる云々」と反戦的言辞を弄したる外昭和八、九年中数回の不敬の言辞を弄すると共に人民戦線運動等に狂奔す。（憲兵隊に於て取調べ陸刑九九条違反、不敬罪、治維法違反として送局したる処十一月四日陸刑違反のみにて起訴せらる）

特高月報昭和13年5月分

造言飛語罪により昭和十二年十二月二十七日禁固六月、昭和十三年四月八日上告棄却

特高月報 昭和12年11月号

昭和12年11月　香川県　反戦的通信

高松市松島町　戦死者常二妻　柴佳子（22）

本名は戦死者の妻女にして其の遺子の愛に引かされ左の如き呪詛的通信を友人宛発送したる事

実あり。「**毎日の様に子供が『お父さんは何時帰るの』と聞かれる時の私の切なさよ**、仏壇の前に連れて行き『ケンマンスと拝んでみたら帰るよ』と言ったら毎日の様に仏壇へ行って拝み他所から何か貰ったら直ぐ**仏壇に供へて拝み『お父さん帰らないなア』と私に泣きつかれる時の切なさよ**、嗚呼片輪でも何でもよい生きてゐてくれさへしたら今度の戦争さへなかったら他所様と同じ様に一家三人が仲良く暮されるのに戦争があったばかりに坊のお父さんは亡くなったと思へば戦争がうらめしうございます」

特高月報　昭和12年11月号

※読んでいて辛くなる事例である。処置も記載されていない。「ケンマンス」については不明。

昭和12年11月　愛知県　反戦的言辞

名古屋市西区白塀町　袋物製造販売業　宮地嘉一郎（51）

十一月十日森秀雄外二名に対し「今度の支那事変で不景気の為大勢の人が困っている、この事変は元々日本が最初より日本が計画的に作ったもので戦争で負ける　支那は可哀想だ戦争で勝ってる日本でさえ此の様に不景気だから日本の言うことは無理だ**支那が怒るのは無理はない**日本の新聞は嘘の記事が多い支那新聞は日本が悪いと記載している云々」と反戦言辞を弄す。

（十一月十二日陸刑九九条違反として送局）

※特高月報昭和13年1月号では宮城嘉一郎となっている

特高月報昭和13年1月分

昭和十二年十一月二十八日起訴、同月二十九日判事の勾留状執行、名古屋刑務所に収容

特高月報昭和13年5月分

十二月十三日一ノ宮区裁判所において造言飛語罪により禁固六月(三年間執行猶予)

特高月報 昭和12年11月号

昭和12年10月　大阪府　反戦言辞

大阪市豊中市桜塚一二三五　第二櫻花荘五号地　市バス運転者　岩本善右衛門

十月八日午後二時三十分大阪市北区大融寺町梅田車庫運転者前田良夫外六、七名に対し「今度の戦争の事にてどんどん出征して居る労働者は多数出て居るが支那と戦争をして勝っても我々労働者には何の利益もない、儲ける者は資本家の懐だけだ、労働者の兵隊は可哀想なものだ、戦争に出すなれば、もっと生活の安定を与えねばならぬ、現在の制度では反対だ」と造言し、十月十三日午後三時頃右梅田車庫の点検室に於て運転者上田信次外八、九名の運転者に向ひ「僕も満州事変に行ったが支那兵はなかなか強い、新聞の記事も余り当にならぬ、実際兵隊は惨めなものだ、

我々労働者から沢山出征するが我々は戦争に勝っても何にもならぬ、結果は資本家の為のようなものだ」と造言し、十月十七、八日昼頃車庫休憩室にて運転者宮崎馬太郎が七、八名の同僚と出征兵士に送る国旗に署名し居る際岩本は「こんなものを書いても何にもならぬ、又僕が満州事変に行った時占領地毎に月日を記入し凱旋したが飯の種にもならぬ捨ててしまった、実際戦争の惨めな事は行った者でないと解らぬ、**千人針や国旗は精神的なものだ、弾除けと言う迷信である**」と造言したるものなり。（被疑者は大阪市電交通労働組合自動車部梅田支部組織部長にして其の所為は影響する処至大なるものあるを以て厳重処罰の要ありと認め陸刑九九条違反として送局す）

※ただし、後に犯罪の嫌疑は無かったとされた。

特高月報昭和13年5月分

造言飛語罪により送局、昭和十三年一月十日犯罪の嫌疑なしと決定

特高月報 昭和12年12月号

昭和12年11月　茨城県　反戦言辞

茨城県新治郡土浦町下高津町　鐵力職　前昌德三郎（43）

十一月三十日土浦町湯屋営業佐藤正蔵方浴場に於て入浴中の渡辺勇外二名に対し「日支事変に際し、我軍の戦死者一万六千四十六人支那軍の戦死十四万余にして日本軍が大勝利を博し居るが如き新聞記事あるも事実は全く正反対で日本が負けて居るのだ、新聞は検閲があって都合が悪いことは掲載せず都合のいい宣伝ばかりして居るのであるから駄目だ、**日露戦争でも日本が勝った様に言われて居るが本当は負けて居る**のである、今度の戦争は長びくであろうが結局日本が敗北するだろう、**日露戦争で日本が勝って樺太を半分とったことになって居るが、あれは嘘で地理が間違って居るのだ**、君等は桃太郎の話を知って居るか、桃太郎の話が嘘だとすれば、これによって考えて見ても判るだろう。共産党は私有財産を認めないので大変悪いように思って居り支那が共産化することを恐れて日本が戦って居るように言われて居るが共産党は貧乏人の味方で貧乏人の為にはいいのである、誰でも美味いものを食べたいと言う気持は変りないだらう」との反戦言辞を弄す。（検挙取調中）

※日露戦争の勝敗については見解が多々あるが、ポーツマス条約を見る限り日本に有利な講和であったとする意見が多い。「あれは嘘で地理が間違って居るのだ」の真意については不明。ボケているのか、地球はみんなのものということだろうか。

特高月報昭和13年5月分

昭和十三年一月十七日土浦区裁判所にて造言飛語罪により禁固四月

特高月報 昭和12年12月号

昭和12年10月　山口県　反戦反軍的言辞

山口県吉敷郡嘉川村　戸主伍之助　妻　伊藤ナラ

十月下旬近隣者に対し、
一、「お宮に沢山詣って祈願祭とか何とか言ってもつまるものではない賞銭が入るばかり何もなるものか」
二、「日本は支那の馬賊より悪い自分等は日本人にいじめられたが此度の戦争に負けて皆んな死んでしまえばよい」
三、「勲章を貰ったり恩給を貰ったりするものは死んで仕舞えばよい」
四、「**慰問品を沢山送るがこれが届くものではない**駄目な事だこんな事をする馬鹿がわからない」
五、「支那の兵隊を日本の兵隊が十人切った五人切ったと言ふが鯨を切って見ても油でなかなか切れるものではない皆うそばかりである」と反戦反軍言辞を弄す。（本名は精神耗弱者なるを以て戸主伝之助及本名を所轄署に於て厳重加諭の上誓書を徴す）

※この件に限らないが、本当に「精神耗弱者」かは一旦疑う必要がある。不敬罪の運用などにおいては国民に思想的影響を与えないよう「狂人が狂った行為をしただけ」と片付けさせる向きもあった。もちろん、本当に精神病患者の可能性もあるが。

特高月報 昭和12年12月号

昭和12年11月 山口県 反戦反軍言辞

山口県厚狭郡厚狭町　黒石房吉

「何処でも最近愛国婦人会や国防婦人会と言って襷を掛け飯の炊出しとか応召兵見送りとか言って家業を休んで騒いで居るが之は大なる非常時認識の誤である　その様な暇があれば家で家業に精励した方が何れだけ銃後の護りを固うし国に忠義になるかも知れない、**大切な時間を費して見ても知らぬ応召兵に対し万歳万歳と言って送ったとて如何程の有難味がある大体愛国とか国防とか名が好かぬ** 私の妻も期んな好かぬ名前の組には入れないのだ云々」との反戦反軍言辞を弄す。（厳重戒飭す）

特高月報 昭和12年12月号

コラム

憎まれる「財閥」の表裏

数々の反戦発言を見ていると、所謂「財閥」に関する発言が多い事に気付く。「財閥は軍需産業で儲ける為に戦争を推進している」といった物の他に、「財閥の子弟が徴兵された・戦場に向かったことがあるか」といった類のものもある。

財閥とは

財閥とは、ある一族により出資・資本・経営などが独占され、巨大化した経営形態の集団のことである。戦前の日本経済において非常に大きな影響力を持っており、特に三大財閥として三井財閥・三菱財閥・住友財閥、またこれに安田財閥を加えた四大財閥が有名である。財閥にも、江戸時代の豪商から続くもの、明治維新の際に新政府と結びつき成り上がったもの、第一次世界大戦の大戦景気で成り上がった所謂「戦争成金」とよばれるものなど、様々な由来がある。また、満州事変以後、軍需産業の需要が高まる中で、重工業の拡大とともに新興財閥と呼ばれるものも発展してくる。

商人たちの富国強兵

明治維新以後、西洋諸国の思惑や直接的な植民地主義の脅威に対し、明治政府は「富国強兵」政策、つまり工業化と軍事力の強化を急いで達成する必要に迫られた。だがヨーロッパの産業革命に遅れること約１００年の日本においては、工業といえば徳川時代末期にわずかに各藩で軽工業の萌芽が見られた程度であり、軍事力に至っては小銃から軍艦まで多くを諸外国に製造を依頼し、輸入している状況であった（初の近代的な国産小銃は１８８０年（明治13年）の「十三年式村田銃」、初の主力的な国産戦艦は横須賀海軍工廠で製造された１９１０年（明治43年）就航の「薩摩」とされている）。このような状況において、明治政府は政府主導による経済政策、つまり「殖産興業」を取る事となった。各地に官営の工場や製鉄所、炭鉱が開設され、また、徳川時代からの豪商（三井家など）や、明治維新に貢献した一部の商人（三菱財閥創業者となる岩崎弥太郎や、明治政府に貸付を行った安田財閥創始者安田善次郎など）との結びつきを強め、経営基盤を有力な人々に集中させた。金融やインフラ・

岩崎彌太郎

物流など、日本の近代化に際して不足していた要素やノウハウの多くは、これらの人々によって確立された。

　例えば、明治当初の国内海運は諸外国企業にほとんど支配されていたが、明治政府はこれを打破するため最初は官営の会社を立ち上げ、失敗の後は三井家などの協力のもとに日本国郵便蒸気船会社を設立し、様々な保護を行った。この時、三菱商会の岩崎弥太郎は競争相手としてしのぎを削ったが、相次ぐ士族反乱に際し政府の鎮圧方針に日本郵便蒸気船会社が積極的に協力しなかったため、岩崎に兵力輸送の矢が立ち、三菱商会は「佐賀の乱」鎮圧などに輸送面で協力した。このことにより三菱商会は政府との関係を築いて船舶の貸与などを受けられ、価格競争などで優位に立ち、日本郵便蒸気船会社を解散に追いやり、米国企業のパシフィックメールや英国企業のP＆Oなどの海外海運企業を日本から追いやった。

　殖産興業は国内の発展に寄与したが、同時に政府内の有力者と一部の商人が激しく癒着することも当然発生した。北海道の開拓の為に立ち上げられた北海道開拓使の払い下げ事件などはその最たるものであった。10年間かけて整備された1400万円分の開拓使設備が、開拓使長官の黒田清隆により39

富岡製糸場

万円無利息で五代友厚らに払い下げられようとしたこの事件は、大きな反発を呼び、中止を余儀なくされた（ただし5年後には北海道庁の官有施設が渋沢栄一や安田善次郎らに極めて有利な形で払い下げられている）。

「明治14年の政変」以後、殖産興業の方針が変わり、民営化が進むこととなる。だが官営工場が払い下げられる際にも政商ら有力者たちに優先して工場が払い下げられ、効率化や軍需の国産化および強化が進められていくとともに、政府との結び付きを緩めて政商から脱却する動きも始まった。こうした流れの中で、明治後期の1900年前後に財閥という概念が誕生した。

帝国主義論と資本主義

1900年前後（明治三十年代）に日本でこうして財閥という概念が生まれた頃、西欧は帝国主義全盛の時代であった。英国のホブソンは、ボーア戦争に従軍記者として赴き、イギリスが海外に進出する現場を見た経験から、1902年（明治35年）に『帝国主義論』を著し、植民地と経済の関係について論じた。日本においても、これにわずかに早く枢密顧問官の竹越与三郎が1900年（明治33年）に西欧の帝国主義を『世界之日本』第5巻48号で紹介し、日本の対外進出を促した。逆の立場では後に大逆事件で非業の死を遂げる幸徳秋水が英国のロバートソンの著作『パトリオティズム・アンド・エンパイア』に影響を受けて1901年（明治34年）に『帝国主義』を著し、（当時の）近年の大国の横暴と照らし合わせながら帝国主義を非難した。そして1917年（大正6年）にはロシアの革命家レーニンが、ホブソンの帝国主義論に共産主義者としての見解や膨大な研究を加えて『資本主義の最高の段階としての帝国主義（一般向けの概説）』を著し、世界の左派の間に大きな影響を与えた。

レーニンによれば、列強内で資本主義が発達すると、銀行や大企業が融合ないし癒着した寡頭体制を敷くようになる。そして貧困な大衆・労働者を置いたまま独占体は巨大な生産力を持ち、国外に資本を輸出する。この表れが植民地であり帝国主義であるという。さらに突き進むとやがて全世界はすべて列強が支配するようになり、「分割」のしようがなくなる。そして列強内でも社会や資本の発展は不均等であるから新興国が再分割を求めて戦争を行うようになり帝国主義戦争が発生する、という。レーニンはこの流れは不可避であるとしている。レーニンの帝国主義論にはその後も様々な検討や批判が行われたが、ともかく当時の左派が財閥と戦争・植民地の関与を考えるとき、これらの帝国主義論の影響が強かったことは否めないだろう。

戦争と財閥

明治後期以後、財閥は権力と結びついたその体力により、各地の企業や銀行などを吸収し傘下に加え、多角的な経営を行うようになった。また、第一次世界大戦期においては、東アジアは主戦場の欧州から離れ、青島攻略戦などの他に大規模な戦闘がなかったこともあり、日本は欧州において絶対的に不足していた船舶や軍需品を売りつける形で好景気（大戦景気）となり、鈴木商店などにわかに成り上がった新興財閥も登場した。世界大戦直前の1911年（明治41年）には、海外への軍需物資輸出の際に買い叩かれない様、三井物産・大倉商事・高田商会が共同出資して「泰平組合」を設立し、大戦の際には小銃を大量に連合国側に輸出している。

しかし同時に、1918年の米価高騰により発生した米騒動の際には米を買い占めているという真偽不明のうわさにより鈴木商店が焼き討ちされるなど、民衆から冷たい視線を浴びせられてもいた。第一次世界大戦で登場した航空機や戦車といった新兵器は軍需産業の更なる発展をもたらしてもいる。

財閥の春と冬

第一次世界大戦終結

後の日本経済界において、財閥は非常に大きな支配力を持っていた。1928年（昭和3年）時点の七大財閥（三井・三菱・安田・住友・浅野・大倉・古河）の払込資本総額は全株式会社の16・5％分、また昭和2年の長者番付は1位から8位までを三菱・三井の一族が占めている。この時の三菱財閥総帥岩崎久弥の年収は420万円であり、大卒初任給が40円から50円・労働者日給が2円であることや当時貧富による機会格差が激しかったことを考えると凄まじい稼ぎ様であった。また、1927年（昭和2年）からの昭和金融恐慌の際、世界的に金本位制が停止され、外貨が高騰する中で三井財閥の團琢磨がドル買いを行ったことが政府により売国的であると非難されるなどの事件も発生している。

これらの財閥の発展ぶりは、需要縮小と関東大震災による恐慌や東北地方の飢饉に対し政府が何ら強い対策を打てず、共産主義運動も広がり始めた中で、左右両側から攻撃を受けることとなる。右翼からは「青年日本の歌」に歌われた様に民衆と国を思いやる心のない国賊的商人として、左側からは格差や貧困を発生させる元凶の資本家として見られた。これらの動きは1921年（大正10年）の安田善次郎暗殺や1932年（昭和7年）の血盟団事件といったテロに繋がることともなり、あるいは財閥解体が明記された右翼思想家北一輝の「日本改造法案大綱」を通じて後に五・一五事件や二・二六事件などを引き起こす青年将校達の思想にも影響を与えていく。

無論、財閥も単にふんぞり返っていた訳ではなく、様々な社会・慈善事業を行っていた。三井財閥は貧困者の為に三井慈善病院を設立し、世間から守銭奴と見られ最後は朝日平吾に殺害された安田善次郎も実際は様々な慈善活動を行っており、東京帝国大学の行動建築にも寄付を行っている。有名な安田講堂は彼の名前がとられているのである。だが、あまりにも広すぎる格差や社会の矛盾の溝を埋めるには全く至らなかった。血盟団事件により三井合名理事長であった団琢磨が暗殺されてから、三井を始めとする財閥は「財閥転向」と呼ばれる動きを取り、各方面への慈善団体である「三井報恩会」の設立などを行ったが、同時に国策により従う姿勢も取り始めた。これらの記憶が、特高月報に記載される発言へと繋がっていくのである。

新興財閥と軍需産業

そして、国内経済の閉塞を海外への進出により打ち破ろうとした満州事変以後、国家に対する貢献という名目で多くの企業は再び需要の高まった軍需産業に参画していき、日産、日窒、理研、中島飛行機など重工業・軍需を中心とした新興財閥も誕生していった。三菱財閥の三菱小弥太は、三菱造船・三菱航空機などの分社を再び合併し、「三菱重工業」とした。三菱重工業は航空機や戦車、軍艦など多くの兵器を製造し多大な利益を上げ、戦後現在も日本の軍需産業における最大の企業として君臨している。また、財閥は軍需産業の他にも、戦争により様々な利益を得ていた。福岡県を中心に炭鉱業で財を成していた麻生財閥は朝鮮人労働者や後には連合国捕虜を劣悪な環境で使役しており、戦後に問題となっている。また、陸軍省軍事課長の岩畔英雄大佐の主導のもとに、三井・三菱・大倉といった財閥の出資を受け、先の泰平組合を発展させる形で貿易商社と謀略機関を兼ねた「昭和通商」が設立された。この昭和通商は侵出先の中国市場でアヘンを大量に売りさばき、それらの売り上げにより戦略物資を調達していた。

1937年の日中戦争開戦、そして1938年の「国家総動員法」以後、戦時経済体制が敷かれ、次第に民需は縮小し、あらゆる資源が軍需と結びつけられるようになっていき、三菱重工業や日立製作所（日産系）など財閥も航空機や軍艦の製造を請け負って大きな利益をあげた。現在の東京都西部

財閥の株券差し押さえの様子

や京浜地帯、愛知県、福岡県などは軍需地帯として工業的な発展を遂げたものの、戦争末期には空襲で多大な被害を受けることとなる。

そして終戦後、財閥は軍国主義を支援したとして、戦争推進支援への処罰と経済の民主化・自由化方針の元にGHQの監督下で解体されることとなった。第五次までに渡る解体指定の中で三菱・三井・住友・安田の四大財閥を始めとして指定された15大財閥、さらに多くの企業が解体され、経営陣の公職追放も行われた。だが、日本の主権回復後、かつての財閥系企業は再び結集し、経済の復興と共に再び経済界に君臨していくこととなる。

財閥　表

十五大財閥	十大財閥	四大財閥	三大財閥	三菱
				住友
				三井
			→	安田
		→		浅野
				鮎川
				大倉
				中島
				野村
				古河
	→			神戸川崎
				渋沢
				日曹
				日窒
				理研

右翼の不穏ビラ

特高警察に監視されるのは左派・反戦・自由主義者、だけではなかった。右側、国家主義運動も当然監視されていた。天皇親政を求め、それに付随して政府を批判し、軍内部の皇道派と連携して軍政への干渉を図り、財閥などに敵意を向ける様々な国家主義運動は、政府にとって脅威であり、左派ほどあからさまに弾圧を受けなかったにせよ重要な監視対象となった。五・一五事件、神兵隊事件、陸軍内部においての永田鉄山刺殺事件（相沢事件）などを経て二・二六事件が発生してクーデター未遂まで至り、特高警察は非常に国家主義運動への監視を強めた。特高月報の紙面上においても、情勢に応じ、共産党が壊滅し活動が縮小した左派関係や労働運動など以上に紙面が割かれる場合もあった。

左派が反戦デーや朝鮮併合記念日などに絡めて反戦ビラ貼付や落書きなどを行ったように、国家主義運動においても同様の手段が取られることがあった。二・二六事件の首謀将校ら19名が処刑された7月12日から数えて100日目の10月19日を記念しようと、国粋主義政党であった大日本生産党の党員関係者が大阪でビラ貼りを行い、「不穏ビラ」を貼付けたとして検挙された。特高月報紙面上ではビラの形状を現物そのままに紹介しており、当時のビラがどの様なものだったか知る上で貴重な資料となっている。

（以下、特高月報昭和十一年十月分　政党運動の状況　大日本生産党の醸成より）

（一）不穏文書臨時取締法違反被疑者事件検挙

十月十五日夜大阪市内電柱等に左記の如き「十月十九日二・二六事件犠牲者の百ヶ日慰霊祭を各自断行しろ」と題する不穏ビラを貼付したるものあり。同府警察当局に於ては該行為者を極力捜査の結果、本党（※大日本生産党）関西本部書記新保勝次（二〇）及大阪経済新聞社（吉田益三経営）事務員生田良介（二〇）の所為なること判明したるを以て、同月二十一日、二十二日夫々検挙し不穏文書臨時取締法第一条違反被疑事件として目下取調中なり。

義憤‥‥　蹶起!!　天誅!!　祖国死守!!

×天皇の軍をして猶且つ「我ら蹶起せずんば祖国の滅亡如何せん」と激憤憂国慨世の熱血児をして敢へて直接行動に駆り立て幾多青年軍人をして乱臣ぞく子の汚名を著せ擡頭臺上の露と消えせしめたのは………

誰だ!!　誰だどうして……そうさせたのだ??

犠牲者の百ヶ日慰霊祭を各自断行しろ!!

全国民よ！国体破壊の元兇元老重臣財閥軍閥政党学匪の行動を監視しろ!!

挺身隊指令第一號

立て同志秋はいまだ!!　ヤツケロ!!

十月十九日　二・二六事件

義憤‥　蹶起!!　天誅!!　祖國死守!!

×天皇の軍をして猶且つ「我ら蹶起せずんば祖國の滅亡如何せん」と激憤憂國慨世の熱血兒をして敢へて直接行動に驅り立て幾多青年軍人をして亂臣ぞく子の汚名を著せ擡頭臺上の露と消えせしめたのは……………

誰だ!!　誰だどうして……そうさせたのだ??

犠牲者の百ヶ日慰靈祭を各自斷行しろ!!

全國民よ!　國體破壊の元兇元老重臣財閥軍閥政黨學匪の行動を監視しろ!!

挺身隊指令第一號

立て同志秋はいまだ!!ヤツケロ!!

お祭りの出し物もダメ　佐賀高等學校記念祭飾物撤去

現代の高校における文化祭は様々な出し物があり、（まともに運営されているなら）楽しいものである。羽目をはずした展示や催しもあるだろう。戦前の旧制高校においても、当然各校によって差異はあるが文化祭の様な催しがあった。佐賀県の佐賀高等学校においては「佐賀高等学校創立記念祭」という形で行われていた。しかし１９３７年（昭和12年）５月９日の第十七回佐賀高等学校創立記念祭は、時流の中で問題が発生した。

この記念祭は学校のみならず、生徒宿舎としても祭りを行い競っていたようである。その生徒宿舎である不知火寮の寮祭に出されていた装飾物が、運悪く当局の目に止まってしまった。その装飾物とは。

（特高月報昭和十二年五月分より）

「（前略）…本記念祭中の生徒宿舎不知火寮の寮祭に於ける飾物中に治安並に風俗上支障ありと認めらるるものありたるを以て、佐賀県当局にありては学校当局と協議の上その九点を撤去せしめたるが、撤去品中主要なるものを挙ぐれば次の如し。

（イ）日独防赤化協定成立悔を千歳に残す勿れ

と題し「赤心票の記入あるスターリンを描きその前面にヒットラーと林首相の握手せるを描きたる図

（ロ）張り切り心臓

と題し心臓を描き之に和名ハリキリ心臓洋名インチキファッショと記入したる図

（ハ）消耗品Ａ、満州の軍人、Ｂ、代議士、その他を記し吾人は斯の如き消耗品を節約せよと書したるもの

（ニ）草根に弓矢二本を貫きたる図に『廃根の受難期、この幽霊北へ行く卍』と記したるもの」

細かいが、日独防赤

化協定は現代では日独防共協定と言った方が通じやすいだろう。また、林銑十郎内閣は日独防共協定に（その発展の日独伊防共協定にも）時期的に直接関ってはいないが当時の内閣だったので書かれたのだろう。余談ではあるが記念祭の一ヶ月後、6月4日に林内閣は解散した。内閣の評判は散々であり、成果がなかった事から林銑十郎の名をもじり「なにもせんじゅうろう内閣」と呼ばれた。

時局を利用した悪ふざけの様なもの、核心を突いたようなものもあるが、学生の政治的な言動に目を光らせていた当局には冗談として通用しなかった様である。この件で目を付けられたと言う訳では無いだろうが、後に不知火寮は1940年（昭和15年）に報国寮と改名され、太平洋戦争中は特に後半において生徒動員が行われた。そして長崎の三菱兵器工場へ動員されていた一年文科生が、1945年（昭和20年）8月9日の長崎原爆投下により被爆した。1950年（昭和25年）、旧制佐賀高等学校は廃止された。

昭和１３年（１９３８）

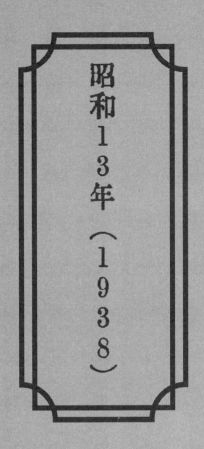

昭和12年9月　警視庁　反戦言辞

早大商学部二年生　小澤暢夫（22）

昭和十二年九月二十九日東京市内喫茶店に於て学友二名と飲酒中来客十余名に対し「今度の日本の出兵は帝国主義の現で口には不拡大を称え居るもその実支那に対する侵略主義戦争である」云々と反戦的言辞を弄す。（昭和十二年十二月二日陸刑九九条違反として送局）

特高月報昭和13年4月分

昭和十二年十二月十六日東京区裁判所において陸軍刑法第九十九条違反により禁固十月執行猶予二年の判決言渡を受け即時服罪

特高月報　昭和13年1月号

昭和12年9月　警視庁　反戦策動

社大党麻布支部執行委員　内藤侃（29）

昭和十二年九月上旬亀田吉兵衛其他に対し共産主義思想に基き「日本軍は支那に百二十万位行って居るが**蒋介石を徹底的にやっつけると共産党と戦うことになり**少なくとも二百万位の兵力を駐屯せしめなければ平和の維持はむずかしい、さすれば日本の経済はどうなるか今でさえ**二十五億円の戦時予算を取ってあるがこれが市場に出れば悪性インフレ**は免がれない云々、**世間では出征兵士を見送るに『天に代りて不義を討つ』と唱って居るが実際は日本の方が不義をやって居る**」云々と反戦思想の宣伝を為す。（昭和十二年十二月十二日陸刑九九条違反として送局）

特高月報昭和13年6月分

四月二十一日東京区裁判所にて禁固二月執行猶予二年、即日服罪

特高月報 昭和13年1月号

昭和12年8月　警視庁　反戦策動

東京市杉並区阿佐ヶ谷二ノ五九四　菓子職人　斎藤栄雄（35）

今回の支那事変発生するや同志小林信二郎杉田幸三朗等と度々会合して共産主義的立場より意見の交換を行いたるが、「今回の事変は帝国主義戦争にして我々に対しては何等利益をもたらすものに非ず　かかる戦争には我々は反対すべきである　従って此の事変に依る挙国一致体制は我々とは何等関係なきものなり」と意見の一致する所あり之に基き昭和十二年八月十七日知人瓦斯労働組合員佐々木久賢、橋谷田平次の出征歓送会の席上に於て「佐々木君が今度出征されることになったが一体今度の戦争は帝国主義戦争である　私は従来帝国主義戦争に反対して来た立場

から此の戦争にも反対であるお集りの諸君も此の点を御注意願いたい　一体皆様は両君に対してお目出度お目出度と言って居るが本人に取っては目出度くも何とも無かろう　一体何の為に戦争するのかも判って居らない」云々と述べ更に其後友人に対して「岩崎と言ふ富豪の主人が招集されたが二、三日して帰って来た其の帰って来た理由は体格肥満と言うことに成って居るが実際は十万円を寄付するから勘弁してくれと言って帰って来たらしい一万とか二万とかは駄目だらうが十万と纏まれば軍部も勘弁するだらうからこいつは真実らしい」云々と其他造言飛語を為す。（昭和十二年九月二十一日検挙目下取調中）

※次記事に続く。

特高月報 昭和13年1月号

昭和12年8月　警視庁　反戦策動

東京市中野北千代田町一四　表具師　小林新二郎（39）

前記斎藤栄雄等との意見の交換に依り反対的立場より昭和十二年八、九月中数回に渡り藤井國夫外四名に対し

「1・ソヴエットの飛行機は八千米も上空を飛んで来て兵隊を撒いて歩く相だ、**ソヴエットが三台も飛んで来れば東京等は灰になってしまう。**

2・今度の戦争では将校や下士が多く戦死したり負傷したりする　これは現在兵士の多くは無産階級の家庭から出て居り戦線に出ても昔のように盲目的に働かない兵士も戦争の本質と言うものを研究した結果であろう　だから将校や下士が先頭に立ってやらなければならぬから戦死者が多いのであろう」

云々と反戦的造言飛語を為す。（昭和十二年九月二十一日検挙目下取調中）

※前の発言では「小林信二郎」となっているが恐らく同一人物。

特高月報 昭和13年1月号

昭和12年8月　警視庁　反戦的言辞

東京市渋谷区幡ヶ谷本町一ノ八八　瓦斯職工　大里境（33）

支那事変発生以来前記小林新二郎、斎藤栄雄等と度々接触会合して「支那事変は帝国主義戦争なるを以て反対すべきものなり」との意見を聴取すると共に自己は之等の者に対し

「1．大体最近の軍部は血迷って居る千葉の連隊では招集した兵士を四百名も帰したそうだ

2．**現に自分が見て来たが世田谷の若林では最近未教育の兵が召集されこれが未教育の馬を取扱うものだから三、四名も馬に蹴られて死んだ実に可哀想なものだ**」

云々の反戦的造言飛語を為す。（昭和十二年九月二十五日検挙目下取調中）

※記載の事件が実際にあったかは不明であるが、世田谷には（厳密には若林地区ではないが）駒沢練兵場・駒場練兵場や陸軍獣医学校が存在しており、どちらでも馬は扱う。なお事故に注目すると、馬のプロである競馬騎手や調教師が馬に蹴られて死ぬ事故は現代でも度々発生している。実際に未教育の兵隊が馬を取り扱えば当然危険だろう。

特高月報 昭和13年1月号

昭和13年1月　警視庁　反戦落書

一月九日東京市豊島区池袋六ノ一九一五活動写真館金星館階下男子便所内白壁に黒色鉛筆を以て「何の為め支那と戦んだ彼等と戦って得有るか喜ぶのは三井三菱だ」と落書あるを発見す。

特高月報 昭和13年1月号

昭和12年11月　北海道　反軍的言辞

群馬県高崎市　女優美佐子　事　橋本朝子（19）

昭和十二年十一月二十一日北海道雨竜郡多度津村所在「新栄座」に於て興行開演中の「国の光」

と題する演劇中の漁夫の妻に扮し出演し「俺のオヤジ（夫の意）も補充兵だが未だ召集されないからよい様なものだが召集されたら一大事だ、それこそ御飯の食い上げだ」云々と反軍的言辞を弄す。（取調べたるに思想上容疑の点なきを以て厳戒釈放す）

※雨竜郡多度津村は確認できなかった。雨竜郡多度志村と思われる。

特高月報 昭和13年1月号

昭和12年12月　北海道　反戦的言辞

北海道旭川市　俳優星野孝　事　秋葉昌吉（35）

昭和十二年十二月十九日北海道雨竜郡秩父別村所在「秩父座」に於て上演中「銃後の母」と題する軍事劇に出征兵「吉田良太郎」に扮し出征の際母に対し「私はいよいよ出征致します私が居てさえその日その日の暮に困る様な身の上ですのにその上この妹が病気です。それればかりかあの冷酷な家主が私が 出征した後で年老いたお母さんや病気の妹を追い出しでもするのではないかと思うとそればかりが気懸りでなりません」云々。駅より出発の際「お母さんお聞きなさい他所の人が出征するときは大勢の人が万歳万歳と盛に見送りするのに自分には誰一人として見送りしてくれる人が居ませんん自分は一寸した間違いから前科者の汚名を受けたばかりにこの有様です」云々と反戦的言辞を弄す。（厳戒、始末書を徴す）

※愈々→いよいよ、夫ればかり→そればかり、とした。

特高月報 昭和13年1月号

昭和12年12月　京都府　反戦落書

昭和十二年十二月十七日京都市中京区新京極通り京都映画劇場内便所内壁にペン字にて「ファッショに支配されて居る言論機関に欺まんされて居る可哀想な国民よ冷静に考えよ、戦争をやめろ、我々の兄弟は不具になり資本家丈が肥るのだ！」と反戦落書あるを発見す。（行為者厳探中）

※肥る乃だ→肥るのだ、とした。

特高月報 昭和13年1月号

昭和11年4月　大阪府　反戦策動

大阪市住吉区田辺東五町之大阪府立豊中中学校教諭　小林新（30）

昭和十一年四月より大阪府立豊中中学校教論を拝命し四、五年生に対する公民科、商業科を担任したるを以て共産主義思想を宣伝するに絶好の機会なりとて就任以来授業中常に共産主義を説明しソ連邦を賛美しつつありたるが昭和十二年九月中旬に至りたまたま教科書中の教題が「国防」「公債」等戦時体制下に最も適応したる教題となりたるを以て之が説明に当り大様左の如く共産主義に基く反戦思想宣伝講義を為したり。

一、戦争に行く者は貧乏人ばかりだ。然るに戦争に行かない連中例えば三井、三菱、住友の様な資本家は軍需品を製造してどんどん儲けて居る。

一、一番大きな消費である**戦争に公債を発行することは最も悪性なインフレーションを起す危険がある**、ソ連の如きは共産主義国だから戦争に必要な軍需工場は全部国家が管理して居て公債を発行する必要がないから便利である。

一、**共産主義の国では国内のすべての生産機関を国家が統制し分配も総て国家の手で行うのだから何の不公平も無く金持とか貧乏人の差は一切ない**、今まで圧迫ばかり受けて居た労働者や農民が政権を握って政治を行うのであって国民が年寄りになったり病気になったりすると自分の金を出す必要はない、国家が金を出して養ってくれるのである、これに反し日本の様な資本主義の国は非常に沢山な金を持った人が出来る一方少しも金を持たない貧民階級が出来てその差は次第に激しくなるばかりだ云々。

（昭和十二年十月十三日検挙治維法違反陸刑九九条違反に依り送局、十二月十八日陸刑違反のみにて禁錮四月（三年間執行猶予）の判決あり）

特高月報 昭和13年1月号

昭和12年8月　大阪府　反戦策動

大阪市西淀川区佃町五六二　横山方　電気溶接工　渡辺四郎（27）

昭和十二年八月二十五日東京市京橋区湊町三ノ一七番地敷島自動車商会店頭に於て同家店員菊池清勝に対し共産主義思想に基き「今度の支那事変に軍部は共産主義者を召集の名目で集め北支または上海に連行して銃殺するのだ　一般の人は信じないかも知れないが上海事変の時にもその実例があるから間違いない。自分は第二補充兵であるが資本家の手先である軍部に殺されるのは馬鹿らしいから召集されない中に地下に潜って主義の為に働くつもりである」云々と造言飛語しかつ兵役を免れる為東京市より大阪市に逃亡し菊池清勝の偽名を使用して池田工業所その外に潜匿す。（昭和十二年十一月五日陸刑九九条兵役法違反により起訴）

※菊池にとっては酷い迷惑であっただろう。

特高月報昭和13年5月分

昭和十二年十一月十九日造言飛語罪及兵役法違反により懲役八月

特高月報 昭和13年1月号

昭和12年12月　兵庫県　反戦落書

一月二十二日神戸市神戸駅構内公衆便所男子用入口扉に鉛筆を以て「打倒日本帝国主義、カミハ、イツマデモ日本ノワガママヲユルサナイ、ワタクシハ、ツマモ、コドモモ、ニホンノヘイタイノタメニコロサレマシタ、ワタクシハキット、カタキヲトリマス」と落書しあるを発見す。（行為者捜査中）

特高月報 昭和13年1月号

昭和13年1月　兵庫県　反戦落書

本籍大分市生石町五七六　住所不定　杉浦幾松（38）

一月十五日神戸市湊東区楠町六丁目市電平野線東側道路面外付近二箇所に蝋石を以て「武器は造船所が作っているだけだ、市民とは何の関係もない、老若男女は戦につかれている。戦っているのは新聞屋の文句だけだ」と落書しあるを発見す。（同日本名を検挙し取調べたる処犯行を自供したるも多少精神に異常あるやに見受けらる点あり検束の上引続取調中）

特高月報 昭和13年1月号

昭和12年12月　長崎県　反戦落書

昭和十二年十二月十一日長崎県佐世保市元町佐世保鎮守府下士官集会所内便所其他に「打倒帝国海軍」「打倒帝国」と落書あるを発見す。（憲兵隊と協力捜査中）

特高月報 昭和13年1月号

昭和13年1月　埼玉県　反戦的通信

埼玉県入間郡南古谷村　歩兵上等兵　並木安治

目下上海に在りて転戦中なるが最近妻に宛て「前略目下市政府付近では人夫を使って盛に飛行場や、バラック兵舎を作って居り又南京に通ずる鉄道も工兵や鉄道隊がどんどんと修理工作工事して只今比処で働いて居ますが今比処の人夫は毎日幾らの仕事もせずぶらぶらして居て一日に三円、五円と言ふ高い日給で働いて居て小生等は一日命を投げ捨てて戦争しても僅か三十銭です実に安いものではないか一日も早く平和になり小生も上海で軍隊の人夫で一儲して帰りたいが家に妻子が待って居ると思えばそれも儘ならぬ諦めるより外ありません後略」と反戦的通信ありたり。

※この当時の上等兵の給与は月額約10円、それに出征の手当が付くとされている。本人の記述が正しい場合、日割にしても安い。ただし、食費や住居費は軍隊持ち。

特高月報 昭和13年1月号

昭和13年1月　群馬県　反戦的投書

内務省宛昭和十三年一月十三日〔群馬県〕前橋局の消印ある（葉書）左記内容の反戦的投書ありたり。「国家総動員をしても輸出が少くなり輸入が多くなって駄目、天津、青島、上海位にしてその他へ進むは禁物、今当分日本兵は五十万百万は袋のねずみ新政府新政府と言っても腹の中は大敵今の戦争は十年位掛る、それが司令官が馬鹿の為分らぬ結局日本と支那共倒れ、兵力と資力の尽きるを各国が手打ちして笑ってます、支那側にしりおしある為駄目、今の日本の国有鉄道その他は戦わずして皆取られて仕舞います、その「つらさ」世に有るまい、天津、青島、上海位にして今迄の半分位の兵力にして十年間の計画より外有りません後二年も続けばよならしが来ます。（行為者内偵中）

特高月報 昭和13年1月号

昭和12年8月　愛知県　反戦言辞

豊橋市水道課職員　田口次雄（26）

昭和十二年八月十九日豊橋市山田町大工職萩原保と対談中同人に対し「今度の戦争に於ては日本の大資本家が金儲をする戦争である、三井や三菱の如き日本の代表的軍需品工場では戦争の為に毎日二、三十万円も儲けるのだそうだ　夫れで長野県方面では貧乏人は今度の戦争がどうならうと結局は働いて食べなければならないのだから、**日本が戦争に負けて支那の国にならうと露西亜の国にならうが構わない**」云々と反戦言辞を弄す。（昭和十二年十一月二十九日陸刑第九九条違反に依り起訴）

特高月報昭和13年5月分

昭和十三年二月十四日名古屋地方裁判所に於て造言飛語罪により禁固三月（二年間執行猶予）

特高月報　昭和13年1月号

昭和12年11月　千葉県　反戦言辞

千葉県　元全農全会一宮支部員　石田清（33）

昭和十二年十一月七日出征兵家族の労力奉仕中、田中市郎外六名に対し「戦争は三井、三菱の様に先方へ行って権益を持って居る少数ブルジョア階級の為にやっているので俺達のためぢゃない」云々と反戦言辞を弄す。（陸刑第九十九条違反として一月二十五日送局）

特高月報昭和13年5月分
五月二十日起訴猶予
特高月報 昭和13年1月号

昭和12年11月　静岡県　反軍的言動

静岡県富士郡富士根村　農　後藤菊太郎（49）

長男政雄が昭和十二年十一月八日北支戦線に於て名誉の戦死を遂げたる為同年十二月八日弔問の為来場せる静岡県連隊区司令部員、役場吏員、付近村長に対し「俺の子も兵隊に当り馬鹿を見た、そればかりか二年の在営期間だけでも長くて馬鹿馬鹿しく思って居たのに事変で三年になったとのことだ　全く兵隊になど出すものではなかった、**俺の子も暫く手紙が来ないと心配して居たところ来ない筈だ　十一月八日に戦死して居たのだ**　連隊でも戦死して一月余も知らしてくれないなんて無責任さには諦める外はない、役場の奴等も同情のないのに諦めた　見舞も助けて十分してくれない」と反軍的言辞を弄す。（注意）

※1937年（昭和12年）9月28日陸軍省令41号により、現役兵の兵役の延長が行われた。

特高月報 昭和13年1月号

昭和13年1月　静岡県　反軍的投書

一月四日静岡市西草浜町七二田上歩兵第三十四連隊長留守宅に宛て沼津郵便局の消印ある静岡市野木希男と署名せる左記内容の投書ありたり。「**成二レ功一将一　枯二万骨一**」比岳南之声深レ怨万斛之涙」（憲兵隊と協力捜査中）

特高月報 昭和13年1月号

※カッコ内は漢文の訓点。曹松の「己亥歳」が元となっている。

昭和12年12月　長野県　反戦的投書

松本市清水町所在日刊新聞寸鉄新聞社に宛て昭和十二年十二月九日郵便はがき（八日付松本郵便局消印）に青インキを以て記したる発信人不明の左記の如き反戦的投書ありたり。「春秋子に聞く、君はよく色々と知ったか振りを書くが、大体今時戦争をやる国が大間違いさ、この頃新聞でよく見る事だが**戦死した家庭を訪問すれば皆満足がって喜んでおる様子だがそ**

れゃ五千円になるからさ、しかし十人や二十人位い死ぬのもよいが十万人死んだら日本の国はどうなる 行ったあとの家庭は税金不要、銃後の者は皆これにおたしをするではないか　余程銃後の方が骨が折れるぜ、よく考えてくれ。」（行為者捜査中）

※寸鉄新聞社の詳細については不明。1932年（昭和7年）に「転換期に叫ぶ」と言う本を出しており、少なくともその頃には存在していたようである。

特高月報 昭和13年1月号

昭和12年12月　福島県　反戦言辞

福島県若松市大町石堂四分三一五　職工　山際義雄（31）

昭和十二年十二月二十六日福島県下高田駅待合室に於て約三十名参集せる場所にてしかも大声にて白井佐膳を相手に

「1　俺は戦争は大嫌いだ　今度の戦争だって俺達は更に儲かりはしない　二、三人の人達が儲けるのみだ

2　**両角部隊は敵前五十米の泥田の様な所に居り大正九年頃作った堅パンを十日間も食ったのだそうだ** 其処で両角部隊は七百人位やられ殆んど全滅同様であった　嗚呼戦争は悲惨だ」

云々反戦言辞を弁す。（十二月三十一日陸刑九九条違反として送局）

※堅パンは軍隊用保存食の一種。名前の通り非常に硬く、英語では「ハードタックHardtack」とも呼ばれる。現在でも福岡県を始め、各地で銘品として販売しているところがある。

※両角部隊はこの時期の陸軍歩兵第六十五連隊のこと。10月の上海上陸で620名が戦死しており、山際の発言はこれを指しているのか。なお、その後両角部隊は南京事件に関与している。

特高月報昭和13年5月分

昭和十三年二月十四日若松区左伴署にて造言飛語罪により禁固四月（三年間執行猶予）

特高月報 昭和13年1月号

昭和12年11月　広島県　反戦的言辞

広島県賀茂郡川上村　農　神笠清四郎（61）

昭和十二年十一月二十五日村議門前繁夫に対し

「毎日毎日兵隊が下るそうじゃないか日本は一体どこ迄戦争するんだろう　儂等百姓は忙しくて困る、兵隊が多数戦死するそうじゃないか、うちの子も早く帰ってくれればよいが」云々と反戦的口吻を洩す。（本名の長男目下出征中の為不用意の間に洩したること判明、説諭に止む）

特高月報 昭和13年1月号

昭和13年1月　香川県　反戦落書

一月二十四日香川県高松市東瓦町琴電停留所公衆便所内に「軍国的侵略戦争絶対反対、労働者農民一般無産市民諸君へ、帝国主義戦争に反対せよ、餓と無権利と流血をもたらす戦争は資本家地主の金儲けに過ぎずために戦場に引張り出されて殺される　俺達は金持を儲けさせる」と反戦的落書あるを発見す。（行為者捜索中）

特高月報 昭和13年1月号

昭和12年9月　福岡県　反戦策動

嘉穂郡二瀬町　傘張職　新居田仲太郎（38）

昭和十二年九月中旬福岡県嘉穂郡二瀬町中央区田崎貞平外二名に対し「戦争の為に自分方は紙が高くなって困る　戦争は資本家の為にするのであって我々の為になるものではない、それで戦争は負けねばならぬ　そうすれば今度は資本家の信用が薄くなって鉱山や工場、会社、資本家も無産階級も同じ権利が持てるので我々無産階級もやりよくなる」云々反戦思想の宣伝を為す。（昭

和十二年十二月十五日検挙陸刑第九九条違反として取調中）

※この時点では紙資源の価格高騰のみで済んでいた様だが、この発言の翌年1938年（昭和13年）5月には国家総動員法が施行され、新聞用紙などの統制が始まった。これは紙の割当などを巡るメディアの萎縮・御用化にも繋がった。

特高月報昭和13年5月分

昭和十三年三月十九日起訴猶予

特高月報 昭和13年1月号

昭和12年10月　埼玉県　反戦策動

入間郡飯野町字中山一二四　石材商　社大党員　篠原茂（29）

共産主義に基く反戦思想宣伝の為客年十月頃より本年一月初旬迄の間石川保外数名に対し「1、**揚子江に戦死者がどしどし流れて来て丁度大正十二年の大震災の時の隅田川の様であった**と言うが斯様になったのも部隊長が無理をしたからだ、2、**陸軍大将が現役でなかったら大臣になれなかったり、海軍大将が文官の内務大臣になったり、日本もいよいよファッショ化**して来る様だが世界の歴史を見てもファッショの後に来るものは共産主義社会の前提である社会主義社会だ云々

3、ロシアと戦争することになると**ロシアにはスターリン、モロトフ、カリーニン等の偉い人達が居る**から支那とは違って手硬い、又戦争が長引くと経済的に困難となり日本の国の中にも色々の問題が起きて来るだろう云々」

と反戦思想の宣伝をなす（二月九日陸刑九九条違反として送局）

※地名は飯野ではなく飯能と思われる。軍部大臣現役武官制や、末次信正海軍大将が第一次近衛内閣で内務大臣に就任したことにも触れている。

特高月報昭和13年5月分

昭和十三年四月二十一日川越区裁判所において造言飛語罪により禁固六月、即日服罪

特高月報　昭和13年2月号

昭和12年10月　埼玉県　反戦策動

入間郡精明村大字平和二五　農　社大党員　綿貫恵三朗（34）

反戦思想宣伝の為客年十一月より本年一月迄の間数回に渡り原三朗外数名に対し

「1　加納部隊も戦死が多い様だが無理をしたのだらう、加納さんも憎まれて居る様だが、師団指令で已むなく決死隊を出した為で関東の兵隊こそ良い迷惑だ、

2　今度米国では、アラスカへ大空軍根拠地を作っていざと言う場合には直ちに北海道、東北方

面から攻撃する様に準備している、その為地方民は戦々恐々としている、如何に日本の軍隊が優秀であっても東北地方を攻められては困るだろう、そうなれば東京へも飛行機が飛んで来る、その時は東京は燃え易い所だから皆大騒ぎをするだろう、

3　今年の三月頃には**日本とソヴィエートとの間に戦争が始まると言う噂**もあるが、ロシアの空軍は日本の勢力を二分させる為にソ満国境で戦いながら一方では北海道、東北方面を空襲すると言う作戦だそうで東北地方では皆怯えて居るそうだ云々」

と反戦思想の宣伝をなす（二月九日陸刑九九条違反として送局）

※2と3はデマである。なお、後の1945年（昭和20年）8月9日にソ連軍が対日参戦した後も、北海道と東北地方への直接的な空爆は行われなかった。

特高月報昭和13年6月分

昭和十三年四月二十日川越区裁判所において造言飛語罪により禁固六月、即日服罪

特高月報　昭和13年2月号

昭和12年10月　埼玉県　反戦策動

入間郡飯能町大字永田二七一　工場支配人　社大党員　細田雅吉

共産主義に基く反戦思想宣伝の為客年十月頃数回に渡り清水好三外数名に対し「戦争で死ぬも

のは貧乏人ばかりで金儲するのは資本家丈だからどっちにしても俺達は助からないが加納部隊等でも余り無理をした為にあんなに戦死者が出たので兵隊こそ良い災難だ云々、戦争が長くなりそうで困ったな―高鹿の**比留間正一君なんかも戦地で両足を失くして瓶の中に入った達磨様の様になって居るそうだよ**　馬鹿げた話だ　早く戦争は止めて貰いたいものだ云々」と造言飛語をなす（二月九日陸刑九九条違反として送局）

※『はだしのゲン』に出てくる「軍神」剛吉を思わせる。

特高月報昭和13年7月分

昭和十三年四月二十日川越区裁判所において造言飛語罪により禁固四月、即日服罪

特高月報　昭和13年2月号

昭和12年8月　長野県　反戦言辞

飯田市大字上飯田　社大党員　白井酉造（39）

客年八月三十一日佐藤謙蔵に対し「兵隊は二年間も訓練を受けて来て居るのだから戦争があれば勿論行かなくてはならぬ、行けば戦死は覚悟だと思う、しかし**出征して死ねば家族に対して相当の扶助があり職工が職場で死んだのに比較すると割がよい**云々、軍隊の活動使命は資本家擁護以外にない云々」と反戦言辞を弄す（一月二十五日陸刑第九九条違反として

送局）

特高月報昭和13年4月分

三月二十三日起訴猶予

特高月報　昭和13年2月号

昭和12年11月　秋田県　反軍的通信

北秋田郡上大野村　柏崎部隊柴田隊歩兵一等兵　工藤薫

客年九月十四日応召し北支に出征中なるが昨年十一月中旬本籍役場及小学校に宛て左記内容の反軍的通信ありたり。「第一線部隊には書く何物もなし、**支那の家から徴発した紙で欠礼する**、気がスサンで少しでも癪に障ると突き殺すと言う現況です、東洋平和がどうとか支那民国を緩和せんとかそんな理論的な行動を主眼としては自分等の命が危い戦争で死ぬのが名誉ではないのだ、勝って生きて帰るのが本領なのだ、中略―新聞はどんなに報道したか知れんがこれまでの新聞報道は全部嘘です、―中略―友軍が少数と見破った敵はいよいよ元気づきラッパと共に城壁から縄づたいに降りて逆襲を始めた、その中には女も多数あった、その逆襲する時の敵の号令は純日本語で「進め」「止れ」のはっきりした号令だというから驚いたものだ、敵の中には日本人露西亜人等混って居た、負傷した者は殺されると言ふ有様でした、鼻耳はもぎられ目はいぐられ首は切られ頭は削られ軍服はもぎとられ兵器は全部とられ大したものです、後略」（接受者に対し他見又は之を流布せざる様注意す。）

※缺禮 ↓ 欠礼、とした

※戦地の実情を記した手紙が、何らかの理由で検閲を掻い潜り、日本に届いた様である。

特高月報　昭和13年2月号

昭和13年3月　大阪府　反戦不敬落書

三月二十三日、大阪市港区天保山桟橋船客待合所共同便所に「諸君よ戦争はやめよ、何故なるかこの度の戦争は大の虫を助け小の虫を殺すなり、**もしこの戦争を続けるなら皇室と皇族の財産を以てなす様要求しよう**、そうして国民の幸福を図ろう、国内で人一人を殺しても大罪人、戦争は神より見て大罪人」と落書しあるを発見す。（捜査中）

特高月報　昭和13年3月号

昭和12年11月　大阪府　反戦言辞

大阪市東淀川区長柄通り二ノ一五　大阪市電車掌　矢寺秀雄

客年十一月十六日頃、大阪市電都島車庫内食堂に於て同僚数名と共に昼食中、「今迄の戦争は資本家の為の戦争で我々労働者は犠牲ばかり多く出して何の利益もなかった、今回の戦争も同じく資本家の為の戦争である、この様な戦争は早く止めて貰わぬと困る」と語り又同年十二月末大阪市電守口線終点に於て同僚に対し、「日産の鮎川社長が満鉄沿線の事業の一部を経営することになって居るし、鐘紡の津田信吾も北支経済開発に相当関心を持って居るが、これを見ても戦争は資本家の為めのものである、これからの戦争は経済戦だ、資本家に天皇がくっついて居るだけだ」と語り以て反戦言辞を為したり。（二月八日陸刑九九条違反として送局）

鮎川義介

※当時の戦時経済の状況が表されている発言である。

特高月報昭和13年5月分

昭和十三年四月二十七日に不敬並造言飛語罪により大阪区裁判所において懲役六月（未決四十日通算）

特高月報 昭和13年3月号

昭和13年1月　青森県　反戦言辞

青森市大字大野一七二　ビックリ新聞発行人　福真隆平（39）

一月二十八日列車内（青森県下）に於て応召兵佐藤祐福外一名に対し「今度の事変で沢山の犠牲者が出るが幾ら兵隊さん達でも妻子の事を考えると命の惜しくない者は恐らく一人もないだろう実際君達の様な兵隊達は気の毒だ、将校も沢山死んでいるがこれは当然で戦争がなければ全く飯の食い上げである、将校は戦争で良い勲章を貰えるが兵隊さん達はつまらない、この度の事変も軍隊の上級の人達が良い殊勲を立てる為に起したのである、官吏や上級軍人は何もせずに恩給を沢山貰って立派な生活をしているが労働者は僅かな賃金を貰って酷使されているのを見れば全く気の毒でならないと言う」と反戦言辞を弄す。（二月二十二日陸刑九九条違反として送局）

特高月報昭和13年5月分

四月二十六日造言飛語罪により青森区裁判所にて禁固二月、翌日控訴申立

特高月報昭和13年6月分

六月九日、青森地方裁判所にて禁固一月（前審二月）の判決言渡

特高月報 昭和13年3月号

昭和12年10月　富山県　反戦策動

富山県東礪波郡大鋸屋村理休三一六三　農　全農系　湯浅政應（44）

客年十月より本年二月中旬迄の間数回に亘り矢部富之助外数名に対し

「1 戦争なんかして何の得がある、金ばかり沢山使って馬鹿気た話だ云々

2 自分は田村の町葬に詣って来たが立派なものであった、しかし戦死した兵隊に何の手柄があってあんなにするのだ、**生きて帰って来るものこそ手柄である云々**

3 **日本軍の勝つのは悪運が強いからである、丁度城端の藤田工場みたいなものだ云々**

4 無理に保険に入れと言うことは兵隊に戦地へ行けと言うことと同じことだ、兵隊へ戦地へ行けと言うことは死ねと言うことである云々」

と反戦思想の宣伝をなす。（陸刑九九条違反として送局）

※彼にとって「藤田工場」に何の恨みがあったのかはもう分からない。

特高月報昭和13年5月分

昭和十三年五月十九日造言飛語罪により富山地方裁判所にて控訴審禁固三月の言渡しを受け即日上告

特高月報昭和13年7月分

七月七日上告棄却
特高月報 昭和13年3月号

昭和13年1月 富山県 反戦策動

富山県東礪波郡城端町四三四 僧侶 石黒俊雄（30）

共産主義に基き敗戦的観念を持し居りたる所一月三十日東礪波郡城端町料理店山口弘方泛於乙吉本庄一郎が芸枝を相手に戦地よりの通信等に関し語り居りたるに対し「**千人針だ、慰問袋だとそんなものが何になる**、**どうせ死んで帰って来るものにそんなことする必要が何処にある、死んで帰って来ればお経の一つ位は読んでやる**、第一補充兵が何だ 大和魂等と言うけれどもそんなことは戦場に行ってからのことだ、今からそんな気持になって居られるものか、その証拠に青訓等は遊び半分にやって居るではないか」と暴言を吐きたるため吉本が立腹して立去るや「あんな馬鹿者が居るから日本が戦争に勝つのだ」と反戦思想の宣伝をなす。（陸刑九九条違反として送局）

特高月報昭和13年5月分
昭和十三年五月二十四日出町区裁判所検事局にて起訴猶予
特高月報 昭和13年3月号

昭和13年2月　石川県　反軍的通信

金沢市三構四六　出征兵　水株善松

二月中旬友人たる吉本保宛左の如き反軍的通信をなしたり。「**行軍と略奪と殺人と炊爨に四ヶ月を経過した、我々は特殊技能を持たないから損している**、只今北支の田舎の小都会に来て居るが平凡でつくづく嫌になった、兵舎に充て居るのは学校でその図書室から**日本語のブハーリンの「史的唯物論」が出て来た**ので貪る様にして読んで居る、帰ったら無産階級の為に働き度い云々。」

ニコライ・ブハーリン

※これも戦地の過酷な実情と日本軍の残虐性を示した手紙である。文中に出てくるブハーリンはソ連の政治思想家、教育家。皮肉なことに、この約一月後の3月15日に大粛清のために処刑されている。

特高月報　昭和13年3月号

昭和13年2月　岡山県　反戦言辞

千葉県東葛飾郡大柏村大字大野　日蓮宗本将寺住職　西山恵光

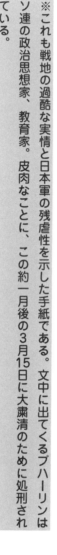

二月十二日岡山県プラットホームに於て上海よりの帰途にありたる陸軍省高橋大尉と対談中「戦争を早く止めぬと税金が多くかかる、物価は騰貴し不景気で皆困難して居る」との反戦言辞を為したり。（酔余の放言と認め説諭の上釈放）

特高月報 昭和13年3月号

📅 昭和13年3月 📍 岡山県 ☰ 反戦落書

三月二十二日、岡山県浅口郡里庄村山陽線里庄駅公衆便所の大便所正面の板に鉛筆にて、「帝国主義戦争絶対反対」「諸君政党に絶対信頼すな、諸君を△物にしているのが判らないのか、総べての政党屋を△し……諸君は自滅するのみだぞ」（△印文字不明）と反戦落書しあるを発見す。（捜査中）

特高月報 昭和13年3月号

昭和13年3月　広島県　反戦落書

三月十二日呉市公園通り六丁目県立呉高等女学校二階三年教室黒板に白墨を以て、「学生達今日天皇ヲ倒セ、今日本ハドンヨクニ進ンデ居ル、一日モ早ク戦ヲ止レ、日本ガ悪イヨクダ」と落書しあるを発見す。（捜査中）

特高月報 昭和13年3月号

昭和13年3月　山口県　反戦言辞

山口県吉敷郡嘉川村　農　長富正則

三月六日、吉敷郡佐山村藤本総理方住家改築工事場に於て手伝人七、八名に対し「現役兵が出征しあるいは在郷軍人が応召出征するが彼等は無上の光栄とか又は君国の為に親や妻子を忘れるとか言うが自分がシベリヤ出征の際従軍したが二度と出征することは嫌だ、言うと言わぬとの違いで動員により応召することは誰も好むものはない云々」と反戦言辞を弄す。（戒飭）

特高月報 昭和13年3月号

昭和12年8月　山口県　反戦的通信

宇部市市立上宇部青年学校　助教諭　中尾邦夫（24）

客年八月応召し、目下山口歩兵第四十二連隊に入隊中なる友人三牧光年に宛て、「前略、俺は君が出征しない様に神仏に祈る、出征したらもう駄目だぞ、何時帰って来られることやら、よし帰っても白骨に化するだらう、**出征せず連隊に居れば寂しみとか恐怖とかはあろうけれども命だけは安全である、あの若い人（人生の花）をむざむざ今殺してどうしよう、特に君の様な好人物を俺はどこまでも君の無二の親友になりたい心で一杯である、君の一日も早く除隊のなからん日を待ちに待っている**、後略」と反戦的通信を為したり。（戒飭）

※ともすればBLの趣すらある美しい友情の手紙だが、特高警察には理解出来なかった様である。

特高月報 昭和13年3月号

昭和13年3月　熊本県　反戦策動

熊本県球磨郡人吉町松本某宛中支出征中の稲葉部隊所属の一兵士（友人）より左の如き反戦的字句、あるいは革命歌等の記載ある「最新流行軍歌集」と題する印刷物の郵送越ありたり。

1　形状縦三寸、横二寸五分、小型パンフレット様、西洋紙十六頁、表紙には「最新流行軍歌集」と題し「**国柄帰朗編**」「誠民堂書店」と記載し富士山に桜を配したる風景を背に軍人が手風琴を両手を以て頭上に差上げて踊りつつある表図あり。

2　内容「ああそれなのに」「旅笠道中」等の流行歌集数種の外「赤旗の歌」「メーデー歌」等を登載し所々に「日本軍閥打倒せ」「即時撤兵」「国民の苦痛を解放せよ」「無意義な犠牲をするな」「国内革命へ」等の共産主義的反戦スローガンを稍、太字にて挿入しありて軍歌の登載なし。

3　発行所其の他　昭和十二年四月一日印刷納本同七月七日発行　編集兼発行印刷人国柄帰郎　発行所大分県別府市本町誠民堂（発行所、行為者捜査中）

※「国柄帰朗（くにへかえろう）」はそのままの洒落だろう。
※手風琴はアコーディオンのことである。

特高月報　昭和13年3月号

昭和12年10月　警視庁　反戦策動

大場正史（25）

無政府主義思想に基き、昭和十二年十月末頃東京市神田区神保町一ノ三七松井方に於て同人外二名に対し「戦争の本質は非人道的である、戦争によっては本当に世界経済の平和及安定がもたらされるものではない、**戦争は今日の資本主義経済制度の下では不可避的な現象でこれは好悪を超越するものである。**故に今日の支那事変も国内の経済的行詰りを打開する為には必要な第一手段である」云々の造言飛語を為す。（四月六日陸刑九九条違反起訴猶予）

※カーマスートラの翻訳で知られる大場正史と思われる。

特高月報 昭和13年4月号

昭和13年3月　警視庁　反戦落書

三月二十七日東京西神田公園内共同便所女子用便所扉内側に黒色鉛筆を以て「労働者諸君○○○○○（文字不明）は近く飽くなき資本家は農民労働者を戦場に送って居る、打倒資本家」と落書あるを発見す。（捜査中）

※文章からすると、女子ではなく男子が書いたように思われるが……。

特高月報 昭和13年4月号

昭和13年3月　長崎県　反軍的放歌

製菓業徒弟　内山徳之助（21）

三月二十二日長崎県下県郡厳原町大字天道茂道路に於て左記内容の歌詞を放歌す。「御国の為とは言うものの／人もいやがる軍隊に／出て行くこの身の隣れさよ／**可愛い彼女と泣き別れ**行く先きゃ対馬の雞知の浦　要塞重砲連隊で／いやな二年兵に殴られて／泣く泣く送る日の長さ／海山遠く隔てれば／面会人とて更になし／着いた手紙の嬉しさよ／可愛い彼女の筆の跡」（厳戒を加うると共に憲兵隊と協力、作者の調査及該歌の流行取締中）

特高月報　昭和13年4月号

※この種の歌は特高警察にも多く収録されており、無数に存在していたと思われる。「可愛いスーチャン」の替え歌である。

昭和13年3月　愛知県　反戦的落書

三月八日名古屋市所在、名古屋工廠熱田兵器製造所共栄会物品販売所前工員使用便所に「労働者諸君、工廠従業員諸君、君達ハ君達自身平然トシテ殺人器具を生産シツツアル事ヲシラナイカ資本主義ノ矛盾ヲ推進サセル君達ハ人類ノ敵ダ、我々ノ敵ハ資本家ダ　工廠従業員ニハ其レヲ取

締ル上層軍人ダ　武器ノ生産ヲ止メヨ、人類ノ敵タラント欲スルナカレ君達ノ子供ハ父ノ行跡ヲアザワラウ筈ダ」と落書あるを発見す。（捜査中）

特高月報 昭和13年4月号

昭和13年4月　北海道　軍機に属する事項の講演

本籍北海道旭川市五条通十丁目住所同右　旭川新聞社長　田中秋声（44）

右者本年一月七日渡支し中支方面に派遣の皇軍慰問旅行を為し二月十五日帰郷したるが、四月十二日北海道空知郡江部乙村、北辰小学校に於て「中支戦線巡り」と題し演説中、左記の通り呉淞敵前上陸部隊の員数並に杭州湾敵前上陸部隊の輸送に要したる軍用船舶数、護衛軍艦数等軍事上の機密に亘る皇軍の活動状況を講演せり、所轄警察署にありては講演に先立ち軍機に属する事項は絶対避くべき旨注意したるにも関わらず、敢てこれを為したるものなるを以て軍機保護法違反被疑事件として目下取調中。

左記（１）**昨年八月二十三日上海敵前上陸に際し我が倉永、高森両部隊の数は二万六千人にて内一万三千人の死傷者を出したり。**（２）昨年十一月五日杭州湾の敵前上陸の数は○○万にして之が輸送に要したる御用船は一二六隻護衛の軍艦は名取以下五十隻計一七六隻なり。（３）兵站病院を慰問したるに同病院に軽傷者三千人収容せられ居りたり。

※特高月報では外諜取締関係に記載。なお、田中秋声はこの後も問題なく活動を続けたようである。

特高月報 昭和13年4月号

昭和13年4月　警視庁　反戦的落書

四月二十日東京市立淀橋図書館便所内壁に鉛筆を以て
「（1）兵士ハ戦ッテ死ヌヨリ自殺（以下不明）
（2）**軍部ノ宣伝機関ニナッタ新聞ナド読ンデクダラヌ事書クナ馬鹿！！**」
と落書しあるを発見す（捜査中）

特高月報昭和13年5月号

昭和13年5月　埼玉県　反戦通信

南埼玉郡大袋村応召兵　歩兵上等兵　遠藤潔（31）

今次事変に応召し目下上海方面に出征中なるが最近実父光蔵に宛て左記内容の反戦的通信を寄

せたり　「（前略）金を送って貰いたい　戦地は水悪く食料が不足しているから、戦地は良い所はずっと良いが悪い所は内地に居て想像のつかぬ程悪い　**思えば良くこれまで生きて来たかと思う様だ、もう戦争などいやになった、そんなことを大びらに書けないけれどもおれ達ばかりでなく皆がそう言っている**　早く郷里に帰りたいがいつのことか見当がつかない」（後略）

特高月報昭和13年5月号

昭和13年5月　三重県　反戦言辞

宇治山田市辻久留町一九　神戸製鋼所鳥羽工場職工　浅沼栄一（26）

本年二月鳥羽工場に就職して以来住所地より通勤の汽車中又は昼食後の休憩時間を利用して同工場職工幕谷春臣外八名に対し「戦争をやっても儲けるのは資本家だけや　もっと資本家が儲けたら自分等の賃銀も上げてくれたらどうや、戦争の様な人が人を殺すと云ふ様な悲惨な事は早く止めて貰いにゃ困る、戦争で段々物価が高くなって来るのに賃金は上げてくれない　この戦争が長引いたら自分等の生活は苦しくなって来る、戦争の様ないらん事に人をようけ殺したり金をようけ使ったりせんと、もっと金を労働者の方へ生活が楽になる様に廻してくれたらな―云々」と反戦的言辞を弄す（五月二十一日陸刑第九九条違反として送局、五月二十八日起訴）

昭和12年8月　警視庁　反戦策動

東京市大森区田園調布二ノ八一六　無職　内藤斐（36）

幼少の頃より基督教を信仰し、反戦思想を抱持し居りたる所、客年八月以来本年五月迄の間に於て福山静代外二名に対し「戦争は罪を造り、人を殺したり殺されたりするから早く止した方が良い、**戦争には勝っても人を負かせば必ず復讐を受ける。支那は隣国で日本にとっては一番の得意先なんだから早く仲直りをしないのは馬鹿な話だ。慰問袋なんか余り送らないで若い人を余りおだてないと戦争は自然とお終いになる、**日本では戦争に勝って居ると言うが実際は負けて居るのではないか。子供が兵隊にとられ戦争に行く様なことに成れば自殺させる様にする云々」と反戦思想の宣伝を為す。（五月十五日検挙、六月陸軍刑法第九九条違反として送局）

※日露戦争の頃と変わり、この時期には日本のキリスト教は一部を除き、国策に従う立場に陥っていた。なお、文中には自殺を促す言葉が出ているが、実際にキリスト教信者の兵士が営内で自殺した事件も発生している。

特高月報 昭和13年6月号

昭和13年6月　警視庁　反戦落書

六月十二日東京商科大学予科学生便所に黒鉛筆にて「現在日本は支那と戦争をやって居るがこれは皆資本家を肥やす為であって我々兄弟には何等利益はないのだ。我々はこーやって上級の学校に来て居るが翻って見るときに農村の子弟は小学校もろくろく出られないものがあるではないか、はたして世の中は平等であるか」と落書しあるを発見す。（直ちに抹殺すると共に厳重内偵中）

※昭和初期に至っても進学率は依然低く、昭和15年での旧制中学（現在の高校と考えて良い）への進学率は7％、さらにその先の大学は昭和20年の時点で10％であった（文部科学省の「初等中等教育と高等教育との接続の改善について（中間報告）」より）

特高月報 昭和13年6月号

昭和13年6月　京都府　反戦的落書

六月二十三日福知山市省線福知山駅構内公衆便所に「**国防けん金するな、女学生は福商生と仲好くせよ**」と落書しあるを発見す。（極力捜査中）

※ナンパか?

特高月報 昭和13年6月号

昭和13年6月　京都府　反戦落書

六月二十七日福知山市々設グラウンド公衆便所内に「チョキンヲシタトコロデ何になるか。日本は今にくづれる。戦争は何時迄つづくかわからぬ。今に日本はまけるよ。戦争はいつまでつづくかしんぼうするな。国防献金……以下不明」と落書しあるを発見す。（極力捜査中）

特高月報 昭和13年6月号

昭和13年6月　京都府　反戦的不穏投書

支那事変発生以来数回に亘り京都市下京区東七条崇仁小学校長伊藤茂光に宛て「この頃の様に物価が暴騰すれば我々の生活は苦しくて到底出来ないからこの前の**米騒動の時の様に一つ騒動を起そうではないか**」との意味を有する匿名の投書ありたり。（接受者は外部への漏洩を恐れ其の都度焼却し居りたる模様にして悪戯的行為と認めらるるも時局柄厳重内偵中）

※主食の危機による米騒動の記憶は、日本人にとってかなり鮮烈だったようである。

特高月報 昭和13年6月号

昭和13年6月　大阪府　反戦落書

六月二十四日大阪市所在府立中之島図書館内男子共同便所内壁に「再建の仕事、1国民皆兵制度撤廃、2民主々義国家への復帰、3**男女間の新関係の建設**（封建的分子の一掃）、4法律制度の刷新、5宗教改革（私ノ考ヘデハ個人個人ノ間ニ神ヲ見出シタイ）、6国民的文化水準の向上、と落書あるを発見す。（捜査中）

特高月報 昭和13年6月号

昭和13年6月　兵庫県　反戦落書

六月二十七日兵庫県下省線姫路駅公衆便所内壁及扉内側に「現内閣動員に反対、兵を支那に送るな天皇を殺せよ、今日の召集反対」と落書しあるを発見す。（捜査中）

特高月報 昭和13年6月号

昭和13年6月 兵庫県 反戦言辞

兵庫県 応召兵阪急社員 北村可四郎（41）

動員下令あり六月二十一日応召したるが六月二十日宝塚ホテルに於て素人カメラ会主催の本名送別会の席上「私は戦争に行くが慌てることはないと思う　人は軍服を着て俺こそ出征勇士だと威丈高に歩いているが私はそんな事はどうでもよい、大体今度の戦争と言うものは決して支那が暴戻でもなんでもないんでして日本の経済的な膨張が支那迄伸びようとしているんです、**今日も歌劇の女学生等が沢山来てくれましたのでお前等は戦争と言うものの意味を知らんだろう、俺が教えてやると言って大いに説明してやりましたがどうも判った様でありませんでした**云々」と反戦言辞を弄す。（証拠取集中）

※女子学生にとっては「変なおじさんが絡んできた」程度の事だったのかもしれない。

特高月報 昭和13年6月号

昭和13年6月 栃木県 反戦言辞

栃木県 自動車運転者 森田正一郎（49）

六月二十二日井上武之助外二名に対し「今度の戦争では日本は負ける、新聞には勝った勝ったと書いてあるが実際は負けて居るんだ、それは最近**ソ連のスターリンと独逸のヒットラーが会談して飛行機で日本を攻めることになっている**、独逸は表面日本と親しい様だが実はソ連と密約が出来ていて、いざとなればロシアの飛行機が来て爆撃するんだ、そうなれば宇都宮辺りには高射砲等は皆戦地へ持って行って仕舞って一つも無いから滅茶苦茶にされて仕舞う。今政府では国民貯蓄だ等と言って大騒をしているが、日本はどうせ負けるんだから敗戦国に何も貯金の必要はない云々」と反戦言辞を弄す。（六月二十四日検挙、陸軍刑法第九九条違反として取調中）

※「ドイツとソ連の密約」と言うのは中々良い線を言っているが……。内容的にはデマである。

特高月報 昭和13年6月号

昭和13年5月　愛知県　反戦言辞

愛知県清水野小学校　訓導　田中重奏（30）

トルストイの人道主義及ヘーゲルの唯物論等の思想に共鳴し反戦思想を抱持し居りたる所本年四月中旬より五月中旬に亘り理髪職人杉浦三郎外数名に対して「今度の事変は大体軍部がやり

過ぎである。戦勝戦勝と言っているが地図の上で見ても余り戦果は収めていないではないか、又**正義正義と称しているが正義に二通りはない**　**支那でも今度の戦争を正義だと言っている**　**日本の軍隊が他国へ攻め込んでそれで正義と言うのは変ではないか**、君達は陸軍病院へ無料で頭を刈りに行くが軍医さん達は高い俸給の上に戦時手当すら貰っているのだから無料と言う事は余り徹底し過ぎている、君達は米を買うのには銭を出すだろう　義務だ義務だと言って居ると今に飯が食えなくなるぞ云々」と反戦言辞を弄す。（六月十九日検挙、同月二十三日陸刑九九条違反として送局同月三十日起訴収容せらる）

特高月報 昭和13年6月号

※とても正しい事を言っている。当時の奉仕活動の状況もうかがえる。

昭和12年12月　**富山県**　**反戦言辞**

富山県　無職　渡辺重慶（61）

客年十二月二十八日頃大野峰孝方に於て同人外三名に対し「戦争には資産家の子弟は出征するもの少数にして貧乏人に多い、妻子を残して戦死しては詰らぬ、日本の新聞は盛んに勝って居る様に書いて居るが本当は負けているのである、支那の督戦隊を人々は笑って居るが**日本も日露**

戦争の当時督戦式に後方から兵隊を打殺したではないか云々」と反戦言辞を弄す。（六月十三日検挙、陸刑違反として取調中）

※督戦隊とは、戦場において味方の兵士が敵前逃亡しない様に見張り、戦闘を継続させる圧力をかける部隊の事。

特高月報昭和13年7月分

七月六月（ママ）不敬並陸軍刑法第九十九条違反として送局七月八日起訴、七月二十七日富山区裁判所にて懲役六月の言渡しを受け控訴

特高月報昭和13年12月分

十二月八日控訴棄却、十二日富山刑務支所に収容

特高月報 昭和13年6月号

昭和13年6月 **広島県** **反戦言辞**

広島県　広島文理大哲学科三年生　谷本哲夫

六月十七日臨時召集を受け本籍に帰省したるが出発に際し見送りせる学友高山要一外二、三名に対し「**今次事変の戦闘に於て決死隊に参加せる兵士は所謂お調子者にして馬鹿**

だ、少くとも自己と言うものを深く考えるとき君国の為と言うが如き事は到底考え得べきことに非ず云々」と反戦言辞を弄す。（身体検査の結果不合格となり即日帰郷せり、行動内偵中）

特高月報 昭和13年6月号

昭和13年5月　宮崎県　反戦言辞

宮崎県　住所不定無職　喜多之明（45）

五月二十六日乗合自動車内に於て乗客九名に対し「日支事変は東洋平和の為では無い　日本の侵略だ　東洋の移民政策の為だ、政府は人の命を金鵄勲章一つで誤魔化して居るのだ実際腹を打ち割って考えて見よ　**忠義を尽くして死んで金鵄勲章を貰えば何になるか、戦争なんか馬鹿のすること**だ云々」と反戦言辞を弄す。（六月十一日陸軍刑法第九九条違反として送局、六月十六日禁錮四月に処せられ服罪す）

特高月報 昭和13年6月号

昭和13年6月　警視庁　反戦落書

六月二十九日東京市大井立会町活動写真館昭栄館男子用便所内に万年筆を以て「横暴なる資本家を倒せ、天皇を倒せ　**新しき民衆共和政府を樹立せよ**、戦争を止めよ　ヒューマニズムの凱歌こそ平和の楽だぞ」と落書あるを発見す。（捜査中）

特高月報 昭和13年7月号

昭和13年7月　警視庁　反戦落書

七月一日東京市大井坂下公園共同便所内大便所扉内側に黒色鉛筆を以て「日本人ノ誇モテ今コソ我等ハ共産主義ニ立テ政府ハ金ヲ奪イ今又銀ヲ奪ワントス代リニ我等ニハ無一文ノ価値ナキ紙幣ヲ与ヘントス、カカル上ハ餓死スルノミ、支那ニカツトモ我等人民ハ正ニ滅ビントス、タテ貯金政策トハ何カ住友、三井、三菱他大財閥ナリ　貯金政策ニ反対セヨ貧民ノ一銭マデトリ上ゲテ生命ヲ永ラインﾄスルモノヲコロセ、戦争ニカッテヨクナルモノハ誰カ　ワレラハ戦後ドン底（今以上）生活ヲ強ラレルコトヲ諸君ヨ知レ」と落書しあるを発見す。（捜査中）

特高月報 昭和13年7月号

📖 昭和13年7月 📍大阪府 ☰ 反戦投書

大阪毎日新聞京都支局赤エンピツ（読者投稿欄）宛七月七日付左記内容の投書ありたり。「銃後　戦争をして何の利益があるんだ、国民は日一日と飢餓線上に近づきつつ有る　ただいたずらに軍需工場関係の者のみ不当なる利益を得さしめ我々平和産業に従事せる者の生活を政府は知らんのか。　それ共我々平和産業に従事せる者を犠牲にして迄武力を振い侵略がしたいのか、国民を殺して迄軍部将校連中は空虚な名誉がほしいのか、戦線に立つ軍人にしても将校は職業だ、人殺しが商売なのだ、別に戦争をしなくとも、生活の保証をされて居るのに何を好んで戦争をするんだ　兵卒が可哀想だ強制的に戦線に立たされ一時的の英雄にまつり上げられそれには余りにも犠牲が大き過る、又愛国公債が何だ一ペンの紙くずじゃないか、買う馬鹿が有るか、また何が八十億貯蓄だ食うや食わずで入ってくる金も無くて何が貯蓄だ、余りにも政府は国民を馬鹿にして居る　政府はこの際支那問題が今回の事変に至ったまでの外交の失敗を良ろしく国民に謝するを可とす。国民の思想は別に第三者から指導せられず共自からかん境によって支配せられることを政府は自覚知ろ我々あっての国家だ、我々が税金を納めてこそ国家が立って行くのだ、主権者だろうが大臣だろうが軍人だろうが食って行けるんだ　国民はいつ迄もロボットじゃない。こんな時節が続きゃますます犯罪者が増加するだろう　現に増加しとる、また○○思想は弾圧せられればせられる程シンパ網が強化せられて居る事実を政府の大官は知らずや、これが外国に虚勢を張って居る銃後の大半の感情なる事を公に発表するのにやぶさかでない。大巨人寄。　京都市螺

町竹屋町上ル　木下敬次」（捜査中）

特高月報　昭和13年7月号

※当時の実情が詰まった投書である。

昭和13年7月　**千葉県**　**反戦言辞**

佐賀市出身戦傷兵　福井寛治（25）

市川市所在国府台陸軍病院に戦傷兵として入院中七月十一日**病院を脱出し**千葉県松戸町樋口梢葉方に立回り家人に対し「**自分は村民を代表して国家の為戦地に行き戦傷して内地に帰り現在病院に居るが戦地で勇士の考える如く銃後国民は緊張して居らぬのに驚かされた、この状況を見た時に二度と戦地に行く気にはなれない**　自分一人の考えではない傷病者の多くはこの考を持って居る、この村から出征するものがあったら戦地に行かぬ様話して引止めた方がよい云々」と反戦的言辞を発す。（多少精神に異常ある模様につき病院に引渡す）

特高月報　昭和13年7月号

※国府台陸軍病院には主に精神病を発症した戦傷兵が多く収容されていた。

昭和13年7月　鳥取県　反戦文書貼付

米子市博労町三丁目　日雇稼　田中源太郎（60）

反戦思想を宣伝し以て戦争中止に至らしむる目的を以て七月十五日米子市富士見町地内米子軌道株式会社皆生線ガード下石壁に左記内容を墨書せる紙片を貼付す（原文のまま）「英仏ソ我日本の強敵で有る事を発見するに至ったこの度日本支那戦争の為め彼等は蒋介石に援助す護衛を加え居ること明白に知る奴等は世界の土地を分領し威勢強大国富み武備整い強賊国たるソ英締盟提携今の場合如何にとも対抗膺懲の術なく残念ながら暴権に屈しる外なし伊独の如く敗戦国に同意同盟されても頼る力無し長く悪運の傾く時を待つのみかこの度戦闘に我内地人のみ兵役に服し可惜青年を死に至らしむるは甚だ遺感でないか　領土人**朝鮮人台湾人満州国人を動員する事は出来ぬでしょうか**　我平素愛しる国民が絶滅して仕舞ったら我等残りて生ける甲斐無いのだ。日本の我は好戦国であり殺人国だと言って世界各国から同情を失って孤立の状にあり政府は多くの同胞たる最善良友人民を膨大に殺して自責の念なくてはならぬ相済まないと言う感を起らねばならぬであらう若し当然だと言う風があったらばどんな恐しい結果が産れないとも知れぬ云々。」（陸軍刑法九九条違反として送局）

※可惜　↓　残念ながら、惜しくも

※日本人の代わりに植民地の人々を動員しろと言っている。これはこれで恐ろしい貼り紙であ

る。

特高月報 昭和13年7月号

昭和13年7月　岡山県　反戦落書

岡山市大供四五六　製縄職工　多賀履信（24）

七月三日岡山市天瀬帝国館外一個所に「労働者諸君賃銀待遇に不平はないか、資本家はもうけているぞ、ファッショ倒せろ、賃銀値上せろ、凋落政党打倒、戦争する軍事費で失業者にパン救済せよ、云」々と落書あるを発見す。（七月九日検挙目下取調中なるが本件の外六月分月報記載の岡山市内数個所の落書も本名の行為と判明す。思想関係尚取調中）

特高月報昭和13年8月分

日本共産党の目的遂行のため反戦不敬落書きを為したる事実明瞭となり八月二十九日不敬罪並治安維持法違反とし送局

特高月報昭和14年1月分

昭和十四年一月十六日不敬罪として起訴

特高月報昭和14年3月分
三月二十七日岡山地方裁判所で検事の求刑通り懲役二年の言渡しあり
特高月報 昭和13年7月号

昭和13年7月　広島県　反戦言辞
広島県　新興人絹株式会社大竹工場職工　一ノ瀬新一郎（33）

七月六日末永末人外一名に対し「日本はこれまでの一年は連戦連勝で良かったがこれから先は考えものだ。日本は国が小さいから物資がすぐなくなるが支那は国が大きくして物資がありかつ諸外国の同情もある　なおその上四億の人口があるから二、三個月も訓練すれば兵は何程でも第一線へ送ることが出来るが、日本はそう言う訳には行かぬ、又日本は支那の奥地へ道入れば益々不利である、**ナポレオンでさえもモスコーへ四十万の大軍を率いて押寄せ連戦連勝ではあったが残兵は僅かに三百名であった**云々」と反戦言辞を弄す。（陸軍刑法第九九条違反として七月二十日送局）

※歴史を感じさせる発言である。事実、日本はこの後、日中戦争の小康状態を挟み、太平洋戦争も始まることで下り坂を転がっていく。

特高月報 昭和13年7月号

昭和13年7月　広島県　反戦言辞
広島県　運送業　島木亀太郎（64）

寺廻百朗外一名に対し「この度の戦争で日本軍は上海付近の抗日排日の織烈なりし部落に於ては兵は勿論非戦闘員を皆殺しにして当時はクリークや小川は、其の死体で浅くなって居たそうな、日本軍は良民には危害を加えないと新聞紙等に出して居るが、実際はとても沢山非戦闘員を殺したと言うことである云々」と造言飛語を為す。（七月十九日陸軍刑法第九九条違反として送局）

※クリークとは水気の多い土地の総称である。

特高月報 昭和13年7月号

昭和13年7月　広島県　反戦言辞
遍路　乾謙達（54）

七月二十六日広島県下海田市町に於て通行人に対し「戦争だと言うても貧乏人の子ばかり出て金持は贅沢をして居る戦地へ行っても命を捨てて戦うものは貧乏人の子ばかりである云々」と反戦的言辞を弄す。（七月三十一日陸軍刑法第九九条違反として送局）

昭和13年7月　福岡県　反戦策動

福岡県　理髪業　寺田菊男（31）

泥酔徘徊により福岡署に於て留置取調中の処七月十三日監房内に「日支ノ戦ヲ革命へ、大和魂！！島国根性、抗日戦ノ財源ツクル時！！日本財政窮乏ノ秋両国ノプロレタリアートハ団結セヨシカシテ階級闘争へ」と落書したる外本年三月頃より太田スミヨ外数名に対し左の如き造言飛語を為して反戦思想の宣伝を為したる事実あり。

「1　戦争は資本家財閥と結託する政府が是等の者の生産した商品のはけ口即ち市場を獲得する為にするのである従って戦争に勝っても儲けるのは資本家財閥のみだ、我々は資本家の利益の為の戦争には反対せねばならぬ。

2　**皇軍兵士が戦死する場合無意識の間に天皇陛下万歳を叫んで死ぬ様に新聞紙に報道されて居るが、それは嘘だ　殆んど大部分の者は両親、兄弟妻子恋人等親しい者の名前を叫ぶと言うことだ、**云々。

3　今度の戦争は全体的には日本が勝って居る　しかし個々の戦争では日本の敗北も相当ひどい様だ特に蒋介石の直系軍は仲々強く皇軍の苦戦がしばしば伝えられた様だ云々。」（陸軍刑法第九九条違反として取調中）

特高月報昭和13年10月分
十月三日福岡区裁判所にて陸軍刑法第九十九条違反により禁固五月、即日服罪
特高月報 昭和13年7月号

昭和13年7月 熊本県 反戦落書

七月十五日清水信之方板塀に白墨を以て「**蔣介石ガンバレ日本軍全メッサセテミロ五銭ヤルケン**」と落書しあるを発見す。（捜査中）

※少ない。

特高月報 昭和13年7月号

昭和12年12月 愛知県 反戦策動

筒井吉郎（18）

日本共産党の拡大強化の目的を以て客年十二月四日頃豊橋市所在豊橋市立図書館内公衆便所に「諸君は社会主義とか共産主義とかに関心を持っているだろう　持っている人は左記へ来たれ豊

橋市東田町二七三番地 GSCPT」と落書し更に同月十九日頃同所に「諸君我々の敵は支那蘇連ではない資本家ダ！ 敵ハ！ 同志を求む、大日本共産党員」と落書したるもの。（七月二十五日治安維持法並陸軍刑法第九九条違反として送局）

※記載の住所に行くと本当に彼がいたのかは不明である。

特高月報昭和13年8月分

名古屋地方裁判所検事局にて取調、改悛を認められ八月二十二日起訴猶予処分

特高月報 昭和13年7月号

昭和13年8月　警視庁　反戦落書

八月二十五日東京市隅田公園内ラジオ塔壁に黒色鉛筆を以て「英国ヤ蘇連ニ操ラレテ居ル支那ヲ相手ニ本気ニナッテ戦ッテ長期交戦ダ　ヤレ蜂ノ頭ダト騒イデイルヤツノ気ガ知レナイ、日本モ近々ノ内ニ独逸ノ如キ憂目ヲ見ルノダ　我国ノ幹部ハ失業者ヲ出スノヲ喜ンデ居ルノカ、大馬鹿者メ戦争ハ止メロ、戦争絶対反対ダ」と落書あるを発見す。（捜査中）

特高月報 昭和13年8月号

昭和13年8月 京都府 反戦通信

京都府　本月一日清水本部隊阪口部隊神田隊に所属し目下中支に出征中なる後備役歩兵一等兵谷口由治の留守宅京都府下宇治田原村の家族宛前戦友曹長向崎義三名義を以て左の如き反戦通信を為したるものあり、追て谷口は七月二十一日原隊より戦死せる旨公電あり次で同月二十九日戦死取消の公電あり夫々新聞紙に発表せられたるものなり。「（前略）私は坂口部隊に従軍して南昌以北の地帯に奮戦中の一軍曹武林と申します、谷口由治君は去る二十一日江西省の余干と言う町の敗残兵を掃蕩中敵弾が左臀部に命中し一時人事不省に陥り、軍部はこれを戦死として発表したのです、ところが、思ったより創口が小さくて一命は取りとめそうなので直ちに戦死報をとり消しました、そして楽平と言ふ町の陸軍病院に運行中日本軍の投じた爆弾が味方の軍中に命中し、百八十七名木端みじんとなり、由治君も共の中に加わり、まことに気の毒に堪えません（中略）海軍の航空隊の投ずる弾丸は今迄に七回味方の中に投下されその死者でも1万はずっと出てます、私達日本の軍人ながらこんな戦争はやりたくありません（中略）**私はもう一層死ぬなら味方の大将を射って、もろとも死ぬ覚悟です**（中略）今までも日清日露と二回も戦争はあって貧乏人の子が一番多く戦死しているが、何か一つでも貧乏人の為になることがありますか、大きな事業は資本家が行ってやりそのかすのかすも貧乏人に配当はありません、その商売の道具に使われる人間が馬鹿です、天皇なんか何んですか、どこのくされねこの生れそこねたやつかも判らんやつがえらがって今度大阪にでもきやがったらどうでも暗殺です（中略）不肖武林はあんたとこえ相談がおます次のこと実行して下さい、かならず秘密で願います、これはおたがい日本人の為です、一番多く人の通るところへ、大きな紙へ次のことを書いて大宣伝して下さい、僕は大阪市全体へやります、せなんだらあんたとこへさいなんがかかります。家は保険を付けずにおいて下さい　保険を付けたらやき打ちと、みな殺しをやりますぞ　僕は前科七犯の人間で強盗、殺人の罪も一回づつ受け　とります（中略）今度の戦争は、日本の支那侵略だ　びん乏人の子供のみ一線に立たせ大財閥の子供なんか一名も参加せず、事業は資本家に独占され、実になさけないことだ、我々国民はこの帝国主義戦争には大反対だ、第一線には最高官のみ立たすが当然だ（中略）これを必ず書いて出せ、おれが見に行くから出てなかったらどうでも焼打だこれ迄日本は同士討や爆弾、あやまりで兵の死は実に一万余です、由治君の戦死はあやまり、味方の爆弾が皇軍の一千名のところへ投下（あやまりで）百七十名余惨死した、その内に入りましたから政府は病死とするでしょう。中を詳しくよんで下さい。」（厳重内偵中）

※だんだん狂気が現れてくる迫真の文章である。受け取った者も戦死に加えてこんな文章が届いたらとても気が気でないだろう。

特高月報　昭和13年8月号

📅 昭和13年8月　📍 大阪府　☰ 反戦落書

八月初旬大阪市港区九条北通り一の五映画館第一住吉館二階大便所内部に鉛筆様のものにて「我等は既に戦ニアイタ」「軍部ヲ倒セ」と落書あるを発見す。（捜査中）八月二十三日大阪市西区松島町一の三一吉本興行部ニュース映画館花月大便所内扉に紫色鉛筆にて「我等はすでに戦争にあいた」と落書あるを発見す。（捜査中）八月二十三日神戸市所在川崎造船所艦船工場南側便所腰板に石筆にて「**人類平和の路は皇道に非ず、実に共産主義なり**世界平和の為立て同志よ日本は戦に疲れ切って居る　この時だ立てよ同志平和の為」と落書しあるを発見す。（捜査中）

特高月報 昭和13年8月号

昭和13年7月　岐阜県　反戦言辞

岐阜県古井町　畳職　座間又三郎（34）

七月十八日和田勝市に対し「斯様に働くばかりでは銭はなし税金は政府から絞られるし全く困って仕舞った　それに物価は高くなるし仕事は無し、上からは貯金せよ貯金せよと言って絞り上げる、実際貧乏人は困って居る、よい加減に戦争なんか止めたがよい。兵隊に行った人の話では全く体裁のよい監獄ぢゃそうな、兵隊もえらいしええ加に戦争は止めたがよい、一体日本は欲過ぎる、ああ広い場を取ったらもう戦争は止めたがよい。**日本が負けようと負けまいと又何処の国に成っても俺はへいへいと言って従って居ればよい。日本の歴史な**

んか汚れたとて何ともない、又日本なんか潰れたとて仕方がない、献金なんかする金があったら女郎を買うわい

「云々」と反戦言辞を弄す。

（七月二十七日検挙、八月一日陸刑九九条違反として送局）

※徹底した利己主義、ある意味清々しい文章である。

特高月報 昭和13年8月号

昭和12年7月　富山県　不敬反戦策動

富山県　当時受刑者　無職　沢井三朗（34）

本名は窃盗、詐欺罪により懲役刑に処せられ金沢刑務所富山刑務支部に於て服役中昭和十二年七月頃より本年五月までの間に於て受刑者松井儀治外数名に対し共産主義思想に基き「日本は長期戦に入れば物資の欠乏により完全に破れることは請合だ、その弱点を掴んでソ連は支那を応援して居るのである、ソ連はまた日本に共産党の支部を置いて居るがこれと連絡を執って日本に対抗すれば結局に於て日本は敗戦の運命を辿るであらう。我等はその時期を待って居るのである、ソ連の為に日本が征服せらるると我等は解放せられ我等の社会が完全に造り上げられることになるのだ。今次の事変は資本家連中が私腹を肥さんが為に起した戦争である　戦争に依って一番犠牲を払うものは我々無産者である　殆んど兵卒の大部分は無産者であって有産階級は僅かである、

戦争に依って利益を得るのは彼等ブルジョア階級である　故に我々無産者はこの悲惨なる戦争には絶対反対せねばならぬ、云々」と反対思想の宣伝を為したる外天皇、皇太后及皇族に対し奉り極めて悪質なる不敬の言辞を弄したる事実あり。（七月二日有価証券偽造行使詐欺事件被疑者として検挙取調の結果、上記犯罪事実判明したるを以て尚引続き取調中）

特高月報 昭和13年8月号

昭和13年7月　香川県　反戦言辞

香川県香川郡安原村　松浦徳文（38）

反戦思想を抱持し居りたる所七月二十九日松浦貞吉方に於て開催せられたる部落会の席上に於て中条幸太郎より国民貯金を勧誘せられるや本名は之に反対したる上中村幸太郎外九名に対し

「1　今度の戦争はいたずらに戦線を拡げ多額の軍費を支出するとも結局何等の利益なく国民は困る、

2　今度の戦争は国民の総意に依り東洋平和を建設する為の戦争だと申して居るがそれは偽りで国民を欺瞞せるもので仮に戦争に勝ったとて平和は望み難い、

3　日本の人口が増して困って居るから日本は支那と今度の戦争をして居るのである、

4　**上海と北支を占領すれば支那は屈服するものと軍部の首脳部二、三人の者**

が見込違いをした為何時までも戦争は続く」云々と反戦的造言飛語を為す。（八月三十日陸刑九十九条違反として送局）

※4の発言はかなり的を得ているようだ。

特高月報 昭和13年8月号

昭和13年9月　警視庁　反戦落書

九月四日東京府北多摩郡小平村一六一一、東京商科大学予科学生便所内に

「（一）自分は共産主義が聞き余す所なく調べたが悪いのは団（国印）体に反するだけだ、まだ調べ方が不十分だが、もっと考えろ万人の国体の幸福のために国体を守るべきだろうか（悩める三年生）幸福になっている現状世界の何処にありや我々は国体等といふ空想的にごまかされてはならぬ、

（二）**帝国主義戦争絶対反対立て日本のヒットラー、ムッソリーニよ**、

（三）予科生よ、日本は間違っている戦争に勝っても、以下不詳

（四）打倒日本共産主義万歳、日本帝国主義戦争絶対反対」と落書しあるを発見す。（捜査中）

※現代から見ると日本でヒトラーやムッソリーニが立たれても困るが、当時はまだ悪いイメージ

は広まっていなかった。なお、この時期（8月～11月）にはヒトラーユーゲントが来日している。

特高月報 昭和13年9月号

昭和13年9月　新潟県　反戦反軍的言辞

新潟県下新発田町　古物商　大沢治明（37）

九月九日飲食店佐藤ミツ方に於て飲酒中同人及女中伊藤ヒロに対し「**遺骨々々と言って居るが、その遺骨は知れたものではない**　牛の骨か馬の骨か、又は豚の骨か分かったものではない、俺はそんなもの等は迎へに行く要はない、遺骨等迎へに出る様な奴は馬鹿者だ。兵隊は金で買われて行くようなものだから戦争に行って生きて帰っても死んで帰っても金が貰える何でも金で済まされるものだ、その様な者を送りに出たり迎えに行ったりする様な必要はない、俺は今まで行った事はないし近所の人達にも行く必要はないと言っている。日本軍が支那と戦争して取ったり取られたりしているが、これから先勝つのか負けるのか判ったものではない、兵隊が折角占領しても内地へ軍隊が引揚げて終えば元々になるのだから馬鹿々々しい話だ云々」と反戦反軍的言辞を弄す。（九月十五日陸刑九九条違反として送局）

※戦況が激しくなるにつれ、戦死者の遺体の扱いはかなり難しくなっていった。遺骨の回収や真偽についての問題は現在でも取りざたされることがある。

特高月報昭和13年10月分
九月三十日起訴、十月十八日新発田区裁判所にて陸軍刑法第九九条により禁固三月、同月二十日服罪

特高月報 昭和13年9月号

昭和13年9月　愛知県　反戦落書

九月七日愛知県下所在省線豊橋駅と名鉄吉田駅の中間に在る公衆便所正面壁に赤青色鉛筆を以て「一将成功万骨枯、兵隊サン君たちは誰の為に戦に行くのだ　国の為に行くと思ったら皮相なる観察だ　終わった後の英雄は只一人だけだ、そして君たちを待っているのは飢餓と嘲笑と失業の渦巻だ」と落書しあるを発見す。（憲兵隊と協力捜査中）

特高月報 昭和13年9月号

昭和13年7月　岐阜県　反戦言辞

岐阜県下川井村　農業　飯沼豊松（45）

七月八日夜居村下磯区集会所に於ける出征軍人歓送会席上に於て松原甚内、其他に対し「**貯金々々と喧しく言うが俺の金で俺が貯金しようが使おうが人の世話にならぬ**

でもよい。支那との戦争でもし日本が負けたとてここまで攻めて来て俺等の首を取って行くようなことはないから負けてもよい。天皇陛下が戦争して負けても我々には関係はない云々」と反戦言辞を弄す。（陸刑九九条違反として九月十九日送局）

特高月報 昭和13年9月号

昭和13年8月　富山県　反戦言辞

富山県下千里村　農兼古物商　村議　江尻長太郎（36）

本名はかつて全農全会派富山県連に加盟し階級的農民闘争に携りかつ左翼分子の指導を受け思想的に啓蒙せられ居りたる結果今次事変をあたかも資本主義経済の行詰を打開せんとする資本家擁護の戦争なるが如く曲解し居りたる所八月十六日居村理髪店中野義雄方に於て平井忠信外二名に対し「今度の戦争は地主及金持階級を擁護する為であって我々無産階級にとっては何等勝負に関心を持つ必要は更に無くただ生活が出来ればば足りる訳である、然るに我々銃後に在るものは平等に労力奉仕を負担せしめらるることは不合理であって金持が百人を出すとすれば我々は一人で結構である、又労力奉仕にしても戦死軍人遺家族に対するものはその必要なくこれ等には政府からそれぞれ下賜金がある云々」と反戦的言辞を弄す。（九月二十八日陸刑九九条違反として送局）

特高月報昭和13年10月分

九月二十九日起訴、十月十三日富山区裁判所にて陸軍刑法第九九条により禁固四月

特高月報 昭和13年9月号

昭和13年9月　山口県　反戦的言辞

山口県下小郡町　農　乗安五郎（39）

九月一日小郡信用購買販売利用組合事務所に於て事務員、組合員等多数居合す場所に於て「戦争が長引けば戦死者も相当ありまた戻って来る者も相当ある　彼等は沢山の金を貰うが戦争に行かず残留の者の方が余程辛い　特に貧乏人はやりきれぬ様になるから戦争が早く止めにならぬと困る云々」と反戦的言辞を弄す。（思想的背景なく単に不用意に放言したるものなりしを以て厳重戒飭す）

特高月報 昭和13年9月号

昭和13年9月　香川県　反戦落書

九月十八日香川県高松市所在省線高松駅構内公衆用大便所扉の内側に万年筆にて「国民よ！、日

支事変に於て吾人の払いつつある莫大なる犠牲に対して果して吾人はその結果何を与へらるべきや、東洋平和の美名のみが漠然たる結果を吾人に待つ事を得ず　聖戦余りに清きに失すれば魚棲まず　当事者よ吾人の得らるべき美果の名を明示せよ、一国民」と落書しあるを発見す。（捜査中）

特高月報　昭和13年9月号

昭和13年9月　千葉県　反軍投書

九月十日千葉県下所在木更津海軍航空隊に宛、発信人不明の左記内容の反軍的投書ありたり。「如何に馬鹿な支那やソ連の飛行機でも天の昼間ぶらぶら町の上を飛んできやしないよ、来たら高射砲もあるでしょう、つまらぬ敵と味方の訓練はおよしなさい、**毎日町の上をぶうぶううるさいからつまらぬ幼稚な訓練するなら海上でおやりなさいもう少し事実敵のきわどい訓練なら町の上でもよろしい**　敵を軽んずるは失敗の本だよ注意迄。」（憲兵隊と協力捜査中）

当時の木更津航空隊司令
加来止男

※本当にぶうぶううるさかったのだろう。

特高月報　昭和13年9月号

昭和13年10月　山形県　反戦投書

山形市陸軍本部（山形歩兵第三十二連隊）宛、十月十日付米沢局消印ある左記内容の反戦投書ありたり。「兵たいさん父さんおかいしてくださいおネがいです。母さん病きでネてイマス。私はまいにつないでイマス。ごはんないのでばはつやにいもおもらった父つやんおカイシでください。兵たいさんメクンでクださい母つやんゼにかないてイます。」（左翼分子の行為と認め捜査中）

特高月報 昭和13年10月号

昭和13年9月　和歌山県　反戦言辞

（記載が無い）

九月二十五日和歌山市所在山中製材所食堂に於て同所事務員に対し、「支那事変は未だ容易に見通がつかず何時になれば落着くか解らない、この上長く戦争をやられては我々国民は全く困るばかりでなく我が国の経済は破滅を来たすより外はないだろう　我々に言わすと大体戦争と言うもの程人類社会に害を流すものはない　数多の聖霊を殺し巨額の財を費し然して国民を益々塗炭の苦しみに陥れる実に戦争は悲惨なものである云々」と反戦的言辞を弄す。（本名は思想的に容疑の点なく不用意に漏せる事判明したるを以て厳戒に止む）

特高月報 昭和13年10月号

昭和13年10月 **警視庁** **反戦的落書**

十月十六日東京市下谷区三輪町、三輪巡査派出所裏共同便所内壁に黒色鉛筆を以て「**俺れは支那人である、日本人は野バン人**」と落書しあるを発見す（行為者捜索中）

特高月報 昭和13年11月号

昭和13年11月 **大阪府** **反戦落書**

十一月二十六日大阪市南区南海難波駅構内共同便所の扉内壁に左記の如き内容の落書あるを発見す。

「1．**日本も世界から見れば小さいもの**だ世界文化の発展に貢献せよ、一世界主義者記
2．弱い小供はなぐらずいたわるべきではなかろうか大衆は日支事変の犠牲となりそして財閥軍部が横暴となるであらろ　惨めな大衆は何処へ行くのか、
3．**特報　飛田遊郭四千の女性を第一線の勇士に慰問させろ**、つまらぬ市のオエラ

方、文士等が行くよりどれだけ効果があるか知れぬ。
4. **日独伊の国家主義を廃止世界主義に立脚しろ、一コスモポリタン**
5. 戦争を止めよ、そして軍部は民衆をアヂッテ煽動することを止めよ、民衆は自覚せよ、軍部並に警察の横暴を弾劾せよ。
6. 思想弾圧は断固として排撃せよ当局の無智の反省を促せ。
7. 日支事変の原因は日本外交の失敗にある、大衆はその犠牲だ―非国民
8. 今や日本は経済的にも思想的にも○○○○に向いつつある大衆諸君よ自覚せよ、日本の大衆諸君日本は軍部並に資本家から○○されて居るのを自覚せよ、大衆諸君が自覚せざれば日本の国家の崩壊は眼前にあり。某大学教授記」(捜査中)

※3はかなり物議を醸しそうである。

特高月報 昭和13年11月号

昭和13年11月　警視庁　反戦的投書

一月十七日東京市南平台町三、待合業大南幸吉に宛て往復はがきを以て左記内容の投書ありたり。「この次に来るものは軍部はすべての預金に対し五割の国庫没収を計画していますから預金のある方は今の内に引出しておかぬととんだめにあいますからあなたのためにお知らせ致します

親戚知人のお方におしらせ下さい。陸軍省給仕」（憲兵隊と協力捜査中）

※デマである。

特高月報 昭和13年12月号

昭和13年12月 大阪府 反戦投書

十二月八日大阪市東区東雲町一丁目七七番地、飲食店米亭事河内盛義宛了封織葉書左以左記内容の反戦投書ありたり（原文の儘）「徴兵セイドホドアッセイハナイ　昔ハ知行トカ扶知トノ制度今ハ時代ガ違ウ。　戦争ホド社会ニミジメナモノハナイ。自他共ニ人殺又ハ物資ノハカイスル大罪ナリ。見ヨ人命ノギセイ物資統制ニヨル産業ノ不振、税金ノ加重コノ上戦争スルト言ウコトハマスマス不況加ハリ国民ノ苦痛ナリ故ニ我等国民幸福ノタメニ戦争止メヨ。　コノ手紙受取タモノハ幸福ノタメニ二十四時間以内ニ原文ノママ知人ニ無名デ極秘デ十名ニ出スコト。反スルモノハ天誅加ウ。従ウタモノハ幸福キタル幸福ノタメニ。」（捜査中）

※戦時版の不幸の手紙である。やはり回してしまう人もいたのだろう。

特高月報 昭和13年12月号

昭和13年12月　千葉県　反戦通信

中支派遣軍　富藤部隊　福井部隊本部付歩兵上等兵　庄司清

十二月十一日付を以て友人たる千葉県安房郡西条村花房九二二、農、庄司弘外一名に宛て左記内容の反戦的通信ありたり。「**今度の戦争は八月から十一月の初旬まで休みなしの戦闘で随分難儀でした。上海戦より居る人はほんの少しで大体は死傷で居らず一線（緒戦？）から居る人でまた残って居るものは稀です各中隊で五六名位しか居りません。だから三千五百名で佐倉を出発した時の人は皆何んとかなってしまった訳です。**蚕も運よく当った様で何よりです戦地に居ても何やかにやと家の事心配でね。年老いた父母だけぢゃどうにもならんからと思うと泣きたくなる（中略）今でも敵の砲弾が時々参ります、うかうかしては居られません、早く戦争も止めなくては困ります。」（後略）（受信者に対し通信内容を口外せざる様諭示す）

特高月報 昭和13年12月号

※家族を思いやる手紙だが、国策に沿わない実情を知らせる文章や厭戦的な文章は検閲された。

昭和13年8月　宮城県　反軍的通信

北支派遣　井関部隊田尻隊軍医少尉　川原量平

本年八月二十二日付にて恩師仙台市常盤女学院内舎監関田武子に宛て左記（一）内容の反戦的通信を発送せんとしたるが現地憲兵隊に差押えられたる処何等改悛するところなく更に去る十月十七日左記（二）の如き内容の通信ありたり。

「（1）我々在郷軍人は危険に曝される外何もない優遇されるものは現役軍人即ち軍人商売の方ですから面白くない偉い人が入り変り立ち変り勲章を戴きに戦地へ来て直ぐ帰ってしまい下の者は何時帰れるか解らない　この人達は生命に危険は全くない。うまく出来ている。斯様な事を知り尽して教壇に立ったら更に実効ある教育が出来ると思います。（二）この間姉さん宛軍部の悪口を書いたら憲兵隊へ其の手紙がおさえられた、教育者の参考までと思ったが小生の遠大な思想問題を見るだけの頭の無い人が見たと見えておさえられた、多くの兵の言葉が内地へ帰ってから大きな思想問題となりはせんかと心配の余り書いたのだが悪かったらしい、大いに憂国の志士を気取って書いたのだが軍部には工合が悪いらしい。（中略）写真を送ったのだが手紙と一緒に憲兵の手に入って仕舞った、戦地で彼等は大した仕事はやらないでくだらない事ばかりしている、一財産作るのも居ると言う話だから、但し正義を振りかざす皇軍の為云々。（受信者に対し通信内容を口外せざる様諭示す）

※写真が残っていればとても良い資料になりそうなのだが。

特高月報 昭和13年12月号

昭和13年12月　岩手県　反戦的詩投稿

岩手県胆沢郡水沢町　無職　佐藤岩夫

十二月五日岩手県気仙郡横田村横田青年団発行の団報「螢雪」創刊号郷土出身前線将兵慰問号に左記内容の反戦的詩を投稿せり。「こどもたちのために　佐藤岩夫　とぎれとぎれとぎれとんで行った雲は大切なものを盗んだ／そっちにもこっちにも盗まれたこどもは青い顔して／あほっぱなをべろべろながし／三度のまんまは二度、二度のまんまは一度で／国防献金はみんな同じ様にして／盗まれたものは警察に届けもしないで町を平気な顔で歩いてる／あっちの空ではおろおろ泣いて探してると言ふ／みんなつまらないから三度のまんまは三度で／くいたいだけくって／こんなものは誰にも盗まれもとられもしないで笑ったり泣いたり／歌ったりさはいだり／みんないいやうな世の中に住ましてやりたい　今事変の感想です盗まれて行ったものはなんであるかそれはわかるだらうと思ひます、先生はもっとも大切なものをとられてしまったのですから喜一はみずからとられてしまったのですね、でもいいでせう屹度いいことがありはしないかと思ひます。」

（出版物は注意処分に付らせれたるを以て発行人に対し厳重注意を加へ始末書を徴す。投稿者は十二月十四日検挙し取調べたるに本名はプロ文学を好み反戦的思想を抱持し居るも共産主義に対する認識殆んどなく且つ団報に掲載されたる反戦的詩は今回の事変にて戦死したる恩師の妻渡辺千代美に送りたるものを発行人に於て本名の承認なく掲載したる事実判明したるを以て厳重訓戒の上誓書を徴し釈放せり）

※原文のままとした。無断転載らしい。

特高月報 昭和13年12月号

昭和13年12月 **和歌山県** **反戦反軍言辞**

和歌山県伊都郡九度山町 日稼 関口コトラ（50）

十二月十三日出征軍人の遺家族たる松山ツル外二名に対し「出征軍人さんの家族は結構なものぢゃ、毎月々々金は国からくれるし生活には困れへん、我々は貧乏しても何もくれへん、軍人さんにかなわん 何かと言えば慰問に来てくれるし、戦争も大分長いが好い加減で止めそうなものだが戦争の様なものをして云々」と反軍反戦的言辞を弄す。（戒飭）

特高月報 昭和13年12月号

昭和13年12月 **山口県** **反戦言辞**

山口県豊浦郡殿居村 無職 徳田サカ（83）

受持巡査、戸口調査中巡査に対し「戦争は何時迄続くじゃろうか早く戦争が止まんと人が死ぬる、私はそれが耐難い、戦争はせん方がええ、戦争をしたちうても何の得があるやら私にはさっぱり判らん、**巡査さん戦争には出ん方がいいぜ、出たら死んでしまう**云々」と反戦言辞を弄す。（厳重諭示）

特高月報 昭和13年12月号

※お婆さんが巡査を思いやって言ったのか、巡査が誘導的な会話を行ったのか。老婆をわざわざ検挙する必要性があるか考えると前者だと思いたいが……。

昭和13年10月　山口県　反戦言辞

山口県吉敷郡嘉川村　薬剤師　吉村多三郎（69）

本名の長男は召集せられ目下妻及嫁と三人にて営業継続中のものたるが十月二十五日付近の者に対し「早く戦争を止めて貰って息子に帰って貰わねばどうもならん、薬を上の方に注文しても普通には送って来ず又色々値段を書いたり喧しい事ばかりで世の中が難かしくてとてもやり切れぬ云々」と反戦言辞を弄す。（思想的容疑の点なく不用意に放言したるものなるを以て厳重戒飭す）

特高月報 昭和13年12月号

昭和13年11月　高知県　反戦的落書

十一月二十七日高知県上佐郡朝倉村所在歩兵第四十四連隊射撃場の監的壕内に左の如き反戦落書あるを発見す。「骸骨の図あり」コーリャンノ肥料　支那事変召集記念（憲兵隊と協力捜査中）

特高月報　昭和13年12月号

コラム

偉大なる「敵」、蒋介石

当時の反戦・不敬発言を見ていると、やはり中華民国と蒋介石についての発言も多く見受けられる。当時の日本人にとって、真正面の敵国の指導者である

蒋介石

蒋介石はどう目に映っていたのか、気になる所ではあるだろう。例えば共産主義者からすれば、毛沢東などの名前が先に出そうな気もするところである。

結論から言うと、

・何より歴史的にも関りが深い、正面の「敵国」の指導者であること。

・蒋介石ら国民党（及びその前身の中国同盟会）には日本留学歴がある者が多いなど、日本における知名度が比較的高かったこと。

・毛沢東及び中国共産党は日中戦争時、第二次国共合作としてあくまで国民党の一師団（八路軍）であり、指導者としては常に蒋介石が前面に出ていたこと。

・ソ連も国民党政府と条約を結び、また軍事顧問団を派遣するなどして共産主義者の間でも国民党政府が承認されていたこと。

等があげられる。中でも蒋介石と日本の関係は切っても切れないものがある。ここでは蒋介石及び国民党、また日本との関わりの箇単な流れを追っておきたい。

日本と蒋介石

蒋介石と日本の関り

は深い。清末の頃、清国政府は近代化と軍事教育のために盛んに日本に留学生を送っていた。

このような流れの中で、蒋介石は1906年（明治39年）に初来日し、当時清国からの軍事留学生を受け入れていた東京振武学校への留学を試みているが、清の保定陸軍軍官学校との関りがある者しか入学できなかったため、この時は半年の滞在の後に帰国している。翌年、保定陸軍軍官学校への入学を許され進路が開けたが、この保定陸軍軍官学校も当然日本の軍事教育の影響を受けている。そして、さらに翌年の1908年（明治41年）、蒋介石はいよいよ日本への留学を許され、今度は本当に振武学校第11期に入学することができた。そして3年後の1910年（明治43年）、卒業した蒋介石は日本軍第13師団（新潟県高田市）の野砲兵第19連隊に配属された。蒋介石はこの様に日本で軍事教育を受け、多くの知人・友人を得た。また、軍事教育のみならず、日本に留学あるいは亡命状態にあった中国人達とも交流し、その中でも陳其美との交流は蒋介石に大きな影響を与えている。この中で、蒋介石は孫文の設立した「中国同盟会」の存在を知り、1910年6月には日本に一時滞在していた孫文と初対面を果している。また、この頃、最初の妻である毛福梅との間に長男の蒋経国が誕生している。

孫文

そして1911年（明治44年）に辛亥革命が発生した際には陳其美の要請により、脱走同然で中国に帰国し、蒋介石は第五団の団長となった。その後、1912年（明治45・大正元年）1月1日に中華民国の建国が宣言され、2月12日には宣統帝溥儀の退位により清朝は消滅し

日本留学時の蒋介石

た。しかしその後、革命は順調に進まなかった。中国国民党の結成と議会政治の要望にも関わらず、孫文から大総統位を譲られた袁世凱が独裁化を強めたことで、孫文らは「第二革命」の動きを始めた。しかし、第二革命のための蜂起は失敗し、孫文、蒋介石は日本に亡命する。

日本においては、1913年（大正2年）12月に孫文が設立した中国人革命家のための軍事教育機関「浩然廬」の教官に就任したが、早くも1914年（大正3年）6月に爆弾製造の授業中に爆発事故を起こし、日本政府により浩然廬は解散処分となっている。7月、孫文により中華革命党が結成され蒋介石も入党し、党総務部長となった陳其美の下で頭角を現した。以後、蒋介石は日本と中国を密往復し、革命のための地下活動を行った。そして、1916年（大正5年）5月18日の陳其美の暗殺により、孫文から陳の後継と見なされ、蒋介石はさらなる地位を得ていくが、同時に蒋介石は陳炯明ら指導者層の勢力争いにも巻き込まれていくこととなる。1921年（大正10年）5月に広東にて中華国民政府が成立する。

ソ連と蒋介石

内乱の混乱の中、1923年（大正12年）1月にソ連代表団と孫文が接触し、早急の革命を否定しつつも中国国民党と中国共産党の合作を謳う「孫文・ヨッフェ宣言」が発表された。この時点では蒋介石も反共的ではなく、むしろマルクスの著作を積極的に吸収する立場だったという。しかしソ連視察中に行ったモンゴル領有問題の議論が出なかったことや、コミンテルンにおいて孫文と三民主義について演説した際に英雄崇拝者と罵声を浴びせられたことなどから共産主義への反感を抱くようになったとされる。しかし、その後も中国共産党とは別種のソ連との交流は続いた。国民党の方針も容共的となり、共産党員が国民党に参加するようにもなった（第一次国共合作）。後には蒋介石の息子である蒋経国もソ連に留学し、一時的に共産主義者としての教育を受けることとなる。1924年（大正13年）1月に開催された中国国民党第1回大会の中央執行委員候補に後に蒋介石終生の敵となる毛沢東も選ばれている。この様な蒋介石とソ連の関係は、後の日中戦争時の左派における蒋介石の受容につながる。

北伐

蒋介石は5月3日に設立された黄埔軍官学校の校長となり、ソ連型の組織と日本型の訓練を取り入れたカリキュラムにより教育を行った。ここで育まれた教え子との縁は後に蒋介石の勢力の要となったのである。そして1925年（大正14年）3月、孫文が死去すると、その後の集団指導体制の中で蒋介石は軍の力を背景に頭角を現し、容共的な汪兆銘とともに二大巨頭と目されるようになった。その後の主導権争いの中で軍事力を背景に持つ蒋介石は、ソ連代表団や共産党をけん制する動きを見せて汪兆銘の支持基盤を揺るがし、とうとう権力を掌握した。当時の中国は各地に軍閥が割拠し、それぞれ諸外国の後ろ盾などを得つつ、一般的に中国の代表政府と見なされていた北京政府の支配権を争う状況だった。1926年（大正15・昭和元年）7月1日、北伐宣言が出され、各地の軍閥との戦闘が開始された。この動きの中で、蒋介石は共産党員への圧力を強めて共産党勢力を排除する上海クーデターを発生させたが、容共的な国民党左派との分裂が発生し、第一次国共合作は崩れた。また居留民保護を名目に進出してきた日本軍との戦闘も発生した（済南事件）。ソ連及び共産党や、中国に「権益」を持つイギリス・日本はじめ諸外国

汪兆銘

張学良

の影響も受けつつ、北伐は進行していく。軍閥の中でも有数の勢力を誇っていた奉天派の張作霖は、蒋介石が日本と「北伐軍は満州には侵攻しない」という裏取引を行った為に日本からの支援を得られなくなり敗北、その後、張作霖は北京から根拠地の奉天へ列車で移動中に日本の関東軍により爆殺された。そして1928年（昭和3年）6月15日には国民党政府により全国統一宣言が出された。その後年末には、張作霖の息子で後に西安事件を起こす張学良も降伏し、満州の地域も一応は国民党の勢力下に入った。この時期、蒋介石はかつて孫文を支援していたアジア主義者の頭山満との交流を深めていたという。

共産党、日本との対立

　上海クーデターの後、国民党政府と共産党勢力は敵対関係となり、北伐終了の後第一次国共内戦に陥っていた。上海クーデターや1927年（昭和2年）の南昌蜂起の失敗もあり、実力的な行動を取れなくなっていた中国共産党は、ゲリラ戦を展開しつつ、1931年（昭和6年）に全勢力を江西省の瑞金に集結させ、「中華ソビエト共和国臨時政府」を設立した。中独合作としてドイツからの支援を受けて装備を整えていた国民革命軍はこれにも攻勢をかけ、圧倒的な兵力差と経済封鎖、そしてソ連から派遣されたオットー・ブラウンの戦術的失敗により瑞金の放棄を余儀なくされた共産党軍は、新たな根拠地を求めて1934年（昭和9年）から有名な「長征」を開始し、後に延安に到達してその場で日中戦争に組み込まれることとなる。

延安の毛沢東

　一方、日本は柳条湖事件を起して張学良率いる東北軍を撃破して満州を占領し、清の最後の皇帝であった溥儀を傀儡として擁立し、満州国を建国した。満州の領域は実質的に中華民国であると国際社会でも見なされており、中華民国は国際連盟に抗議を行ったが、蒋介石自身はあくまで共産党勢力の殲滅を優先する動きを取った。しかし１９３６年（昭和11年）12月12日、共産党勢力への積極的攻勢に出ない張学良に対し、蒋介石が督促するために西安に赴いたところ、張学良が突如蒋介石及びその側近を拉致監禁する「西安事件」が発生した。張学良は共産党勢力との合作や政府の改革、抗日に向けた動きを行うよう蒋介石に要求し、共産党から周恩来らも派遣されて話し合いが行われた結果、蒋介石はこれを表面上受け入れて解放された。ここに共産党勢力は滅亡の淵から救われ、政治的な主目標は抗日となった。その後、１９３７年（昭和12年）２月に開催された三中全会（中国国民党第五期第三次中央執行委員全体会議）において国民党は再び共産党に対し強硬な姿勢を見せ、組織の解体と階級闘争の停止を迫った。共産党は組織を一時骨抜きにされかけたが、１９３７年７月７日の盧溝橋事件により抗日が最優先となり、共産党の勢力は存続し、軍事的には国民革命軍の一部である「国民革命軍第八路軍」となった。

日中戦争の中でも

　盧溝橋事件に端を発し、戦線不拡大方針の不徹底と現地軍のなし崩し的な攻撃により全面戦争へと発展していった日中戦争において、蒋介石は世界的に支援を求めた。その中で、ソビエトとは１９３７年８月21日に中ソ不可侵条約を結び、武器供給および軍事顧問団の派遣、ソ連空軍志願隊の派遣も行われた。同時に蒋介石は日本との講和の機会も探っており、駐華ドイツ大使であるオスカー・トラウトマンが仲介した和平工作や、今井武夫大佐主導による「桐工作」、そして東久邇宮稔彦王の意向を受けた頭山満による個人的な交渉などが行われたが、近衛内閣による「国民政府を相手としない」旨の第一次近衛声明の影響や軍部の妨害などもあり、どれも実を結ぶことはなかった。

　蒋介石は日本国内の

報道では否定的に描写され続けたが、左派からはソ連から支援を受けまた侵略に抵抗する民族自決的な指導者として、また一部の右派からはアジア主義と防共思想の影響を受けている本来ならば同志の一員として、受け止められていたようである。また、蒋介石の師と言える孫文については、戦時中でも「大東亜共栄圏」思想に牽強付会する形で好意的な紹介が存在している。

そして日本の敗戦後、蒋介石は『以徳報怨』と称される演説を行い、日本軍への寛大な扱いを呼び掛けた（とは言え、「百人斬り」を行った戦犯や、「漢奸」と呼ばれる対日協力を行ったとみなされた中国人への処罰・処刑は行われた）。その上、一部の日本軍将校は「白団」として軍事顧問団に成り代わり、後の国共内戦と台湾での国防において支援を行った。また、1952年（昭和27年）8月5日に発行した日華平和条約では、反共国の必要性など様々な外交的思惑や交渉があったとは言え、最終的に日本による賠償を放棄するなどしている。

1945年、祝杯をあげる毛沢東（左）と蒋介石（右）

本土初空襲　中国軍機のビラ撒き

日本本土へ大きなショックを与えた最初の空襲といえば多くの人々は１９４２年（昭和17年）4月18日のドゥーリットル空襲を思い浮かべるだろう。しかし、これは外国軍による初めての日本空襲ではない。それ以前に１９４２年３月４日に離島の南鳥島が米海軍機動部隊による攻撃を受けている。だがもっとそれよりも以前に、爆弾は落とさなかったものの、九州まで中国軍機が飛来した空襲がある。このことは特高月報でも大きく取り上げられている。

本土侵入を許し、反戦を訴えるビラを撒かれたこの事件に対し、内務省は調査員を派遣してビラの紙質まで調査した。この時のビラ散布は主に山間部で行われたため効果は限定的であったものの、特高警察そして政府は大きなショックを受けた。後に太平洋戦争開戦後、本土空襲が始まった際にも、爆弾とともに伝単（ビラ）が大量に都市部に降り注ぐようになった。

（特高月報昭和十三年五月分より）

■支那飛行機の南九州に於ける反戦宣伝ビラ散布状況

去る五月二十二日払暁、熊本、宮崎両県上空に支那飛行機（二機なるが如し）来翔し、五種類の反戦印刷物を散布したる事件は、当時国民に相当の関心を与へたるのみならず、支那当局の誇大宣伝により海外各国にも相当の関心を与へたる模様なるが、当時右事情に関する両県当局よりの申報並に本省より派遣せる調査員の報告を総合するにその状況大要次の如し。

（一）来翔日時並びに経路

来翔日時は、熊本及鹿児島両県下に於ける多数の爆音聴取者、機体現認者等の言を総合判断するに、大体五月二十日午前三時四十分頃より同五時二十分頃の間に於て、熊本県を経て宮崎県に飛来し更に略々同コースを逆に帰還したるものの如

し。即ち、
イ、熊本県佐敷監視哨にありては同四時十四分頃爆音を聴取
ロ、同水俣監視哨にありては同四時二十三分頃爆音を聴取
ハ、同牛深監視哨にありては同四時三十五分頃東より西南に向け燈火（一機を）現認
ニ、同富岡監視哨にありては同五時半頃、双発動重爆機と認めらるるものを現認
ホ、鹿児島県甑島、里監視哨にありては同五時十五分頃南方に当り爆音を聴取
ヘ、同手打監視哨にありては同五時十六分頃北より南に向ふダグラス機と認めらるる機体現認
ト、同出水監視哨にありては同五時二十分頃爆音を聴取

支那飛行機の通過せりと認めらるる経路は前述反戦印刷物の散布区域及機体現認者、爆音聴取者等の事情を総合考察するに、午前四時前後熊本県西南部方面海岸線に沿ひ北上し、同県葦北郡水俣町、佐敷町、日奈久町を通過し、球磨川人吉町川村、山江村、四浦、黒肥地村、湯前町、水上村を経て宮崎県西臼杵郡椎葉村方面に飛翔し、他の一機は人吉町より僚機と別れ藍田村を経て宮崎県小林町に入り、後両機は宮崎県下に於ける途上にも相合いし、延岡市富島町付近上空を東に太平洋岸に出で海上に於て旋回し帰途につき、熊本県人吉町の方面に向ひ往路と略同一コースをとりて飛翔し去りたる模様なり。

而してその経路概要図次表の如し。

（図）

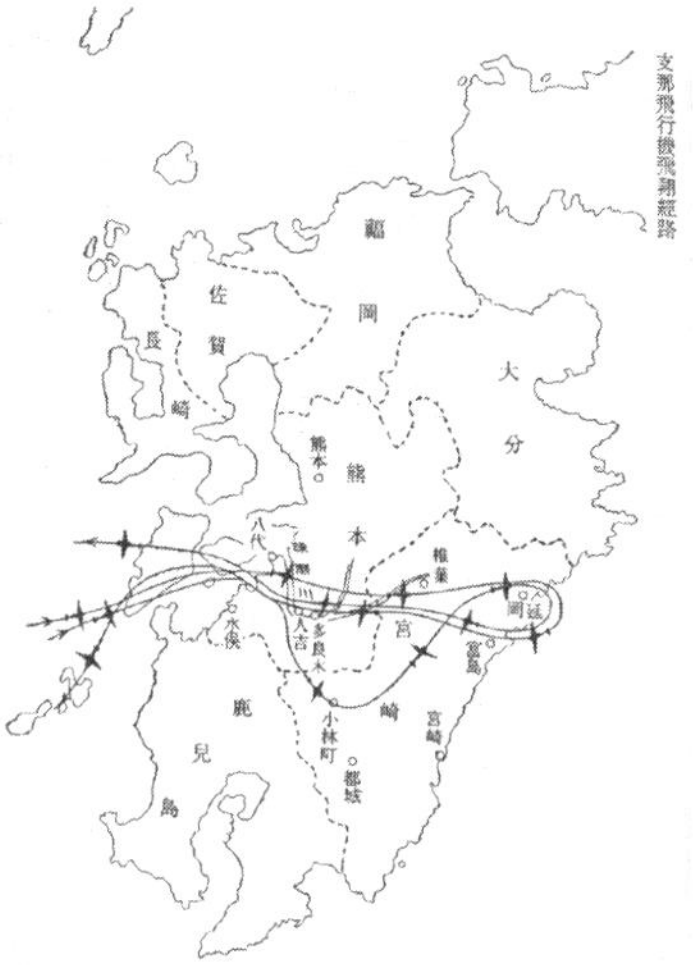

Martin-B-10B

（二）支那飛行機たるの真実性及飛行機の種類

爆音聴取者機体現認者等の言及左の諸点に照し飛来機が支那機にしてマーチン重爆撃機二機なることは大体に於て承認し得らるる処なり。

1、支那機と認めらるる諸点

イ、同時刻に我方飛行機にして当該地方を飛翔せる事実なきこと。

ロ、そのコースが支那方面より来翔し更に略々往路と同一方向に帰還したること。

ハ、反戦印刷物には明瞭に「中華民国」たることを表示しあり且その文章に支那式と認むべき点あること。

ニ、更にその紙質は斯道専門家の鑑定によれば（左記参照）加奈陀太平洋岸の製紙工場製のものと認められ現在我国内に於ては使用し居らざること。

ホ、支那側に於て同日日本を空襲せる旨を放送せる事実あること。

反戦印刷物紙質鑑定の結果

熊本県八代郡太田郷町所在王子製紙株式会社八代

197

工場に「日本工商業者に告ぐ」なるビラの紙質鑑定を依頼したる処左表の如き結果を得たり。

試験表

砕木パルプ　　八五パーセント

亜硫酸パルプ　一五パーセント

より成る無サイズ新聞用紙にして製造後一ヶ年乃至一ヶ年半を経過す。

此種新聞用紙は日本にては製造稀なるを以て外国製特に加奈陀太平洋岸の製紙工場と認む。

昭和十三年五月二十四日

王子製紙株式会社八代工場

2、マーチン重爆撃機二機と認めらるる諸点

イ、支那側漢口放送はマーチン重爆撃機を以て空襲せりと称し居れりとのこと。

ロ、熊本県天草富岡監視哨にありては同日午前五時半頃双発動重爆撃機を現認したること。

ハ、鹿児島県甑島所在手打監視哨にありては同日午前五時十六分頃北より南に飛翔するダグラス機と認めらるる機影を現認せること。

而してダグラス機及びマーチン機はその機形は一見類似し居りて専門家乃至は飛行機に対する知識豊かなるものに非ざれば容易に識別し得ざる処にして特に暁暗裏のことなればその判断は一層困難なりしことなるべし。

（三）反戦印刷物散布の状況

（1）印刷物の発見状況

当日午前七時四十分頃熊本県球磨郡黒肥地村住民源島芳治なるものより、洗面の際上空より落下し来れる「日本工商業者に告ぐ」なるビラ二枚を習得せりとて同村役場に届出ありたるを初めとし、其の後熊本宮崎両県下各地に於て五種類に亘る反戦印刷物の発見拾得届出ありたり。

斯くて右情報に接したる両県警察当局に於ては印刷物の散逸及印刷物より受くる悪影響を防止する為即時消防組員多数を動員し、之が収集に努むる処ありたるが、その結果多数の印刷物を入手する

を得たり。

（2） 印刷物の散布区域及其発見部数

印刷物の発見場所及其の部数は大略左表の通りにして、熊本県球磨郡、葦北郡、宮崎県延岡市、東臼杵郡、西臼杵郡、児湯郡、西諸県郡に二県一市六郡下の広範囲に亘り且つ山嶽地帯に最も多く散布せられたる為その収集には相当困難を伴ひたり。

支那側放送には十万枚の印刷物を散布したりとのこととなるが、之を誇大宣伝と見るも前述山嶽地帯への散布事実を総合するに相当多数の印刷物を散布したることは疑ひなき処なり。

印刷物発見表

印刷物発見表 五月三十日現在	
発見場所	発見部数
熊本県球磨郡湯前町外十三ヶ町村	933
熊本県芦北郡下松球磨村	28
宮崎県延岡市	2
宮崎県東臼杵郡門川町外六ヶ町村	365
宮崎県東臼杵郡諸塚村外一町村	102
宮崎県西諸県郡小林町外一村	50
宮崎県児湯郡美々津町外一村	40
合計	1520

（3）印刷物の種類及其の内容

印刷物の種類及其内容は後記寫の通りなるが之を各別に要約すれば次の如し。

イ、「日本農民大衆に告ぐ」……「中華民國農民協会」

戦争により農村に於ける働き手を失ひたる結果の窮状を挙げ、百億圓の膨大なる軍費を払へるかと称し、血税と肉弾を強制したるこの戦争の目的は中國人民を奴隷にし搾り上げる為にして、斯る両国人民を飢餓に落し、自由を奪ひ、生命を犠牲にする戦争には反対し、日本軍事政権を打倒せざるべからざる旨を強調せり。ロ、「日本商工業者に告ぐ」……中華民國総商会

戦争の結果は広大なる支那市場が破壊され、更に日印、日墺、日荷等の貿易協定を無用の長物たらしめ、欧米諸國の市場をも又喪失せりとて戦争により中小工商業者が破滅に陥るが如く宣伝し、日本との正常なる経済關係は希求する處なるも日本ファシスト軍部による武力侵略には断乎として闘争する旨を述べ、東洋永久の平和の為に侵略戦争に反対せよと煽動せり。

ハ、「日本の労働者諸君に告ぐ」……中華民國総工会

日本労働者出身兵士の俘虜の言なりと称し反戦的言辞を弄し生産掌握者にして日本軍閥の心臓を握る労働者兄弟は自己の偉大なる力を自覚し、日本軍閥を打倒し両国人民の苦悩を解くためにストライキを以て闘へと煽動せり。

ニ、「日本政党人士に告ぐる」……「中華民國外交協会」

戦争は人民を滅亡せしむる旨を力説し、更に偉大なる先輩の流血の辛苦による憲政は如何とて、五・一五神兵隊事件、二・二六政党本部破壊等の事件を列挙し、人権は正に地を払ひたる如く称し、国内の暴力的支配は全アジアの暴力的支配へ延長せられんとし、斯くて軍閥ファシストの勝利は中國人民のみならず日本人民の不幸なる旨を高調し、日本人民の代表者たる諸君は偉大なる歴史的責務の為奮起し、人民の自由を確保し中日親善実現の努力すべき旨を述べ、最後に反戦スローガンを掲げて結語せり。

ホ、「日本人民に告ぐ」……「中日人民反侵略大同盟」

中國は日本の祖先なるかの如く称し、次で中國の交戦は神聖なるものなるを以て強大なる国際的同

情を獲得し日本国民も又同情を寄すと述べ、売国奴鹿地亘夫婦を挙げ、斯の如き日本の正義親に富み平和を愛する者は既に中國の側に立てりと宣傳し、戦争の惨禍に及び中日両国人民は堅く握手して暴戻なる日本ファシスト軍閥打倒の為に努力せざるべからざる旨を強調せり。

（四）地方民心に与へたる影響

支那飛行機来襲は前述の如く早暁にして当該地方民の未だ就寝中のことなりしを以て、機影目撃者或は爆音聴取者等比較的少く、而も単に印刷物の撒布に止まり爆弾投下等の事実なき為、人心の動揺は認め難く、寧ろ一様にこの事実を目して敗戦支那の児戯的行爲なりと一笑に附し居れり。支那側の決死的反戦策動の結果は却って地方民心に重大時期に際し一層の精神的緊張と防空施設を充実し他日に備へざるべからずとの感を与へ、逆効果を齎したる状況なり。

尚印刷物の撒布は山嶽地帯に多く、極めて少数なりし拾得者も殆んど素朴なる農民なりしその印刷物の内容に対し何等の興味をも有せざりし模様なり。

（五）本事件に関する支那及ソビエイトの放送状況

九州地方来襲に関し支那及ソビエイト側のなしたる放送にして判明せるもの次の如し。

イ、五月二十一日午後八時四十五分漢口放送（日本語）

一、中國空軍は十九日日本の九州長崎及大阪方面に飛行し多数のビラを撒き二十日無事帰来しました。

一、中央社發表

日本の空軍は國際公法を無視し文化機関病院の患者等を爆撃しますが、中國の空軍勇士は中國四千年の固有道徳を重んじて斯かる行為をしません。元々日本空軍は日本軍閥の圧迫を受けて居り、中國の空軍は之に反し日本人に其の様な行為は致しません、十九日出発し長崎其他に数萬枚のビラを撒きました。中國の飛行機が到来するや日本当局は周章狼狽し何等我空軍に抵抗もせず、中國飛行機は照明弾を投じ十萬枚のビラを全部撒き終り、二十日無事凱旋しました。此の渡洋中國空軍の勇士は安載久其他十八名で之が中國空軍遠征の新記録であります。

ロ、五月二十一日午後十一時三十分漢口放送（支那語）

東京二十一日ルーター電

一、支那空軍は二十日朝日本に飛翔し今日日本側で重視してゐる。

ハ、五月二十二日午後八時ハバロフスク放送

中國労働界の放送（支那語）

一、五月二十日支那の飛行機は日本の西南部長崎佐世保其外の地方を襲撃し、反戦ビラを投下し無事帰国した。支那飛行士は左の一封の手紙を寄せた。

「我等は最高領袖蒋司令其他指導者の命で今回の飛行に参加し六時間の久しきに亙って帰来した、此の際日本軍艦から高射砲で射撃した、漢口飛行場では第一次の日本行の帰来を歓迎し歓迎大会を催し米苑伯、劉隆光、其他八人の支那飛行士を招待し、孔祥熙、何應欽、空軍高級官、新聞記者団等参加し、孔祥熙は君等英雄の光隆を慶祝する、我等は日本に関し襲撃を実行したのは支那飛行機の日本打倒である、爆弾を投じなかったのは支那は人道を擁護するものである、支那空軍の技術は日本のそれに比して劣りはせぬ、支那の飛行機が日本を爆撃しなかったのは人道主義に関係するからである、日本の軍閥は然らず日本人民は熱烈に歓迎したと説いた。

孔祥？は更に新聞記者に関する談話の際「支那の文字的文化は現に利用されて居る、日本の飛行機は支那を爆撃しつつあるが全く人道を忘れて居る、我が飛行機は「ビラ」を投下して爆弾を投下しない、日本人民に訴える。日本軍閥は爆弾を投下して居るが之は人民として日本空軍の解法を反省し「ビラ」を用ふべきで支那の青年飛行士は自

由と民主独立を擁護するに勇敢である」と説いた。

（六）警察措置の状況

当日早朝支那機と認めらるる飛行機飛来し、反戦宣傳印刷物を撒布せりとの情報を得たる関係地熊本、宮崎南警察当局は、特高課を中心に事情の調査、情報の蒐集、軍、憲兵隊、監視哨、隣県当局其の他関係機関との横断的連絡、本省に対する逐時申報、ビラの蒐集、対人的観察取締等につき敏活なる警察活動を開始し、既に常日正午には該事案の大略を明かにするを得たる等適切なる措置を講ずる處ありたり。尚本省に於ても両県を中心とする九州各県の速報に基き関係方面との緊密なる連絡をなしたり。

（七）反戦印刷物寫

日本商工業者に告ぐ（ビラ）

諸君、日本参謀本部に依りて永年の間計画された改革戦争はもう十箇月になった。だがファシスト軍部が諸君に約束した諸言は何一つ履行されてゐない。即決戦は日本國民を狂気じみた軍部に引ずらせ益々深刻に陥し入らした。軍部、財閥は敢て日本國民の生命と利益を軍事冒険に浪費して居る、戦争は如何なる利益を諸君に齎したらうか。多年来諸君が苦心経営した商工業が一撃にして、みじんと化し広大なる支那市場が破壊され、更に日印、日墺、日華等貿易協定も無用の長物となり、欧米諸國の市場をも喪失した丈である。一方又占領地の経営には実に莫大な生命と資金を浪費して太洋の眞中に埋立地を築くと同様だ。彼等軍需商賣人達は戦争成金になるに違ひない。

だが、戦争は商工業者には唯破滅の運命を齎す丈である。我等は 戦争を好むものではない。だが国家の生存、民族の自由が怖かされ、平和に絶望した時に敢て武器を取らざるを得なかったのだ。支那は赤化されてゐると日本ファシスト軍部は宣伝するが、何を指して赤化と言ふか、唯彼等は戦争の目的をごまかす丈である、我等はこの神聖な自衛戦争に於て國家の統一を完成し、軍隊は質と量に於て舊慣を改め國民は勇敢に前線に参加し長期抗戦の意志は増々堅固になって来た。我々は断然禍を幸福へ転ずるだらう日本軍は目下予想外の苦戦に遭遇し、戦争が永引くにつれて困難が益々増加しつつある。日本は今や破滅の道を辿りつつある。此處に真に国を愛する人ならばそれを阻止せねばならぬ、我等は日本 民族に仇も恨もない正常なる経済関係を密接にすることを切に希望する。

だが武力的侵略には断じて服せず、経済的提携を平和の基礎の上に置こう。東洋永久の平和の間侵略戦争に反対せよ。

中華民國總商會

日本労働者諸君に告ぐ（ビラ）

親愛なる兄弟諸君、吾々は諸君の一人日本労働者出身兵士捕虜が血涙を呑んだ言葉を伝へねばならぬ。「私等は隊の内でよく話し合った、戦争といふものが残酷な不道徳なことが骨身に浸んだ、これから男の子が生れたら指でも切って不具にしてやらうぜ」又こう言った「私等は子供じゃあないから知ってゐる、二、二六を見ても解ることだ、戦争をしたいのはあの人達だ、偉くなり度いのは軍人だけで軍人は何時引張り出されるかを戦々兢々としてゐる」と。諸君之は真実の言葉だ、彼は故郷の家族等の写真を抱いて泣いた、飢てゐるだらうと泣いた。私等も泣いて痛奮した、一体この戦争は日本人民の為に何になるのか、只人民を朔北の戦地で飢餓に押し込まれる残酷な血を流し而も諸君労働者を兄弟殺戮の為軍機の戦争の為日夜酷使するだけではないか。

親愛なる日本の兄弟よ吾々は諸君に敵意を持たぬ、日本軍事ファシストは最後の血の一滴まで戦ふだらう、第一に我々は國家の民族の戦線を守らねばならぬ。奴隷には決してならぬ、第二は吾々が敗北すれば、吾々の両國の人民は永久に苦悩地獄に陥らねばならぬ。

この事を理解した、日本兵捕虜の内近来続々と吾々の戦線に参加するものがある。諸君、待って居ても回復の時があるか、生産掌握者日本の軍閥の心臓を握ってゐる労働者兄弟諸君、諸君の偉大なる力を自覚せよ、諸君に東洋の運命は握られてゐる、日本の軍閥を指導せよ。

両國人民の苦悩を解くにストライキを以て戦争せよ。

中華民國總工會

日本農民大衆に告ぐ（ビラ）

日本の農民大衆諸君戦は十箇月やった皆さんの中から沢山の兵隊がとられ沢山の人が死傷した筈だ我々は本当に気の毒に思ふ、我々は決して皆さん日本人民の敵ではないからだ、皆さんの家族で我國に捕虜になった人は皆こう云って居る「皆さんの畑の作物を踏み荒して戦争する時本常に勿体ないことだと思った、農民は農民の苦労をよく知って居ます、戦争とは本當に罪なことです」と皆さんの田畑は働き手を失って荒しては居ないか？蠶は腐って居ないか？一体百億円と云ふベラ棒な銀利を皆さんはどうして払へるか？何の為の戦争か？皆さんの何の利益があるか？比東洋の恐ろしい不幸は何時迄つづくか？國の獨立を脅かされて居る、我々は最後迄戦ひはやらぬ、決して奴隷にはならぬ、最後の血の一滴を惜しみはせぬ！！何の為の戦争か？此の事は日本の戦死者の日誌の中に沢山書いてある、日本人は種々の口実をつけ様が要するに皆さんに血税と肉弾とを強制して我々中國人を奴隷にし絞り上げる目的だ、満洲や北支を見て呉れ王道楽土の言葉の裏にある地獄の事実を見て呉れ、農民は粉々と武装して侵略者に向って抗戦してゐる平和な農民が遂に堪え切れず鋤を捨て剣を執るとはよくよくの事であると察して呉れ、両國人民を飢餓に陥れ主人を奪ひ生命を犠牲にする日本軍事政権を打ち倒せ人民と人民との殺し合ひは奴等にしてやられるだけだ「農民の苦労は農民が知って居る」と云ふ事実を日本の兄弟よ何で我々がおろそかにせよう、人民の日本を救って人民の中國と共に平和な東洋を建設しやう、人類の盗賊と日本人民を惨殺する兇手を倒せ。

中華民國農民協會

日本政党人士に告ぐ（ビラ）

日本各政党人士諸君、諸君が一般人民の代表として警告せよ、盧溝橋事件以来一ヶ月を経た大陸には正視に堪えぬ雨國人民の流血が続けられて居る、何の為の戦争か、人民の為と諸君は敢て言ひ得るか、貴國の戦死せる将兵の日記で我軍の手に入ったもので此の疑問を発表して居ないものは皆無と言って良い、翻って我等は目下民族の生存の脅威者とは最後まで戦ふだらう、まことに止むを得ぬ、我等は甘んじて奴隷とならぬ、「人民のため」戦はねばならぬ。

勿論諸君の言葉の如何に不拘、諸君が外から軍閥等の軍事冒険に賛成して居ないとは推察するが、試みに思へ、百億の軍事費負担と人民を塗炭に陥れ、生産を破滅させ、國家を滅亡に導く事が人民のためになるか、軍閥の勝利は決して人民を救ひはせぬ、万骨徒らに枯れるだけではないか。

諸君の偉大なる先輩が流血の辛苦を経て戦ひ取った憲政とは今日如何に五、一五事件、神兵隊事件、二、二六事件等一連の軍閥等の暴挙を想起せよ。

近来に於ける議会政治の種々なる不良學徒を駆り立て、政繁本部破壊等正に彼等は人民の権利の土台に食ひ入って居るではないか、人民の労苦を見よ、自由は何處にあるか、之等の事実の國外に於ける半面こそ満洲事変から今日まで一貫した侵略行動である、要するに彼等が國内の暴力的支配を全アジアの暴力的支配へと延長しただけである、で彼等の勝利は中國の不幸のみならず日本人民の不幸であることは明ではないか。

日本人民の代表者諸君、諸君の偉大なる歴史的責任のために奮闘せよ、諸君の先輩の光輝ある憲政のために闘争をはづかしめるな、土地を失ふな、既に戦略軍閥等は深泥に足を踏み入れた、今こそ東亜両國を永年の暗黒生活から救ふときである、人民の自由は独立せる國家によりてこそまことの中日親善を実現することが出来る、人民の政士を呼び返せ、彼等を犠牲にするな、軍閥を打倒せよ。

中華民國人民外交協會

日本人民に告ぐ（パンフレット）

親愛なる日本人民諸君！

盧溝橋事件発生以来我が中國は貴國軍閥の侵略に関して抗戦を続けること既に十ヶ月になります、この間中國も日本もあまりの兵の生命を犠牲にし巨大な物力と財力とを消耗しました、我々の損失はしばらくおき貴國の兵士について言えば各戦場に於ける死傷者の数はもはや三十万人にのぼって居ります。

我々は死傷した諸君に関し我國の受難中の同胞及び死傷兵士に対すると同様全く同情に堪えません、又日本國内に於て軍閥の搾取の為に窮乏の生活に堕された諸君に関しても十分に関心して居ります。

我々は当にかう考える—我々はいつも中日両國を「同文同種」といひ「唇歯の如き關係」と言ひました、ではなぜ今度の戦争を起したのだらうか?どうして戦争しなければ両國間の紛糾を解決出来なかったのだらうかと。この問題については貴國の今戦場にある兵士諸君が明瞭に答へて居ます、我々は戦場で貴國兵士が秘かに撒布したビラを発見致しました、内容は「我々は戦争をやめやう國内のファシスト軍閥が彼等の野心を満足させる資本家が腹を肥す為に比の戦争を起して我々を死地に送ったのだ」と、この答へは何と正確で深刻のものでせう、中國兵士と日本兵士との間にはもとより何の怨みも仇もない従って砲火に相見える必要は毫もないのです。

歴史上の事実から見ても中國人が世界中で最も平和を愛する民族であります、過去に於て我々はあらゆる方法をつくして戦争の惨虐をさけました、満洲事変以後も我が政府は飽くまで忍容と屈辱との中に日を送りました、ことに塘沽協定成立後我が政府は最大の忍耐をもつて貴國軍閥の圧迫を忍受しました、このやうな忍容はいずれの國家に於ても出来るものではありません、だが我政府はそれをしました、目的は貴國軍閥の反省を促しそれを待ったのです。

甚だ不幸にして我政府の努力は水泡に帰し貴國軍閥は反省どころか却って日毎に横暴を極めて参

りました、昨年七月突如として我が盧溝橋を進攻し、つづいて我舊都北平を陥れすぐ又天津を奪取しました、貴國軍閥は華北全部を占領しつづいて中國全部を占領しなければその野心の満足が得られない様に見受けられました、親愛なる日本人民諸君！黄河流域の北部は我が祖宗の発症の地であり我が文化の揺籃であります、全中國は言ふまでもなく我らの衣食する母邦であります、貴國軍閥がかうも無理をつづける上は我々最も平和を愛する中國民衆も到底忍ぶことが出来なくなりました、そこで我々は已むを得ず起って抗戦し侵略者に打撃を以て答えなければならなくなりました、これは全く我民族の生存を求め國家の獨立を保衛し又東亜の平和と世界の正義を擁護する為でありました。

貴國軍閥は猛烈な砲火をもつてすれば吾が中國を征服し得るものと夢想し南京を陥落すれば容易に我政府を「屈膝」させ得るものと思って居りました、だが事実は彼等の想像の全く誤りであった事を証明しました、今度の中國の抗戦は全中華民族の生存の為であります、全民族を後楯としてある政府が「屈膝」できるでせうか！そこで南京の守りを失っても中國政府は屈膝しないばかりでなく、かえって堅い意志に貫かれて民衆を率ひて大規模な祖国を守る戦争を展開しつつあるのです、この戦争は吾々にとって正常にして神聖なものであります。

だからこそ我々は強大な國際的な同情を獲得したのです、諸君も心静かに考慮して下さるなら必ず吾々の正常を認め我々に同情されるであらうと信じます、貴國の正義感に富み平和を愛する人人は、たとへば鹿地亘氏とその夫人がすでに吾々の側に立って呉れました、又貴國内に於ても多数のまことの愛國者にして世界平和の友だちが牢獄に投ぜられたと聞いて居ります。

だが貴國のファシスト軍閥は依然として悔悟の意を示さず占領した地域に少数の腐敗分子を利用して傀儡組織を製造し我が行政の完整を破壊しやうと企て又各種の陰謀詭計を弄して我國家の統一を切り崩そうとしてゐます、だがこれらのすべては無駄でただ日本軍閥の窮余の策の拙さを示すに過ぎません、一切の陰謀詭計は我々に対して、ただぶ挙国一致の抗戦の決心を堅固にさせ、挙国一致の団結を促すのみです、南京に傀儡組織が成立するとすぐ、我々は軍事上津浦線に於て日本の少壮派軍人と称する板垣の師団と磯谷師團を殲滅し抗戦以来の空前の勝利を博しました、一方我政府は最近開会した中國々民党臨時全國代表大会の決議によって 抗戦建國の具体的綱領を発表しました。

これらは十分に以上の事実を説明して居るではありませんか、我が全中華民國の國民はこの國難厳重なる今日、かつてなき真心の統一を完成しました、我國の全力量を蔣介石委員長の指揮の下に発揮し、かならず日本ファシスト軍閥を粉砕すると確信して居ります。

我々は敢えて断言します！貴國軍閥の中國にならせる冒険行為は必ず貴國の光輝ある前途を葬るばかりであると。彼等は中國に於て傀儡組織を製造し文化機関を破壊し民衆を惨殺し婦人小児に凌辱を加へ夙に世界の公正なる人々に唾棄されてみます、しかも彼等は貴國の勤労大衆の膏血を搾取していはれなく浪費し、貴國の優秀なる青年諸君を騙っていはれなき犠牲に供し、その罪やまことに重大です、今彼等は侵華軍事上に於て既に行詰り迅速なる進展は難く種々な事情を総合してももはや袋小路に入ってしまひました。

我々の戦士は目下一層勇敢に一層堅固な意志をもって平和の擁護のため祖国の保衛の為に神聖なる戦争に参加してゐます、我々は最後まで戦ふでせう！日本の民衆及び兵士諸君は決して吾々の仇敵ではありません、反って諸君は我々の好き友人でこそあります、東亜両大民族の共同の利益のために我々は熱烈なる握手を諸君に求めます。

親愛なる日本人民諸君！貴國のファシスト軍閥は不断に貴國内の民衆を搾取し、勤労大衆を馳って中國の兄弟と互に殺し合ふやうな事をさせました、今はもうかかる暴挙に反抗する時が来ました、我々中日両國の人民は堅く手を握って共同の敵暴戻なる日本ファシスト軍閥を打倒しませう！

我々は正に力を盡してゐます、諸君の努力を希望します！

日本民衆解放萬歳！

中華民族解放萬歳！

中日両大民族萬歳！

中日人民反侵略大同盟

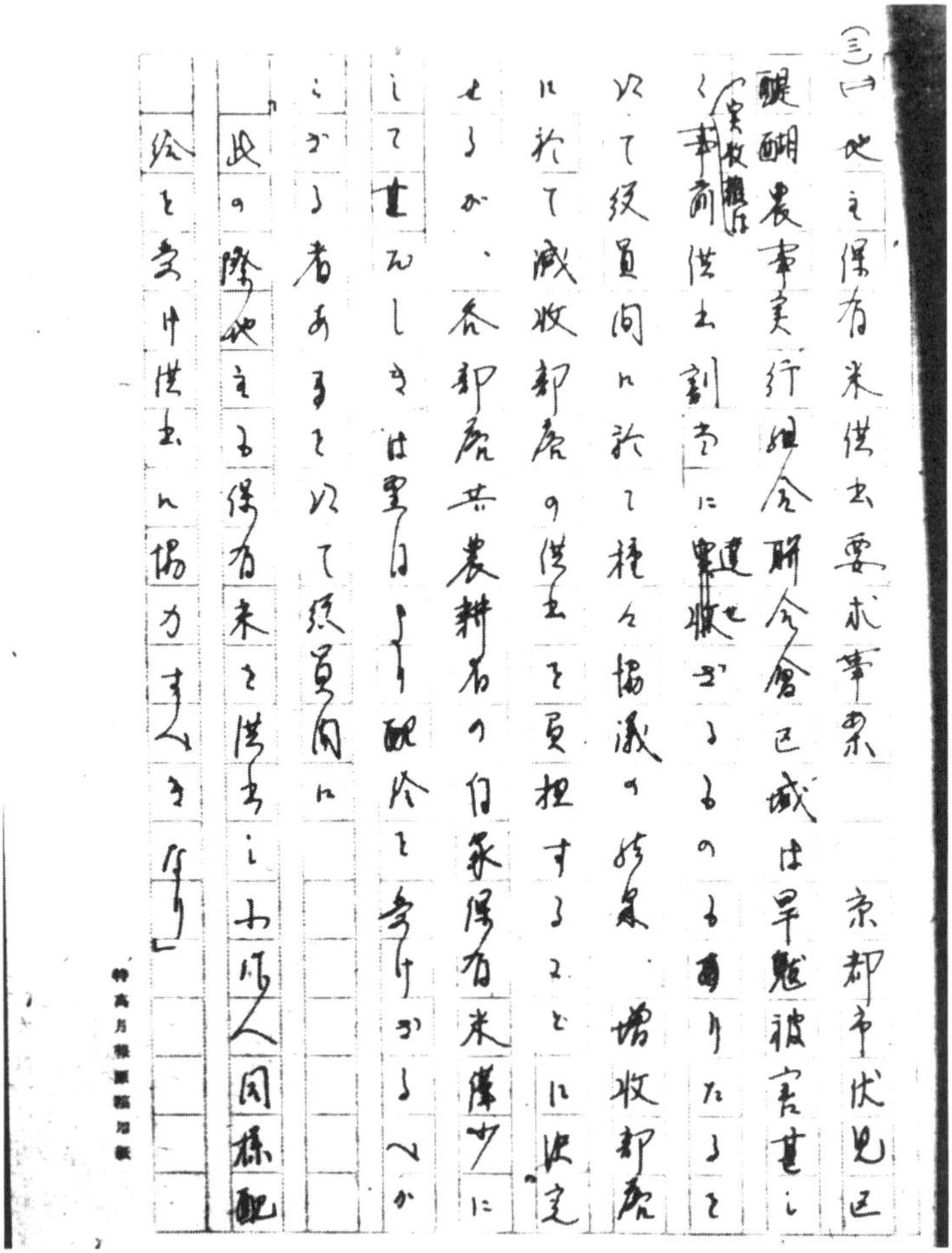
(三) 地主保有米供出要求事案　京都市伏見区

醍醐農事実行組合聯合会区域は旱魃被害甚しく実收減收に事前供出割当に達せざるものも有りたるを以て役員間に於て種々協議の結果、増収部落に於て減収部落の供出を負担することに決定せるが、各部落共農耕者の自家保有米僅少にして甚だしきは翌日より配給を受けざるべからざる者あるを以て役員間に

此の際地主の保有米を供出し小作人同様配給を受け供出に協力すべきなり」

特高月報原稿用紙

特高月報　原稿

昭和１４年（１９３９）

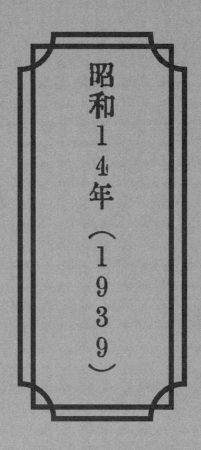

昭和13年12月　警視庁　反戦落書

客年十二月三十日東京市葛飾区金町所在金町松竹館大便所内青壁に釘様のものにて「大日本共産党反戦」と落書しあるを発見す。（捜査中）

特高月報 昭和14年1月号

昭和14年1月　岐阜県　反軍的言辞

岐阜県下眞糸村　農　吉田盛（52）同　吉田三朗（48）

一月中旬頃吉田六三郎他数名に対し「出征軍人遺家族に対する労力奉仕もよいが応召軍人は帰って来れば色々の名義で金が貰えるが、**我々は労働奉仕をしたからとて何等得る所がないから馬鹿らしい**云々」と反軍的言辞を弄す。（思想的関係なし厳重戒飭）

特高月報 昭和14年1月号

昭和13年11月　宮崎県　反戦的言辞

佐土原郵便局通信隊　中山傳（35）

客年十一月三十一日頃垂水マイ（68）及内縁の夫松木与三次（77）が次男兼光応召出征中の安否を気遣い中山に対し近時戦争の状況はどうなっているかと尋ねたる所山中（ママ）は「どうなっているもこうなっているもない　終いには日本が負ける、ラヂオや新聞は日本の良い事ばかりしか言やせぬがわしはよう知っている。日本の兵隊は三百五十万しか支那には行っていない、それにもう日本には兵隊は居らぬ、それがまあ半年も日本の兵隊を支那においたら疲労して血を吐いて死んで終う、蒋介石はまだ正規兵一つも死んでいない、日本の新聞に敵の屍体何万人と書いてあるもみな嘘だ、死んでも皆支那の土民ばかりだ　**蒋介石はナポレオンの戦争の様に負けた風をして奥に引込んで日本軍の疲労を見て一度にやる心算だ**　日露戦争の時だって最後には日本兵の内からロシヤに講和を申し込んで泣いたと言う記録が残って居る云々」と反戦言辞を弄す。（一月二十五日陸軍刑法第九十九条違反として送局）

※軍属を含めたとしても350万人は多過ぎる。派兵されていた兵力は終戦時でも満州に約70万人、支那（中国）に約100万人とされている。日露戦争の講和については、比較的日本に有利な内容であったとされることが多い。

特高月報　昭和14年1月号

昭和14年2月　北海道　反戦的言辞

農（区長）　新井吉間（65）

二月二十一日納内村産業組合事務所に於て事務員数名に対し「日支事変が勃発以来一年九ヶ月を経過するが**我々農民の一番困ることは軍馬の徴発である、農家ではこの忙しい時に兵隊には取られるし頼りとする馬も徴発され仕事をするに大支障がある、自分は馬を二頭安い値で取られたが後馬を買うにも買えず仕事が出来ない**、馬の統制法でも出来れば結構だとにかく戦争は早く終って貰いたいと念願して居る、もう戦争は嫌になった云々」と反戦言辞を弄す。（思想的関係なし厳重戒飭）

※機械化がほとんど進んでいない当時、馬は農家にとってとても大切な動物であった。

特高月報 昭和14年2月号

昭和14年2月　兵庫県　反戦不敬落書

二月十八日神戸駅構内男子用便所の内壁及扉に白墨を以て「上下協力一致、外より内治に励め日本政府の大馬鹿野朗、**華族及○族乃娘女郎屋に叩売れ**、今日帝国は超非常時であるにもかかわらず日にも日にも栄華の限を尽しているではないか、その如き財物があるなれば何故貧民に与えないか斯の如き状態が永続するならば日本は十年間に必ず滅亡する　日本大体自尊心が強過るぞ官憲濫用農村山、漁村衰退、徳を以てなせ、暴力は一時の効だけだ支那が日本抵抗をするのは日本の徳行が足らないからだ、日本の今日の現状は躍進日本に非ず衰微日本だ、物価は暴騰価償は低落今日の貨幣は何だ」と落書しあるを発見す（捜査中）

※「○族」は皇族を指すか？「日本大体自尊心が強過るぞ」「日本の徳行が足らないからだ」に何となく儒教的思想が伺える。

特高月報 昭和14年2月号

昭和13年4月　新潟県　反戦反軍言辞

農　長澤立太郎（71）

一、昭和十三年四月頃栗原平作より軍人後援会事業の説明を受け寄付金の勧誘を受くるや「何言っているか　兵隊に行ったのにたまげてその様な金を心配する必要はあるまい　**軍籍にあるものが兵隊に行くのはあたりまえだ戦争に行って死ねば金を貰うじゃないか**云々」と反軍的言辞を弄して之を拒絶し

二、同年五、六月ごろ栗原平作より軍人後援会寄付金勧誘を受け銃後々援に不熱心なりとて詰問せらるるや「そんなことがあろうばい、大体今の野朗共は（政府）戦争なんかしないばよいのに

戦争なんかしてまるで金儲けにかかっている様なものだ云々」と反戦言辞を弄し

三、其の他同年七月より昭和十四年一月迄の間に於て数回反戦反軍的言辞を弄したり（投書より端緒を得一月三十一日検挙取調べたる所思想的に容疑の点なきも所謂吝嗇にして時局認識浅く個人主義的観念強き為二月二十八日陸軍刑法第九八条違反として送局せり。）

※吝嗇＝ケチ。酷い言われようである。

特高月報昭和14年5月分

昭和十四年五月一日　嫌疑不十分

特高月報 昭和14年2月号

昭和14年1月　警視庁　不穏落書

一月二十一日浅草公園第四区番外地先共同便所内に「資本主義をたをせ　資本家をツブせ　起て親愛なる学生労働者諸君！　俸給生活者　資本家ノ大ヲタオセ」と落書しあるを発見す。（捜査中）

特高月報 昭和14年2月号

昭和14年3月　警視庁　反戦落書

三月十二日東京市大森区南千束町一五八番地風致協会遊園地内ピンポン道具倉庫の板戸に鉛筆にて「共産党ハ立上ル、戦争ハ即時中止！！」と落書しあるを発見す。（捜査中）

特高月報 昭和14年3月号

昭和14年3月　愛媛県　反戦落書

本月一日愛媛県今治市京町ラヂウム温泉男子便所内に「反戦、反軍、軍部の独裁政治、武家政治は国亡の基認識不足は軍部にあり、**討て昭和の足利尊氏たる荒木貞夫**、戦闘中止悪に永遠の勝利なし」と落書しあるを発見す。（捜査中）

特高月報 昭和14年3月号

昭和14年3月　宮城県　反軍的言辞

宮城県産業組合連合会主事　半沢満

三月二十九日刈田郡福岡村信用組合事務所に於て警察署員外三名に対し「最近の軍隊の横暴は甚

だしい、若手将校連には目に余る行動がある、兵卒の訓練よりもかかる若手将校連の訓練こそ重大である、是等の部下として子弟をやっている兵士の父兄の緊張さと思い較べて一種の義憤すら感じて来た云々」と反軍的言辞を弄す。（諭示）

特高月報 昭和14年4月号

昭和14年2月　広島県　反軍的言辞

広島県　治安維持法違反起訴猶予者　森島栄身（38）

二月十五日大乗駅前飲食店に於て「日本は今支那と戦争して居るがこれは三井や三菱の如き政商がさせているのだ、自分達は支那を取ったとて何にもならぬ云々」と反戦的言辞を弄す。（陸軍刑法九九条違反に依り四月十七日呉区裁判所に於て禁錮三月の判決言渡あり服役）

特高月報 昭和14年4月号

昭和13年3月　京都府　応召軍人の従軍忌避

京都府後備役陸軍歩兵一等兵　高橋勝次（32）

昭和十二年八月三十日応召戦地に出動十三年三月兵站病院に在院中より従軍を免るる目的を以て針小棒大の虚言を弄し右脚の膝関節に多少の痛あるに過ぎざるに関わらず右関節全く剛直して曲らざるものなりと称し係医官を欺きたり。（陸軍刑法第五五条第二号違反に依り十四年二月十四日第十六師団軍 法会議に於て懲役五月判決言渡あり服罪）

特高月報 昭和14年4月号

昭和14年4月　宮城県　軍機漏洩の言動

帰還歩兵上等兵　大泉栄吉（26）

昭和十二年十月応召出征客年十二月召集免除となり四月二十五日仙台市立町通り街路に於て飲酒酩酊の上左の如き造言飛語及軍機漏浅の虞ある言動を為したり。

荻洲立兵

「1　客年三月二十八日の荻洲部隊の検閲の行わるる前日**同隊の一歩兵准尉は同部隊長が本部玄関上より自動車に乗車せんとしたる所を拳銃にて狙撃せるも弾丸命中せざる為再び手榴弾を投擲したるも其の目的を達せず同准尉は其の場に於て割腹自害せり。**

2　徐州会戦直前に於て山田少将上官たる師団長の処置に対し慣概し師団長との意見衝突となり軍の策戦に大なる支障ありたりとの兵士間の噂あり。

3　第一線の将兵は最も困苦欠乏し居るに不拘物資の配給円滑ならず却って後方勤務に服する部隊は慰問品等豊富にして本名は出征中慰問品を受くること僅かに二回のみなり」と不平不満の言動ありたり。（厳重訓戒）

※「飲酒酩酊の上造言飛語及軍機漏洩」とあり、どれが造言でどれが軍機なのか基準は不明だが、恐らく1は明らかにデマで、2は文字通りあくまで噂、3は戦地の実情だろう。1の事件に関する情報は一切なく、荻洲立兵はこの年の5月からノモンハン事件に出動しており、健在である。

特高月報　昭和14年5月号

昭和13年4月　千葉県　反戦の虞ある現地よりの通信

客年四月十三日出征今回現地より妻永井静栄宛左の如き反戦の虞ある通信ありたり。「一「東京日日新聞」「朝日新聞」「報知新聞」等に載せられている戦線ニュースは全く現地の実況と相違して居り今日まで送付してくれる新聞ニュースを見て私等軍人はニュースの無価値を笑って居る様な訳であるので今後は無駄だから新聞の送付を停止してくれ、**全く政府の発表は誇大で戦地の状況は政府発表の様な簡単なものではなく又日本軍は連戦連勝をして居る所か苦戦苦闘をしている様な事実だ。**」（捜査中）

※当時の戦地とメディアの状況を窺い知れる事例である。

特高月報 昭和14年5月号

昭和14年5月　滋賀県　反戦文書

本月八日滋賀県犬上郡多賀村胡宮神社境内に左の如き戦地より内地の友人に発送したるものと認めらるる戦争忌避の文書の断片を発見せり。「に過ぎません戦争は嫌で嫌で致し方ありません人々が多いでしょう。無い忠義なるものを生活不安定の中より求めることはやけ気味の為め我等は死を求めます。これが国家が要求する忠義とか報国と言うものならん。**若い青春を三年も四年もこの莫々たる軍隊で送ることはどんなに人生に対し無意義か**」（捜査中）

特高月報 昭和14年5月号

昭和14年5月　三重県　反戦策動

津市上浜町倉敷紡績株式会社津工場人事課長塩飽清一は本月初旬阪神地方に旅行せるが左の談片を所轄署長に洩せり「私が神戸地方のある人から聞いたのですから真偽不明ではありますが近時京阪神地方では左翼分子が応召家庭を利用して反戦策動に暗躍しているとの事です　その方法

は勿論迷信ではありますが応召家庭は付近十七戸の家庭より一銭銅貨各一個宛の醵出を得それを国旗掲揚の際竿先に吊下げたならば出征者は至急に召集解除となるとの流言盛に行われ左翼分子がその所に介在して頻りに反戦策動を行っているとの事ですから当地方でも斯様なものに注意を払う要があると思ひます」

※これは当然迷信だろうが、それなら政府が事実上認めていた千人針も迷信ではないだろうか……。

特高月報 昭和14年5月号

昭和14年5月　徳島県　反戦的気分を醸成する虞ある演劇

本月八日徳島市堀裏町温泉劇場に於て「この母を見よ」と題する演劇上演に際しその舞台装置中**陸軍病院としての設備不完全かつ患者の負傷程度凄惨にして観客をして戦争の悲惨なることを連想せしめひいては反戦的気分を醸成せしむる恐あり**たり。

（所轄署に於て舞台装置の改造並筋書の一部訂正方諭旨したる所直にこれを実行せり）

※よほどリアルだったようである。一度見てみたい気もする。元はポーランドのエリザ・オジェシュコヴァが書きザメンホフが訳した、戦争未亡人を扱ったエスペラント語小説『寡婦マルタ』

と、それを原作に1927年に翻案制作されたマキノプロダクション制作の映画『この母を見よ』と関連している可能性が高い。

特高月報 昭和14年5月号

昭和12年6月　新潟県　反戦言辞

新潟県　農　西川定吉（66）

昭和十二年中頃より客年春頃の間川上清作宅に於て同人及福王寺正雄外二、三人に対し「戦争になって儲けるのは三井、三菱のような有産階級だから貧乏人が兵隊にとられて戦争になど行くのはその潰しになるのだ　**戦争に負ければ困るかも知れないが一番困るのは政府や天皇陛下だ我々貧乏人は大したことはない　ロシヤは金持も貧乏人もなく皆共同して働いて大変良い政治**だそうだ」と語り、客年春頃馬場仁右衛門に対し同年秋頃馬場イサに対し同年七月頃及本年二月頃馬場九右衛門に対し同様の言を語りたり。（本月二日検挙陸軍刑法第九九条違反として同月十九日所轄区裁判所検事局宛事件送致）

※ソ連への幻想が強く感じられるが、当時の日本の労働環境が酷かった事にも注意する必要がある。

特高月報 昭和14年5月号

空母翔鶴　1941

昭和14年4月　神奈川県　不穏電話

客月三十一日横須賀憲兵隊に対し「航空母艦進水式（六月一日挙行）に不穏計画あるを以て警戒せられ度」旨女性より電話ありたり（捜査中）

※6月1日には横須賀海軍工廠で建造された空母「翔鶴」が進水している。

特高月報 昭和14年5月号

昭和14年5月　北海道　不穏落書

職工　宮田茂（27）

本月三、五、六の三日間に渡り室蘭市所在日本製鋼所室蘭製作所内に、

「1　結城工場長ニ言ウ　発起人は何奴ダ、同ジ時間で働いて一分取るとは何事ダ何事ダ、僕は会社ヤメルど　断然ヤメダ

2　打越署長今晩殺ス生意気ダ、我々鋳造一同工場長ニ一割戻セ馬鹿ニスルト首取るゾ禿ヤロ（打越署長ハ製作所長ヲ指ス）
3　署長首ニスルゾ　一割引とは何事だ馬鹿、人馬鹿ニスルナ
4　一割二分返セ馬鹿」と落書しあるを発見す。（厳重諭旨）

※昭和14年6月分の処分結果では名前が「富田茂」となっている

特高月報昭和14年6月分
昭和十四年五月二十二日脅迫罪として室蘭区裁判所検事局へ送致、六月十二日懲役三ケ月の判決言い渡し在り服罪

特高月報　昭和14年5月号

昭和14年5月　京都府　不穏落書

本月二十七日京都市東山区所在京阪電鉄四ノ宮停留所に左の如き半紙に墨書せる落書を貼付しあるを発見せり。「近き内には京都大津全市が全めつになりひら方そうこうばくはつ等の大ちんじたる五十ばい以上の軍が京都大津の中間にあらはれ出全めつになり来る二十七日には其しらせ等が全国に有ります先は右斯の如くに御座候　御通知迄」（捜査中）

特高月報 昭和14年5月号

昭和14年5月　秋田県　不穏落書

本月五日より十日迄の間に於て秋田県土崎港町上酒田町秋田土崎間電車終点待合所内に、「現内閣倒れ、我等叫びプロ青年有産階級倒せ」と落書しあるを発見す。（捜査中）

特高月報 昭和14年5月号

昭和14年5月　山形県　不穏落書

本月十六日より六月二日迄の間に於て山形高等学校自治寮便所内に、

「1 高校は将来陸士化されんとして居る、山高には山高の進むべき道がある。高校生活の理解出来ぬ馬鹿野郎は陸士へでも行くが良い

2 荒木文相よ事の起らん中に辞職せん事を望む

3 **高校潰れて自治寮焼けて校長コレラで死ねばよい**　武家政治下に憎む一高校生」

と落書しあるを発見す。（捜査中）

昭和14年6月　兵庫県　反戦落書

兵庫県　正楽寺住職　田村秀通（38）

本月上旬加西郡北条町の一部住民間に不穏文字記載の五十銭紙幣流通しつつあるの風評あり捜査の結果、北条町ラジオ聴取料集金人山下敏郎其の集金中に落書せる五十銭紙幣発見せり、その出所を追究し被疑者判明せり。落書内容（計十七枚）「一、共産主義拡張　二、社会主義ヲ大衆ニ薦ムベキ事 三、共産主義主張蒋介石応援スベシ　四、蒋介石応援スベシ　五、皇軍勇士よもっと元気で働くべし 六、蒋介石援助タノム　七、支那大敵万歳　八、日本たおれたり　九、平沼内閣総辞職すべし　一〇、近衛内閣打倒荒木陸軍大臣打倒　一一、近衛内閣打つ　一二、海軍大臣打倒陸軍大臣倒セ倒セ　一三、海軍大臣タヲセ陸軍大臣モタヲセ　一四、何応欽援助スベシ」外三枚（本月二十八日検挙取調中）

※昭和十四年七月分の処分結果では名前が「田村秀造」となっている。しかし十月分では「秀通」に戻っている。

特高月報昭和14年7月分

昭和十四年七月二十九日陸軍刑法第九十九条違反として送局

特高月報昭和14年10月分

本人控訴の結果、十月二十八日神戸地方裁判所にて前審通りの判決

特高月報 昭和14年6月号

昭和14年3月　静岡県　反戦通信

本年三月上旬中支派遣藤田部隊武田部隊（原隊第三師団野砲第三連隊）宛「部隊長ニ一言申上ゲマス内地ノ残留部隊兵士ガ早ク賑給シ出征兵士ノ賑給ノヲソキハ何故ナルカ　我ハ偉功タテ帰還シタルモ何等ノ賑給ナシ我々ハ今後ノ戦争ニハ絶対反対ス　**将校ニハ国家ノ保護ガアル　出征兵士ニハ国家ノ保護ガナイ　官吏公吏ハ温室ニ居テ国家ノ保護ガ有ル　出征兵士ハ雨風ニサラサレテ国家ノ保護ガナイ**　戦争ニハハンタイセヨ　残留部隊兵士ハ賑給ガ早イ出征兵士ハ賑給ガヲソイ出征兵士ハ戦争ニハハンタイセヨ」と通信ありたり。（捜査中）

特高月報 昭和14年6月号

昭和14年5月　福島県　戦地より逃亡

現役輜重兵二等兵　赤石沢義男（22）

荻洲部隊新村部隊最上隊に所属出征中客月四日**漢口付近に於て疲労の為め部隊より落伍せるを好機に逃亡し客月三十一日自宅に立戻りたり。**（家人の申告により本月一日福島憲兵分駐所に於て逮捕若松憲兵分隊に移送）

※中国からどうやって戻ったのかは不明。

昭和十四年七月五日第二師団軍法会議に於て軍中逃亡罪として懲役一年に処せる　特高月報昭和14年9月分

特高月報 昭和14年6月号

昭和14年6月　**徳島県**　**徴兵忌避**

森島精一（21）

本月二十二日の徴兵検査に於て妻子との別居を厭い徴兵を忌避する目的を以て視力に故障あるが如き言動をなす。（徳島県）（送局の筈）

特高月報 昭和14年6月号

昭和14年6月　徳島県　徴兵忌避

岸岡精一（21）

本月二十二日の徴兵検査に於て一家の貧困を慮り徴兵を忌避する目的を以て視力に故障あるが如き言動をなす。（徳島県）（送局の筈）

特高月報 昭和14年6月号

昭和14年6月　広島県　反戦通信

騎兵上等兵　山田幸太郎

中支派遣軍岡山部隊新田部隊に属し本月三日戦地より郷里の友人に「**僕達は出征以来苦労の仕通しでまるでこの世の生地獄だ何と言っても馬鹿を見た**」と通知せり。（広島県）

特高月報 昭和14年6月号

昭和14年6月　鹿児島県　徴兵忌避

桑原重盛（21）

本月二十一日徴兵検査に於て一家の貧困を慮り徴兵を忌避する目的を以て視力に故障ありと称す。（鹿児島県）（不送致）

特高月報 昭和14年6月号

昭和14年6月 **警視庁（警視庁）** **不穏落書**

本月十八日豊島区雑司ヶ谷町小林義一郎方板塀に「**支那人は強い支那強い日本弱い日本弱い**」と落書しありたり。（捜査中）

特高月報 昭和14年6月号

📅 **昭和14年6月**　📍 **警視庁（警視庁）**　☰ **不穏通信**

本月二十二日渋谷区神宮通りエビスビヤホール宛「**二・二六事件の扇動者国賊荒木文相を葬れ**」との通信ありたり。（捜査中）

荒木貞夫

※荒木文相とは、荒木貞夫陸軍大将のこと。第一次近衛内閣と平沼内閣において文部大臣に就任し、粛学を強めた。

特高月報 昭和14年6月号

📅 **昭和14年6月**　📍 **警視庁（警視庁）**　☰ **不穏落書**

本月二十九日浅草公園内便所に「**資本の矛盾は性欲の満足まで否定するのだ**、支那事変は日本の半封建的資本主義保存の為の反動政策である」と落書しありたり。（捜査中）

※フロイトやヴィルヘルム・ライヒの影響か？

特高月報 昭和14年6月号

昭和14年7月　北海道　反戦反軍的投書

本月五日留萌町高等女学校に於て酒井部隊（旭川七師団）司令部付田部陸軍少将の軍事講演会開催ありたるが当日これが開催前留萌高等女学校田部少将宛左記の如き匿名差出の郵便はがきにて反戦反軍的内容を以て田部少将を罵倒せる三通の投書ありたり。　記　「お前達は資本家の走狗なのだ、敗けるも勝つも我々庶民階級に何の利益あるものか」「聖戦もくそもあるものか」「田部少将馬鹿野朗へ」「軍人は二等車で吾々庶民は三等車所謂赤列車でソンナ馬鹿なことがあるものか」（捜査中）

特高月報　昭和14年7月号

昭和14年6月　鹿児島県　徴兵忌避

農　宮脇純栄（21）

客月二日本人入隊後の老母及伯母の生計を慮り右示指を切断す。（軍法会議へ送致）

※示指→人差し指。

特高月報　昭和14年7月号

昭和14年7月　警視庁（警視庁）　不穏落書

本月一日より末日迄の間大森区大森七の二三〇京浜国道梅屋敷通り交差点車道上の西側寄りに水を以て長さ三間位に「**共産と万歳ふれふれふれ共産**」と落書しありたり。（捜査中）

特高月報 昭和14年7月号

昭和14年6月　北海道　反軍歌謡

北海道　帰還一等兵三上房益（21）

町内応召兵壮行会宴席に於て左記の反軍的歌謡を為せり。　記「御国の為であればこそ　人の嫌がる軍隊に　出て行くこの身の哀れさよ　可愛弟と泣き別れ」（以下略）（厳重訓戒）

特高月報 昭和14年8月号

昭和14年6月　警視庁　反戦投書

本月九日日本橋区三越百貨店宛左の如き反戦的不穏文を郵便葉書にて郵送せるものあり。「記諸君日本百年ノ悔ヲ残ス戦争ハヤメマショウ、軍部デハ東洋百年ノ平和ト言ウガカリニモ諸君ノ親ヤ兄弟ヤ子ガムザムザ首ヲ半分切ッタリニエ湯ヲアビセタリナブリゴロシサレテ恨ガ残リマセンカ、支那人ダッテ魂ガアルト思イマス、戦地ニ行ケバ分リマス、支那人ノ抗日ニ恨ンデイルコトガ新聞ハ皆ウソデス、軍部カラアンナニカカセルノデス、友人三人ニコノコトハガキダシテ東洋ヲ平和ニイタ シマショウ」（捜査中）

特高月報 昭和14年8月号

昭和14年6月　京都府　反戦落書

本月五日京都府立医科大学便所内に、「**打倒軍国主義！ 軍人専政より学校を救え**」と落書しありたり。（捜査中）

※この頃、教育に対する軍部の介入はますます強くなっていた。

特高月報 昭和14年8月号

昭和14年7月　長野県　反戦言辞
歩兵軍曹　武井某

客月七日頃帰還兵座談会席上に於て「支那兵は逃げれば何処へ行っても戸籍が無く判らない　またどんな仕事でもして生きて行けるが**日本兵は逃げても支那に居れば敵にやられ仮に内地に密航しても結局見付けられて死刑に処せられる**ことになるからどうせ死ぬならと言う考で退かぬ為に強いのだと思う　**この精神が軍人精神である**」と反軍的言辞を弄す。（長野県）（厳重説諭の上謹慎を誓はしむ）

特高月報　昭和14年8月号

昭和14年8月　長野県　反戦落書

本月二十八日中央線上諏訪駅便所内に、「軍部を倒せ／父を失い子を失い遂に職を失い路頭に迷う／得意満面な軍部を倒せ／平和な世界を建設せよ」と落書しありたり。（捜査中）

特高月報　昭和14年8月号

昭和14年8月　岡山県　反戦言辞

農　広瀬岩吉（51）

「軍部は兵が戦死すれば葉書一枚で幾らでも兵は召集出来ると言うて居るそうな」

との反軍的言辞を弄す。（訓戒）

特高月報 昭和14年8月号

昭和14年8月　福岡県　反戦投書

本月七日小倉市在井筒屋百貨店及び門司市在山城屋百貨店宛左の如き反戦的内容の郵便葉書を郵送せるものあり（三越百貨店宛のものと同一の筆跡）

記　井筒屋百貨店宛のもの

「諸君最ウ戦争ハヤメマショウ　天皇陛下ノタメニ働ク戦争ナラヤリマスガ今ノヨウニ一部ノ軍人ノダシニナルヨウナコトハヤメマショウ　新聞デハイツモカッタカッタデ敵ノ『ヒコーキ』モ何百台オトシテ日本ハ皆カヘッタトマルデ子供ダマシデス　十月頃カラ日本ハ米ガ足ランヨウニナリマス　知ッテイマスカ戦争ノタメデス　諸君ノ友人三人ニ通信シテ戦争ヤメマショウ」

山城屋百貨店宛のもの

「諸君支那事変ト言ウ戦争ハ変ニ思イマセンカ何ノ為ニ戦ッテ居ルカワカリマセンカッタカッタト言イナガラ何万人ト戦死者ガアリ病人ハ百万位デセウ　天皇陛下ガオラレルヤラ一部ノ軍人ノ指図デ戦争シテ居ルヨウデス　今迄国人ハダマサレテイタノデス　戦地ニ行ケバワカリマス　支那人ノ抗日ノ甚ダシイコトハ日本ニ負ケルノハ残念ト言ッテ居マス　東洋平和百年ノタメト言イマスガ軍部ノ言ウ通リ戦争ヲシタラ日本人ハ何人居ッテモ足リマセン物質ハナクナッテ百年ノ悔ヲノコスダケデス　友人三人ニ通知シテ戦争止メマショウ」（捜査中）

特高月報　昭和14年8月号

昭和14年8月　福岡県　応召忌避

元日本板硝子若松工場作業員　川上正夫（26）

本月四日臨時召集令状の下達を受けたる処会社係員に対し「現在の戦争は不賛成だ　召集令状は天皇陛下の命令ではなく為政者の命令である自分は戦争には反対だから応召出来ぬ」との反戦的言辞を弄したるを以て捜査中十日に至り別記通信と共に先に下達せられたる召集令状、補充兵証書、簡閲点呼令状を同封郵送越する処ありたり。記「冠省　陳者今回召集令状を頂きましたが、わたくし戦争等の愚なる信念を簡単に述べて謹しみて御願いを致し度く考えます。何卒宜しく御検討の上適当なる罰に処して下さい。**私は体を健康にし正しい人物になりたく希望して居ります　善いと信ずることを実行したく悪いと思うことは行いたくありません。人を尊び愛して仲良くすることは善く、人を憎んで喧嘩をし、建物を破壊したり血を流すことは悪いと信じて居ります。**銃剣を握って殺人行為等は、遂し得ない弱い女か老人の心境であります。道徳観念も違う若い勇士の方達とは、行動を共に出来ません。私は工場にては自己の責任を果たしたいと思いますが軍人としての務めを尽すことが出来ません。（中略）小倉連隊司令官殿　川上　正夫」（本人の反戦思想は共産主義思想に基づくものに非ざるも引続き取調中）

※率直な反戦主義者である。

特高月報 昭和14年8月号

昭和14年3月　熊本県　応召忌避

蔵座袈人（21）

三月十七日兵役を免れる目的を以て鉈を以て左手親指を切断せり。（熊本県）（本月十八日人吉区裁判所に於て懲役六ヶ月の判決言渡ありたり）

特高月報昭和14年10月分
昭和十四年九月十八日懲役六月の言渡しあり
特高月報 昭和14年8月号

昭和14年8月 北海道 不穏落書

本月十七日小樽市北海鋼業株式会社工場便所内に「左鎌内に星印入の柄より左流れなる『ソ』連邦旗類似の旗の下部に共産国と書し、更に盆の十五日に五時六時迄働かせる馬鹿工場主命がけの仕事ばかりだ それで一日幾らになる我々は考へるべきだあきれた工場」と落書しありたり。(捜査中)

特高月報 昭和14年8月号

昭和14年8月 警視庁 不穏落書

本月二十五日京浜電車品川駅便所内に「鈍重なる日本大衆に与う 日本は戦争が強いと言うだけのことだ その他は零だ野蛮国である**欧米文化の足許に及ばぬ** うぬぼれは止めろ **文化**

的世界の三等国なり」と落書しありたり。（捜査中）

特高月報 昭和14年8月号

昭和14年7月 岡山県 不穏落書

客月二十九日倉絹岡山工場便所内に「ストライキをやる為には強い団結が必要なのだ**総親和の叫ばれて居る現在に於て資本家側のあくなき搾取に注目せよ！！　明るい日本建設のために国民の九割九分を構成している勤労階級の幸福のために断固として正義の戦をやろうぞ**　みんな元気を出せ　便所ハ我等ノ伝言板ナリ　僕ワモウ二十日シタラヤメルノダ　ナンダコノインチキ会社ワ　君ラワイツマデオルカンガエカ吉川ヲハンゴロシニセヨ！　ストライキヲ起セ　給料ヲ上ゲヨ　ストライキ長　**便所ハ我等ノ伝言板ナリ有効ニ使エ**」と落書しありたり（捜査中）

※吉川の詳細、結局半殺しにされたのかは不明。

特高月報 昭和14年8月号

昭和14年9月　北海道　反戦通信

満州国東安省虎頭布施谷部隊横井隊　藍川登

札幌市立高女四年生栗原福枝宛「（前略）そうしてまた兵隊に感謝仕候傷付いた兵士をいたわりましょう、この叫びは聴き飽きる程聞きました、これも戦争の激しさと事変の熱に浮かされる熱病の様なものではないでしょうか、日清、**日露戦役当時の国民の熱狂**は随分聴かされたものですがその後に自分の見たものは**足や手の無い不自由な薬売りの姿だけ**でした、理想と実際の相違とでも言いましょうか（後略）」と通信ありたり。（旭川憲兵隊は差出人の所属部隊に対し照会中）

※而して亦↓そうしてまた

特高月報　昭和14年9月号

昭和14年9月　徳島県　反戦落書

矢田部隊医務室の一隅に「**将校壊滅**」「早々招集を解除せよ」と落書しありたり。（捜査中）

特高月報　昭和14年9月号

昭和12年11月　福岡県　反戦反軍言動

時計修繕業　田川健之亟（54）

昭和十二年十一月田上実に対し「新聞によれば支那の飛行機が沢山堕ちて日本の飛行機は余り堕ちていないがこれは新聞には日本の事を少く載せているので支那の飛行機ばかりでなく日本の飛行機も大分堕ちているに違いない」　同年十二月頃「**戦争には負けると外国人が入り込んで洋館建が出来て自分達の商売が繁盛するだろう**」　本年三、四月頃「御国の為御国の為と言うが国家から月給を貰っている役人は御国に尽す義務はあるけれども自分達商売人は国家から月給を貰っていないのでその義務はない」と軍事に関し造言飛語をなせり。（福岡地方裁判所検事局へ送局）

※この時計修繕業者は戦後儲かったのだろうか……。

特高月報　昭和14年9月号

昭和14年9月　北海道　不穏貼札

本月二日夕張郡夕張町所在北海道炭礦汽船株式会社夕張鉱業所に左記二個の不穏貼札ありた

リ。「各工夫ニ告　最近当会社ノ横暴ナル賃金ノ値下ハ我々一般工夫ニ対スル致命的死活問題ナリ。此ノ意味ニ置イテ我工夫ハ即時反対スベシ。現在ノ物価騰貴ニ対照シテ即時賃金ノ三割値上要求スベシ。労働時間ニ時間短縮要求スベシ。インチキ会社ノ狸ニダマサレルナ。我々一般工夫ハ一致団結シテ右三ヶ条ノ要求ヲ貫徹セヨ。　共産党」（捜査中）

特高月報 昭和14年9月号

昭和14年9月　長崎県　不穏投書

本月五日長崎県西彼杵郡香焼村所在川南工業株式会社香焼島造船所西川守警詰所付近道路に左記の如き不穏投書の置きありたるを発見せり。「社長殿　工場長及組長大藤、松尾伍長ハ親類ニ付何事ニ付ケ自由ニシ過ス話今度ノ昇給ニ付テモカネカネ金ヤ物品ヲ呈スル者ヲ良クシタ話シダ。アンナヤツヲモウニ、三ヶ月デモオイタラ工場ノ不徳デスゾ。今年明クレバ工員年期ノ内今ノ出頭人員ニ十九名ガ辞職致スコトニナッテイル。マタ今通リデ行クナラバ来年三月迄ニ大火ヲ致ス積リダ。コレガ恐シイナラバ組長ト松尾伍長を止メサセロ。十月迄ニ血ヲ見タイカ社長　組長ヨリ」（個人的私的感情に基づくものと認め捜査中）

特高月報 昭和14年9月号

昭和14年9月　長崎県　不穏落書

本月二十日長崎製鋼所便所に「申ス懸賞ノ少ナイ者ハ皆ヤメルト申シテ居ル。注意セヨ。懸賞ノ少ナイ者ハヤメル」及び「日給三円位横浜工場ガ募集シテ居ル。皆行ケ。三菱ハ駄目ダ。懸賞二十円位ナンダ。皆ヤメロ」と落書しありたり。（捜査中）

特高月報 昭和14年9月号

昭和14年10月　北海道　反軍言辞

富山県滑川町字常磐町二九　売薬商　水口興三郎方　売薬行商人　青山助松（21）

本月十四日勇払郡安平村飲食店「勇屋」に於て酔余の上女給田福アイ外八名の面前にて田福アイに対し「俺は召集令が来て今夕張から来たのだが今まで俺は随分餞別を出しているが俺には誰も餞別をくれぬ。**出征しなくてもよい様に俺の指を一本切ってくれ。乃木大将が何だ。息子二人を殺して金を幾ら貰った。俺はそんな所に征けるか。今俺の兄が三人も出征中だが俺が征けば四人だ。後に残った家族は一体どうなる。**銃後後援が何だ。何も面倒を見てくれぬではないか。そんな所へ俺まで騙されて征けるか。」と反軍言辞を弄したり。（厳重説諭）

※小説やドラマなら劇的な場面だろうが、いきなり深刻なことを言われる田福アイさんも困っただろう。乃木希典は日露戦争で二人の息子を失っている。

特高月報 昭和14年10月号

昭和14年10月　広島県　反戦言辞

双三郡十日町字十日町二　六八八　宇山柳一（50）

本月十三日自宅軒下に於て三見貞一と対談中貞一に対し「この間広島に行ったが日本は戦争を今後五十年位もあると言う話を聞いたがこっちは五十年どころか三年でもやりきれんのに政府も下々の事は知らんのであろう。五年やってもこっち等は餓えて行きそうなのに早う済まにゃいかんよ」と反戦的言辞を弄す。（厳重説諭）

※十日市町か。

特高月報 昭和14年10月号

昭和14年10月　和歌山県　反戦投書

本月十七日新宮警察署宛左の如き反戦投書（郵便ハガキ）を為したる者あり。　記「我々国民ハ今度ノ戦争ヲ無意味に思うている。それにわが子が召集にオウテコノタビ戦死シタクニノタメトオモツタラ思想的にワルイトイツテジウサツシタトノコオドロイタデス　セウソヲヤメヨ　モノヲヤスクセヨ　共サントサンセイ」

※「……それに我が子が招集にあって戦死した　国のためと思ったら思想的に悪いと言って銃殺したとのこと　驚いたです　戦争を止めよ　物を安くせよ　共産党賛成」か

特高月報 昭和14年10月号

昭和14年10月　京都府　不穏落書

本月十日嵐山電車嵐山駅便所内に「労働者の憂鬱、食わんが為のみに働く者労働者、骨を齧られ血をすすられまだ何も言えない労働者憂鬱」新京阪電車西京極停留所内に「労働者政府を樹立せよ」と落書しありたり。（捜査中）

特高月報 昭和14年10月号

昭和14年10月 **兵庫県** **不穏落書**

本月五日神戸市葺合区御幸通六丁目一貿易商シュロフトソン商会の東門鉄扉に「ショウカイセキノシナヘイバンザイ」と落書しありたり。（捜査中）

特高月報 昭和14年10月号

昭和14年12月 **北海道** **反戦言辞**

北海道上川郡士別町字下士別四十一線　寅吉妻　高木ソミ（60）

本年五月「**弟の正夫が出征して居るのに此の上兄の四郎迄兵隊に採られる様なことがあっては私等は首でも縛って死んで仕舞ねばならぬ云々。**」（厳諭）

特高月報 昭和14年12月号

昭和14年12月 **大阪府** **反戦落書**

兵庫県武庫郡精道村字打出　疊谷幸三朗（31）

大阪市此花区島屋町住友金属工業株式会社プロペラ製作所及日本染料株式会社コンクリート塀に

「（1）一代の英雄（ナポレオン）もカイゼルも戦にやぶれた　日本人恩さーシ（意不明）**日露戦に英人にどれだけたすけてもらったか**日露の戦は我大日本帝国のききてあったとゆう事をわすれたか

（2）最後の勝利は武きでも力でもない人間愛と食りょうである　食糧をそまつにするなさいな事に胸を立てるのは（やばん人）である

（3）武と力はいしずえである人間の愛は最後の勝利である日本人はやばん人」

と落書せり（検挙取調中）

※カイゼルは第一次世界大戦時のドイツ皇帝ヴィルヘルム二世を指すか。「恩さーシ」は「恩忘」と読めるかも知れない。

特高月報　昭和14年12月号

昭和14年12月　大阪府　反戦文書貼付

大阪市南区日本橋四丁目履物商林つゐ子方板塀に貼付しありたるもの。「市民よ！　檄！　日支紛争は我々人民生活を極度に苦しめた、尊い我々人民の生命を無雑作に犠牲となさしめた。○○

○○○何が聖戦だ！　今日の物価の値上りはどうだ　我々人民無産仲間の苦しい生活状態は余りにも深刻だ、長期建設とは何んだ、其れは失敗した一つの言葉だ！　侵略的帝国主義戦争の悪害は遺憾なく表明された。　米は上る、着る物、食う物○○○どれも皆な上って行く！　親愛なる市民の諸君！　我々はこれ以上に苦しんで戦争を支持する事は出来ない、果して完全なる勝利が獲得できるだろうか、それは大いに疑問だ？　人を殺すのが昭和文化の生命ではない　速に戦争を中止して和平の策をとるのが新日本建設の正しい道だ。世界人類は愛と共に有るのだ！　金の有る資本家達は物資統制には余り影響されないのだ。されば当然だ金の有る奴等がかくの如き間違った、へまな国策を施行したのだ。　我々人民無産者の幸福は反戦徹底に有るのだ！　無産階級の幸福を願う我々人民戦線は日支戦争は絶対的に反対だ！　市民諸君よ、新生日本を愛すなればば反戦運動に参加共鳴あれ！　祖国愛に燃ゆる人民戦線の我々は死を決して闘って行くのだ。親愛なる市民諸君よ、人民戦線運動を認識あれ！　日本人民戦線」（捜査中）」

特高月報　昭和14年12月号

昭和14年12月　京都府　反戦的演劇

京都市東山区山科町　すはらじ劇団　山田隆也

卿田真作「闇を貫く」の劇中**陸軍病院内に於ける傷病兵の痛々しき状況を極端に暴**

露しあるいは階級意識を鮮明ならしむるが如き場合ありたり。（厳諭）

※山田隆也は有名な俳優、監督。すはらじ劇団は「すわらじ劇園」。

特高月報 昭和14年12月号

昭和14年12月　新潟県　反戦言辞

新潟県北蒲原郡聖籠村大字蓮野一九七九　僧侶　渡辺智誓（30）

理髪業佐藤初太郎方にて雑談中「近頃東京に非戦闘員が現われて戦争によって物価が高騰するから戦争を止めて貰いたいと辻々に貼紙をして歩くそうでこれ等の者はまた街頭演説をやって警視庁に引かれ二、三日拘留されて帰るとの事だ。」（厳諭）

特高月報 昭和14年12月号

昭和14年12月　山梨県　反戦言辞

山梨県中巨摩郡竜王村　出征傷兵の母　農　西山あき

「伜は全身に刺墨をした様に戦傷を負い白衣はボロボロとなり顔は髯だらけで

恰も乞食の様でつくづく戦争が恐ろしくなる云々。」（厳諭）

※恰→かっこう（形姿）

特高月報 昭和14年12月号

昭和14年12月　福島県　反戦反軍言辞

福島県若松市前木二七八　職工　川上正夫（26）

若松市日本板硝子株式会社工場に勤務中同工場主任磯辺邦之助に対し、「**今度の事変は日本から仕掛けたもの**で日本国民の総意に非ず、二、三の軍部有力者の自己勢力扶殖の為戦争を始めたのだ」との造言飛語をなす。（陸軍刑法違反送局）

特高月報 昭和14年12月号

※八月号で徴兵忌避した人と同一人物のはずだが、時間が前後している。

昭和14年12月　佐賀県　反戦的風説

通信機関々係者

佐賀県にてはノモンハン事件にて戦没将兵遺家族に戦死通知をなさず遺家族中には遺骨受領通知にて初めて戦死を知り軍当局の冷遇に憤激し遺骨受領を拒否し問題化せるを以て警察署長が両者間の調停に立ちたるところ**遺家族は更に興奮し該署長に暴行を加え遂に反戦暴動の挙に出でたり**との風評が満州地方に専ら流布されつつありとの流言ありたり。(警告)

特高月報 昭和14年12月

※デマだが、それにしても生々しい話である。

昭和14年12月　大分県　反戦言辞

大分県玖珠郡東飯田村　帰還兵歩兵一等兵　井上稔

「園田部隊の兵は家庭を持ったものが多かったが暇があると家庭の事ばかり話合って中には家庭の事を心配の余り精神に異常を来したものも相当あり戦争は悲惨なものであると思った。」(厳諭)

特高月報 昭和14年12月号

昭和14年12月　佐賀県　反戦言辞
佐賀県西松浦郡有田村　陶磁器製造業　吉島勘一

「ノモンハン事件に戦傷帰還せる兵士の話では**大阪兵が一番弱く敵襲に会って武器を捨てて逃出す有様で或る連隊長の如きは重要武器を敵に鹵獲せられて自決された**事もあり全く意気地のないのには驚いた　第一線に於ける戦傷兵は気の毒なもので腹部の腸が露出し数時間しか生命のない傷者でも看護はおろか水を需めても与えられるものすらない全くこの世の地獄だったとの事で戦争位悲惨なものはない云々」と洩す。（厳諭）

※大阪に対するヘイト……。

特高月報　昭和14年12月号

昭和14年12月　宮崎県　反戦的不穏文掲示
宮崎県東諸県郡本庄町　浄土宗義門寺　住職　小野温雄

義門寺前告知板に「総合布教辞典」にありたる聖句なりとて、「**世に善き戦争なく悪しき平和なし無謀の戦は一年に於て数年の事業を毀つ（フランクリン）**」と掲示せり。（厳諭）

※現在もこの寺院は存在する。また、孫が東京新聞の取材に答えている。（東京新聞2015年1月3日「〈漂う空気〉（3）悪しき平和なし　命懸けの張り紙」）

特高月報 昭和14年12月号

昭和14年12月　警視庁　不穏落書

浅草公園松竹演藝館便所内に鉛筆を以て「戦争反対せよ　戦争に勝て　下層階級はどうなる　馬鹿を見たけりゃ　警防団員」と落書しありたり。（捜査中）

特高月報 昭和14年12月号

昭和14年12月　大阪府　不穏文書貼付

大阪市西成区津守町四四一街路電柱に貼付しありたるもの「心ある者自決あれ米穀問題住宅問題薄給生活不安是で蒋に勝つと思うか　殺人的現政策打倒機逸すな」（捜査中）

特高月報 昭和14年12月号

📅昭和14年12月　📍福岡県　☰不穏落書

福岡県京都郡仲津村柴伐虎一方納屋戸袋に「今年よりかせいわ　やめて下さい　来年喰う米さえなき故よそどころか」と落書せるもの（捜査中）

※「かせいわやめて下さい」＝「苛政は止めて下さい」か

特高月報　昭和14年12月号

特高月報などにみる戦前の替歌集

特高月報には様々な発言が見られるが、その中でもまさに「庶民的」な物として見受けられるのが、替歌である。戦前の日本において、広く流布していた軍歌や歌謡曲に、自らの思いや不満を託して歌って歌ったものが多いが、当然今と変わらず子供達による替歌もある。しかしこのような物でも、国策に反するとして特高警察や憲兵隊の取締りを免れなかった。出版物や有名人の発言などと違い、その場その場の替え歌は記録に全く残らない事もあるが、皮肉にも特高警察により長く記録されいくつかのマイナーな替歌は現代まで残る事となった。元の曲を聴きながら思い浮かべてみたり口ずさんだりして、過去の人々と繋がってみるのも良いだろう（思想旬報　第三号　不穏歌謡の流布状況（其の一）も参照）。

兵隊節（スーちゃん節）

作詞・作曲　不明（無名の兵士達）

無名の兵士達によって歌い継がれて来た、軍隊暮らしの辛さを語る歌。戦後は雰囲気そのままに、練馬に存在する東京少年鑑別所（略してネリカン）での苦労を歌う「ネリカンブルース」に流用された。

原曲（いくつかのパターンがあるが有名なもの）

1・
お国のためとは言いながら
人の嫌がる軍隊に
志願で出てくるバカもいる
可愛いスーちゃんと泣き別れ

2・
朝は早よから起されて
ぞうきんがけやらはき掃除
いやな上等兵にゃいじめられ
泣く泣く送る日の長さ

バリエーション

（昭和12年10月　沖縄県）

1・
数へ歌
一つとせ人が嫌がる軍隊に
志願で出て来る馬鹿もある
御国の為とは言ひ乍ら

2・
二つとせ二親離れて来たからは
二個年たたなきゃ帰られぬ

（昭和13年3月　長崎県）

1・
御国の為とは言ふものの
人も厭がる軍隊に
出て行く此の身の憐れさよ
可愛い彼女と泣き別れ

2・
行く先ゃ対馬の鶏知の浦
要塞重砲連隊で
いやな二年兵に殴られて
泣く泣く送る日の長さ

3・
海山遠く隔てれば
面会人とて更になし
着いた手紙の嬉しさよ
可愛い彼女の筆の跡

（昭和14年6月　北海道）

1・
御国の為であればこそ
人の嫌がる軍隊に
出て行く此の身の哀れさよ
可愛弟と泣き別れ

（昭和15年10月　山梨県）

1・
御国の為であればこそ
人も厭がる軍隊に
出て行く我が身の哀れさよ
可愛スーチヤンと泣き別れ

2・
二年兵のはいた泥靴を
月の光に照らされて
磨く我が身の哀れさよ
可愛スーチヤンと泣き別れ

3・
行くは千葉県習志野の
しかも十六連隊の
鬼の住む様な四中隊
可愛スーチヤンと泣き別れ

（昭和17年1月　長崎県）

1・
行く先ゃ佐世保の軍需部に
行かなきゃならない二年間
出て行く其の身のあはれさよ
可愛い彼女が泣くだらう
可愛い彼女に泣き別れ

（昭和17年5月　長崎県）

1・
御国の為とは云ひながら
多くの人に見送られ
出て行く此の身の哀れさよ
可愛い好ちゃんと泣き別れ

2・
行く先き遠き久留米市
然も戦車の一連隊
嫌な二年兵にいぢめられ
涙で送る日の長さ

（昭和19年6月　佐賀県）

1・
御国のためとは言ひ乍ら
人も厭がる軍隊に
出て行く我身の哀れさよ
可愛い彼女と泣き別れ

2・
行く先きや福岡久留米市の
しかも歩兵の四八で
厭な二年兵にいぢめられ
泣き泣き暮す日の長さ

3・
日は早や落ちて月が出る
月の光に照らされて
厭な二年兵の泥靴を磨く
我身の哀れさよ

4・
海山遠く離れては
面会人とて更に無く
着いた手紙の嬉しさよ
可愛い彼女の筆の跡

（昭和19年8月　高知県）

1・
御国の為とは言ひ乍ら
人のいやがる徴用に
出て行くその身の哀れさよ
可愛彼女と泣き別れ

2・
行く先大村片田舎
いやな伍長さんに叱られて
泣く泣くつとめる日の永さ
徴用工員の哀れさよ

東京節（パイノパイノパイ）

原曲作曲　ヘンリー・クレイ・ワーク「ジョージア行進曲」
アレンジ・作詞　添田知道と添田唖蝉坊

アメリカ南北戦争時代の北軍側の行進曲である「ジョージア行進曲」に、日本の演歌士である添田知道が父・添田唖蝉坊のアドバイスの元で社会風刺や自身の思いの歌詞を着けて歌ったところ大流行したもの。日本では元のジョージア行進曲よりも有名になる逆転現象が起きた。添田の作った歌詞は大正時代の世相を歌ったものであるが、歌い継がれる時代時代によって様々な歌詞が生まれた。

原詩

1・
東京の中枢は丸の内
日比谷公園両議院
粋な構えの帝劇に
いかめし館は警視庁
諸官省ズラリと馬場先門
海上ビルディングに東京駅
ポッポと出る汽車どこへゆく
ラメチャンタラギッチョンチョンデ
パイノパイノパイ
パリコトパナナデフライフライフライ

2・
東京で繁華な浅草は
雷門、仲見世、浅草寺
鳩ポッポ、豆売るお婆さん
活動、十二階、花屋敷
すし、おこし、牛、てんぷら
なんだとこん畜生でお巡りさん
スリに乞食にカッパライ
ラメチャンタラギッチョンチョンデ
パイノパイノパイ
パリコトパナナデフライフライフライ

3・
東京の名物 満員電車
いつまで待ってても来やしねぇ
乗るにゃ喧嘩腰 命がけ
ヤットコサと空いたのが来やがっても
ダメーダメーと手をふって
またまた止めずに行きやがる
なんだ故障車かボロ電車め
ラメチャンタラギッチョンチョンデ
パイノパイノパイ
パリコトパナナデフライフライフライ

バリエーション

（昭和15年5月　山梨県）

1・

稼いでも稼いでも食へないに
物価はだんだん高くなる
物価は高いのに子は出来る
出来た子供が栄養不良
いやにしなびて蒼白く
アゴがつん出て眼が凹み
だんだん細く痩せて行く
日本米は高いからパイノパイノパイ
南京米や朝鮮米でヒョロリヒョロリヒョロリ

紀元二千六百年

作詞　増田好雄
作曲　森義八郎

皇紀2600年（昭和16年1940年）を記念し日本放送教会が奉祝歌を募集する企画を行い、多数の応募の中から作詞・作曲がそれぞれ選ばれが誕生した曲。戦局の悪化に伴い、次第に替歌のタネとして扱われるようになり、タバコの値上げを風刺したものが有名。ちなみに作曲の森義八郎によると、遊女と寝た際に腰を打つリズムを曲に使ったという。

原曲

1・

金鵄（きんし）輝く日本の
栄（はえ）ある光身にうけて

いまこそ祝へこの朝（あした）
紀元は二千六百年
あゝ　一億の胸はなる

2・
歡喜あふるるこの土を
しつかと我等ふみしめて
はるかに仰ぐ大御言（おほみこと）
紀元は二千六百年
あゝ肇国（ちょうこく）の雲青し

3・
荒ぶ世界に唯一つ
ゆるがぬ御代に生立ちし
感謝は清き火と燃えて
紀元は二千六百年
あゝ報国の血は勇む

4・
潮ゆたけき海原に
櫻と富士の影織りて
世紀の文化また新た
紀元は二千六百年
あゝ燦爛（さんらん）のこの國威

5・
正義凛（りん）たる旗の下
明朗アジヤうち建てん
力と意氣を示せ今
紀元は二千六百年
あゝ弥栄（いやさか）の日はのぼる

バリエーション

（昭和18年4月　埼玉）

1・
金鶏上って十五せん
栄ある光三十せん
遥かに仰ぐ鵬翼は

二十五銭になりました
噫一億は皆困る

（昭和19年3月　静岡）

1・
金鵄輝く十五銭
栄ある光三十銭
鵬翼上って五十銭
其を呑むのはアンポンタン
ああ一億の金が減る

ほんとにほんとに御苦労ね（軍隊小唄）

作詞　野村俊夫
作曲　倉若晴生

1939年に発表された曲。戦地での兵士の苦労を思う内容だが、兵隊達の間では「軍隊小唄」として替歌になった。

1・
楊柳芽をふくクリークで
泥にまみれた軍服を
洗う姿の夢を見た
お国のためとはいいながら
ほんとにほんとにご苦労ね

2・
来る日来る日をカンパンで
護る前線弾丸の中
ニュース映画を見るにつけ

熱い涙が先に立つ
ほんとにほんとにご苦労ね

3・
今日もまた降る雨の中
何処が道やら畑やら
見分けもつかぬ泥濘で
愛馬いたわるあの姿
ほんとにほんとにご苦労ね

4・
妻よ戦地のことなどは
なにも心配するじゃない
老いた両親頼むぞと
書いた勇士のあの音信
ほんとにほんとにご苦労ね

バリエーション

（昭和19年3月　栃木県）

1・
汽車や電車に身を乗せて
着いた処が茨城の霞ケ浦の航空廠
海山遠く離れ来て面会人は更になし
いやじゃありませんか徴用工

2・
鬼の住む様な徴用舎
ブリキ茶腕で玄米で（忘却と称す）
ほんとにつらいな徴用工

（昭和19年3月　静岡県）

1・
嫌ぢゃありませんか徴用兵
欠けた茶腕に竹の著
仏様ぢゃあるまいし

一ぜん飯とは情ない

2・
徴用令とは情ない
三度三度の御飯も
腹一杯は食はせない
ああ情ない徴用令

（昭和19年3月　岡山県）

1・
腰の軍刀にすがりつき
連れて行きんせソロモンへ
連れて行くのは安けれど
女は乗せない戦車隊

2・
厭でござんす軍隊は
金の茶腕に金の著
仏様でもあるまいに
一ぜん飯とは情ない

3・
故郷を出る時学帽で
今ぢゃ甲飛の七つ銅
岡山娘が噂する
予科練健児の色男

4・
僕は南の雲の中
遠き故郷を離れ来て
可愛彼女の片ゑくぼ
思ひ出してはついほろり

（昭和19年6月　富山県）

1・
嫌ヂャ有リマセン力徴用ハ
好キデ来タンヂャナイケレド
朝カラ晩マデ働イテ
一円五十銭ハナサケナイ
本当ニ本当ニ御苦労ネ

2・
嫌ヂャアリマセンカ徴用ハ
残業残業デ叩カレテ
ソレデ僅ノ五十円
ドウシテ女房ニ見セラレヨ
本当ニ本当ニ御苦労ネ

(昭和19年11月　岐阜県)

1・
嫌ぢゃありませんか芋買ひに
各務原に芋買ひに
鵜沼の巡査に芋取られ
悲しく帰った此の私
ほんとにほんとに悲しいわ

湖畔の宿

作曲　服部良一
作詞　佐藤惣之助

1940年に発表され、高峰三枝子によって歌われ大ヒットした曲。政府は戦時にそぐわないとして内容を問題視したものの、当の兵士達からは慰問の際に盛んにリクエストされるなど大人気であった。これほどの人気のため替歌も作られたが、子供達の間で盛んに歌われたそれは、元の歌詞の面影も全く無いシュールな内容であった。

原曲

1・
山の淋しい湖に
ひとり来たのも悲しい心
胸の痛みに耐えかねて
昨日の夢と焚き捨てる

古い手紙のうすけむり

2・
水にたそがれせまる頃
岸の林を静かに行けば
雲は流れてむらさきの
薄きすみれにほろほろと
いつか涙の陽が落ちる

3・
ランプ引き寄せふるさとへ
書いてまた消す湖畔の便り
旅の心のつれづれに
ひとり占うトランプの
青い女王（クイーン）の淋しさよ

バリエーション

（昭和19年3月　静岡県）

1・
昨日生れた豚の子が
蜂にさされて名誉の戦死
豚の遺骨は何時帰る
四月八日の朝帰る
豚の母さん悲しかろ

2・
昨日生れた蜂の子が
豚に踏まれて名誉の戦死
蜂の遺骨は何時帰る
四月八日の朝帰る
蜂の母さん悲しかろ

（昭和19年7月　奈良県）

1・
硯引き寄せ古郷の
色々便りを戦地に送る
主は離れた南の小島
弾に当って名誉の戦死
主の遺骨は何時帰る

露営の歌

作曲　古関裕而
作詩　藪内喜一郎

日中戦争初期の軍歌。毎日新聞の軍歌公募により誕生した曲で、60万枚のヒットを記録した。

1・
勝ってくるぞと勇ましく
誓って故郷（くに）を出たからは
手柄立てずに死なりょうか
進軍ラッパ聞くたびに
瞼に浮かぶ旗の波

2・
土も草木も火と燃える
果てなき曠野踏み分けて
進む日の丸鉄兜
馬のたてがみなでながら
明日の命を誰か知る

3・
弾丸もタンクも銃剣も
しばし露営の草枕
夢に出てきた父上に
死んで還れと励まされ
覚めて睨むは敵の空

4・
思えば今日の戦いに
朱に染まってにっこりと
笑って死んだ戦友が

天皇陛下万歳と
残した声が忘らりょか

5・
戦争する身はかねてから
捨てる覚悟でいるものを
鳴いてくれるな草の虫
東洋平和のためならば
なんの命が惜しかろう

バリエーション

（昭和19年8月　高知県）

1・
負けて来るぞと勇ましく
誓って国を出たからは
退却ラッパ聞く度に
どんどん逃げ出す勇ましさ

道は六百八十里

作詞　石黒行平
作曲　永井建子

明治時代の軍歌。680里は2670キロメートルだが、何を指すのかは不明。

1・
道は六百八十里
長門の浦を船出して
早二年を故郷の
山を遥かに眺むれば
曇りがちなる旅の空
晴らさにゃならぬ日の本の
御国の為と思いなば
露より脆き人の身は
ここが命の捨て所
身には弾傷剣傷

2・
負えども着けぬ赤十字
猛き味方の勢いに
敵の運命極まりて
脱ぎし兜を鉾の尖
差してぞ帰る勝ち戦
空の曇りも今日晴れて
一際高き富士の山
嶺の白雪消ゆるとも
手柄を立てしますらおの
誉れ長く尽きざらん

バリエーション

（昭和19年8月　高知県）

1・
道は六百八十里
長門の浦で午睡して
鼠に睾丸噛られて
猫の御陰で助かった

隣組の歌

作曲　飯田信夫
作詞　岡本一平

戦時に作られた「隣組」のプロパガンダソング。リズミカルで歌いやすいため替歌の格好の題材となったが、その一番有名な例は戦後の「ドリフのテーマ」だろう。更にドリフのテーマを通じて様々な番組やCMに使われたため、かなり息の長い歌といえる。

1・
とんとんとんからりと隣組
格子を開ければ顔なじみ
廻してちょうだい回覧板
知らせられたり知らせたり

2・
とんとんとんからりと隣組

あれこれ面倒味噌醤油
ご飯の炊き方垣根越し
教えられたり教えたり

3・
とんとんとんからりと隣組
地震や雷火事どろぼう
互いに役立つ用心棒
助けられたり助けたり

4・
とんとんとんからりと隣組
何軒あろうと一所帯
こころは一つの屋根の月
纏められたり纏めたり

バリエーション

（昭和19年8月　高知県）

1・
トントントンカラリの隣組
酒屋の前逸来てみれば
本日休みと書いてある
アア情けない情けない

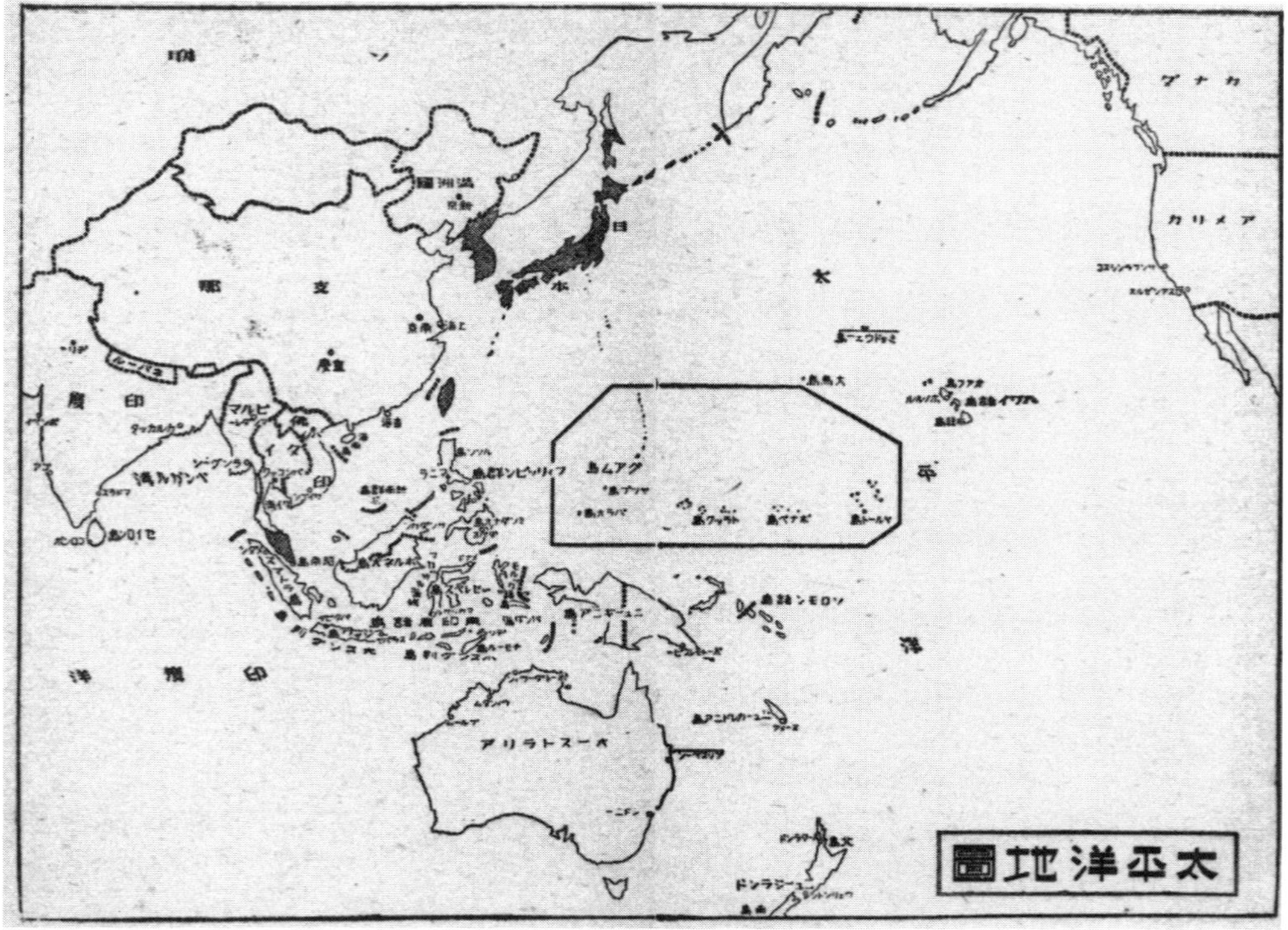

太平洋地図　『亜細亜民族と太平洋』（1942）より

昭和15年（1940）

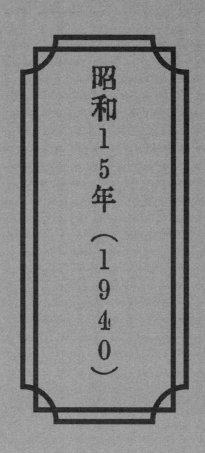

昭和14年12月　警視庁　反戦投書

東京市葛飾区本田立石町二丁目三三九　土工　福井侃（42）

昭和十四年十二月三十一日付を以て総理大臣、厚生大臣、民政党総裁、政友（革新）会総裁、東京憲兵隊長、警視庁保安課長、東京日々、東京朝日、国民新聞、読売各新聞社等に宛て左記反戦的不穏投書をなし、更に本年一月一日早暁明治神宮境内に於て近衛歩兵四連隊付歩兵准尉近藤忠雄に対し**突然ナイフを以て斬りつけ傷害を負はしたる**を以て即時其場に於て逮捕せるものなり。記「軍部の専横は其の極に達し世人の生活安如たり得ず茫漠たる戦時に逢着せるは之皆軍閥の野望暴逆に始り時局の終止する処を知らず吾人同人相計り天誅を約す。西園寺阿部総理以下軍部を強調支持する政治家の暗殺を期す。都市所在の軍用造営物及三井三菱富豪階級に対し放火す。軍部保存の食糧及国民生活に必要なる資材を奪還す。以上目的要素達成の為本年始より三月末の間直接行動の実行を期す。耀竜会有志　反戦連盟本部同人　自由主義政党期成同盟」（取調中）

※美化して言えば直接闘争に走った闘士と言ったところだが、狙った相手が准尉という比較的低い立場なのが何とも言えない。

特高月報昭和15年7月分

六月二十六日、東京刑事地方裁判所にて殺人未遂罪として懲役四年、同日確定

特高月報　昭和15年1月号

昭和14年12月　警視庁　反軍的文書貼付

客年十二月二十三日中野区野方町空地樹木に、「**様々なるは人の世か、氷れる飯を塹壕にふるえて食うつわものも狐飾りてデパートにお急ぎ召さる御婦人も共に御国の御民なり**とや」と記載せる文書を貼付しありたり。（捜査中）

特高月報　昭和15年1月号

昭和14年12月　新潟県　反戦文書貼付

客年十二月二十八日新潟県北魚沼郡小出町村社清水川辺神社拝殿に、「祈皇軍悲運長久　我等は世界平等主義　祈皇軍不運長久　打倒日本帝国ソビエートロシヤ万歳　祈支那軍武運長久」と記載せる文書を貼付しありたり。（捜査中）

特高月報　昭和15年1月号

昭和15年1月　福島県　反戦言辞
東白川郡常豊村　農　国友妻　青砥ミイ（38）

国家なんて虫の良い事ばかりするものだ　足袋もなくて働け働けと言われても仕方がない　それに増税だ何だとこれでは百姓がやりきれない　これも戦争がある為だから戦争なん等敗けてもよいから早くやめて貰いたいものだ云々（捜査中）

特高月報　昭和15年1月号

昭和14年10月　鳥取県　反戦日記
鳥取市立川町四丁目六一　補歩上　広島県呉二中教諭　山本薫（28）

北支方面に出征転戦中昨年十月十五日帰還せるが陣中日記に左記反戦記事あり所属部隊長に於て発見せり。

「（1）長期戦は人間性を失い、長期戦を嫌悪するのは兵隊なのである
（2）**支那事変の発生は日露戦役の如く国民の総意から出たものか否や**の疑問あり
（3）戦場に於ける者程人世の悲劇を感ずるものはない
（4）蒋介石の発する宣伝は必ずしも「デマ」なりと信ずることは出来ない

（5）我々の生命は軍閥「ファッショ」の犠牲となることが東洋平和の為にあるとするならば致方なし

（6）連隊長以上の人事は勲章稼ぎで高級幹部の数次に行はれる異動は軍閥の独善より発生さるるものなり」（部隊長より厳重訓戒さる）

特高月報 昭和15年1月号

※（2）については盧溝橋事件以後のなし崩し的な戦線拡大への感想か。

昭和15年1月　佐賀県　反軍的文書貼付

佐賀商業学校並赤松小学校の門柱に「**大日本を滅すのは軍閥なり　少将以上は屠殺せよ**」と記載しある文書を貼付しありたり。（捜査中）

特高月報 昭和15年1月号

昭和14年12月　警視庁　不穏落書

客年十二月十四日豊島区高田本町二丁目歩道上にて拾得せし一銭銅貨及ニューム貨に、（一）一銭銅貨　表側菊花御紋章を摺り潰せり　裏側釘様のものにて「カヲコロセ」と（二）ニューム貨表側菊花御紋章及一銭の文字を摺り潰せり　裏側釘様のものにて模様及文字を摺り潰し「日本ヲツブセ」とそれぞれ記載しありたり。（捜査中）

※現代でも通貨をわざと損傷したり加工するのは犯罪であるが、ここでの問題はそう言うことでは無さそうだ。

特高月報 昭和15年1月号

昭和14年12月　警視庁　不穏落書

客年十二月二十日豊島区椎名町五丁目二二五一薬局田路義一方買上金中の五拾銭紙幣に、「**生めよ殖せよこれ誠に結構である**　貯蓄せよ債権を買ふべし皆結構である　しかしこれには何が必要か？大臣方よ、考えたまえ 子供を産んで売っとばそうか？社会制度は行きつまっているのだ！」と落書しありたり。（捜査中）

※現代もあまり変わらない。

特高月報 昭和15年1月号

昭和15年1月　和歌山県　不穏投書

一月六日和歌山県知事宛「拝啓一筆申上ます　目下政府は米の統制で県は農家の米を皆買上げる事になりましたが米の最高価格を定めそれ以上に売買出来ぬようにして米麦増産を奨励しますが配合肥料は配給にして十俵要するものは六、七俵しか配給せぬ其他のあらゆる肥料は高くなり次第にしまた農具の如きも十円で出来た器具は十五円一ケ月十八円二十円と高くなり次第に放任してまだ其上に農家の食糧米減食にさし大人一日一人当り三合と定めてその余分になる米は全部県が強制的に買上げで減食さすよな事で農作物を何んで増産するものか　政府と県知事がかかってこの非常時に減産の法を図るのか　馬鹿な知事は一日も早く首落せこんな仕方は机の上で手をくんでかゆの二合や三合くてぜいたくな毛織物や絹物を着て楽んで居る国賊虫だ　もっと実際農家の増産を図るように頭しばれ　**いくらあほな百姓共でも米少し食うてはきものはかずに着物着ずに肥料やらずにくそ沢山して田へやれと言うもそんなあほなこと出来るか考へて見よ**　肥料は上げしだい米は安く値を定める地下足袋はない米の作り主の王様に米食はさぬと言う様な事していたら政府の役人も県知事も部長も血が飛ぶぞ首はないぞ承知か今に見ていて見よ　洋服着てブラブラ歩いて居て見よ　政府の役人も知事も部長も皆血まみれになるぞやりも出るしたまもとぶぞ気をつけろ　県庁へ行くにも護衛で道歩け　危険千万気を付けろ皆やっつけてしまうぞ　今は県は共産主義を唱えて百姓せぬものはこまるなら農民もこまらしてやると言うよな仕方我等主義者一同はこれに対する反対主義を持っている　今の政府は自業自とくと言う仕方だこんなことではいくら戦争に勝ったとて実力にまける　もっと国の大将と言うものは目をさましてしっかりせこんなことでは国はたおれるぞ　知事はもう片足上げたぞこけるな農家に肥料や米やきものの不自由さしてなんで能率が上がるか　うかうかしていたら国はたおれる　農民の人間の原料を生産する人を苦しめて国は栄ゆる道理なし　今農民も社会主義者皆寄って百姓一ッきを起そか政府たおそか知事たおすかの相談ばかしだ　役人共は危険だぞ何時たまにやられるかわからぬぞ承知か　早く米の値上げをして米商人の売買をゆるせ　こんな事しても皆一っしょだ　**米は他府県へ出している高く売りている強制取締するものや役人には米やらぬぞひぼしにするぞ**　わかったかわかったらもととうりにせよ。　我等海草那賀伊賀　青年同志会　県知事殿」（捜査中）

特高月報　昭和15年1月号

昭和15年1月　愛知県　反戦反軍的言辞

愛知県西春日井郡新川町土器野新田三四　日雇業　竹下政五郎（69）

客月十八日西春日井郡新川町井山湯の脱衣場に於て浴客数人の面前に於て「戦争だなんて全く無茶な事だ、支那を攻めるには十年はかかると言われて居るが軍部は気長で親子孫の代までもかかってもこの戦争をやると言って居るそうだが一体我々はどうなるのだ、**戦争は大将や中将を造るだけで我々を食えなくするのみ**だ」と反戦反軍的言辞を弄す。（思想的背景なき為厳重戒飭）

特高月報 昭和15年2月号

昭和15年2月　福岡県　反軍反戦言辞

福岡刑務所看守　相良享（30）

本月十一日福岡市西新町料理屋成巳屋に於て四、五名の者と会飲中**現地に於ける捕虜の惨殺或は軍の命令の絶対服従なることに反するが如き反軍反戦的言辞**を弄す。（厳重戒飭）

特高月報 昭和15年2月号

昭和15年2月　愛知県　不穏文書頒布事件

本月二十七日以降名古屋市笹島郵便局及鉄道郵便等を利用し差出人不明の反軍不穏文書を北海道、警視庁、京都、大阪、兵庫、長崎、新潟、埼玉、栃木、三重、愛知、静岡、滋賀、岐阜、長野、宮城、岩手、山形、秋田、福井、石川、富山、鳥取、島根、岡山、山口、和歌山、徳島、佐賀、熊本等各府県管下の主として合同運送店一部又は電気工作業関係者等に郵送頒布したる者ありたり。犯人は目下鋭意捜査中なり。

「本文のすべてをしたため陛下の十名に密送せよ、武力なき愛国の民にあたえられた唯一の言論機関だ。　一、支那事変不拡大方針を国民に声明した近衛内閣の国策をじうりんし、日本を現状にみちびいたのは何者だ　一、統制で利益を得た者は大財ばつだ　一、このままで進むと日本は亡るぞ、羊の如き国民、犬死にを、くりかえしている義む軍人立て、そして立憲日本を封建専制に、くつがえさんとする諸勢力を討て、陸軍の職業軍人、中島系政友会はじめ社大党、時局同志会など小会派の政治家、軍部支持の大財ばつ、新聞社、其他、にせ愛国運動屋　一、まづ陸軍の職業軍人および家族に対しては日用品を売るな　一、職業軍人の戦時手当と恩給加算割の廃止につとめよ　一、**我等の代表者斎藤隆夫を援けよ　立憲日本万ざい**、議員政治、政党政治万ざい陛下の日本を死守せよ」

斎藤隆夫

※斎藤隆夫は有名な反ファシズム政治家。議会において1935年（昭和10年）から1940年（昭和15年）にかけ、反軍演説や、国家総動員法への反対演説を度々行い、軍部の姿勢や議会軽視を戒めた。

特高月報 昭和15年2月号

昭和14年12月　大阪府　不穏落書

客年十二月二十九日城東区亀戸町映画館「柳島館」便所内に赤色鉛筆を以て、「日本の警官は弱い者泣かせだ 戦争なんかどうでもよし 国の警官を倒して新しき黎明日本たてろ」と落書しありたり。（捜査中）

特高月報 昭和15年2月号

🗓 昭和15年1月　📍 警視庁　☷ 不穏落書

客月九日芝区西久保巴町四十六番地先共同便所に黒鉛筆を以て、「軍部独裁遂に国を過まるアー祖国日本何処へ行く　憂国の士よ　奮起せよ」更に赤鉛筆を以て、「憂国の士に告ぐ　君の言う祖国日本とは如何なる内容を言うのであるか　マルキシズムにも愛国も憂国もある　無知のものに聞えて喜ぶ様な無内容な言葉には愛国の士は振り向きもしない」と落書しありたり。（捜査中）

特高月報 昭和15年2月号

🗓 昭和15年2月　📍 京都府　☷ 不穏投書

本月十二日京都府庁特高課宛管下七条郵便局二月十一日付の消印ある、時局にいためられた一共産主義よりとの差出人名を以て別記の如き鉛筆書不穏葉書を郵送越したるものあり。「紀元二千六百年とかで日本はいま政府の笛吹くままに国民は踊らされてゐるが我々はいったいどこへ行けばよいか重税はかけられ少しでも滞納すれば差押へだ仕事をしやうにも原料はなしだ（中略）持てる人の横行する時節だ我れ我れ持たざる者は炭もマッチもたばこ（きざみ）も永い間手にした事がない持てるものが買しめるからだ持たない日本は持てる支那を打たほして暴力をふるって我がものにしてゐるのだ我れ我れ持たざる者は結束して軍国日本をたほして共産日本を打ち立てソ連と仲よくしてもたざる吾人の幸福の道を開かふと思ふ警察よ気をつけ」

特高月報 昭和15年2月号

昭和15年2月　大阪府　不穏落書

大阪府豊能郡西能勢村字宿野　時計修繕業　津沢喜久雄（39）

客月二十一日豊能郡吉川村能勢電車終点駅待合所伝言板に、「**赤くなるのは当前でせう**」と落書せるもの。（思想的背景なし）

特高月報 昭和15年2月号

昭和15年1月　山梨県　不敬反戦言辞

山梨県南巨摩郡硯島村雨畑一二〇　農　大野長作（63）

客月二十三日南巨摩郡硯島村大島所在妙法寺に於て住職福本義省の住所披露宴の席上村民十五六名の面前にて、**「戦争は天皇陛下がさせるのだから天皇陛下が止める様に命令すれば止むのである　天皇陛下が戦争をさせるから益々人民が困るのである」**と不敬並に反戦的言動を弄す。（思想的背景なきを以て厳重戒飭）

※少なくとも太平洋戦争では、最終的にこの発言の通りになった。

特高月報　昭和15年2月号

昭和15年3月　北海道　反戦投書

三月十二日（北海道）帯広警察署長宛「倅や兄弟や店員まで出征して税金はだんだん上る　それで官吏は大増員出来るサーベルの偉方時々来て意張りちらす　親爺も年寄りもふるえ上る半病人親爺は署へと引張られる　九、一八とかで大目玉に大ばっ金模範署だと双手上げて　やっつけてやったと大万歳　署員の出征は請合で　倅や兄弟の凱旋する時は　遺骨や負傷で万歳するなの命令で　静かに帰るその時は　営業はつぶれて家さい　人手に渡るかなしさ　子を思わぬ親はない

それで銃後の堅いとやら　何んの因果か御時世か　半病人」と記載せる投書ありたり。（捜査中）

特高月報　昭和15年3月号

昭和15年3月　東京市　反軍的落書

東京市本郷区真砂町公衆便所、「**陸相を射殺せ、米内も　国民は喜んで死ぬと陸相はぬかした　冗談言うな、陸相射殺せ**」と落書しありたり。（捜査中）

※本郷区は「山手」の代表的地区の一つであり、政治家も多く在住していた。この落書きは彼らの目につくことも狙っていたのかもしれない。

特高月報　昭和15年3月号

昭和15年3月　群馬県　反軍的言辞

群馬県碓氷郡安中町　安中郵便局長　清水童平

「支那事変の見通しが付かないので国民は皆平和を希望している、事変が長引いて喜ぶのは職業的な軍人のみだ、支那中央政権も出来たとて一般国民は何の利益も受けないが軍人や上層部の者は新政権に食付いて美味い汁も吸えるからだ、統制経済の問題も斎藤代議士の問題も軍部が実に横暴だ、私は軍部が今に国民に飽きられはしないかと心配している云々。」との意味の言動ありたり。（厳諭）

※文中の支那中央政権とは、1940年（昭和15年）3月に設立された、日本の傀儡政権である汪兆銘政権の事であろう。日本は日中戦争や脱植民地化の成果として喧伝したものの、後の枢軸国側以外の世界的な支持は得られず、戦禍は以後も拡大し続けた。

特高月報 昭和15年3月号

昭和15年3月　岐阜県　反戦的言辞

岐阜市竜田町　浪曲師　藤井源作（40）

出征軍人遺家族慰安会に於て浪曲口演中**乃木将軍の無謀なる指揮により部下兵卒がいたずらに犠牲となり**、しかも遺族に本人以外の者の毛髪を遺骨として送りたりとの意味の演述をなしたり。（厳諭）

※日露戦争における旅順・二百三高地攻略での乃木希典の指揮について指していると思われる。

特高月報 昭和15年3月号

昭和15年3月　大分県　反戦的言辞

立憲養正会大分県第一区連合支部　増富善吾

「ある帰還兵が戦争から帰って見ると統制の為商売が全く行詰ってその日暮の状態である、これはすべて戦争の為である、早く戦争が片付かねば商人は行き倒れるとの不平を聞知せるが恐らく一般帰還兵中小商工業者の偽らざる思想と思う云々」の言辞ありたり。（厳諭）

特高月報　昭和15年3月号

昭和15年3月　福岡県　不穏落書

福岡県遠賀郡中間町九州採炭会社新平炭鉱に、「半島の我等が同志よ！非常時の美名にかくれて我等を苦しめる支配階級と戦うは唯団体あるのみ来りて我等の仲間に入れ」と落書しありたり。（捜査中）

特高月報　昭和15年3月号

昭和15年4月　警視庁　反戦落書

四月十五日、丸ノ内東京駅本屋便所内に「戦争は死と飢えを大衆に与え　少数の資本家を肥えさせた　敢て反戦を唱う」と落書しありたり。（捜査中）

特高月報 昭和15年4月号

昭和15年4月　京都府　反戦落書

四月九日、京都市左京区川端通東一条公衆便所内に、「戦争も何もあったものか、米がない、炭がない、さあ日本革命だ　働くものにとっては此度の戦争は日本が負けた方がよい　**世界の労働階級は一切に立て蒋介石を守れ**」と落書しありたり。（捜査中）

特高月報 昭和15年4月号

昭和15年4月　長崎県　反戦言辞

東京市会議長　代議士　松永東

四月十九日、長崎県南高来郡化串山村に於て左の如き言動ありたり。

「一、斎藤代議士の質問演説は議会政治始まって以来の名演説であった……**畑陸相も斎藤の演説は名論なりとこれを賞揚したるものが二時間後は陸軍の少壮将校に詰寄られ、演説の賞揚から一変して排撃に変るとは何事だ**。（中略）内閣の職を辞しさえすれば支那事変に対する責任を免るるか、残されたる国民責任を如何にするかとの意味でしかも議場内の発言に対し陸軍の干渉は以ての外で軍部の御機嫌をとるため斎藤氏を除名するは反対。

（以下略）
二、思想問題に関して本年八、九月頃重大なるテロ事件が惹起する如き兆あり、海軍は部内が統制され堅実味がありこれに反し陸軍は部内の統制は全く駄目だ、首脳部の意見対立は勿論なるが少壮軍人が単純なる見解を主張し、首脳部を引摺るが如き状勢にある、（中略）陸軍は広義の国防だ何だと唱え政治干渉を盛にするが、馬上から天下を取ることは出来るも馬上から天下の政治をとることは出来ない、今日の海軍に比し陸軍の遜色あるは、陸軍は敵を倒す方法に専念せず人を活す政治に干渉し道草を食った事に起因する。（中略）去る「ノモンハン」事件の陸軍の失敗は言語道断だ。（以下略）」

※2月2日の斎藤隆夫による反軍演説のことなどを指している。

特高月報 昭和15年4月号

昭和15年5月　福島県　反戦落書

五月三日（※ママ）、福島市公会堂便所内に「かって負けるとはこれいかに、人殺しにかって戦争そのものにやぶる、なんのために戦うか、百億あらば支那りけんはかえる」なる反戦落書あるを発見せり。（捜査中）

※これは四月分なので五月は誤植と思われる。

特高月報 昭和15年4月号

昭和15年3月　徳島県　反軍言辞

徳島県板野郡住吉村字笠木　沢邦夫

三月十日、所轄署視察員に対し、要旨次の如き言動ありたり。

「一、陸軍は事変費として膨大なる予算をとっているが、費い切れぬ為大衆の痛々しい消費生活制限を尻目に無茶な濫費をやっている。**また東京に於ける横暴は非常なもので、交通制限なぞ全然守っていない。**

二、陸軍部内は三分派に分れ、対立抗争は乱脈の限りを尽し、某将官の直接奏上未遂、石原莞爾将軍の憤慨事件等深憂に堪えぬものあり。

三、国民は陸軍を批判すればピストルを突付けられるから黙っている」云々。（厳重諭示）

※某将官の奏上未遂や石原莞爾の憤慨事件などは、具体的にどの事例を指しているかは不明。東条英機との不仲を指すのか？

特高月報 昭和15年4月号

昭和15年3月　北海道　不敬不穏記事

函館市杉並町三　函館師範学校　白山友正（40）

師範学校校友会誌「白一線」三月二十五日付第五十六集に、「記紀の歌謡と記紀に現れた神武天皇の御製について」とし、沢田潤著「国文学新講」中より神武帝の恋愛を想像し奉るが如き不敬記事を転載、又、同誌上に「寄宿舎精米係」と題して、「公定価格が太字となっている米価取引はそれ以上を上回っている　リヤカー持って買出しに出る老精米夫に売ってくれる米はないか今朝の米の仕入もない吹雪の精米所の中に老精米夫とつっ立ったきり　この地方の豊作と比べて近頃の出渋りはどうだ気が気でない眼を新聞に落す　全国ではやはり足りない米を公定価格で律しようとするところに孕む不安　不安の日々を責任がおびやかす米はどこかの倉庫で眠りつづけているのに　公平なる分配を出来ないではと時局の認識を今更に深める　無い米は売られぬと現実の前に理屈もなく黙って明日の生き方を考える　米のない精米所でかぢかんだ手をこすりこすり米のことにふれまいとする老精米夫　夕はありたけの米を出払ってがらんとした精米所の空櫃にふりこむ粉雪　有馬農相の声明など遥かに縁遠いものになって米の闇取引の記事が溢れる」なる短歌を掲載、米穀不足を非難せり。（不敬記事の転載部分は安寧秩序処分、本名の動向厳重注意中）

特高月報　昭和15年4月号

昭和15年4月　警視庁　不穏落書

小石川区丸山町共同便所に、「国民ブヂョクスル陸相射殺米内モ」と落書しありたり。（捜査中）

特高月報　昭和15年4月号

昭和15年4月　警視庁　不穏落書

王子区岩淵町新大橋公衆電話室内に、「**われは天皇也**」と落書しありたり。（捜査中）

特高月報　昭和15年4月号

昭和15年4月　警視庁　不穏落書

城東区亀戸町一丁目越中島線鉄道ガード下壁に、「現在ノ内閣ハ何ヲシテイルノダ此ノ非常時ノ折柄ぼんやりシテハ駄目ダ　コンドドコカニ出カケル時ハ必ズヤツケテ見セル、俺ハ二十六歳ノ一職工ダガ大学モ卒業シタシ官吏モ務メタ事モアル　近イウチニ必ズ目的果シテ見セル」と落書しありたり。（捜査中）

※この城東区は現在の大阪府ではなく、戦前の東京府にあった地区である。

特高月報 昭和15年4月号

昭和15年4月　兵庫県　不穏落書

大阪市港区以下不詳　鈴木亀吉（52）

四月二十日、三原郡湊町役場前電柱及同所戎湯入口前板掘に、「跛行景気金持ますますよくなるバカリ、跛行景気商人は金の花さく大成金」と不穏落書ありたり。捜査の結果、鈴木亀吉の所為と認めらる。（所在捜査中）

特高月報 昭和15年4月号

📅 昭和15年4月　📍 長野県　☰ 不穏投書

四月一日、松本警察署長、松本市内中部、商業、女学校七校及松本高校宛共産党と署名し、「団結セヨ労働者　日本松本支部本部　スターリンバンザイ　中等校長ニダシテアルゾ　キイテミヨ」なる記載ある不穏投書ありたり。（捜査中）

特高月報 昭和15年4月号

📅 昭和15年3月　📍 福岡県　☰ 不穏落書

三月二十五日、福岡市福岡歩兵連隊便所に、「階級組織打破　〇〇〇〇特権階級破壊　打倒日本
打倒日本　哀れなるものよ汝の名は軍人なり　御国の為とは何を意味するものなりや　死して残るは瞬間の悲惨な嘲笑　祖国の為というそんな簡単な言葉で俺達を詐わらんとするか」と落書ありたり。（捜査中）

特高月報 昭和15年4月号

昭和15年5月　北海道　反軍落書

函館桟橋駅待合室付属便所に、「帰還兵の食を与えよ　たたかいをやめよ」なる落書ありたり。（捜査中）

特高月報 昭和15年5月号

昭和15年4月　青森県　反軍言動

小石川区久堅町六三　厚生省技師　国分諄（31）

四月二十八日北海道出張の途次、東北線列車内に於て、乗客たる一機関兵に、

「（一）軍隊にあっては、兵卒は一番恵れぬ立場にある。戦線、銃後に於て将校が懸命に働くのは自分の為に働くのだ。彼等は高給を貰い多数の部下を使って自分の肩星を多くする様努めているのだ。この点兵卒は同情に堪えない、云々。

（二）**将校には乱暴な者がいる。或る軍属は些細なことで将校に叱られ、軍刀の鞘で殴り付けられ負傷したのを知っている**、云々。

（三）先般広東で革靴を二円五十銭で買って来た。当時市価等は日本人には認められていない。

支那人が十五円より安く出来ぬと言っても二円五十銭やって強奪同様にして物品を持って来るという調子だ。かかる状態だから広東付近の支那民衆は可哀想だ、云々。

（四）一年志願の予備少尉はもっと部下を愛することが必要。彼等は新兵器に対する認識はないが、戦地では相当な戦をやっている。これを見ると部下が戦をやっているのだということがわかる、云々。」

等の反軍的言辞をなせり。（青森駅下車の際一応厳諭の上釈放。帰京後引続き取調中）

特高月報 昭和15年5月号

昭和15年4月　徳島県　反戦言辞

徳島県麻植郡木屋平村大字木屋平字川上　久米久次郎（75）

四月十九日、同村日野浦長平に対し、「日本は近頃聖戦だの何だの言っているが戦争は残虐である、云々」の反戦的言辞を弄したり。（厳諭）

特高月報 昭和15年5月号

昭和15年3月　北海道　不穏言辞

住所不定　太平知等（44）

三月十四日午後九時頃北海道檜山郡江差町字津花町街路に於て、「統制経済に成って皆が苦しみ、店に行っても酒煙草何遍頭を下げても一つも売ってくれない、元とは全く商業状態も反対になった、民政政策だからいかん、それは警察の取締りも検挙等もさっぱりない。この度の斎藤代議士は皆の代表として実情を言動に現わしたにかかわらず除名とは何だ。」なる言辞を労せり。（厳重訓戒）

特高月報 昭和15年5月号

昭和15年3月　北海道　不穏言辞

檜山郡江差町柏町二二二　矢原鶴蔵（52）

三月十八日自宅に於て同町高頭敏之助に対し「今、支那に中央政府が出来上らんとしているがあれは**蔣介石が汪兆銘を間者として表面を作り日本を詐いているの**だ。現時は化学肥料や魚粕が昂騰して困る、戦争は早く止めてほしい、云々」の言動をなせり。（厳重訓戒）

※汪兆銘政権成立後も様々な水面下のやり取りはあっただろうが、この内容は何かの情報に基づかない単なる憶測であろう。

特高月報 昭和15年5月号

昭和15年5月 北海道 不穏投書

根室職業紹介所に対し早川実なる者より「拝啓 時局柄吾々労働者に対し十分なる了解して戴きたい、（中略）今年など紹介所の協定がなければ昆布取若者の相場は二百円以上しているのである。（中略）今月中に右昆布の相場に相当した協定価に改定しなければ改革の犠牲に吾々は紹介所及支役所の役員を暗殺しる故承知ありたい。（以下略）」なる投書ありたり。（捜査中）

特高月報 昭和15年5月号

昭和15年5月 京都府 不穏文書

中京区西ノ京桑原町島津製作所三條工場便所に「一、物価騰貴の為生活貧窮従業員一同 二、昇給を早く モロオウ」 上京区御前通り舊今出川上ル公衆便所に「一、戦争は人類の幸福を破壊

せり　二、戦争を好む国は何時亡びる例へば我が国の如き　三、戦争は勝っても負けても永遠に民衆の生活は苦しい　戦争は人類の幸福を破壊するものなり」の落書あるを発見せり。（捜査中）

特高月報　昭和15年5月号

昭和15年5月　**山梨県**　**不穏歌詞**

石田一松（39）

本名は五月二日より甲府市太田町甲府宝塚劇場に於て、「**稼いでも　稼いでも食えないに　物価はだんだん高くなる　物価は高いのに子は出来る　出来た子供が栄養不良　いやにしなびて蒼白く　アゴがつん出て眼が凹み　だんだん細く痩せて行く　日本米は高いからパイノパイノパイ　南京米や朝鮮米でヒョロリヒョロリヒョロリヒョロリ**」なる歌詞内容の時事小唄の演奏をなしたり。（演奏中止、厳重戒飭）

石田一松

※「東京節」の有名な替え歌（戦前の替歌コラムを参照）。南京米は所謂インディカ米のことで、昔から日本人は外国米を劣ったように見なしていた様だ。

特高月報　昭和15年5月号

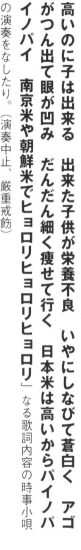

昭和15年5月　福島県　不穏落書

郡山市公会堂便所に「**立て飢えたる者よ　今ぞ日は近し**」なる落書ありたり。（捜査中）

特高月報 昭和15年5月号

※革命歌「インターナショナル」の一節である。

昭和15年4月　静岡県　不穏投書

四月十四日付にて警保局長宛、田方郡伊藤町伊藤郵便局の消印ある、「密告　元官吏不当馘頸者（不平者）首謀に依る（反逆者一味）他に…人が合流約三十名決死隊が決行用拳銃資金共に完備政府の機を狙って居り安部大使と汪氏に目標を立て強力なる危険分子あり東京、下関等に入り込みあり御注意あられたし」との不穏投書ありたり。（捜査中）

特高月報 昭和15年5月号

昭和15年5月　神奈川県　不穏落書

横浜市中区黄金町、湘南電鉄黄金町駅構内便所に「貧者ノ国家デハナイ現時ヲ見ヨ　**共産党ニ入党シロ**」なる落書あり。（捜査中）

特高月報　昭和15年6月号

昭和15年6月　神奈川県　不穏落書

横浜市中区吉田橋際共同便所に「薄給者ヨ生活苦ニアエグ現在諸君ヨ　共産党ニ入レ　俺ハ教職ニ身ヲ置クガ教員モ生クル悲哀ガアル、苦境ガ俺ノ心ヲ斯クサセルノダ、家ニハ妻モ在リ子モ在ル　無心ナ学校ノ子供ニモ迄俺ハ自分ノ心ヲ教エ込ンデイル　コレヲ取締ル警官諸君モ君達モ四、五十円ノ月給ダロウ　貧乏ニハ国家観念モナイ筈ダ　精動ガ何ダ俺ハ苦笑スル　為政者ハ甘蜜ヲ満腹ニ吸ッテコレデ何ガ聖戦ダ」なる落書あるを発見。（捜査中）

※反戦落書きが警察に取り締まられているという認識があった。

特高月報　昭和15年6月号

昭和15年6月　神奈川県　不穏投票

六月十日施行せられし県会議員選挙に於て左の如き内容の無効投票あり、戦時下国民思想動向上要注目のものならん。「一、共産党万歳　二、戦いを止めよ、今にロシヤに攻められるぞ　三、選挙等でサワグと許サヌゾ生キ残リ軍人め」（捜査中）

特高月報 昭和15年6月号

昭和15年6月　神奈川県　不穏落書

二十一日、横浜地方裁判所検事局構内便所のトイレット・ペイパーに左記内容の不穏文句を走書しありたり。「軍は権力を以て外国駐在武官をして外国銀行預金者日本人名簿を作成し軍法会議に付すべし　然してその資材金を没収せよ　然る後対外硬策を以て事変処理に邁進せよ　上層指導階級の対外柔軟政策の原因を右調査により発見するであろう　独逸はかかる指導者を持たぬ故強し」（捜査中）

特高月報 昭和15年6月号

昭和15年6月　愛知県　不穏落書

名古屋市中区宮前町一ノ一　西川正男（16）

名古屋市昭和区堀田通三ノ三愛知時計電機株式会社便所に「1、**職工の汗と血を社員が絞る　2、この工場を共産主義で倒せ**」と落書しあるを発見、西川が行為者なること判明。（五月二十七日名古屋地方検事局に治安維持法非現行犯被疑事件として送局）

特高月報 昭和15年6月号

昭和15年6月　広島県　不穏落書

二十八日、広島市宇品町四丁目先の便所に「支那蒋を助けよ　打倒日本、日本は今年の戦でタシカにマケル」と落書しありたり。（捜査中）

※実際にはそうならなかった。

特高月報 昭和15年6月号

📅 昭和15年6月 📍 福岡県 ☰ 不穏投書

十八日、門司市大阪毎日新聞西部支社宛「俺達は何のために負傷をしたのだ、（中略）、傷つきたれば瞼に描いていた温い箸の銃後はどうだ、一抹の就職さえ口にのりさす仕事でさえあたえてくれようとはせぬではないか、（中略）**人を殺し何年間という間雨風にさらされ飲まず喰わずの苦闘に喘いだ俺達がこんな些事な条件付で一片の就職でさえかなえられないのだ・・・　戦争成金共が大面昇天してふんぞり返り葉巻のたばこをくゆらせているのを見ると叩き殺してやりたい**、（以下略）云々」なる内容の投書ありたり。（捜査中）

※資本家の印象が、10円札に火をつけて照明代わりにするような成金像からそれほど進化していない。

特高月報 昭和15年6月号

📅 昭和15年6月 📍 福岡県 ☰ （種別なし）

八日小倉連隊区司令官宛「反軍思想暗流」と題する左の如き反軍投書ありたり。

「一、**旱魃の原因　戦争の為なり、即ち低気圧を大陸戦の力が誘引するから也云々**

二、入営応召の祝宴　在郷軍人有志達を招待せねばならぬという風、貧困者でさえ借金してまでこれを行うかを見気の毒に思う云々
三、此の不公平　○将校は戦時は増俸あり負傷死亡したら莫大なる恩典あり　○兵卒家族は生活に困る家が幾らあると思うか、気の毒な家が大部分である　戦死したら供物料とか下賜金とかの美名で百数十円あるのみ（中略）軍隊内は盗賊の巣窟と聞くが軍規なんかは形式のみ
四、**最高指揮官の写真　新聞紙の写真を見よ立派な椅子にどっかと座り、葉巻を吹かし居る豪華な生活振り、これが第一線出征軍人と言われようか、乃木将軍の様な方は今は全くなし、兵卒が可愛相でならぬ**
五、前の司令官の暴言　前司令官が地方視察中、「旱魃が二年や三年続いたからとて兵古垂れるような奴は死んでしもうたらいい」と、これを聞いて憤慨せざるはなかった、陸軍の頭には民衆の上を考えてくれる風は全然ない、好戦侵略事を痛快とて云々、（以下略）」（厳重捜査中）

※小倉連隊区は翌年1941年（昭和16年）11月1日に廃止され、福岡連隊区に編入された。

特高月報　昭和15年6月号

昭和15年5月　警視庁　反軍通信

歩兵第三十四連隊斎藤部隊　山田平太郎（24）

五月二十六日、東京ジャパンアドバタイザー米国人記者へメリ宛「（前略）毎日、私共は貴下の想像も及ばぬ程つらいつらい演習訓練に従事せねばなりません。此処の軍隊生活に於ては人道主義などもありません。私共は八紘一宇と唱せられる理想の独断的な錯誤の下に恰も奴隷の如く取扱われています。（中略）**米国は私が一個の人間らしい人間として生存して行くことの出来る唯一の国であると思います。私は日本の野蛮的軍隊組織と反人道主義的な精神を憎悪しています。**私はこの軍務を了してから移民をして外国へ渡るつもりです。（以下略）」なる内容の通信を為したり。（厳重戒飭）

※この時点ではまだアメリカ人も相当数日本に在住していた。山田がその後海外に出国できたかは不明である。

特高月報　昭和15年7月号

昭和15年7月　山梨県　反軍言動

山梨県北巨摩郡韮崎町　中島高次郎

最近大要左記の如き言動有之。「元来、軍部は政治に関与せざるが建前であるのに、最近の数年間は軍部の意思が強固で軍政は勿論外交も国内問題も殆ど陸軍の意見によって支配されているの現状である。全く軍部独裁の政治というも過言でなく、**本来の立憲政治は事実上停止の状態である。**これもこの難局を切り抜ける為めには已むを得ない手段とすれば決して悪いと非難はしないが、陸軍は元来、政治の全般に容喙すべきものではなく**軍には軍としての使命がある。**」（戒告し指導啓蒙せり）

特高月報 昭和15年7月号

昭和15年7月　福岡県　反戦文字

大牟田市諏訪町二丁目　高口方　森真一郎（32）

日記帳に左の如き記載あり。「世界戦争だって出来る様になっているのだ、日支事変ももう十年も以前から日本の計画に外ならなかったのだから僕が共産党にいた時、既に日支戦争反対の闘争をやって時の政府達を悩ました事も今は思い出に過ぎない、現にその為に日本の国民は苦しんでいる　天皇陛下の名に於て財閥はぐんぐん伸びている。みんな干からびた文明の粕だ、それが帝国主義のピリオドでもあったのだ云々。」尚、その職場たる三井三川坑を辞めるに際し、「辞任の理由の一は労賃の低廉なる点にある。現在の資本家の利潤は多過ぎる。自分は元共産党関係

者だが、現在でもイデオロギーは完全に清算していない云々。」の言動ありたり。（厳重戒飭を加う）

特高月報 昭和15年7月号

昭和15年6月 神奈川県 不穏落書

六月二十八日、横浜市中区霞ヶ丘五十六、久保山停留所に、「（1）我等の国は我等の手で（2）共産党に入党しろ（3）選挙は必ず無産党に（4）其れが一番近道だ（5）政治に無関心なるな（6）資本組織を改変しろ（7）不均等なる国家を葬れ」と落書しありたり。（捜査中）

特高月報 昭和15年7月号

昭和15年7月 静岡県 不穏落書

富士郡吉原町東京人絹工場便所内にて、「・・・純心の情熱と澄徹した霊魂とを奪われた私達には歓喜も希望も幸福も皆虚無です、・・・忍従に忍従を重ね喘ぎ喘ぎ生を貪り行く私達です、」なる落書を発見せり。（捜査中）

※敗戦時の玉音放送における「忍び難きを忍び」の実態はすでにこの時点で始まっていた。

特高月報 昭和15年7月号

昭和15年7月　福島県　不穏文書

福島市福島郵便局電信課、渡辺改治宛、差出人不明の左の如き投書ありたり。「左記の通り同文のもの五枚書いて十時間以内に直接局員に必ず発送すべし、若し君これを怠れば三日以内に必ず災いあるべし　記　縊死セントスル同僚ヲ救ウ為メ○月○時ヲ期シテ一斉ニ○○ヲ決行スルコト」（捜査中）

※これも不幸の手紙であろう。○○には「革命」とでも入っていたのだろうか。

特高月報 昭和15年7月号

昭和15年8月　警視庁　反戦投書

八月二十四日付の消印ある、内務大臣宛の差出人は「世界を家とする自由の使徒」なる左の如き投書ありたり。「私は自由を最も貴いものと教えこまれもし、又自身もそう信じています。個人の自由を束縛し国家の為に個人を犠牲に供することは間違ったことと思います。弾圧々々で国家の為に強く圧えつけようとすることには反感以外のものを覚えません。**自由のない所は闇黒です。国を闇黒にすることは真に国を愛する方法だとは思いません。自由のない所には幸福はありません。**国を不幸にすることが愛国者の道でしょうか。あまり無茶な圧制はしないで下さい。国家主義と軍国主義には絶対に反対するものです。弱肉強食の戦、獣の様な戦争になど誰が賛成出来るものですか、よく胸に手をあててお考え下さい。貴方にしたところで賛成出来ないでしょう。私のこの信念はどんな弾圧をうけても変りません。自由主義、平和主義、自由学園の誰しもがそれをのみ心の中に貴んでいます。」（警視庁）（捜査中）

特高月報 昭和15年8月号

昭和15年8月　滋賀県　反軍落書

滋賀県高島郡所在陸軍饗庭野廠舎便所内に、左の如き落書あるを発見。

「（1）軍隊？　それは封建制度、欧州に言う十九世紀○○奴隷に等しい階級闘争の世の中果して彼等は何と判断するか？
（4）日支事変の目的を研究し対処する必要あり○○に直って○○に有るのでない。これを良く考えて日本の場合の主権者には重臣階級財閥軍人国家の主体は土地人民。主権者にして一番得するは財閥なり。議会政治即ち寡頭主権政治。
（5）打倒日本軍財閥（以下略）」（厳重捜査中）

※2～3は元々省略されている。

特高月報 昭和15年8月号

昭和15年7月　宮城県　反軍通信

山形市所在　竹内部隊藤原隊　江良徹男

七月二十七日、仙台市元荒町一一二救世軍小隊、伊藤大尉並に熊谷候補生宛「自分は普通の社会に住んでいると朱に染れば赤くなるとか申して余り良くならない」「新しき戦場の開拡をまつこの牢獄で四年。ああ世に出た時はどんなになっているでしょうね」等の軍隊生活を誹謗する如き文言を含む通信をなしたり。

※措置記載無し。

特高月報 昭和15年8月号

昭和15年8月　徳島県　反戦落書

徳島市所在徳島陸軍病院内を一斉調査せるところ、次の如き多少注意を要するものありたり。

「(1) **戦争？ 何の為に戦うのか親愛なる我等の同胞十万英霊は何を求めているか、東亜新秩序の建設、それは一つの理想に狂奔した空想家の迷夢だ。**

(2) 戦争の為世界の同胞は苦闘の連鎖に喘いでいる、何とかして武力に依らざる平和建設の道はないものか。」(捜査中)

特高月報 昭和15年8月号

昭和15年7月　福岡県　反戦落書

小倉市室町五丁目　大福自動車小倉出張所員　稲毛忠夫 (26)

去る七月五日小倉市鳥町カフェー金鈴にて会飲中、放置しありたる扇子に、

(1)「**君達よ戦争の土産はこれだ！！と指の無い擂粉木足をつきつけてやれ**」

大福木年人
（２）「赤土の土饅頭に一本の墓標」大福唐変木
なる文句を落書せり。（八月九日陸軍刑法第九九条違反として福岡地方裁判所小倉支部検事局宛送致せり）

特高月報 昭和15年8月号

※「足を擂り粉木にする」（足がすり減るまで歩き回る）と言うことわざがある。この場合、戦傷を見せ付けると言う事か。

昭和15年8月　福岡県　反戦落書

福岡市荒戸町二番町所在共同便所にて八月七日「せんそうをやめれ／びんぼう人はまけてもよいではないか／金持の力もちになるだけだ／命がけで／……（不明）米国丈に」なる落書ありたり。
（捜査中）

特高月報 昭和15年8月号

昭和15年8月　京都府　不穏落書

八月二十八日、京都駅構内便所に、「京都市民の覚醒を促す一東京市民　何タル暴政ゾ／諸君直訴セヨ／陸軍ヲ政治ヨリ退ケ／**天皇親政ノ昔ニカエセ！**／弱力内閣近衛ヲ打テ／弱肉強食真ノ国策カ／商人モ国民ナリ」と落書しありたり。（捜査中）

※天皇親政に戻したところで軍部支配と同じくらい悪い予感しかしない。

特高月報　昭和15年8月号

昭和15年8月　栃木県　不穏落書

八月十四日那須郡西那須野西那須野駅便所内に「**配給米の不足は　知事を殺せ**」なる落書しありたり。（捜査中）

特高月報　昭和15年8月号

昭和15年9月　警視庁　不穏投書

十三日京橋区銀座四丁目オリムピック菓子店々員宛左記内容の投書ありたり。「商人ニ告グ我々は現在の政策に重大なる意見を持つものである、即ち我々商人を半減し他を全部工場労働者にするの目的に絶対に反対である、商人はこの秋にあたりよろしく決起すべきである、即ち十月七日は商人の恥辱の日である、心あるものは閉店してこの日を考えるべきである、何の為の戦争なりや貧乏人をかえり見ない政策、資本主義国家を強化した恐ろしい現今二年後を見ていておれ。」（捜査中）

特高月報 昭和15年9月号

昭和15年8月　千葉県　反戦言辞

千葉県安房郡豊田村岩糸一六三〇　石崎百治（59）

八月二十八日、同村小学校に於て時艱克服聖業完遂村民総動員大会の席上に於て、「**我々は今子供を二人も戦争にやってあるがもう戦争も大概に止めて貰いたいものだ、**云々（以下略）」と頗る厭戦的、反戦的言辞を弄したり。（厳戒）

特高月報 昭和15年9月号

※堂々とした発言である。

昭和15年9月　愛知県　反戦投書

九月十七日、名古屋市中区米浜町三四西尾豊吉宛左の如き投書ありたり。「何百万の兵を支那に送り尊い同胞の血を流して一体我々は何を得たか、　物資の欠乏と生活の不安　無軌道な統制と失業、重税、破産　我々は生きて行く権利を神より与えられている、我々の現状はとても無造作に為政者より商売を取上げられている、**国民に生きる道を与えずして逆に取上げるものは親兄弟を兵に召集しこれを殺し重税を課し強奪し商売をぶっつぶしこれで何が我々に出来るのだ。**」（捜査中）

特高月報 昭和15年9月号

昭和15年8月　警視庁　不穏投書

八月十五日、大日本青年団本部指導部共甲、比原泰作宛「私はこの頃今の日支事変即ち戦争を疑って居ります。私達農村の若者、都会の下層階級の若者達が帝国主義ブルジョア戦争という美名の下に利用されているのではないかと思います。何故ならば今大陸の占領地に彼等の工場が建てられているという事。彼等は今度の戦争で金を沢山国民から貰ったこと等々私達の先輩が何の為めに天皇陛下の万歳を叫んで死んで行くのか分らんです。私の考えていることは間違っている

でしょうか。（以上）」なる不穏投書ありたり。（行為者捜査中）

特高月報 昭和15年10月号

昭和15年9月　大阪府　不穏投書

九月二十四日、大阪府警察部刑事課宛、左の如き不穏投書ありたり。「私は最近戦地より帰って来たものですが闇取引、インフレ成金の続出出征前一小僧番頭であったものが数万円の財を握り、威張っている処を見るに我々は何の為に戦って来たのか所請蔣介石の言う日本帝国主義戦争であるのか、結局資本家の為の戦争であることは争われない事実だ、我々は戦地の同胞に呼びかけ**我々の向う処は共産政府樹立である**ことを知らす義務がある。」（行為者捜査中）

特高月報 昭和15年10月号

昭和15年9月　神奈川県　反軍落書

九月二十九日、横浜市中区省線横浜駅校内便所に、「**日独伊軍事同盟絶対反対**」なる落書しありたり。（行為者捜査中）

※市井のみならず政府・軍部内においても三国同盟に反対の声は相当あったが、結局同盟は成立した。

特高月報 昭和15年10月号

昭和15年10月　山梨県　反軍歌謡

山梨県中巨摩郡小井川村布施　山口武夫（27）、河西兵蔵（24）、小林英輔（21）

三名等は十月九日南巨摩郡西山温泉に於て、

「一、御国の為であればこそ人も厭がる軍隊に出て行く我が身の哀れさよ　可愛スーチヤンと泣き別れ」

「二、二年兵のはいた泥靴を月の光に照らされて磨く我が身の哀れさよ　可愛スーチヤンと泣き別れ」

「三、行くは千葉県習志野のしかも十六連隊の鬼の住む様な四中隊　可愛スーチヤンと泣き別れ」

なる歌謡を放歌せるを現認、取調べの結果、山口が習志野騎兵連隊在営中、同僚間に歌うとも聞き覚えたるものなること判明。（厳重戒飭）

特高月報 昭和15年10月号

🗓 昭和15年9月　📍 島根県　☰ 反戦投書

九月二十四日、島根県知事宛左の如き投書を為せる者あり。「商売碌にせず、祝金余計とって難儀ばかりさす、一体今度のこと軍人の責任ですか、代議士の責任ですか、誰の責任ですか、新聞出して下さい。」（行為者捜査中）

特高月報 昭和15年10月号

🗓 昭和15年10月　📍 北海道　☰ 不穏投書

十月十四日消印を以て札幌市商工会議所宛、ナゴヤ政部発の名義になる左の如き投書ありたり。

「政務改良ノ趣意書。諸氏ト左ノ議題ニ就キ決定ヲ期スベシ。議案ノ（一）米穀国家管理廃止スベシ。（二）全国一斉ニ統制事廃止スベシ。（三）政府米買上廃止スベシ。前記三議案ノ廃止スル期日。昭和十五年十月二十日午前六時、書用ノ主体ヲ廃止スル期日前ニ各種ノ営業者団組ガ協議シタル状況ヲ郵便葉書ニテ内務省宛ニ通告スベシ。通告書ニハ必ズ県郡町村団組ノ発書個所ヲ明記スベシ。然シテ内閣ノ返答ヲ期待スベシ。趣意書葉書ノ着所ヨリ伝達スル区域左ノ如シ。北海道本島、千島列島各所営業者団組居所一帯」（捜査中）

特高月報 昭和15年11月号

昭和15年10月　岡山県　不穏虚報

岡山市巌井六五　木炭商共乙　井上清一（34）

御津郡津賀村加茂信用組合小林一雄外一名に対し、十月三十一日左の如き不穏通信をなしたり。

「岡山地方に木炭一俵もなく正に炭騒動が起きそうです、何卒政府へ送らず産地の岡山へ配給願います。」（科料処分に付したり）

※炭騒動と言う表現がうまい。

特高月報 昭和15年11月号

昭和15年11月　京都府　反戦言辞

●京都市中京区寺町通夷川上ル常盤木町　中原修司（47）　京都市上京区相国寺東門前町六八八　野島安太郎（35）

本名二名は、治維法違反として検挙取調中友人間に左の如き流言飛語を為せること判明せり。

「（1）**徐州会戦に於て日本軍は大損害を受け台児荘に於て我軍は一個師団全滅した。**（2）ノモンハンに於て我国は敵の機械化部隊の圧倒的勢力の為、大損害を受け手も足も出なかった。（3）**重慶に日本の捕虜が、二三百人いるらしい。**（十月二十八日何れも起訴猶予処分に付せられたり）

※（1）（2）については誇張もあるもののそれなりに正しい情報である。1938年3月～4月の台児荘の戦闘において日本軍は相当の損害を出し撤退を余儀なくされ、ノモンハンにおいては大損害を出した。（3）については、すでに相当数の日本人捕虜が国民党側に生じており、またその一部は反戦活動に従事もしていた。鹿地亘は重慶において日本人捕虜の組織化を行っており、これに影響を受けて延安でも野坂参三により捕虜組織「日本人民解放連盟」が誕生している。中国における日本人捕虜の状況については、菊池一隆（2003）『日本人反戦兵士と日中戦争—重慶国民政府地域の捕虜収容所と関連させて』（御茶の水書房）などに詳しい。

特高月報 昭和15年11月号

🗓 昭和15年12月　📍 京都府　☰ 不穏貼紙

十二月十三日京都市烏丸通四条上ル電柱に、「皆様このえらそうな人の顔を見て下さい物資不足の声高く兵隊さんが破れた服を着て模造皮のばんどをしめて居るのを見るとき偉いお役人さまが国民服にうき身をやつしていられる蒋介石がいつまでも（あん）せぬのもうなづかれるではありませんか**国民服ともんぺで飛行機も弾もなしで国が守れるかしら心なき国民服はやがて国亡服と改称されるのもとおくあるまい**」（喪章付国民服礼装を着せる熊谷厚生省社会局長の写真を貼付）の投書ありたり。（捜査中）

※鋭い風刺である。

特高月報　昭和15年12月号

「不穏」な農村短歌の世界

日中戦争開戦以後、日本では食料の統制も強まっていった。それは即ち食料を生み出す農村部と、新興の都市部の関係が複雑さを増す事でもあった。左翼思想のみならず国策に沿わないあらゆる思想を取り締まっていた特高警察は、ここにも「不穏」さを感じ取ったようだ。

1940年（昭和15年）3月。千葉県立印旛実業学校（現・千葉県立印旛明誠高等学校）の教諭長である長谷川工は、同校の校紙である『印旛実業』の3月25日付に短歌と農民精神」と題する評論と短歌を発表したが、「内容不穏なるを以て削除処分」にされた。一校誌も逃さず目を光らせる特高警察も恐ろしいものだが、さて長谷川はどんな短歌を詠んだのだろうか。

（特高月報　昭和一五年七月分より）

「短歌と農民精神

（前略）世にいふ小農民文学の作家達は農村出であるかは知らない。がその多くは現在都会に移住し、曽て農村若しくは農業を厭忌した人々である。自ら農村の呼吸をして居らない者に真の農村の呼吸が判る筈がない。自ら耕す農民に真の農民文学の所産こそ望むべきだと思ふ。

真の農民精神は偽らざる赤裸々なる農民自らの詠嘆に依って初めて表現される。短歌は決して虚偽や作為では創作されない。文学としての表現形式も種々あらうが、短歌は敢て専門の文学者のみの領域でなく孜々として野良に耕す農民に容易に作歌され、如何にも真率に人間の知性と感情を叙べ然も其の韻律が誦むものをして切々とその心根に触れしめる。かくて幾多の農村歌が生れ、その農村歌の中にこそ現代日本の農民精神を求め得られるのである。（中略）

麦を撒く畑に人来て米屋になし
　明日食ふ米を売れと帰らず
助けると思ふて米を売りくれと
　公定価格眼中にあらず
農民を愚にし通せしことの非を
　漸くさとりたり米の不足を
這ひつくばい都会の奴ら始めてぞ
　辞儀をつくして米をねがへり
反逆の心か米は売りたくなし
　白米不足日に日に告ぐれど
（後略）」

現代の目から見ると、農家が食料統制により慌て始めた都市部の人々を皮肉っているだけのささやかな短歌に見えるが、当時はあくまで「挙国一致」が求められ、国民一人ひとりの不平不満は抑え込まれていた時代である。この様な短歌にも特高警察は「不穏」の芽を見出したのだ。

昭和16年（1941）

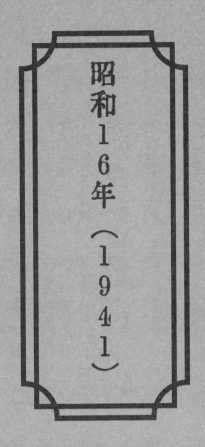

昭和15年12月　警視庁　不穏落書

昭和十五年十二月十一日渋谷区金王町三九仕立職小松孝太郎より左記落書ある五十銭紙幣を提出ありたり。「タビをはけば三日とモタヌ（配給もモラエヌ軍手地下タビ）（腹がへって寒いコト）（外米七人ニ一升では一人ニ一ゼンキリタベラレヌ）サムクてもスミはなしまきもない、内閣をツブセ、打倒近衛内閣」（捜査中）

特高月報 昭和16年1月号

昭和16年1月　京都府　不穏落書

省線口大野駅便所に「**結局**共産主義万歳」の落書ありたり。（捜査中）

※何が結局なのかは不明。

特高月報 昭和16年1月号

昭和16年1月　京都府　不穏投書

一月七日京都府愛宕郡岩倉村叡山電鉄三宅八幡停留所に左の落書ありたり。「国家の危機既に迫る　橋田邦彦を殺せ！！　新体制とは何ぞ橋田文相曰く　「それは進学停止令なりと」　**X暗殺団**」（捜査中）

橋田邦彦

※橋田邦彦は第二次近衛内閣の文部大臣。「科学する心」を提唱し、国民学校段階から理系教育を推進する方針を打ち出すなどした。進学停止令という法令は出ておらず何を指しているのかは厳密には不明だが、1941年（昭和16年）からは3月の国民学校令や10月の大学・専門学校修業年限短縮などが行われている。

特高月報　昭和16年1月号

昭和15年12月　大阪府　不穏投書

十二月十四日付今福警察署長宛官製はがきにて左記投書ありたり。「米が無い。米がない／日本もソ連式？／動ラク物買ウベカラズ／動ウカラヅ物買うべからず／今に○○越る（十六年二月）／警官も○○に参加すべし　元巡査S生」（捜査中）

特高月報　昭和16年1月号

昭和16年1月　佐賀県　反戦落書

佐賀高等学校寮内便所に、

「(一) 日は今静かに夕かすみに包まれた／西の山に入らんとしている／そよ風が／大きくのびた草々をゆすぶって／すーっと過ぎて行った／小鳥の楽しさうなさえづり声が聞へて来る／そして遥か西の彼方には／**今最も馬鹿げた最も見にくい／人間の闘争が行はれつつある／そして高校生がこの寮に眠り続けている**」

「(二) 自己 (自国) のみの利益の為に相手をやっつける人生観の何とみにくき事かそれは獣にも及ばぬ。戦争 (努力) はもっと高い目的の為になさねばならぬ。救へプロレタリアを」

の反戦的落書ありたり。(捜査中)

※ (1) の詩が美しい。なお、佐賀高等学校は1937年 (昭和12年) 5月の第十七回佐賀高等学校創立記念祭 (文化祭の様なものか) において時局風刺の展示を行い、警察に展示の撤去を命じられている。反骨の気風があったのかもしれない。

特高月報 昭和16年1月号

昭和16年1月　警視庁　不穏投書

一月二十九日付深川局消印を以て麹町区永田町首相官邸宛、差出人東京市城東区大島九丁目労働者会長丹羽小次郎名義の左の内容の投書ありたり。

「日本政府に寄す　城東　丹羽一郎

一、物価を下げよ

一、米を出せ銭を出せ配給を二合五勺で労働者が保つか／労働者をなんとも思わんのか／労働者と事務員など閣僚大臣などと違う／御推察を願う／働く者と運動不足の坊ちゃまと違うヨ

一、第一近衛が悪いんだ近衛は我等の敵だ！／打て近衛、近衛こそ我等労働者の敵ぢゃぞ打て打て近衛の馬鹿奴を、云々。」（捜査中）

特高月報　昭和16年2月号

昭和16年2月　警視庁　不穏落書

二月二日麹町区霞ヶ関一ノ一予審判事官舎石塀に及同月二十六日牛込区河田町一九松田小一郎方板塀に夫々白墨を以て「**スターリン**」と落書せるを発見す（捜査中）

特高月報　昭和16年2月号

🗓 昭和16年2月　📍 大阪府　☰ 不敬不穏文書

二月二十三日付大阪南郵便局の消印ある差出人日本労愛会本部竹田三郎名義の内容左の如き投書ありたり。「今日本は暴動の寸前である事を知れ（中略）、全国の大食堂やいん食店大きいめしやをハイシスル様に大運動を起せ　上御一人にも外米をくわせ、**民草は赤子とたれから言いはじめたか、自らぬかして居る限りはかわゆい子供にマヅイ外米をくわせがし状態にして置て自分だけ美食をする、コノ赤子に言う言葉も大ムジュンダ** トニカク共産党はえらい今世の中が共産党にナル寸前だ、**ソレンと手をくめ**、支那から手をはなせ、云々。」（捜査中）

特高月報 昭和16年2月号

※昔から「外米はまずい」と言う認識があったようだ。南京米（中国のみならずタイやインドなどから輸入されるインディカ米の総称）が日本米に劣るような表現は「東京節」などでも歌われている。

🗓 昭和16年2月　📍 北海道　☰ 不穏落書

二月二十八日旭川市旭川駅構内男子便所用公衆便所内壁に黒色鉛筆にて、「国防国家をほろぼ

せ」と落書せるを発見せり。（捜査中）

特高月報　昭和16年3月号

昭和16年3月　北海道　不穏投書

小樽市山田町二七　寺本久治（18）

三月十五日著便を以て小樽警察署宛露国治安部内〇〇団名義を以て左の内容の投書を為すと共に三月二日札幌鉄道局宛列車事故に関し同様主旨の投書を為す。「拝啓　今日はすなわち十四日（金）午後二時三十分ミルクプラント附近より出火したる火事は以外であった、この火時（※ママ）は我々〇〇団のほう火である。　我々は外よりせめがない日本国の為内部よりはかいしようと企てやっているものである・・・・（下略）　露国治安部内〇〇団より」（本名は精神病者にして普要第三種として名簿に登録す）

特高月報　昭和16年3月号

昭和16年3月　茨城県　不穏落書

三月二十五日水戸市内水門町常設映画館電気館内便所の張板に黒鉛筆を以て「**私等は小さい時学校から何とおしいられた　働け働け働くことは人の本分とおしいられた所が働いて貧乏しなければならない**　何故か？資本主義だからだ　財産が共産でないからだ　毎日遊んでいて金がもうかる人働いて貧乏する人」と落書しあるを発見す。（捜査中）

※「おしいられた」（教えられた）は誤字ではなく、茨城弁の特徴（イとエの区別が曖昧、または逆転する）をそのまま書いていると思われる。

特高月報 昭和16年3月号

昭和16年3月　愛知県　不穏落書

三井物産所属比島航路定期貨物船有馬山丸は本年二月十五日比島マニラ出発途中セブ、ネントニー、イロイロ、ヒニガラン、シンガポール、神戸寄港の上三月十五日名古屋港に入港せるを海港警備係員にて臨船検索したるところ同船々尾左舷に左の如き不穏落書あるを発見す。「大日国打小日本」（即時株消せしむると共に船長に対し今後海外各港に於ける監視を厳重にする様懇諭す）

※寄港地の抗日的な華僑が書いたのだろうか。かなり目立つ様に書いたようだ。

特高月報 昭和16年3月号

昭和16年2月　警視庁　反軍言動

東京市滝野川区西ヶ原町　小学校訓導　大塚三郎（37）

二月十七日西巣鴨第一尋常小学校裁縫室に於て開催せられたる男女五年生の父兄会席上に於て教育隣組に就ての講演中支那事変問題に触れ、「今迄の日本の教育は間違って居ったが今次事変によってそれが判った　本年四月から実施せらるる国民学校令も真の日本的な人間を造ると言う事が使命である。（中略）**日本の将兵は戦争中は身命を賭して戦って居ることでしょうがいざ占領となると略奪を働きあるいは婦女子を追い回すと言うことであるが日本の将兵は何故に現地に於て強盗や泥棒になり変るかと言うにこれは皆お母さん達の教育に欠陥があるからである**　かかる状態では何時事変が片付くか解らぬ云々」と反軍的言辞を弄す。（一応身柄釈放の上書類のみ送局す）

※失言の上に責任転嫁と中々の発言である。

特高月報 昭和16年3月号

📅 **昭和16年2月** 📍 **山梨県** ☰ **反戦言辞**

👤 **山梨県北巨摩郡小笠原村小笠原　野村生命小笠原代理店　新藤治平（33）**

二月二十七日社員の出征送別会席上に於て祝辞を述ぶるに当り、「今度の事変中最も馬鹿を見た者は何と言っても戦死した者だ　次に馬鹿を見たのは戦傷兵である　戦死したり戦傷した者は浮ぶことが出来ない。**我々銃後を守る者は今後戦地の兵を慰めるにはほんとうに国のありのままを書いて慰問して貰いたい**云々」と反戦的言辞を弄す。（三月八日拘留三日に処す）

※生命保険会社の人間としてやはり何かの実情に触れていたのだろうか。いざ自分が出征する時になるとやはり気になる所があるのだろう。

特高月報　昭和16年3月号

📅 **昭和16年4月** 📍 **警視庁** ☰ **不穏投書**

四月十七日付葛飾区新宿局消印、葛飾警察署長宛日立社長名義を以て左の内容の投書あり「我が共産党亀有支部は東京本部よりの命により仕事する、それに手お出したる場合我が党員は警察に対しふくしうするであろう　亀有共産党支部部長部下一同ヨリ」（捜査中）

特高月報 昭和16年4月号

昭和16年4月　京都府　不穏落書

四月二十四日京都市右京区嵐山終点公衆便所内板壁に黒鉛筆を以て、「マルキシズムが失敗だ（?）そしてファシズムもいけない（誰が?）リベラリズムの世の中になった様だ（果して?）だがそれも地に墜ちた、天皇機関説のそれだその後に来たのがファッショだ　軍部のファッショだ　嘆くなかれ　戦を止めねば勝利の秋来たらん」（捜査中）

特高月報 昭和16年4月号

※マルクス主義者だけでなく自由主義者、民主主義者も弾圧を受ける世の中になっていた。

昭和16年4月　大阪府　不敬落書

大阪市此花区恩貴島南之町六〇、住友電気工業株式会社内に於て、四月十三日同社内器具工場付属第三号便所内板戸の内側に、「非常時の名ノ下ニ悪事ヲナス住友ハ国賊／工員一同ヨ立テ／国賊住友」更に四月二十六日前同第三号便所内前面の板に、「金持のオッサン達が造ッた法律は金持の都合の良い様にで来ている　**こんな時代に労務に服してキュウキュウ言う奴はアホーのマヌケの大馬鹿者だ　奮起せよ無産階級の諸君よ打倒有産階級を叫びつつ**」更に四月二十九日前同第三号便所板戸内側に、「打倒住友／打倒日本帝国／賛よ共産主義／**給料を上よ／上げないと工場を焼くぞ**」と落書しあるを発見す。（捜査中）

特高月報 昭和16年4月号

昭和16年4月　兵庫県　不穏落書

四月十二日神戸市兵庫区和田崎町三菱電機神戸製作所工員便所内壁に黒鉛筆を以て「諸君よ、現在の社会主義を如何に思う　労働者移動防止例は希望に輝く青年に取って果して良いか？」と落書しあるを発見す（捜査中）

※「労働者移動防止令」は正確には「従業者雇入制限令」とそれを改めた「従業者移動防止令」のことだろう。これらは国家総動員法と労務統制の動きの中で生まれた法律で、軍需産業に関連した技術者・労働者に対する苛烈な引き抜き競争を防ぎ、確実に軍需産業に携わらせる為に制定された。後に1941年12月の労務調整令に統合され、労働者に対する統制は一層強化された。

特高月報 昭和16年4月号

昭和16年2月　神奈川県　反戦落書

四月十三日川崎市富士見町東京芝浦電気株式会社マツダ支社マツダ青年学校正門扉に白墨を以て「戦陣訓なる者は？　自由と世界平和の敵である　**侵略ドイツ軍**」更に正門前電柱に**「正義なる米国は平和自由のため必ず勝の日米戦」**と落書しあるを発見す。（捜査中）

※戦争が始まる前からすでに勝負は決まっていた。

特高月報　昭和16年4月号

昭和16年5月　神奈川県　不穏落書

五月二十二日海軍航空技術廠総務部電気工場工員便所内前面羽目板に、「天皇機関説賛成／共産党万歳／六月九日決行／軍部横暴／D・C・F」と落書しあるを同工場電気工中島松夫発見す。（神奈川県）（捜査中）

※後の報告を見ると、中島が書いたことになっている。

特高月報昭和16年8月分

「横須賀市逸見町七九鈴木正雄方　横須賀海軍技術廠工員　中島松夫（19）
横須賀海軍軍法会議に於て審理中の所八月十三日少年法により不定期刑短期懲役三ケ月ないし十ヵ月の判決言い渡しありたり。」

特高月報 昭和16年5月号

昭和16年5月　警視庁　不穏落書

五月一日品川区大井鹿島町三、〇六三高橋正雄方コンクリート塀に白墨にて「**ドイツはずるい国なり　イギリスは強い国なり**」と落書しあるを発見す。（捜査中）

※当時はバトルオブブリテンの末期で、ドイツが英国本土攻略を事実上断念した時期でもあるが、彼がその戦況を知っていたかは不明。

特高月報 昭和16年5月号

昭和16年5月　山梨県　反軍言辞

甲府市下一条町三二一　向山善造（18）

五月一日徴兵署に於て身体検査を受けて帰宅する際同行せる同村石原麻男に対し「兵隊検査なんてええからげんのもんだ司令官のはんこの押し方一つできまってしまう　それで甲種合格だなんて言われるのだから嫌になる云々」との反軍的言辞をなす。（厳戒）

特高月報 昭和16年5月号

※「ええからげん」は甲州弁でいい加減の意味。

昭和16年6月　警視庁　不穏落書

六月二十五日日本橋区兜町二丁目四五、所在松本公園内休憩所藤棚の柱に

「共産バンダイ」と落書あるを発見す。（捜査中）

※バンダイナムコゲームスのことではない。

特高月報 昭和16年6月号

昭和16年6月　**兵庫県**　**不穏落書**

六月九日兵庫区和田岬町三菱電機株式会社神戸製作所内便所ドアの内面に「**会社はこの世の生地ゴク　諸君会社のヱサになるな　ヱサにせよ**」と落書あるを発見す。（捜査中）

特高月報 昭和16年6月号

昭和16年6月　**福島県**　**不穏落書**

六月八日相馬郡小高町大字吉名字釜ノ内相馬蘭莚工業組合作業所北側板塀に、「**大政翼賛会長蔣介石**」と落書あるを発見す（捜査中）

特高月報 昭和16年6月号

※単なる思い付きで書いているのだろう。

昭和16年6月　**愛知県**　**反戦投書**

名古屋市西区島崎町五七　名古屋陶器株式会社雑役夫　柴田準（45）

笹島郵便局に於て切手未納の為受取拒絶の信書一通を記名差出人たる日本陶器工場森高に還付せんとしたるに該当者なく開封検閲の結果左の如き反戦投書なりし為、六月十三日所轄江川警察署に通報越あり、捜査の結果犯人柴田準を検挙せり。

「(1) 名古屋市県知事　相川殿　今回の支那事変は何年続ける政府はこれを何と思ふ、翼賛会物価統制とは何事か、日本は支那に向かって何年戦か、政府その物は国民を困せるつもりか今回の節米でわれわれは大に困る日本人は一日四合五合食ふそれに二合三勺で仕事は出来るか、われわれは反戦の一人者である**一日も早く重臣をころしてしまへ　殖せ犯罪　伸すな国力**」

「(2) 名古屋市第三師団御中　軍部は何時まで支那を相手に戦ふか　金のタメに戦ふか　又節米の折りから軍隊の残飯何俵ともしれぬかかる大切な米をなで残すか　我等国民は米が二合三勺で困て居る　かような事で銃後の守りが出きるか一日も早く重臣を葬れ一日おくれば敗戦が近い名古屋市日本陶器会社　**伸すな国力　殖せ犯罪**」(厳重戒飭)

※「殖やせ犯罪　伸すな国力」素晴らしい。

特高月報 昭和16年6月号

昭和16年7月　警視庁　不穏落書

七月八日渋谷笠塚町一、二三五先東京女子薬学専門学校コンクリート塀に白墨を以て「我カ同胞ヨ起テ　積年ノ屈辱ヲ　果サン時ハ来タ　打倒近イ内閣　共産党万歳」と落書しあるを発見す。（捜査中）

特高月報 昭和16年7月号

昭和16年7月　警視庁　不穏言辞

兵庫県武庫郡瓦木村字高木石訳四三　藤井粂次郎（33）

七月一日午後八時より午後十一時半頃迄約三時間に亘り開催せられたる自己所属の隣保常会席上に於て、

「（1）**国民の貯蓄で大砲や鉄砲や飛行機を作るのではない**
（2）お金を持って居ても持たなくても同じ事であってお金の価値と言うものは結局ない事になる、そして**何でも切符で買う様になってお金は通用しなくなる**かも知れない
（3）債券の売行が最近非常に悪くて政府が困って居る、日本銀行へ債券が逆戻りしてそれを日本銀行で困って焼き捨てて居る

（４）日本等も事変が終ってから公債を愛国の人々に呼び掛けて燃やす事になるかも判りません仮令ば千円の公債を持って居る人なら其の中の百円とか五十円とかは燃やす事になるでしょう」

と人心の惑乱誘発すべき不穏言辞を弄す。（刑法第一〇五条違反として七月十四日送局す）

特高月報昭和16年8月分

七月十四日刑法（第百五条ノ三違反該当）違反罪として神戸地方裁判所検事局に送致、検事取調の結果八月十六日起訴猶予処分

特高月報 昭和16年7月号

昭和16年7月　警視庁　反戦文書

七月八日午後十時頃下谷区御徒町三ノ七六特殊飲食店「不二」事中川清方に於て赤半紙に謄写版にて、「**中国の軍隊は戦争が長くなればなる程強くなる　日本軍閥の速決戦はもう失敗した**　中日国民親善同盟」と印刷せる印刷物を拾得せり。（捜査中）

特高月報 昭和16年7月号

昭和16年7月　大阪府　反戦落書

七月十日大阪市浪速区霞町一丁目日本倶楽部地下劇場内西側便所内側屏に、「反軍　侵略戦四年

／弱体暴露

反戦　日本陸軍／反戦／反軍」と落書しあるを発見す。（捜査中）

特高月報　昭和16年7月号

昭和16年8月　警視庁　不穏落書

八月十二日大森区馬込町東四丁目一二五地先京浜国道ガードコンクリート壁に白墨にて「出征軍人の家族を人一倍めんどうをみろ　近衛内閣の大馬鹿」と落書しあるを発見す。（捜査中）

特高月報　昭和16年8月号

昭和16年8月　京都府　不穏落書

京都市中京区三條通島津製作所二条工場内職工用便所内腰板に黒鉛筆にて

「（イ）世の中の住みにくさ、島津はましてだ

（ロ）**退職すると言へばぐずぐず言うし**給料は上げやがらぬしこれで職工が働くと思うか一般なみにしろ、そうでなきゃ会社のさぼを続けるぞ　現業員諸君宜しくこの主旨に参加せられんことを望む

（ハ）**君の意思に僕も賛成だ**」

と落書しあるを発見す（捜査中）

特高月報 昭和16年8月号

昭和16年8月　山梨県　反戦言辞

山梨県北巨摩郡秋田村　農　平島潤三（39）

八月十二日夜居村平島正吉方に於て雑談中、「毎日々々雨ばかり降っていて銃後といえども遣り切れたものではない　先日自分の出した供出米が一俵不正だとかで村の連中がとやかく言うがあの位の事が悪いなら何の法律でも良い罰して貰いたい、この様に種々と窮屈になったのも戦争の為めでこの戦争を誰も頼んだものではない政府が勝手に遣っておるのでこんな事が永く続けば銃後も遣り切れぬ云々」と放言す。（警察犯処罰令に依り科料五円）

特高月報 昭和16年8月号

昭和16年10月　神奈川県　不穏落書

十月二十五日藤沢市藤沢一番地共同便所内に黒鉛筆にて「**無政府主義者は　最後の勝利だ　我等に米を売れ**」と落書しあるを発見す。（捜査中）

特高月報 昭和16年10月号

昭和16年10月　宮城県　不穏落書

宮城県桃生郡矢本町小松上前柳　芳賀寿正（19）

十月十七日桃生郡矢本町上小松部落内電柱に「**全町民に告ぐ**」と題し普通便箋用紙一枚に青インクを用いペン先にて左の如き内容を記したるものを貼付しあるを発見す。「全町民に告ぐ　今度の稲刈手間賃の件につき一寸知らす何故にどこを取っての事か物価の高い此節に女一円男一円五十銭と定めたか　人をつかう金持共の仕事にきまっている、我等の様な者はどうなろうともかまわぬつもりか（中略）組長常会長世間への目を大きくひらけ　さもなければこの俺が手を出すぞよアバヨ　村の地主共へ　**正義の黒マント団々長**」（厳戒）

※正義の黒マントは結局ばれてしまった……。

昭和16年10月　警視庁　反戦反軍投書

九月十三日福島郵便局発信にて陸軍大臣宛左の如き投書ありたり。「（前略）日本軍部は世界の強盗に類する行為を敢て行い相手国に対する認識を誤りたる為め今日の経済界の破産を来したるものなり、この状態を軍部は何と見る　軍部は国家を売り私腹を肥やし国民を犠牲にして実に戦慄すべき状況下に国家を追い詰めたり　これで軍人は国家の福利を無視し国民を苦しめ不正を火事泥的に働き誠に心外に堪えざるものなり、日本の政治は実に恐るべし　―（中略）―　**一日も早く何とか泥棒戦を止めてくれ　余は支那に大なる同情をなす者である、実際日本軍は悪い軍人はいい加減の事を言って国民を誤魔化してはならん　速に戦争を止めよ　税金を払い納めたくない　金属など献納しません相当の相場で買え**軍人は商人同様なものでしょう　戦時では泥棒強盗である戦争は速に止めよ余は斯く命令すこれ国民の声なり　陸軍大臣外各相　机下」（警視庁）

（捜査中）

※相当の相場で買えと言うのはとても正しい。

特高月報 昭和16年10月号

📅 昭和16年11月　📍 青森県　☰ 不穏落書

十一月十一日弘前公園内事務所側便所内に、「**私ハ日本人ヲ父ニ持ツ一中国人デス**　コノ落書ヲ見テガッカリシマシタ　日本人ノ文化ガコンナニ低イナラドウシテ東亜ヲ指導出来ルデショウ　コンナ落書ヲスル日本人ハ聖戦ヲヤッテイルト言ウ　日本人トシテ大イナル偽レル国民精神ト思イマス　コンナ落書ヲ見ル時我々ハ日本人ニダマサレテイル様ナ気ガシマス」と落書しあるを発見す。（捜査中）

※成りすましだろうか。

特高月報 昭和16年11月号

📅 昭和16年11月　📍 長崎県　☰ 不穏通信

昭和十六年十一月十七日後〇―四、博多局消印ある福岡市大浜町一丁目七五寺尾義郎名義、佐世保市御船町八六下川浅一（共甲）宛左の如き内容の不穏通信を佐世保憲兵分隊に於て裏面入手せり。「貴兄その御活動や如何に　突然かく申す俺もかつてプロレタリアの前衛分子として労働運動に携わりし者、先づ当分の間貴兄にその名を匿すことに致そう。現下の国内情勢特にその機構である新体制組織は所請「マルクス」主義の一変化によるものにしてそのもとに我等プロレタリアは今正に従来の資本主義機構の搾取より逃れねばなるまい、貴兄や其所見如何。俺も相当研究し且つ実践している、貴兄も立つべき時は今であろうと思う。俺は今福岡に居って同志の獲得に奔走している　何れ佐世保にも来るが貴兄の意見如何に依ってマルクス主義書籍を送り度いと思う。何分の返事をしてほしい　そして返事は本月二十二、三日頃迄に佐世保局止として御願する
十一月十七日福岡にて寺尾義郎　下川浅一兄」（捜査中）

特高月報 昭和16年12月号

昭和16年12月　大阪府　反軍投書

十二月八日付大阪中央局の消印にて全国警察官同盟反軍大会の署名ある左の如き不穏投書を大阪憲兵隊本部宛郵送越ありたり。「近衛ヲ「ロボット」扱にして思いままにならず遂に「チャイ」して軍政内閣をなす陸軍一派に対し国民の新東条内閣反感は極度にある
一、言論圧迫も軍部であり統制強化による経済混乱も又軍部だ
一、かくて国民は大言壮語して軍部の事変解決難と日本会談の「ピンボケ」と共に国民士気の衰微は一層拍車をかけ個人主義は極度になり子の食物を親がとり食う有様になりつつある　一朝空襲の際は**全国警察官同盟は一斉に反軍行動を起し大衆と共に革命内乱へ**と展開せしめるのだ　大阪東区大手前　大阪憲兵隊本部行　大阪北区中之島大ビル内　全国警察官同盟反

軍大会」（捜査中）

※全国警察官同盟反軍大会などという物は存在していない。

特高月報　昭和16年12月号

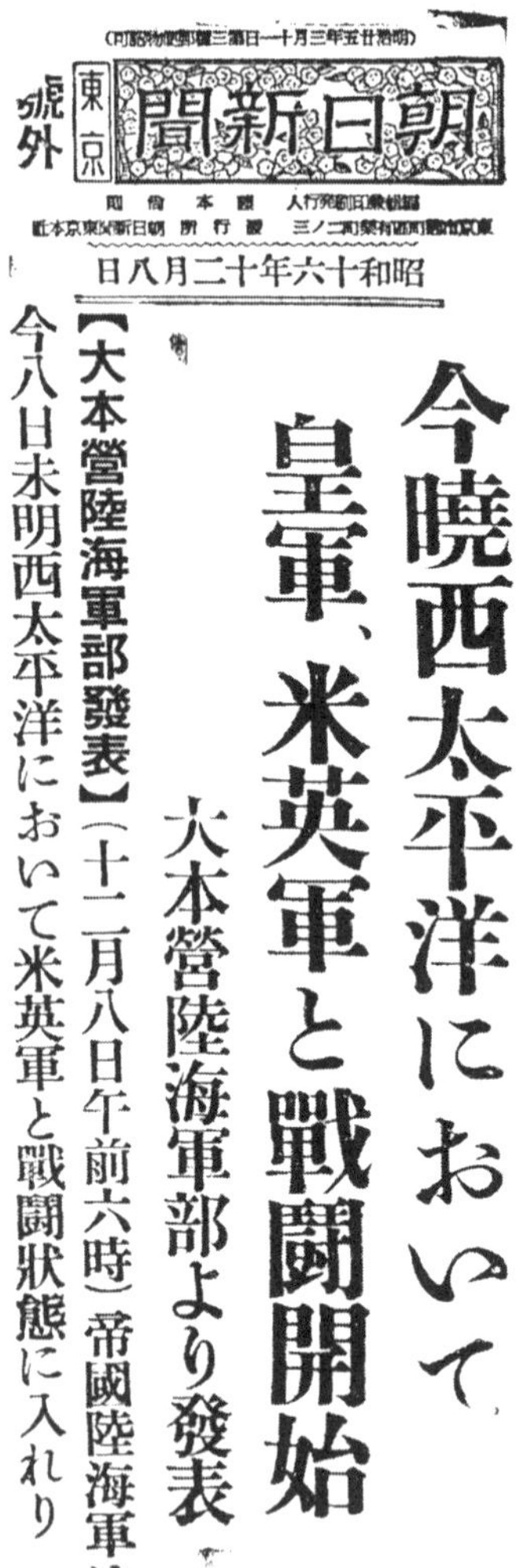

（明治卅五年三月三十一日第三種郵便物認可）

朝日新聞　東京　號外

昭和十六年十二月八日

今曉西太平洋において

皇軍、米英軍と戰闘開始

大本營陸海軍部より發表

【大本營陸海軍部發表】（十二月八日午前六時）帝國陸海軍は今八日未明西太平洋において米英軍と戰闘狀態に入れり

対米英開戦を伝える朝日新聞号外　1941年12月8日

左翼文献を提出しよう！　東京保護観察所の要請文

保護観察所と言う施設をご存知だろうか。法務省の管轄の下で各地に置かれており、非行青少年や犯罪者の更生の援助、執行猶予者や心神喪失で不起訴及び無罪になった者の観察などを行っている。いわゆる保護司はここの所属である。そして戦前においては、「思想犯」とされた人々や転向者もここに観察されていた。

1941年（昭和16年）6月、東京保護観察所は保護観察者に対し「国民思想統一の国策に協力する見地より左翼出版物を所持する保護観察対象者より之が提出方を求め」た。しかしあくまで保護観察所はこの様な行為から弾圧といった匂いがしない様に苦心した様である。あくまで「本人の将来を慮り以て保護善導の完璧を期する」為と言うのが保護観察所の言い分である。それが、対象者に発送された次の様な要請文に現れた。

（特高月報　昭和一六年七月分より）

「拝啓　時局一入多端の砌各位には益々臣道の実践に御精進のことと拝察仕り候

陳者時局の緊迫化に伴ひ思想国防確保の要愈々痛感せらるる折柄当局が先に既刊の左翼出版物に尽き発売頒布の一斉禁止を断行したるは洵に時宜を得たる処置と存候

然る処未だ此種文献が個人の所持物と尚相当残存せられ居る向きもあるやと察せられかかる出版物を所持したる為めあらぬ疑惑等を蒙りたる実例も不尠かかる事例に鑑み既に進んで当庁迄提出を申出られたる方も有之次第に御座候

就ては当局の意向を汲み進んで国策に協力する建前より御手元に左翼出版物御所持の方は此際進んで当庁迄提出相煩度尚提出書籍に付ては何人の提出物たるかは一切不問に付し当庁への寄贈品として適当に処分可致候間御一任相成度候

当庁としては飽く迄も各位に将来不測の誤解や迷惑等の及ばざる事を希念して善処方を要望する外全く他意なき次第に有之候条呉呉も右趣旨了承の上振って御協力相成度候
敬具

追而此種文献の多くは郵便法により郵便禁制品として郵送を禁止せられ居り候条直接当庁迄御持参相成度候

尚整理の都合上今月末迄に御持参相成度若し左翼出版物御所持なき場合は御面倒乍らその旨御一報相煩度候

昭和十六年六月

東京保護観察所長

長谷川　瀏

（※送先）殿」

（要約・意訳）

「（前略）時局の緊迫化に伴い、思想国防確保の必要性を痛感しているところですが、この間、当局既刊の左翼出版物は全て発売禁止となったのは本当に良い処置だと思います

しかし、まだこの手の文献が皆さんの手元に「間違って」存在しているかも知れません、こうなるとあらぬ疑いが掛かってしまう事もあります

今回、左翼文献を「間違って」持ってしまっている方は是非とも私達に提出して下さい、誰が何を持っていたかなどは不問にし、適当に処分します

我々としてはあくまで各位に将来起こるかもしれない「誤解」を解くために行うことであって、他意はありませんからくれぐれもご了承の上協力して下さい

ただし、この手の文書は既に郵便では取り扱い禁止なので、直接当庁まで持参して下さい

整理の都合上今月末までに持ってきて下さい、またもし持っていない場合はご面倒ながらその旨を知らせてください（後略）」

この様な不気味な要請文が保護観察者に送られた。あらぬ疑いを避けるためと書いたり誰の所持提出物かは不問にすると書きつつ、所持していない場合は知らせろと言う、矛盾した対応と意図が読み取れる。どれほどの提出が行われたかは判明しないが、保護観察と

いう立場上、恐らく強制力が伴ったであろう事は想像出来る。なお、この当時の東京保護観察所長である長谷川瀏は、戦後も警察・検察関係者として活動し、いくつかの著書を出している。

売るな・買うな・読むな　左翼古書商の検挙事件

1941年（昭和16年）12月8日に日本軍がハワイ真珠湾を奇襲攻撃し、太平洋戦争が始まった翌日の12月9日、非常措置という名の下に、日本各地で反体制派と目された人物が多く検挙された。その中には、監視や検閲を逃れ、左翼文献を販売していた名古屋市のある古書商もいた。

愛知県名古屋市昭和区滝子通四丁目一番地で古書店を開いていた浅野喜美雄（明治42年生）もその一人である。彼は当初無政府主義を信奉していた。私立育英商業学校を二年で中退し、1930年（昭和5年）から古書店を開いていたが、1935年11月に無政府共産党事件に関連して検挙され、取調べを受けた。転向することなく釈放されると今度はマルクス主義に寄った。

日中戦争が始まって以降、国内においてマルクス主義や唯物論、他左翼的と目された文献に対する検閲や発売禁止処分は激しさを増しており、新刊などは絶望的とされていた。しかし浅野は古書商として度々左翼文献に触れることが出来た。勿論古書としても左翼文献の取り扱いは非常に難しい。しかし浅野は「斯かる情勢下に於て既刊左翼文献を収集して之を広く大衆に頒布して研究せしめるも又反動時代に於ける共産主義者としての一任務たることを自覚し」、積極的に左翼文献を収集して「私に自己の店頭に陳列して左翼分子に対し利潤を超越して斡旋販売」した。左翼文献が貴重になったから高値で売る等という事ではなく、利潤関係無しに左翼文献やその情報を、当時地下に潜伏するしかなかった左翼の手に渡るようにしたのである。

さて彼はどんな本を、どの様な人物に対して取り扱ったのだろうか。当時の共産主義者やその周辺の人々に何が読まれていたのか、その動向も同時に浮かび上がってくる。

（特高月報の昭和十八年一月分より）

「（1）自昭和十二年四月至同年九月下旬頃の間に於て、前後数回に亘り名古屋市千種区池下町　児玉五郎に対しレーニン著『農業綱領諸問題』其の他八十冊の左翼文献を斡旋販売し閲覧せしめ、

（2）自昭和十二年五月至同年十二月二十日間に於て二回に亘り名古屋市中区大池町　五十君章に対し山田盛太郎著『日本資本主義分析』外十冊の左翼文献を販売閲読せしめ、

（3）自昭和十三年十月二十日至同十五年三月間に於て前後八回に亘り名古屋市昭和区陶生町　瀬戸善次郎に対しレーニン著『史的唯物論大系』其の他数冊の左翼文献を販売閲読せしめ、

（4）自昭和十二年十二月至同十四年三月間に於て七回に亘り名古屋市港区港本町　宮地明に対しマルクス著「資本論」外十数冊の左翼文献を販売閲読せしめ、

（5）自昭和十三年五月至同十五年九月間に於て九回に亘り名古屋市昭和区広路町　八木誠三に対しエンゲルス著「国家財産及家族の起源」他四十数冊の左翼文献を販売閲読せしめ、

（6）昭和十五年四月名古屋帝国大学医学部学生　谷本光典に対しレーニン著「何を為すべきか」外数冊の左翼文献を閲読せしめ、

（7）自昭和十二年十一月至同十三年十月間に於て愛知県知多郡半田町　陸井一義に対し野呂栄太郎著「日本資本主義発達史講座」他五十数冊の左翼文献を

「史的唯物論」大系

閲読せしめ、
（8）自昭和十三年一月至同十五年三月間に於て前後十六回に亘り名古屋市昭和区東栄町杉村一勝に対し猪俣津南雄著「帝国主義研究」其の他十数冊の左翼文献を閲読せしめ、
（9）自昭和十五年五月至同年十二月間に於て六回に亘り名古屋市千種区田代町　沢田金康に対し山田盛太郎著「資本論大系」他十数冊を閲読せしめ、
（10）自昭和十五年三月至同年十月間に於て三重県三重郡富洲原町藤村守身に対し永田広志著「日本唯物論史」外五十数冊の左翼文献を閲読せしめ、
（11）自昭和十二年七月至同十四年三月間に於て十数回に亘り仙台東北帝国大学内　渡辺義雄に対しエンゲルス著「経済学批判」其の他四十数冊の左翼文献を閲読せしめ、
（12）自昭和十三年三月至同十五年五月間に於て前後三回に亘り愛知県知多郡常滑村　竹村宗二に対しレーニン著「何を為すべきか」其の他四十数冊の左翼文献を閲読せしめ、
（13）自昭和十二年至同十六年末間に於て大阪市住吉区住吉町　小川義雄其の他に対し左翼文献数百冊を夫々頒布したるものにして検挙当時尚千余冊の文献を自宅に隠し居るを発見押収せり。」

また彼は上記の表に名前が出てくる沢田金康や渡辺義夫（表にある渡辺義雄と同人物だろうか）、水谷鋼一、梶野重之等と連絡を取り合い、社会問題や革命について議論していたとされる。表を見る限り、愛知県内は勿論、大阪、仙台まで文献を届けており、当時の共産主義者の間でも中々名前が知れていた様であったが、官憲の厳しい監視の目を潜り抜ける事は出来なかったようだ。

昭和17年（1942）

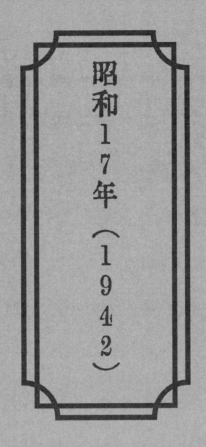

昭和17年1月　北海道　不穏落書

一月十五日小樽市銭函町七四二新宮商工合板工場附属便所内入口戸にやや巧みなる墨書にて「今待遇ヲヤラネバ当工場ノ職工ハストライキヲスルトコロダ」と落書し更に他の便所内前方板壁に拙劣なる鉛筆書にて「賃金ノ安イノニストライキモ起キナイ」と落書しあるを発見す。（捜査中）

特高月報　昭和17年1月号

昭和17年1月　警視庁　不穏落書

一月二十一日本所区江東橋二ノ二二煙草小売商酒井辰次郎方に於て引換**煙草空箱整理中「ひかり」の空箱の内部に**「共産主義万歳赤旗のその下に我等は戦わん」と記載し外部に「帝政国家日本を滅せ　神聖なる社会主義国ソヴェートを護れ　**スターリンを滅すな**」と何れも青インクを以てペン字にて記載しあるを発見す（捜査中）

※よく見つけたし、よくチクったなと思う。

特高月報　昭和17年1月号

昭和16年12月　長崎県　反戦言辞

佐世保市日宇町八三六　吉田運送店　仲仕　山下勝次（51）

客年十二月三十日午後九時頃佐世保市溝見町二五江副浴場内に於て内浴場内に居合せたる同市下京町一四一西牟田権太郎外十数名に対し家族中より応召者等なきにかかわらず数回に亘り、「自分の子供は**シンガポールで戦死**したと通知があったが**幾ら国家の為とは言え親の身としてこれが泣かずに居られるものか。**」と繰返し反戦気運を醸成する如き造言を為したり。（言論出版集会結社等臨時取締法違反被疑事件として一月十一日送局す）

特高月報　昭和17年1月号

昭和17年1月　長崎県　反軍歌謡

佐世保黒髪町　佐世保市海軍々需部宿舎　猪野公一（18）

本名は客年十二月二十三日佐世保海軍々需部運転手として徴用を受け稼働中の処本年一月二十四日午後六時三十分頃稼働先たる軍需部より肩書黒髪町の宿舎への帰途佐世保市福石町二〇二番地先道路上を左の如き歌詞の歌を放歌しつつ通行中を発見す。「行く先ゃ佐世保の軍需部に行かなきゃならない二年間　出て行く其の身のあはれさよ　**可愛い彼女が泣くだろう**　可

愛い彼女に泣き別れ」（本名は軍需たる関係上佐世保憲兵隊へ移牒す）

特高月報 昭和17年1月号

昭和17年2月　大阪府　反戦落書

二月五日大阪市此花区島屋町住友金属工業株式会社工員第七号便所東端に黒鉛筆を以て、

「（イ）よの中にとりのこされしプロの中かな／大日本帝国が何んだしてしマへ

（ロ）我等工員ノ血ト汗ヲ安クシボリトルワ**住友金属ノインチキ会社ダ**／加給ヲキメル奴ヲコロセ」

と落書しあるを発見す。（捜査中）

特高月報 昭和17年3月号

昭和17年2月　大阪府　反戦落書

二月十三日右会社第三工場東側工員第四号便所に赤鉛筆を以て、「**めに見えぬくさりでしばるちょうようれい　それよいこととしぼるすみとも**」と落書しあるを発見す。（捜査

中）

※国民徴用令は1939年（昭和14年）7月から実施されている。

※落書きと言うより落首の伝統を感じさせる。

特高月報 昭和17年3月号

昭和17年3月　大阪府　反戦電報

大阪市港区桂町三丁目二十六番地　日本海底電線株式会社雑役夫　山田唯榮

犯人は三月五日、十二日の両日に亘り大阪市港区夕凪橋郵便局に於て左記の如き反戦的電文を発信せんとしたるものなり　記

三月五日発信「イ、宛名　東京市品川区大井町　海軍大学校　ロ、電文　キュウセンニセヨジキアリ」

三月十二日発信「イ、宛名　青森県　大港軍港　ロ、キュウセンニスジキアリ」（本名は精神病者なること判明）

特高月報 昭和17年3月号

昭和17年2月　栃木県　反戦言辞

栃木県河内郡雀宮村大字羽牛田六二　農　飯野岩吉

二月十八日河内郡雀宮村肥料商市川高丸方に於て同人妻コシノ外一名に対し左記の如き反軍的言辞を弄したるものなり。「陸軍ノ将校ナンカナンダ慰問袋ナド送ル事ハナイ。一体陸軍ナンカナンダ、二月十日ニ雀宮デ地方馬検査ヲシタガアレハ全ク勝手ダ、ソンナ事シナクトモ既ニ解ッテ居ル筈ダ」（戒飭の上始末書を徴す）

特高月報　昭和17年3月号

昭和17年3月　岡山県　反戦投書

三月十八日岡山東警察署長に宛て左記の如き反戦投書ありたり。「記　商人丸々と肥り　農村子弟職場に血を流す」（捜査中）

特高月報　昭和17年3月号

昭和17年3月　京都府　不穏落書

三月二十六日京阪電車三条駅三番ホーム東側壁に掲示せる定期運賃表に黒鉛筆を以て「**物価ハ上ル　俸給ハ上ラズ　人生悲惨ナリ**」と落書しあるを発見す（捜査中）

特高月報 昭和17年4月号

昭和17年4月　福井県　不穏文書

福井県今立郡国高村村国岡本猛記載名義を以て四月八日付武生局消印ある左記内容の不穏文書を福井連隊区司令官宛郵送せるを発見す。「連隊区司令部ノ野郎共ニ告グ　何ンダ召集々々ト兵隊バカリ引パリサラシテ**日本ガ負ケタ所デ親方ガカワルダケダ**　動員ノ通報アリテモ司令部デハ令状ヲ発行スルナ　御礼ハ今ニスルゾ　オレノ御礼ハチガウゾ福井ノ司令部付近ヲヤキマクルノダ　**日本良イ国何ガ良イ国ダ東洋ノ敵ハ此日本ダ**」（捜査中）

特高月報 昭和17年4月号

※「日本良イ国何ガ良イ国ダ東洋ノ敵ハ此日本ダ」にセンスの良さを感じる。

昭和17年4月　長崎県　反軍歌謡

小倉市汐井崎開二四　事務員　臼井敏雄（25）

四月二日長崎駅発列車にて帰途中左の如き反軍俗歌を記載しある手帳を所持せるを発見す

「一、御国の為とは言いながら　多くの人に見送られ　出て行くこの身の哀れさよ　**可愛い好ちゃんと泣き別れ**

二、行く先き遠き久留米市　しかも戦車の一連隊　嫌な二年兵にいぢめられ　涙で送る日の長さ」（以下略）（厳戒処分）

特高月報 昭和17年4月号

昭和17年2月　大分県　反戦言辞

大分県下毛郡今津町赤迫　日稼　村上作郎（44）

二月十七日警防団出初式に出動の帰途団員五、六名に対し、「この頃百姓が肥料不足となり農作物も思う様に作れないのは蔣介石と戦争なんかするからだ、**早く蔣介石に頭を下げて肥料を外国から送って貰ったら良いのだ**」と反戦言辞を為し更に三月五日常会席上班長より国債購入の勧誘ありたるに対し、「自分達はその日稼の苦しい生活をして居るものだ、**こんな**

事は下の者に無理に言うより戦争を止めるのが一番良い、そうすれば国債を売付ける必要もない、無理に戦争に勝とうとするからこの様な国債売までするのだ、早く戦争を止めて貰いたい。」と反戦言辞を弄す。

※処分記載無し。

特高月報 昭和17年4月号

昭和17年4月　**大阪府**　**不穏投書**

大阪市港区石田町一ノ一三　長峰博之（24）

四月十九日以降沖縄県に於て発信人中華民国抗日団社某支那人名義を以て沖縄県那覇市長外数十名に宛てたる大阪港郵便局消印ある左記内容の不穏投書を発見直に大阪府に手配すると共に沖縄県、大阪府協同捜査の結果上記犯人を検挙せり。

「1　**琉球王は支那皇帝の封冊によって琉球を治めていた**と言うことは何を語るか琉球人は知っているだらう、**中華民国は琉球を必ず支那の領としてしまう**日は近い年である。

2　**沖縄の現状は衰退ではないか　この原因は日本の搾取ではないか　沖縄民**

族で日本に親みある者は豚である　眼の開けた者よ喜べ春が来た我等民族は支那の領土になるのだ　支那の民族は琉球の回復を叫んでいる　日本は必ず負けることを胸におさめておけ。」（言論出版集会結社等臨時取締法違反被疑事件として目下取調中）

※手紙の作者は精神病扱いされたが、内容自体は現代にも繋がる歴史的な経緯を、やや独自の視点で書いている。そして3年後、沖縄は一度焦土となる。

特高月報昭和17年6月分

本名は昭和十四年春以来精神分裂症並肺結核症に罹り未だ全治せざる状態にあり検事局と連絡六月十九日身柄を大阪府立中宮病院に入院せしめたり。

特高月報　昭和17年5月号

昭和17年5月　岡山県　不穏投書

岡山県浅口郡富田村大字道口　村役場吏員　田中宗一（38）

本名は農村があらゆる点に於て冷遇せられ反面商人は闇取引売惜み買占め等利潤追求に横暴の限りを尽しただこれが政治の任にあるものは少しも農村を理解せずとし当事者を啓蒙すべきなりと盲断し前後十数回に亘り町村長、農会、警察署長等に対し左記内容の不穏投書を為せり。「1 商人丸々と肥り 農村子弟戦場に血を流す 2 米の供出を御命令になることは農家が闇をして隠し

ている事になる　農家の親分として言分がある　農家の子弟が戦場で血を流し商人が儲けている
御承知あれ（言論出版集会結社等臨時取締法並臨時郵便取締法違反として五月十六日送局す）

※毫も→少しも、とした。

特高月報昭和17年6月分
玉島区裁判所にて審理中の所六月八日罰金百円の言渡あり同月二十七日確定服罪
特高月報　昭和17年5月号

昭和17年3月　高知県　不穏投書

高知県長岡郡稲生村網笠　村会議員　松岡春吉（59）

本年三月以降数回に渡り高知警察署長その他に宛左記内容の不穏投書を為す。「出征軍人はばか者なり／政府におだてられてなんのおんてんがありや／ばかねやという話を至る所でしておる／出征軍人家族むごい　ないうんむりもナイ／新聞紙上で一日も早くとりしまってやりなさい／名前をけいさつに知らしましょおか」（五月十二日検挙取調中）

特高月報昭和17年8月分
六月二十五日略式命令を以て言論出版集会結社等臨時取締法第十八条該当罰金百円の言渡あり

特高月報 昭和17年5月号

昭和17年4月　警視庁　反戦反軍文書掲出

東京市荒川区尾久町　洋服裁縫業　小山芳雄（30）

四月二十三日自宅飾窓に左の如き反軍反戦的文書を掲出す。「反省　呼々あやまてり　ジャパン／県の愛国者よ今何処／一億総進軍裏なき／日本の弊害を知る者一人もなし／**只武力のみにて世界は屈服するものにあらず**／軍人政治のあやまりなり／度を過ぎたる戦いは勝利して劣等国に落ちるべし／それ畢竟形を変えたる負け戦なり／**英米の首府をやらずして何の勝利ぞ**／ただ徒らに南進　無人を行く如き島々とるか何の勝利ぞ／勝利の名に乗って凋落する日本／前途危うし　天真」（言論出版集会結社等臨時取締法に依り送局す）

特高月報 昭和17年5月号

昭和17年4月　福井県　反軍投書

四月十九日付陸軍省兵事課宛、福井市照手上町四山岡竜一郎名義を以て福井郵便局消印ある左の如き内容の反軍投書ありたり。「**我がにくむべき陸海軍省に一言す　我れの崇拝する**

国の空軍はついに東京を爆撃した。ざまみやがれ。神国日本神国日本といばって居てなんたる事だ。英米は強い最後の勝利は我々の頭上に輝くのだ。陸海軍よく相談して我に下れまだおそくはないぞ。日本は敵だ。**米英万歳　米英崇拝者出**」（捜査中）

特高月報　昭和17年5月号

※4月18日のドーリットル空襲を指すと思われる。

昭和17年5月　大分県　反戦落書

五月二十六日午後三時頃南海部郡下入津村芹崎要塞陸軍専用道路側電柱に

「万骨枯れ　一将功成る
万骨枯れ　一将功成る
　階級打破」と落書きあるを発見す。（捜査中）

特高月報　昭和17年5月号

昭和17年6月　神奈川県　不穏落書

六月九日横浜市保土ヶ谷区惟子町二ノ六八石田安重方板塀にありたる**翼賛選挙ポスター「推薦制度は国の方針」を「ソ連の方針」と墨書訂正**せるを発見他に同様の落書二を発見す。（捜査中）

特高月報 昭和17年6月号

昭和17年6月　山口県　反戦落書

六月十八日山口駅構内公衆便所内に鉛筆にて、「米ガナイ、戦争ヤメロ」と落書しあるを発見す。（捜査中）

特高月報 昭和17年6月号

昭和17年7月　大阪府　不穏落書

大阪市此花区島屋町五六住友金属工業株式会社プロペラ製造所に於て七月十一日午後四時より

同六時半に至る間に於て同工場購買部に於て販売せる物品売上金額中十円紙幣裏面に青色インクを使用し「**日本打倒**　政府打倒／日本政府は何をして居る／見ヨ現下状勢労ム者は必死だ」と落書しあるを発見す。（捜査中）

特高月報 昭和17年7月号

昭和17年7月　愛媛県　不穏落書

松山高等学校寄宿舎便所内に左の如き不穏落書を発見す

「（イ）メーデーヲ盛ンニヤルベシ

（ロ）**俺ノ文ヲモウ一度ヨメ正シク理解シテ答エヨ、俺達ノ奉ズルノハ理想主義ダ自由主義ダ、個人主義ダ、ソレ以上ノ何物デモナイ『オリヂナリティ』ノアル青年ニナレ**」（捜査中）

※マルクス主義に影響を受けた発言も多い中で、あくまで個人主義を称える「オリジナリティ」のある落書である。

特高月報 昭和17年7月号

昭和17年10月　千葉県　反軍落書

十月七日船橋市海神町所在京成電車海神駅下りホーム便所内側扉及び腰板に鉛筆にて「軍人の職業化を廃せ　非常識認識将校は職業なり　サラリーマンだ兵卒にこそ感謝すべし」と落書しあるを発見す（捜査中）

特高月報　昭和17年10月号

昭和17年10月　警視庁　反戦不穏落書

十月四日小石川区小石川町一ノ一後楽園内東側共同便所内に「戦争勝つ見込無し　近衛文麿を殺せよ」と落書しあるを発見す。（捜査中）

特高月報　昭和17年11月号

昭和17年10月　警視庁　反戦落書

十月九日麹町区日比谷公園一番地公衆便所門扉に「ヤメロ　東條　国民ハ哀レダ

以テノ外」と落書しあるを発見す。（捜査中）

特高月報　昭和17年11月号

昭和17年10月　警視庁　反戦落書

十月五日葛飾区下千葉町六〇京成バス待合所内に「戦争ハ社会ノ罪悪デ最モ大ナルモノデアル其ノ罪悪ヲ政府ハ進ンデ犯ソウトシテ居ル国民ハ益々飢テイル**戦争ハ人類ノ敵ダ**」と落書しあるを発見す。（捜査中）

特高月報　昭和17年11月号

昭和17年10月　大阪府　反戦投書

十月二十六日付大阪中央局消印にて東条首相宛、発信人名義大阪市西区新町通一丁目五三田中久枝と記載せる茶色ハトロン紙長方形一重封筒、縦十五行罫和紙B列五号便箋を使用し毛筆にて記載せる左の如き内容の投書を発見す。「謹啓東条様ヤ岸様に御意見を申上げます。現在の様に町会ヤ隣組ヨリ債券をむりやりに買され、もしも買う事が出来ない人ハ非国民又ハ町内ヨリ他ノ方へ転宅セヨト町会長ヤ組長様ヨリ申サレ、ソノ上配給品ヲ停止スルゾト申サレマス、私ノ家ノ様なビンボーノ者ハ誠に誠に困ります、私ハ日本ガ戦争にマけてモヨいから、一日モ早く戦争がすめばよいと思います。日本が戦争に南洋の方で勝ったと申すニュースが有りましても、少シモウレシクハ有りません。**米国の飛行キが五百位でモ日本ノ上に来て、日本が戦争が出来ないヨーになりて、早くセンソーがすめばよいがと氏神様ヤイセノ大神宮様にイノリて居ります。**戦争に勝っても、私等は少シモ楽な事は有りませんから、まけてもおなじ事だから、まけてモよいから一日も早く、戦争がすんでもらいたいのです。云々」（捜査中）

特高月報 昭和17年11月号

※3年後、手紙の著者が願った事は大体現実となった。

昭和17年11月　福岡県　不穏落書

福岡県粕屋郡仲原村大字酒殿一一一六　航空機三十六工場工員　案浦重雄（28）

十一月十日筑紫郡那河町所在海軍管理渡邉鉄工所航空機部第三五、三六工場専用便所第十号内腰板に黒色鉛筆にて「鉄工所を打せ、秘密を漏せ、共渡打一味、渡邉を打せ、日本を打せ」其の他多数の不穏落書を為す。（十一月十七日検挙目下取調中）

昭和17年12月　大阪府　反戦投書

昭和十七年十二月十五日自午後零時至同四時、東淀川局の消印にて大阪毎日新聞社内振鈴係宛、「発信人名義大阪市日本橋三丁目二七玉田源四郎の官製ハガキに青インクを使用ペン書きせる左の如き投書ありたり「一、むじゅんだらけ（戦争は中止せよ）東亜戦争が始ってから、いろいろ改変された事があるが、一般国民に関係の深い娯楽が屋外から屋内へ侵入し百人一首まで改められた。まことに結構なことだす、ところが最も民衆に縁の深い門左衛門作のジョウロリたが先代萩御殿場に千松が毒を喰って死す所がある。その文句の中に『死ぬるが武士の忠義とは何時の世からのならわしぞ、武士の胤に生れたはいんがかいじらしや』とある、ココがなかなかよいところだ、つまり死ぬるが武士の忠節だとものゝふのみに課せられたあまりありがたくもないならわしだと解するが凡人の常識だす、コレをひとつ死して忠義をたつるこそ我が日の本の民草に、三千年の古きより享れながらに備わりしし国民性の誇りなれとでも適当に訏めては如何だす。ともかく英語で話せんとことのたりないのに中学の英語に制限を加え、ある米をろくろく喰わせず、持たないのに持てる国を五年も相手にして見えすいたまけいくさする様なムジュンを一掃せよ　**反戦は真の愛国**」（捜査中）

※歌舞伎・浄瑠璃で有名な「伽羅先代萩」の名場面「御殿の場」を引き合いに、日本の国民性を批判している。

特高月報 昭和17年12月号

召集と不正　付・「兵隊製造人」の手記　神戸達雄

召集

ノブレス・オブリージュ（高貴なる者の義務）というフランス語由来の言葉がある。端的に言うと、有事の際には上流階級の者は率先して戦場に出向かなければならないという西欧上流階級の価値観である。この価値観に従い、第一次世界大戦では貴族や王族の子弟が最前線に出向き、多くの戦死者を出した。その後もイギリス王室の子弟は積極的に軍に関与している。建前として階級がない共産圏においても、スターリンの息子ヤーコフ・ジュガジヴィリはドイツ軍の捕虜となるもスターリンはそれを捕虜交換の取引材料にせず、結果ヤーコフは収容所で死亡している。毛沢東の長男毛岸英も朝鮮戦争にロシア語通訳として従軍し、戦死している。東西や思想を問わず上流・指導者階級の貢献を求める価値観は確かにあるのだろう。

戦死した皇族たち

日本においても、皇族・華族の男性は軍人となる者が多く、皇族でも中国戦線で戦闘機の不時着に巻き込まれ事故死（戦死扱い）した北白川宮永久王や、南太平洋のクェゼリンで戦死した元皇族の音羽正彦侯爵、インドネシアで作戦機搭乗中に撃墜され、戦死した元皇族の伏見博英侯爵といった戦死者も出ている。また、皇族は初めから職業軍人としての地位を保障されているものの、華族の中には一般の徴兵検査を受け二等兵となって戦場に出たものもいた。近衛文麿の長男である近衛文隆は独自に蒋介石と接触しようとしたことを陸軍に睨まれ二等兵として召集を受け、陸軍中尉にまで昇進したものの、敗戦後にシベリアに抑留され1956年（昭和31年）に死亡している。徳川慶喜の孫である徳川慶光公爵は病弱の身でありながら二等兵として召集を受け、中国

日本における徴兵検査の様子（内閣情報局『写真週報』1941年）

戦線でマラリアに苦しみつつも生還している。松前正広子爵は二等兵として召集され、ニューギニアで戦死している。

富裕層たちの事情

財閥始め富裕層はどうだったであろうか。まず、26歳以下の旧制高等学校・大学・専門学校生は1943年（昭和18年）10月まで徴兵を猶予されていた。また、官僚・公務員は基本的に招集されない。軍需産業に携わる者も実質的に免除されることが多い。通訳などの技能を生かして軍属の文官となり、後方勤務となる場合もある。また、そもそも体格が貧弱であったり病弱ならば召集されにくい。農家や労働者の子弟と違い、富裕層の子弟はこれらの条件を元々満たしやすい位置にある。これらは不正ではないが、高等教育を受けられる者が少なく、また貧富の差が非常に激しい中でその条件を満たせるのはほぼ富裕層に限られるため、一般庶民からすれば既に所得や地位による壁があるも同然であり、不平等に見えただろう。

そして、実際に召集を決める立場にある在郷軍人や役場吏には高官に対する、地縁や血縁を駆使した「配慮」や露骨な不正も当然あった。第一復員省（旧陸軍省）が編纂した『動員概史』でも、召集の免除や延期に関して不正があったことを認めている。神戸達雄は戦後『「兵隊製造人」の手記』を執筆し、不正があったことを記している。戦後、吉田茂の下でGHQと渡り合うことになる白洲次郎も、戦争末期に国民召集令状を受けたものの東部軍参謀長の辰巳栄一に頼み込み、召集を免れたという。また、召集以外にも闇取引など露骨な不正は存在する。

しかし、1943年10月以降の「学徒出陣」では理工系・教育系以外の主に文系学生が召集の対象となり、また戦局の悪化に伴い従来召集の対象とならなかった丙種合格者なども召集されるようになる。そしてサイパン・グアムが陥落し、絶対国防圏が破れた44年後半以降は日本本土への爆撃が本格的に始まり、ごく一部を除き「平等」に戦災を被るようになっていった。

松前重義

なお、反戦的な活動を行ったとされた一部の高官や議員が、普段あり得ない状況で召集される所謂「懲罰召集」を受けることもあった。大政翼賛会総務局総務部長や逓信省工務局長を務めた松前重義は、国力と戦争遂行能力に関し反戦的な報告を行ったため、高官でかつ42才でありながら東条首相の意向により陸軍二等兵としてマニラに送られるという明かな懲罰召集を受けたとされる。

こういった中でも、三菱財閥創始者岩崎弥太郎の孫で海軍志願兵として戦死した沢田晃の様に、財閥の子弟の中でも兵隊となった人物も存在している。

以下は、名古屋において召集業務にあたっていた神戸達雄元陸軍中佐による貴重な記録である。

『兵隊製造人』の手記
神戸達雄（当時第三師団連隊区司令部勤務。元陸軍中佐）
（『文藝春秋』昭和三十年二月号発表　後に

受領證
中部第二十三部隊へ
一、[redacted]
召集ノ臨時召集令状
右受領ス
昭和二十年八月十五日十三時分
第二國民兵役陸軍衛生兵 [redacted]
本人ニ代リ受領シタル者ハ左ニ記名捺印スベシ
受領者 [redacted]
奈良聯隊區司令部御中

臨時召集令状
奈良縣吉野郡中津川村[redacted]
第二國民兵役陸軍衛生兵 [redacted]
右臨時召集ヲ令セラル依テ左記日時到着地ニ参著シ此ノ令状ヲ以テ當該召集事務所ニ届出ヅベシ
但シ

到著日時	昭和廿年九月七日十三時
到著地	大阪市東區法圓坂町 中部第二十三部隊營內
召集部隊	中部第二十三部隊

奈良聯隊區司令部

臨時召集應召員旅客運賃後拂證

奈良聯隊區司令部

赤紙　臨時召集令状（奈良県立図書情報館より引用）敗戦の日、8月15日に配達されたもの。
http://www.library.pref.nara.jp/collection_sentai/gallery/959

『実録太平洋戦争第6巻銃後編』に掲載）

連隊区司令部というところ

昭和十二年七月、支那事変が勃発してから昭和二十年八月終戦までの八年間、兵籍のあった日本人男子が、四六時中、文字通り戦々兢々たる日常を送ってきたのは、いまだ記憶に新しいだろう。いつ、俺に召集令状が舞いこむか。この何物にも優先する「赤紙」の脅威に曝されていた。

一度「赤紙」を受け取ったら、すでに好むと好まざるにかかわらず、それは直ちに死を意味した。当人はもちろん、その家族のうけるどん底の思いは、現在が平和であるだけに、測り知れないものがあった。

二百三十万人にも及ぶ戦死者と、十五万人の戦傷病者、そして更には問題を今日まで残してきている四百万人の遺族が、一枚の紙片「赤紙」の乱舞によって生まれたのである。

こうしたことをくどくどと繰り返すに及ぶまい。いやというほど経験し、させられた忌まわしい事実として、われわれの脳裏に深く刻み込まれている。

しかし、ここで一歩ひるがえって、「赤紙」を、いったいだれが作るのか、またいかなる手続きを経て、われわれまで送られてくるのか、について考えてみれば、案外知られていないのではないかと思う。「赤紙」という当面した紙面を憎むことあまり深いため、その背後にそれを作る、つまり兵隊製造を職務とする人々のことにまで、思考がとどかぬかも知れぬ。

私が、今ここで、五千人や一万人の召集令状を誰にしようと、私の意のままに出来たのだ、といっても、本気になって耳を傾けるものはあるまい。

しかし、事実、やればやれた部署に戦争中私はついていた。いま、「南方で飛行場を建設するため三千人の要員がほしい」と仮定する。私たちの受ける命令は「昭和二年から五年までの徴収年次、未教育二国、三千三百人、三月一日午前十時××海兵団」とこれだけである（三百余人分の召集をするのは、事故病気で即日帰郷組を加算してある）。

この命令に従い、私たちは、××海兵団、三月一日午前十時、とだけゴム判を押した、三千三百枚の無記名の赤紙を用意する。各地方別に分厚い一冊にとじられた兵籍名簿（私たちはこれを「軍名」といった）に、その赤紙を適宜にさしこむ。それを、あたかも仕事の早いことを競うがごとくに、処置したものだった。そしてその結果、赤紙の挟み方に精粗が出来ると、混んだ地方から抜きとってまばらの地方へ廻した。平均をとるため私たちが無造作におこなうこの操作で、抜かれた人は運を拓いたが、肩替りされたものこそ不運だった。やがて私たちの手によって名を記入された令状は、五時間以内には、間違いなく本人の手に届いていた。この仕事――つまり兵隊製造に専念する所、それは宮城奥深くでもなく、各連隊区司令部の机の上なのである。

地獄の沙汰も金次第

昭和十八年初頭から終戦まで、いわば赤紙乱舞の最盛期に、私は名古屋連隊区司令部に勤務していた。ありていにいえば、召集の実務は、私などが直接指導して、司令部に勤務する若い下士官や軍属、時には徴用の二十歳前後の若い娘さんたちが手伝い、ごく事務的にやった仕事である。失礼な話だが、時には喫いかけの煙草をくわえ、赤紙に氏名を書きこんだことさえあった。

私たちの眼にとまった名前の人が、どういう運命の糸に操られていったか。それを思うと慄然とした気持にならないでもなかったが、ともかく、上司の命令を忠実に服従し、少しでも充実した部隊を〝製造〟するため、ひたすら努力をつづけていた。

だが、今にして思えば、神聖の点ではおそらく軍隊最高の召集事務も、幅を利かす古顔二、三人がもしいたら、たちまち見るに忍びない悪の泥沼と化し易かった。

もちろん、いずれにせよ、人格を有する五十万人の生殺与奪の権を掌握した仕事の性質上、少しでも汚職の臭みがあれば、生還不能の戦地へ飛ばされた。複雑巧妙な仕組みのため、新陳代謝が実に甚だしかった。自然、この経験を持った生存者は、全国にも数えるほどしかいないだろう。

しかし次のような例もあった。私と同じ勤務のAの場合である。信ぜられぬほど、巧妙なAの仕事である。

彼は下士官から後、軍属に転じた男で、三十七歳の年齢が示す通り、司令部での経験も古かった。部内では一派を成して勢力をもち、半歳や一年前に司令部にきた佐官級でも、この男にはあごで使われる有様であった。彼の逆鱗にふれようなものなら、あっという間もなくこちらの首が飛ぶ始末だった。

あるとき、彼は在郷軍人十数名の名前を、われわれに示し、

「これは俺の親類の者だ。召集してももちろん差支えないが、そのときはちょっと俺に連絡してくれんか」

と、何とでも解釈の

できる、含みのある言い方で、一人ずつ名前を印した色付箋を示した。彼の命令ともいえない命令に則して、色付箋はすぐ、該当者の「軍名」に貼りつけられた。

　こうして、Aと歓を通じて赤い付箋を貼りつけられた人々は、もう赤紙の恐怖から完全にまもられている。そして、かかる人々の危険率を、何も知らぬいわゆる忠勇無量の他の人々が、負担したことになった。

　このAの示した色付箋組の職業を私は試みにのぞいてみた。それらはすべて、当時は儲かる仕事に従事している人々ばかりだった。私が思わず怒りに燃えた。会社の重役が圧倒的に多く、さらに配給事務に携わる上役あり、料理屋の主人あり、群を抜く知名人ありといった工合である。

　地獄の沙汰も金次第という。実際幽明その境を、その金次第によって異にすることまでできたのである。

　私の若い正義感は、許し難いAの邪道邪心を憎む心で、その当時は日夜時あらばと見張っていた。しかし、こうした汚職の事実はなかなか表面に表れることがなく、そしてますます、この憎まれ者のAは、血色肉付きともによくなり、次第に勢力を増していくばかりであった。

召集回避の方法

　当時は何事も秘密主義で支配されていた。召集令状が、雲上九重の奥深くで作成され、汝臣民の生命を朕に与えよ、との思し召しだったなど、あらぬ噂が飛耳張目式に巷間に伝わったのも、むりからぬ話であった。

　平等に徴兵検査を受け、甲乙丙の三種に分けられた日本人男子は、その日から途端に兵籍原簿に記入された。そしてこの原簿が、連隊区司令部の戸棚に厳重に保管された。これで検査を受けた男の将来は、その実、前述したごとく、全くのところわれわれの掌中に握られたことになる。

　二尺四方もあろうかと思われる大きさの兵籍原簿を基本にして、取扱いかつ閲覧の便利のため、縦五寸、横七寸五分ほどの在郷軍籍人名簿が新たに作られる。これが先ほどの「軍名」と略称されていたものである。

「軍名」には、本籍地、現住所、氏名、生年月日、学歴など、ふつうの身分証明的な記載をはじめとして、今までの職業、徴兵年次、役種、兵種（歩、騎、砲、工、輜重、衛生の別）、体格および特技等々、直接間接に拘らず、軍務に関係すると思われることは一切記入されていた。

「歩兵　名古屋市中区大正八年生れの伊藤太郎」「騎兵軍曹　犬山で大正十五年予備役の大山三吉」「未教育二国　瀬戸市で昭和二年の前田寅次」と、ただこれだけでも分れば、五十万人の男子の中からでも、十秒とかからぬうちに、その該当する人を見出すことができた。

これは全く脅威だった。戦時中、参謀本部の作成した例の〝地図〟とともに、日本の軍部の世界に誇る唯一のものだったろう。調査研究が徹底され、かつ整然と整頓されていた。

連隊区司令部に保管された兵籍名簿の写しが、市町村役場の兵事課にもあった。たとえばある人が本籍をY県からX県に移すとしよう。役場の戸籍簿に兵（※□の中に兵）と印がある彼の移動は、直ちに兵事課に連絡され、さらに司令部へ克明確実に通牒があり、兵籍も、Y県連隊区司令部よりX県連隊区司令部に移されていく。彼の召集の要請はいつか自動的に、X県でなされるわけである。

馴れた者なら「軍名」を五秒と眺めていれば、その人間の価値評価が楽にできた。この人間は輜重兵に向いているとか、工兵がいいとか、あるいは今召集した方が、本人の技量も発揮できるとかが、反射的に察知されるのだ。

まさにこの「軍名」こそ、レントゲン写真であり、同時にエンマ帳の役割をつとめていたわけである。ただ愉快なことに、この「軍名」による召集方法を巧みに利用することで、召集を敬遠できるほぼ確実の方法があった。しかし当時は誰も気づいているものはなかったので、実際におこなった人はまずいなかったと考えられる。それは、ちょっと手数を要することだが、毎月毎月、本籍地を県外へ移転することだった。

変った県から翌月はまた他県へ転出する。これをつづけると、市町村役場の兵事課からの移動の報告が、司令部に届いて「軍名」が出来、召集の対象になった頃に、また移動の報告がくる。すでに本人は移転先にいる。

私たちには、こんなのを召集しても令状の送達が面倒で、きっと事故組だからまあ遠慮しちまえ、ということになる。

権謀術策を弄する

ほの暗い燈火の下で、真剣に赤紙と取り組み、眼は充血し、徹夜二日に及べば、全く疲労困憊してしまった当時の私を思い出すと、感慨を新たにする。注射で健康を保ちつつ、正義と無私に立脚し、真に最強の軍を造るのに没頭していたのである。

そうした私たちの良心と若い正義感をあざ笑うように、奸策をほしいままに用い、随分の貢物を吸いあげて、悠々と産をなしたものもあったのを秘すわけにはゆくまい。

その悪い意味では私はB先生を忘れることができない。最初私は、このB先生を尊敬し、人間錬成のために指導と啓蒙を頼んだのだから、全く皮肉であった。

B先生の奸策は、後日被害者の話をきくまでその真相を知る由もなかったが、同僚皆一様に大ホラを信じ込んでいた。私の知る範囲ではBの狡智が、当時第一級のものだった。

Bはまず司令部へ入った途端に、交際面の広い前歴を活用して、知人へその旨を知らせて廻った。外部へは極力秘密にせねばならぬはずである崇高な仕事の内容を、洗いざらい発表して相手を恐怖のどん底にたたきこむ。

溺れる者はわらをもつかむのたとえのごとく、誰だって話題の渦中に投じてくる。Bからみれば、こんな相手こそ召集せずに温存し、脅してたかる絶好の資本源であるのだ。しかも数多い知人の中でもBの選ぶ相手は例外なく資産家だった。

　ある日、一枚の赤紙を握りしめ、かねて「引合い」のある得意先へ駆けこんだBの表情は、複雑で動揺の色が濃い。

「Sさん、困ったことになってしまったッ。全く困った。私さえ司令部にいれば別段どうもないのですが、今日司令部を半日留守にしたら、何とあなたの名前が書き込まれている。あなただけは召集から守るお約束をしておきながら、ホンの半日留守にしたばかり私も面目がありません。これはすぐ戦地へ行く部隊ですからね」

　と責任を感ずるごとく、淋しそうに切り出してから、S氏が出征の決意をしようと動じようと、そんなことは別問題で、引きつづきBは予定の筋書へ入っていく。

「でもね、待って下さいよ。いまここへお邪魔にくる道々考えてきましたけれど、あなたは社会的に重要な人です。だから、貴下に馬の脚なんか洗わせたって、結局国家的には損失でしょう。私も軍人だ。これからすぐ司令部へ引き返して、私の信ずるところを堂々と上役に訴えてみます。この赤紙を誰か他の人に肩替りしてもらうことが出来ないものかをね。それからもしこのことが実現したら、あなたが社会的に重要な人だという裏付けだけはしてやって下さいよ。あなたの代りに他の人が死ぬわけですから……」

　とS氏宅を後にして、司令部の方角へ急いで立ち去る。

　今、Bのポケットにある召集令状は、司令部の戸棚から一枚抜きとり、Bが勝手にS氏の名前を書き込んだ架空の令状であることなど、B以外の誰も知らないことはいうまでもない。

「あ、Sさんですね。私もまったく心配しましたよ。でもね、上役も整然とした私の理論に押されて、大体納得してくれました。

大体ですよ。くわしい話は……明日の夜お邪魔してからにしましょう。そのとき上役もいっしょに連れていきますから、何分ともよろしくお願いします。念のためですが、そちらでいっしょに夕飯でも食べながら」

　これがBの、次に電話でする言葉だ。

　翌日薄暮の頃、S氏の家に現れたのは、もろん（ママ）Bだけである。上役の不参を残念がるS氏へは、適当な返事をしておきながら、昨日の結論を述べ、私の力であなたの生命が救われたことなど話しつつ、ポケットから件の「赤紙」をとり出し、

「これはもう無用ですから」

　とS氏の眼前で破り捨てる。S氏にしてみれば、死刑の判決を控訴して無罪を宣告されたにひとしい〝遁れ得た〟心境である。

　Bが神様扱いされるのもむりからぬことで、生命の代償にその取り込んだ財物も多かったろう。

顔と金の威力

本土決戦、水際作戦の文字が新聞に現れてから間もなく、まれに見る大動員があった。

　当時、兵役のある者はほとんど出つくし、家郷に残ったのは、国民皆兵組の「未教育二国」が大半であったから、この二国（第二国民兵）を浚っていったのは当然である。十九歳の少年と四十三歳の父親と、親子仲よく入隊した笑えぬ話のあった頃だったが、丸腰で内地の水際に塹壕掘りに使われた兵隊である。

　私のいた愛知県で一万人招集し、各部隊へ配置入営させる指令を受け取ったときには一驚を喫した。何も数の多いのにおどろいたわけではない。大正十三年徴兵といえば、あの当時四十三歳、人間的にも社会的にも充実した生活で社会の中堅を占める人が多いから、きっと色付箋組に引っかかる量もたくさんだろうというのに懸念した。私は二国召集の係長で、別の小部屋へ二国の軍人名簿といっしょに引き移っていた頃である。

　一万枚の赤紙を用意してから、かねて私た

ち正義派の約束ごとを、今日こそ実行する肚を決め、部屋の入口へは厳重に中から施錠し、

「今日の召集は数も多いし、仕事も面倒である。どうせ三ヵ月で除隊する人ばかりだから、色付箋も何も遠慮はいらん。責任は僕が持つ」と皆にはかったら、同室五人全部がにっこりした。やはり思いは一つだったのである。

公平無比の立場で、一万枚の赤紙を完成した翌日から、私たちは、蛇のように執拗な非難を甘受した。赤紙を発行してから入隊日までに十日間ある。非難があろうと脅されようと、私たちは正しいことをしたまでだ。十日先になれば勝負は決するのだ。

さて、問題の当日はやってきた。幾列にも並んだ応召者に向って、軍医が優しい声で命令する。

「本日只今、体に自覚症状のある者は一歩前へ出ろ」ときた。忠勇義烈の応召者たちは、むりをして入隊したい気持である。〝即日帰郷の汚名〟に浴したくない人が全部であるはずだ。一歩前へ出た人は、よほど工合が悪いにちがいない。が、意外なことに列外者のなかには立派な体格の者もいる。

私はその人の前へいって、こんな艶々とした血色のよい人のどこが病気なのか尋ねてみる。

「どこが悪いか」

「ハイッ、肋間神経痛であります」

「ロクカン神経痛とはどこだ。個所はどこか」

「胸の肋骨の間がいたむ神経痛であります」

「ほほう。名前は」

「××××であります」

名前を聞いた途端に、私は息を呑んだ。こいつは色付箋組の一人である。十日の間に、この色付箋組と相携えて暗躍し、ここまで手を廻してことを運ぶとは、芸の細かさにもう一度びっくりした。

こんなわけで、二十三人招集した色付箋組の十九人までが即日帰郷であった。病名は肋間神経痛とか、脚気とか、十二指腸虫重症と

かで、外部から見れば、素人にはいささか判じ難いものばかりだった。

　いわゆる私たち正義派の努力も蟷螂の斧でしかなかった。いつの世までも金と顔の感を深くして、気がくさった。

　これとは反対に、気骨稜々の風格ある血書の従軍歎願も、二年間に私の受け取っただけで三十枚あった。今でも保有しているが、血独特の黒ずんだ従軍嘆願には感激措くことができない。小指に白いほうたいをして直接持参する人もあった。責任上、この人たちの希望をかなえたのはもちろんだが、この殊勝な心意気をたたえて当人の入営する部隊へ、その旨の付箋をつけて送った。

　ところがこの中の一通に困ったものが出てきたことがある。郵送で来た歎願書に従って召集したが、部隊へ入ってから照会があり、当人はそんな血書を出した覚えがないというらしい。戸棚から件の血書をさがし出して、私が直接部隊へ出向き、係員に〝現物〟を見せた。当人は、

「私はこんなものを書いたこともないし、司令部とかへ郵送した覚えもない」

　といってがんばる。重大なことだから憲兵にも依頼して慎重に調査の結果、判明したことは、何と、三角関係の恋仇を抹殺するため、神聖な赤紙を利用したというのだ。

　恋は盲目というけれど、大胆さもここまでくれば口あんぐりである。幾日も経ずして、恋仇同士、同じ部隊で軍務に精励となったが、「赤紙」の巻きおこした旋風は、笑えぬ悲喜劇を実に数多く生んだのであった。


（実録太平洋戦争第6巻での解説）

　召集令状は、「赤紙」とも呼ばれていた。これが一度配達されれば、数日のうちに身の周りを一切片付け、赤いたすきをしたり、のぼりを立てたりして、万歳の声に送られて、入営しなければならなかった。国家の役に立つというので、表向きは、おめでとうと祝し合ったが、実際は、大部分の日本人が、本人

も家族の者も驚き、悲しみ、あきらめて、応召したのである。兵役にある男子は、四六時、「赤紙」のことが念頭から去らなかった。戦局が悪化するにつれ、今日来るか明日来るかとおびえていたのである。

その召集令状がどんな所で、どんな人の手で作製されていたかは、一般には全く知られていなかった。極秘であった。戦後は、もう召集もないというので、誰も調べてみようとは思わなかった。だが、戦争の舞台裏としてこれほど関心を惹く対象はない。筆者は、元陸軍中佐で、昭和十八年初めから、戦争が終る時まで、名古屋師団連隊区司令部に勤めていたのである。そこで赤紙の作製にあたっていたのだ。この仕事をしていた軍人は、他にもたくさんいるわけだが、戦後は全く沈黙している。筆者があえて、当時の出来事を語ろうとしたのは、正義派の見地からである。正義派でなければ、この間の事情は語れぬであろう。筆者が語ろうとしているのは、一種の汚職である、それへのささやかな抵抗である。

召集ということは、戦争遂行のなかでも、最も大切な仕事である。汚職の要素がはいり込むことは、国民の士気に関係する。だが、実際には、こんなことが行われていたのである。金と顔が幅をきかし、召集を免れることもできたのである。——戦後、召集を免れた話、外地に赴くのを助かった話などを、二、三、聞いたことが有る。そういう話の一つがここに語られている。これで見ると、この種の仕事のなかに、一種の実力者がいて、その男には上役もかなわぬらしい。下剋上の雰囲気もかんじられる。その男は、莫大な金品を捲きあげたことと推定される。こういう人物には、戦争もまた利益をうるための機会でしかない。当時の倫理からみれば、この男は、戦争を妨げる非国民である。だが、それでいて、正義派のほうが反って小さくなっていなければならなかったところに、当時の軍隊の腐敗をみ

とめることができる。この種の例はむろん他にも多かったことと思われる。この男のお陰で召集から免れることのできた何人かの背後には、二三〇万の戦死者、一五〇万の戦病傷者がいたのである。四〇〇万の遺族もいる。生きて帰ってきた人たちも、大部分は言語に絶する苦労をなめたのである。——「赤紙」の挿話は、悪い人間はいつも悪い、ということを教えてくれるが、戦争という特別の状況のもとでは、人間は利己主義の悪魔になるということも語っている。この文章は「文藝春秋」昭和三十年二月号に発表されたものである。

陸軍というと、小銃を持った無数の兵士を思い浮かべる人も多いだろう。すでに徴兵されなくなった私達には想像が難しい部分もあるが、その多くの兵士が生まれるまでにも多くの物語がある。大量に生み出され、そして大量に死んでいく人々の命を左右している者たちの姿は、今もあまり明らかになっているとは言えないだろう。招集を巡る様子には、様々な「戦時美談」や戦死した後に靖国に祀られるというような「ロマン」を冷ややかに突き放す趣が感じられる。

(昭和9年の兵役区分)

兵役区分		服役年限		就役区分
		陸軍	海軍	
予備兵役	現役	2年	3年	現役兵として徴集された者
	予備役	5年4月	4年	現役を終えた者
後備兵役		10年	5年	常備役を終えた者
補充兵役	第一補充兵役	12年4月	1年	現役に適する者の中でその年の所要の現役兵員数を超過した者
	第二補充兵役	12年4月	12年4月(但し海軍の第一補充兵役を終えた者は11年4月	現役に適する者の中で現役又は第一補充兵役に徴集されなかった者及び海軍においては第一補充兵役を終えた者
国民兵役	第一国民兵役	年齢40年迄		後備役を終えた者及び軍隊に於いて教育を受けた補充兵にして補充兵役を終えた者
	第二国民兵役	年齢17年より40年迄		戸籍法の適用を受ける者にして他の兵役にあらざる者

大浜徹也・小沢郁郎編「帝国陸海軍事典」同成社(1995)より

(昭和16年の兵役区分)

兵役区分		服役年限		就役区分
		陸軍	海軍	
予備兵役	現役	2年	3年	現役兵として徴集された者
	予備役	15年4月	12年	現役を終えた者
補充兵役	第一補充兵役	17年4月	1年	現役に適する者の中でその年の所要の現役兵員数を超過した者
	第二補充兵役	17年4月	17年4月(但し海軍の第一補充兵役を終えた者は16年4月	現役に適する者の中で現役又は第一補充兵役に徴集されなかった者及び海軍においては第一補充兵役を終えた者
国民兵役	第一国民兵役	年齢40年迄		後備役を終えた者及び軍隊に於いて教育を受けた補充兵にして補充兵役を終えた者
	第二国民兵役	年齢17年より40年迄		戸籍法の適用を受ける者にして他の兵役にあらざる者

大浜徹也・小沢郁郎編「帝国陸海軍事典」同成社(1995)より

コラム

抗弁　被害者たちは語る

特高月報に記載されている人々は、当時「犯罪者」とされたゆえに、記録が残った。月報に書かれていることは、あくまで権力（特高警察）の視線による記録であり、抵抗した人々から見れば真逆の記録となる。ましてや、記載者全員に「その後」がある。ここでは、月報に記載されながらも当時を生き延びた人々の、戦後の記録を一部紹介する。

新日本新書「証言　特高警察」（新日本出版社）より

「赤旗」では、1980年から1981年にかけて、「証言　特高警察」「続・証言　特高警察」シリーズを連載し、特高警察と権力の犠牲になった人々の、敗戦35年を経た証言を紹介した。それらは新日本出版社から1981年に『証言　特高警察』（新日本選書292）としてまとめられ出版された。その中には本書に記載されている人物も存在する。

野口　猛（14）（反戦編　1943年（昭和18年）4月分　埼玉県）赤旗1981年1月17日「続証言・特高警察」

14歳の少年が紀元2600年の替え歌を歌って注意を受けた、という内容の記録であった。しかし実際には、野口は右半身不随の障害児であり、「半端者、穀つぶし」「非国民」などといじめられ蔑まれていた。その様な立場の弱い障害者に、誰かの「替え歌」の冤罪が着せられたというのが真相であった。野口は「年端もいかぬ小学生の歌まで監視されていたとはね。強く野蛮なものが威張り散らし、弱い者は息もつけぬ時代だった。」と回想する。

大槻　静雄（34）（反戦編　1943年（昭和18年）7月分　長野県）赤旗1981年1月19日「続証言・特高警察」

大槻は反戦的な会話を地域で行った為、逮捕され懲役4月の刑を受けた。大槻はそれから38年後に事件を回想し、当時の農村の様子を語った。様々な必需品と食料が配給制となり、誰の目にも困窮なのは明らかであった。大槻は旧制伊那北中学出身で学校の先輩の影響もあり、戦争反対論者であったため、機会があれば周囲に戦争の行く末について語っていた。しかし、村長に後に聞いたところによると、村内に特高警察の手の者がおり、密告に繋がったのだという。大槻は「伊那署の腰川という特高は、イスにしばりつけてワシに拷問を加えようとした。相対だった。ワシも血の気が多かったから、「しばれるならしばってみろ」といって取っ組み合いになったこともあった」「特高は、あのころ、正直者をいじめ抜いた。いまなら、こっちが調べてやりたいくらいだがね。」と回想する。

小林　鋏一（25）（不敬編　1943年（昭和18年）7月分　群馬県）　赤旗　1981年1月18日「続証言・特高警察」

宿直での「御真影」の扱いに対し少し文句を言ったところ、不敬罪で拘束された。記載の通り事件があったのは事実であるが、すでに反戦的な文学サークルに出入りしていたので、特高からにらまれていたのだという。発言の後、学校での居心地はますます悪くなり、「依願免」として退職していたが、しばらくして高崎署の特高に拘束された。文学サークルの中心、浦野芳雄を聞き出そうとした様だが、小林は言いなりにならなかった。また、拘束中にはこのような事態を見聞きした。「ある日のこと、高崎署内の空気がいつもと違う。変だなと思っていたら、しばらくして署内の人事異動があった。あとで知ったことだが、一つの「事件」があったのだ。

高崎署の特高が、磯部温泉で大きな荷物を背負った一団を捕まえた。荷物のなかには食料がいっぱいつまっていた。敗戦の色濃く、食料もひどく不足していた時代のことだ。取り調べたところ、北白川の宮という皇族の買い出し係だった。どれほどの処分だったかは知るよしもないが、恐らく、警察が大変な不敬を働いたということになったのだろう。」

小林は「私はいまでも天皇の写真はきらいだ。新聞で平和そのものの天皇一家の写真を見ると、背筋が寒くなる。」と回想する。

中原　幸治（34）（不敬編　1944年（昭和19年）3月分　群馬県）赤旗1981年1月15日「続証言・特高警察」

音羽侯爵の戦死について語っていた所、不敬罪となった。中原は輪タク（三輪自転車に客席を付けた形のタクシー）の運転手をしており、雇主のところで世間話をしていた。そのなかで少し音羽侯爵の話に触れ、ドイツや日本の先行きの暗さについて話していたところ、森田という特高の手先がこれを聞いて内容を誇張してでっち上げ、検挙に繋がったという。各地の拘置所を回され、2回だけの裁判で懲役8カ月の判決を受けて東京の奥多摩刑務所に入れられた。中原は「私のいった言葉はいずれにしろ、一言か二言。それがいつの間にか針小棒大になって、懲役八月だとさ。まったく、あきれかえった話だ。獄中でも特段、反省することもないし、ただ、ひでえ目にあった、イヤなこったと思って暮らした。」「終戦になって、森田に会ったらなにかいってやろうと思っていた。ところが、特高はすぐに解散になって、どこへいったのやら、わからなくなった。いまでも、もし、出会ったら、「なぜ、あんなことをしたんだ」といってやりたいと思っている。」と回想する。

藤沢　房吉（49）（不敬編　1942年（昭和16年）12月分　神奈川県）赤旗1981年1月16日「続証言・特高警察」

戦死した兵士の葬式を、村を上げて行う村葬の場で、葬列が学校を出る際に裏門から出て行くのを不憫に思って指摘したところ、不敬となった。発言から大分たってから特高が来たので藤沢も何が何だか分からなかったという。その後、横浜の検事局に呼び出され、発言内容は事実なので素直に取り調べを受けたあと釈放されたものの、戦中は全ての公職から身を引くこととなった。藤沢は「世の中は戦時色一色だった。天皇だけ偉くて、私たち国民はチリ芥の類いだった。まるで虫ケラ同然だった。」「そうだ、そうだ。昔のことをあばいて、こういうひどいことがあったんだと若い者に知らしめなきゃならん。私のように根がおとなしい者まで、ちょっと口をすべらしただけでいじめられたことを。」と回想する。

井形正寿「『特高』経験者として伝えたいこと」（新日本出版社）より

この本は、警察による人々への監視の内情と、弾圧された人々の様子を両面から伝える貴重な記録である。井形氏は元々は文学少年であったが、臨監席（風紀取締のため警官が映画館や劇場に警官用の席があった）で映画が見れる、警官になれば招集されずに済むという思いで警官になった。井形氏は民衆に同情的であり人々を監視することに違和感を覚えながらも警官としてつとめていたところ、戦争末期の1945年（昭和20年）7月に特高警察官となり、わずか45日間ではあるが特高警察官となった。その後すぐに終戦を迎えたが、その際いくつか貴重な資料（反戦投書の現物など）を持ち出している。この本には本書でも取り上げた多くの発言の元の葉書・投書なども紹介されており、井形氏の警察経験とともに貴重な資料が多く掲載されている。

また、野津義大（不敬編　1944年（昭和19年）2月号）の投書に関して、戦後遺族を訪問した記録も載っており、野津が恐らく拷問による不審死を迎えたことを伝えている（人名解説を参照のこと）。

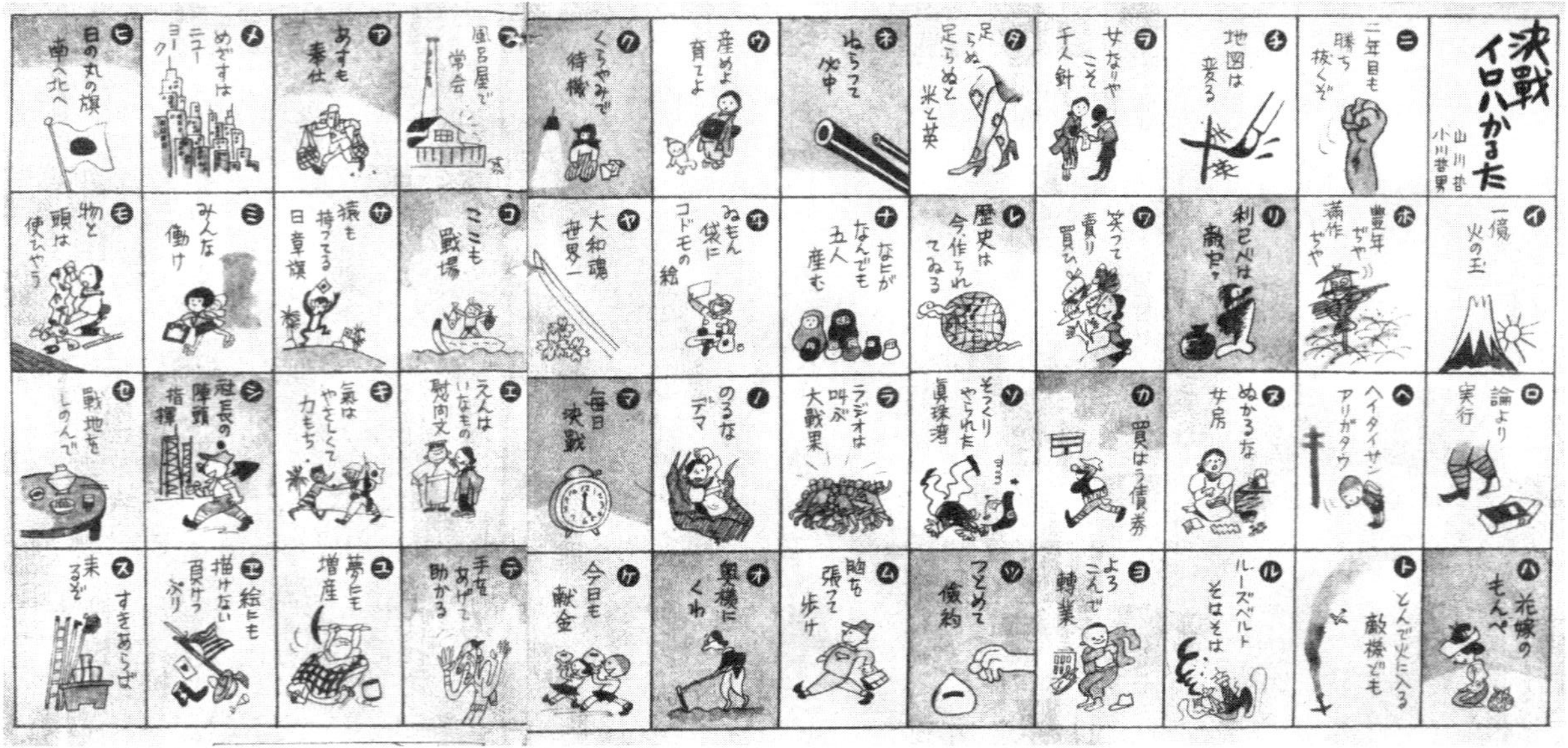

アサヒグラフ　1943年1月6日号　決戦イロハかるた

昭和１８年（１９４３）

🗓昭和18年3月　📍各地　☰農民の特異言動

米穀供出督励を続る農民の不満言動　出米を巡る特異事象　供出米を繞る美談美挙は各地に見受けられたるもその反面には非協力的態度に出でたるもの多数あり、ことに指導的地位にあるものが供出阻止、減石割当、減石陳情、隠匿等幾多の悪徳行為を敢て為せるは注目すべき事象なり。

…特異言動　農民の不平不満の特異なるものを摘録するに次の如し。

「（1）供出々々と言うて我々が汗水流して作った処の米を安く持って行かれて自分達が食うに困る様になってはやりきれない。食わずに働けと言うのか。百姓は死んでもよいのか。**こんなうるさい米を無理して作るより自分の食だけ作って農業の余暇に他の金になる所で働いた方がよい**。

（2）百姓からは何んでもかでも出せ出せと言って取り上げくれるものは都会で一〇〇点なら田舎は八〇点と言う様に何んでも僅少である。何んでこんな差別をするのか百姓を馬鹿にするにも程がある。

（3）**役人は机の上で表を作れば良いのである**。実際に農民に打付かって供出させると言うことになると仲々机の上で考えて居る様な訳には行かない。そして農民が出さないと警察力を用いて片っ端から検挙して出させるとか**第一線の将兵の労苦を思えとか言うておどして来るが第一線で働いて居るのは我々の子弟であって我々の方が前線将兵の気持は良く知って居る。役人も今少し百姓の気持を知って仕事をして貰**

いたい。

（4）供出時機が遅れた為我々は食い過ぎたり親戚知己に分けてやって現在では自分の食糧だけしか取って居ない。そこへ出せと来てももう出す処はない。また少しはあっても農繁期の臨時雇の作男に昼食を食せる分を取っておくのだからこれ位は認めて貰いたい。今後はもっと早く供出命令を貰いたい。

（5）我々百姓がたまに東京辺りへ出て行った時に歌舞伎座の前辺りに入場券を買う為に黒山の様に人が集って居る。**こんな遊んで居る都会人の為に我々が汗を流して作った米を送り出すことには賛成出来ない。**

（6）農村からは無理やりに供出させて不必要だと思われる飲食店に米を配給して、彼等に金儲さして居るがあんな遊んで居るものに食わせる余分の米があるなら保有米の供出等はさせなくてもよい。

（7）**木炭焼や坑夫には酒の特配をやるとか格安に配給すると言う様な事をして居るが農家にはそんな事がないのは遺憾だ。百姓は全く戦争遂行上大きな役割を果して居るのだから一方に無理をさせたなら一方に「ユトリ」のある処を見せて欲しいものだ。**

（8）会社員や官吏は色々の手当が貰えるが百姓にはそれがない、中流以上のものは応召しても援助も貰えぬ。農民が安心して働く為めには今少し物価を安くして米価と均衡のとれる様にして貰いたい。供出の時だけチヤホヤされるのでは米を作るものもなくなる。」

※特高警察がその組織で集めた、正真正銘の戦時下農村の実情だろう。

特高月報 昭和18年3月号

昭和18年2月　**山梨県**　**不穏言辞**

山梨県南巨摩郡増穂村青柳一三四〇　理容術営業　共乙　熊王徳平（38）

被疑者は二月十四日要注意文化団体中部文学社機関誌編集同人会の席上に於て、「徴用なんか今に皆来るんだ何も築き上げた営業を捨ててまでも先に立って行くことは無い　独逸等今半年も経てば負けて終うぢゃないか、そうすれば日本なんか何とかならあ　**戦争なんか負けても勝っても俺達の責任ぢゃない、そんな事は為政者のすることだ**」との不穏言辞を弄したるもの。（四月十九日言論出版集会結社等臨時取締法違反として送致）

※実際にはこれより二年も戦争は続いた。

特高月報昭和18年8月分

六月二十八日甲府区裁判所にて言論・出版・集会・結社等臨時取締法により罰金百円

特高月報 昭和18年4月号

昭和18年3月　**鹿児島県**　**不穏落書**

鹿児島市新屋敷町一五六　国民学校高等科一年生　八反田実（15）

三月二十一日鹿児島市新屋敷町一四七銀行新屋敷出張所事務室壁に墨筆を以って、「米国は日本に勝つとイッテヌル日本は米がタラヌ云々。」の不穏落書を為したるもの。（戦時刑事特別法第一七条住居侵入罪として取調中）

特高月報 昭和18年4月号

昭和18年4月　埼玉県　反戦童謡

埼玉県北葛飾郡幸手町大字幸手一一〇五　戸主嘉治五男　幸手国民学校初等科六年　野口猛（14）

四月一日自宅付近街路に於て友人数名と遊戯中左の如き反戦時童謡を高唱し居りたるもの。「**金鵄上って十五せん　栄ある光三十せん　遥かに仰ぐ鵬翼は二十五銭になりました　嗚一億は皆困る**」（幸手国民学校長に対し童謡禁止方に関し注意を与へ出所等捜査中）

※奉祝国民歌「紀元二千六百年」の有名な替え歌である。これは冤罪であった。コラム「抗弁被害者たちは語る」を参照のこと。

特高月報 昭和18年4月号

昭和18年4月　警視庁　不穏言辞

東京市下谷区三ノ輪一一八　青物商　斎藤喜代松（53）

四月十一日下谷区三ノ輪町七八菅野功方に於て「ああつくづく世の中が嫌になった。税金は払えと言われ、**先達は子供が病気したのでリンゴを買いに行っても品物はなし、区役所に木炭の配給を受けに行っても無いと言われ、国債は買えと言われるし全く大変な世の中になった**云々」と不穏言辞を弄す。

特高月報 昭和18年5月号

昭和18年5月　警視庁　不穏歌詞

近時東京市南千住方面工場従業員間に小原節にて左記の如き歌詞流行し居るの聞込ありたり。

「今の社会で幅きくものは／星に錨に桜に闇よ／どうせ俺等は捨小舟」（出所究明中）

※当時流行った歌の一種である。「星」は停電（夜空が見える）、錨と桜はそれぞれ海軍・陸軍、

闇はそのまま闇商売を象徴していると言われる。「星に錨に闇に顔」というパターンもある。

特高月報 昭和18年5月号

昭和18年4月　神奈川県　不穏落書

四月十九日神奈川県藤沢市辻堂所在関東特殊製鋼株式会社工場便所白壁に左記の如き落書あるを発見す「コンナ工場ミンナデブツシブセ仕事スルデナイ。××の人情しらすめ今の様な心掛けでは必ずや悪運の来る日か有左様知り居るが良いぞ」（捜査中）

特高月報 昭和18年5月号

昭和18年4月　鹿児島県　不穏落書

四月二十四日鹿児島市所在田辺航空株式会社鍛金部便所内壁に左記の如き不穏落書あるを発見す。「行く先は何処ぞ鹿児島の／しかも徴用の二年間　ついた宿舎にとめられて／泣く泣く働く日の永さ」（直ちに抹消、行為並思想的背景内偵中）

特高月報 昭和18年5月号

昭和18年4月　警視庁　反軍落書

四日二十三日東京市日本橋区呉服橋一ノ三西河岸橋横共同便所扉内側に左記の如き落書あるを発見す。「戦争破カイ主義軍人共を日本から叩き出せ　一殺多生之剣」（直ちに抹消、捜査中）

特高月報 昭和18年5月号

昭和18年5月　警視庁　反戦投書

本月四日麹町区永田町東条英機宛、発信人東京市中野区本町通三ノ五大野三郎名義を以て左記の如き投書郵送越ありたり。「東条大将もういい加減にして戦争をやめろ、国民の苦しみを知らぬかお前達は何の不足もあるまいから」云々と書き最後は「**我国民はもうこれ以上は忍ばれない、今に内乱が起きるから見ていろ今その準備をしているのだ気をつけろ**」と結びあるもの。（捜査中）

※実際に実力的な内乱は発生しなかったが、政府内における反東条の動きは次第に強まり1944年（昭和19年）7月18日の東条内閣総辞職に繋がった。この手紙は単なる不満か、それとも深読みすれば政治的な意味を持つものか。

特高月報 昭和18年5月号

昭和18年3月　千葉県　不穏落書

本籍　茨城県真壁郡上妻村桐ヶ瀬一七　住所　船橋市宮本町鴨川三　ニッケル倉庫係工員　本橋今次（37）

本年三月十五日頃船橋市宮本町所在鴨川ニッケル工業株式会社寄宿寮便所扉に、「人足同様な鴨川ノ職工／君等はそれで満足か／反省する要なきか／自覚すべき／要なきか／然らざれば自滅あるのみ」と落書を為す。（言論出版集会結社等臨時取締法違反として取調中）

特高月報 昭和18年6月号

昭和18年4月　警視庁　反戦落書

本籍　神奈川県横浜市中区浦舟町二ノ二五　住所　東京市本所区東駒形四ノ二一　昭和館止宿　自由労働者　内藤和助（30）

四月二十四日東京市日本橋区呉服橋二ノ三共同便所扉に、「戦争破カイ主義軍人共を日本から叩き出せ！！」及同日同区兜町三ノ一新場橋際共同便所に、「戦争破カイ主義軍人共を日本から叩き出せ、**日本はアメリカと共に世界平和に貢献すべき**である」と反戦落書を発見す。（五月七日被疑者検挙取調の結果二十八件に亘る反戦的落書を敢行したる旨自供せり）

特高月報 昭和18年6月号

昭和18年5月　北海道　反戦落書

五月二十日北海道山越郡八雲駅構内公衆便所内に、「戦争は嫌だ」と落書あるを発見す。（捜査中）

特高月報 昭和18年6月号

昭和18年5月　大阪府　反戦落書

五月三十一日大阪市東成区深江東六丁目深江郵便局前ポストに左の如き反軍的不穏文書掲示しあるを発見す。「大本営何をねるか　ソ満国境に兵無用　無理な作をする可らず　アッツ島どうする可」（捜査中）

特高月報 昭和18年6月号

昭和18年6月　大阪府　反戦投書

本月三日大阪市東区備後町三丁目一八山崎作次郎宛、大阪天王寺局消印ある官製葉書を以て左記投書ありたり。「戦争はあきあきしました、一日も早く平和の来る様神様に御祈り致しましょう、この葉書を受取ったお方はこの通り書いてあなたの知人二人にお出し下さい、早く平和の日がきます。」（行為者捜査中）

※広めなかった場合のデメリットが記載されていないので「不幸の手紙」ではなく「幸福の手紙」であろう。

特高月報 昭和18年6月号

昭和18年5月　広島県　反戦投書

広島県賀茂郡乃美尾村乃美尾郵便局内ポストに切手貼付無き在東京イギリス公使館並米国公使館宛左記投書あるを発見す。「1、タノミマス　イギリスアメリカヒコーキハヤク日本キョサントセフトセフヲタヲシテクレタマエ　東京ヲヤキハライデクレタマエ人民オカツワカスキョサントセフヲバクゲキシテクレタマヘハヤクジョリクセヨミカタニナルカラタノムタノム　在東京イギリス公使カン御中　人民代表　2、アメリカヒコキハヤク日本キョサントセフヲタオシテクレタマエ東京セーフエバクダンオトシテクレタマエ東京ヲヤキハライタマヘ　人民オカツワカスカラツクタ米ラトリアゲテカツワカス兵タイハ牛馬の如し、モノハマリ東京セフオタオシテクレ　在東京米国公使カン御中　人民代表」（捜査中）

※「キョサントセフ」とは共産党政府だろうか。日本の敗北を願っていること以外は意味の分からない手紙である。

特高月報昭和18年9月分
広島県加茂郡板城村字国近九三一ノ一　無職　佃　保（78）　八月五日検挙同月二十七日刑法第百五条ノ三該当犯罪として送局す
特高月報　昭和18年6月号

昭和18年6月　神奈川県　不穏落書

六月十日神奈川県三崎町町営魚市場共同便所内壁に左の如き不穏落書あるを発見す。「金持を殺せ　月給が安く妻子有る者は生活が困難してる、人物払底し居る今日統制令の規約が分らんか何でも良いその日の生活の保証を致せ云々。」（捜査中）
特高月報　昭和18年7月号

昭和18年7月　樺太庁　不穏落書

本月十二日豊原市樺太東線豊原駅公衆便所内板壁に左記落書あるを発見す。「記　樺糖パンノ配給ハ不公平ダ　―上ノ者楽ナ者バカリ沢山食ヘアガル、二歳ヨリ七、八歳マデノ子供全部ニ当レ」（捜査中）

特高月報　昭和18年7月号

昭和17年11月　長野県　反戦言辞

本籍　長野県上伊那郡中箕輪村　六一六住所　同上　農　大槻静雄（34）

客年十一月より本年一月に至る間居村民十数名に対し、「**今朝鮮には戦争には協力するが民族独立を認めて貰いたいと言う運動が起きている**、今度の戦争は米英が勝ち日本が負けるが左様な場合でも農民は困らぬ　困る者は官吏や翼壮の幹部だけだ、云々」との反戦言辞を為せり。（言論出版集会結社等臨時取締法として検挙送致したる処、客月三十日の長野区裁判所に於て懲役四月の判決言渡ありたり）

※コラム「抗弁　被害者たちは語る」を参照のこと。

特高月報 昭和18年7月号

昭和18年4月 広島県 反戦落書

四月二十一日芸備線小奴可駅構内共同便所内板壁に左記落書あるを発見す。 記 「**君たちは何んの為に七年も戦争して居るのだ**」(捜査中)

特高月報 昭和18年7月号

昭和18年7月 樺太 不穏落書

七月二十九日樺太本斗町中通南一丁目先支庁脇公衆便所内に、「**食糧不足につき人間製造中止**」と落書あるを発見す。」(犯人捜査中)

※当然、そうならざるを得ない。

特高月報 昭和18年8月号

昭和18年5月 大阪府 不穏文書掲出

大阪府中河内郡竜華町大字渋川七二　農　浜沢与嗣広（40）

本年五月十八日大阪府中河内郡竜華町渋川産業道路橋梁板囲に模造紙に毛筆を以って、「町民諸君ニ告グ　竜華町ニ於テ飛行機一機献納ハ隣組ニ於テ議決シタ案デハナイ（中略）町長及各名誉職ガ上ニヨイ顔ヲセントスルカラ町民ヲ苦シメル八区モ然リ八区モカノアルダケ献金シタラヨイ割当トハ何事ゾ貧者ノ一燈デヨイ」と記載せる文書を掲出したるもの。（七月十四日検挙、言論出版集会結社等臨時取締法違反被疑事件として送致）

※航空機献納の割当を勝手に引き受けたトラブルがあったようだ。

特高月報　昭和18年8月号

昭和18年8月　新潟県　反戦落書

八月三日新潟港南埠頭新潟運送株式会社所有倉庫扉に白墨を以て「**兵隊さんは　このごろばかになってしまった**」と落書あるを発見す。（捜査中）

※実際、戦局が悪化するにつれ丙種合格者など本来現役に向かないとされた者も召集されたため、実際に「ばか」が増えたように見えたのかもしれない。

特高月報 昭和18年8月号

昭和18年7月 栃木県 不穏落書

栃木市河井町一ノ九六三 山岸製作所職工 木野内実（28）

被疑者は工場の待遇に関し不平不満を抱き一般従業員に怠業気分を横溢せしめ、工場主をして賃金を増額せしむる意図の下に七月三日工場内便所正面の壁に釘にて、「三十歳上ノ方二円三十銭仕事ヲスルナ／本月賞与十円 臼井ハ太ル我等ハ痩ル」と落書せる外七月二十三日及七月二十九日の二回に亘りベニヤ板素材たる松丸太に釘を打込み、剥取機の鉋を破損せしめたり。（八月三日言論出版集会結社等臨時取締法違反として送局す）

特高月報 昭和18年9月号

昭和18年8月 福岡県 不穏落書

福岡県門司市楠町四ノ一六六三 河村満（19） 福岡県門司市蛭町五丁目 三浦綱太郎（63）

八月二十一日昼食後下関市海岸通所在渋沢倉庫株式会社門司支店下関倉庫第三号倉庫向って右

側鉄門扉内側に、「決議事項　1．テンギラ自由（荷抜自由の意）　2．給料値上　3．**週二回休業**　4．出勤九時　5．**昼食休三時間**」と落書す。（九月八日検挙取調の結果、思想的容疑の点なく厳諭の上釈放す）

特高月報　昭和18年9月号

昭和18年8月　警視庁　反戦落書

八月七日午後六時頃より翌八日午前六時の間杉並区阿佐ヶ谷四丁目四〇四番地先電柱に半紙白紙半分に毛筆を以て楷書にて、左記内容の如き文句を落書貼布せるを発見せり。

「陸鷲志願反対運動起せ

十日迄延期は集まらないからだ」（捜査中）

※陸鷲とは陸軍航空隊を指す。

特高月報　昭和18年9月号

昭和18年8月　警視庁　反戦投書

左記内容の如き反戦投書を故元帥海軍大将山本五十六嗣子山本義正氏宛官製はがきに青インクを以てペン書し、八月九日四谷郵便局に投函配達されたるを八月十日午前八時三十分山本邸より届出により発見せり。

表面　赤坂区青山南町六ノ八一　山本元帥　御遺族様

下谷区徒町十二　山田正輔

裏面「御気毒デスガ故元帥の功名心カラ出た一大失敗ガ原因して今や戦局ハ敗戦ノ状況デス、せめての罪亡ぼしに元帥を辞せられたい、**故人の失敗を説明して上げますから八月九日午前九時東郷神社の入口で御待ち下さい古い国民服にパナマ帽を着て居ます。**」（捜査中）

※嫌がらせである。実際に東郷神社に行ったら説明してもらえたのかは永遠の謎。

特高月報　昭和18年9月号

昭和18年4月　鳥取県　反軍落書

鳥取県岩美郡面影村大字正連寺一六四　鳥取高農三年生　三野正浩（22）

本年四月下旬頃同校教官より頭髪を短く刈る様再三叱責せらるるや内心反感を包蔵し居りたる所たまたま同月下旬の午後一時頃用便に際し同便所内壁に鉛筆を以て、「諸君**長髪ハナゼ不可ナイノカ**／俺ニハ不可解ナリ　アア世ヲアゲテ軍部ニ追随スルハ何タル事ゾ打倒軍部」と落書す。（八月二十三日検挙取調の結果、思想的容疑の点認め難く厳戒の上釈放す）

特高月報 昭和18年9月号

昭和17年12月　愛知県　戦没者遺家族の反戦反軍的通信文発送事件

名古屋市東区矢田町一丁目四八地　無職（元新聞記者）小尾菊雄（62）　同（右菊雄妻）　平洲幼稚園経営　小尾ふさ（51）

右被疑者等の長男正（25）は昭和十七年一月二日中部第二部隊に応召其の後南支方面出征中広東省汕頭方面に於て戦病死せるが、被疑者等は同年十二月一日その公報を接受するや悲嘆の極其の思想感情の赴くままに反戦意識を激発し遂に両名協議の上、「拝啓御無沙汰致し候、かねて出征中の愚息小尾正事去る十二月十一日南支広東省汕頭方面に於て所謂名誉の戦死否犬死を致し申候。ああ二十四歳の若桜人生の春にも逢はで無理に散らされ申候、家庭共は経をあぐる代りに写真を前にして泣いてばかり居り候、今更戦争の大罪悪なることを心より痛感致し候　ああ」なる長男正の死亡通知を兼ねたる反戦反軍的内容の文案を作成し、官製葉書に青インクにて本人（菊雄）直筆し妻と連名の上昭和十七年十二月十二日より昭和十八年二月頃迄の間に於て親戚知己友人関係並に戦没者正の名古屋高商同窓生等に宛約十数通を発送せり。なお被疑者小尾ふさは戦病死の公報を受けたる直後昭和十七年十二月末頃当時の心境を短歌を以て表現し便箋に書き止め居りたるが其の内容は「軍国主義を呪う」と題して、「親よ子ときれぬきつなを切りきざむ　この捉ひとつのろわしくして　母よはふひまなく遠く逝きにけり　なぜにいそくや誰かまつらむ　母をさえよぶことさえもゆるされで　旅たたすとは何とがありや　身をすてて友とちすくひたたひとり　旅たちにけりあまりにあわれ」等々の反戦反軍短歌を記し、外部に発表したる事実なきも、皇国女性たるの本分を忘却しひたすら戦争を罪悪視し居りたるものなり。愛知県にありては右事実の聞込みあり直に捜査の結果九月二十日検挙取調の結果犯行一切を自供せるがその家庭的環境極めて不遇にして、かつ取調の過程に於て説諭の結果深く感動自省し、自己の行為たるや名誉ある遺家族の体面を自壊自汚しかつ英霊に対する反逆行為なりとの認識に到達し心から前非を悔悟し、其の態度真摯改悛の情顕著なりしを以て検事局との打合の上厳重訓戒の上釈放せり。

※悲しい事件である。

特高月報 昭和18年10月号

昭和18年9月　兵庫県　反戦言辞

兵庫県有馬郡三田町新町　三田高女教諭嘱託　高山博信（24）

九月中旬頃同校講堂に於て四年生約九十名に対し自己担当の農業の講義を為したる際大東亜戦争に言及し、「**新聞には勝った勝ったと言うことを書いているが事実はどうか分らん、勝ったと言うのに日本には戦死者が非常に沢山あるではないか、これを見ただけでも我軍が相当苦戦をして不利な方になって来て居る事は分かるだらう。**」と申向け、更に九月二十七日放課後同校農園に於て居残り作業中の四年生西羅綾子外三名に対し戦局批判を試み、「**アメリカの生産力は日本の一に対して十五と言う驚くべき割合だ**、現在日本も生産力の増強をやいやい言って居るがアメリカでは飛行機の年産は十三万五千台と言われて居りまた船舶は一千百万屯を造ると言うことだ、これを見ただけでも**如何に日本が大和魂があり精神力が強いと言って見た処で十五と一とでは**勝つか負けるかは言わなくても判った事ではないか、飛行機も足らんし、船も足らんと言って後退して居るが日本は今に負けてしまうだろう。」と申向け既に我国の敗戦は必至なりとの旨を強調す。

（九月三十日検挙し陸軍刑法違反被疑事件として目下取調中）

※戦争も後半になるにつれ益々国力の差は広がっていった。

■特高月報昭和18年11月分
十月十三日陸軍刑法第九十九条違反として起訴神戸区裁判所にて審理中の所十一月十六日懲役六月二年間執行猶予の判決、十一月十八日判決確定

昭和17年8月　静岡県　反戦言辞

浜松市東伊場町八八ノ八　静岡電気通信工事局浜松分局雇員　阿部森一（43）

被疑者は昭和三年三月苦学の末中央大学専門部法科別科を卒業したるものなるが同大学在学中及卒業後左翼文献を耽読し、日支事変並に今次大東亜戦争は帝国主義戦争にして資本主義の発展を武力により解決せんとするものにして我々無産階級はこれが為あらゆる犠牲を強いられるものなりとの見解の下に、昭和十七年八月頃浜松市東伊場町自宅付近の石橋上に於て午後八半頃同所に涼み居りたる同町袴田金作外二名に対し、「**戦争がこう永引いては国民の生活が非常に苦しくなって来るので戦争に負ければ負けてもよい**」と自己の抱懐せる意見を申向け、更に本年七月二十三日頃の午後自己の勤務先たる静岡電気通信工事局浜松分局の自己の席に於て同分局勤務の同僚二名に対し、「日支事変が永引いて大東亜戦争に続いて居るからとても米英には勝てそうもない、戦争なら早く止めて貰った方がよい、**米英に負けても米英のやるやり方も現在たいして変りはないからそっちから給料を貰っても同じ**事だ。」と申向け更に七月下旬か八月二、三日頃の午後六時頃自宅裏共同井戸端に於て、同町内居住の藁科つるゑ、山口みねの両名に対し、「防空防空と言うが日本がこの戦争で勝つと思っているのか、永い事日本も戦争で疲れて居て物の配給も思う様に来ないし品物も値が上って生活も困難となり戦争には耐えられないから日本が負けるに決っている、**米英が勝てば俺はアメリカへ渡って金儲けをするのだ**云々」と申向け時局に関し人心を惑乱すべき事項を流布す。（九月二十日検挙左翼分子なりとの観点よりこれが取調を為したるが意識薄弱にして治維法違反として門疑すべき余地なきにより言論出版集会結社等臨時取締法違反として十月一日送局す）

特高月報 昭和18年10月号

昭和18年4月　島根県　反軍不穏言辞

島根県八束郡講武村大字名分五六一　農業（共甲）　木村亀蔵（45）

被疑者はかつて全国農民組合に加盟し実践運動に従事中昭和六年三月検挙せられ、同七年七月松江地方裁判所に於て治維法違反に依り懲役二年に処せられたる前歴を有するものなるが、依然階級意識を有し注意中の所本年四月中旬正午頃かねて知合なる松江市石橋町片寄吉重方に至りたる際たまたま独逸の戦果に関するラジオ放送ありたるがその戦果に感嘆せる同人外二名に対し「**魚釣りが魚を釣って人に出会いよく釣れましたかと言われたらまだ一尾は捕り逃した一尾は落したと言うのと同様戦果の発表には相当嘘がある**、日本の布哇真珠湾攻撃の大本営の発表にカリホルニヤ型、オクラホマ型等を沈めたと言うのは事実釣った魚に当る訳で本当かも知れぬがあとの大破中破と言ふのは捕り逃した魚に当るもので当にはならない、**大体米英の戦果の発表は正確であるが我方の大本営の発表には相当法螺がある**から当にはならぬ」と放言し、更に同年二月十一日居村部落公会堂に於ける部落会同の席上会同せる部落民十四名に対し「貯金をして幾ら紙幣を集めて見ても戦力の増強にはならぬ**貯金通帳を持って居ても米英は恐れはしないそれは紙屑の様なものだ**」と放言し時局に関し人心を惑乱すべき事項を流布す。（八月十日検挙同月十八日臨時取締法違反被疑事件として送局せるが其の後検事の取調に対しても強硬に否認し続けたるも検事当局に於てはこれを起訴と決定十月八日起訴せらる）

※魚釣りの例えは中々である。大本営発表の虚偽については帰還兵の内輪の話を聞いたり、大掛かりな例では国際放送を傍受するなどして、細々と伝わっていたのだろう。

特高月報 昭和18年10月号

昭和18年9月　静岡県　反戦落書

清水市下清水六八四　小長谷一方　金指造船所電気溶接工　大石武男（25）

清水市三保貝島金指造船所に於て建造中の第一期計画造船標準型トロール船七洋丸船尾に向って左外板内面賄室横側に石筆を以て、「**大東亜戦争停止**」と落書しあるを本年九月三十日発見、捜査の結果犯人を検挙す。（十一月六日言論出版集会結社等臨時取締法違反として

送局、十一月十八日罰金二十円に処せらる）

特高月報 昭和18年11月号

昭和18年10月　長野県　反戦落書

十月二十四日午前十時頃東筑摩郡広岡村広岡駅前公衆大便所腰板に「貧乏神 東条内閣 自由平等一将功成って国民亡ぶ　特権階級と軍部の　始まった戦争のために　我々は誰のため戦っているか」と落書しあるを発見す。（捜査中）

特高月報 昭和18年11月号

※広丘村か？

昭和18年10月　大阪府　不穏反戦投書

大阪市西成区長橋通四丁目五　食糧営団配達夫　上野新三郎（50）

西成区長橋通四丁目今ニ警防団本部宛十月十三日時間不詳西成局消印ある左の如き投書を為したる外四回に亘り不穏投書を為す。「決戦苛烈と体裁の良い言葉で誤魔化し其実敗戦に継ぐ敗戦、日の丸も風前の燈火同様、賢明な米国は犠牲を多く出し空襲に来るものか、捨てて置いても来秋は餓死続出、**朝鮮の一角から内乱勃発、遂に内地も革命騒動**、昭和も重苦年で終り其の時荒木、**杉山、末次、寺内彼奴等は卑怯で割腹はようしまい、米国兵に銃殺されるだらう**、こら徳田、谷川、高田余りこせこせぬかすと覚えて居れ叩き延ばしてやるから日本人は軍部にだまされて餓死せよ。」（検挙取調中）

※荒木（貞夫）、杉山（元）、末次（信正）、寺内（寿一）は陸軍・海軍・内務大臣経験者であり、有名な軍人の名前を挙げたのだろう。

特高月報 昭和18年12月号

昭和18年12月　神奈川県　反戦落書

本年十二月九日正午頃小田原市緑町四丁目市内電車小田原駅発着ホーム施設共同便所羽目板床上二尺位の個所に青インク万年筆用のものにて「諸君　日本は何故今度の戦争をやっているんでせう　**苛烈な戦争を幾万の同胞の生命物資を消費して何が聖戦でしょうか**　満州支那いや世界を制覇しようとするのでしょう　侵略主義の日本の政治家よ　正義は何時でも勝つ欺まん何時の時代でも永続はしない　日本も滅びる時が来たのだ　噫ー同胞よ反対せよ」と達筆に落書しあるを発見す。（捜査中）

〓〓不敬不穏事件調

（2）東京都会議員選挙に現れたる左翼的乃至反軍反戦的投票

本月十三日施工せられたる東京都会議員選挙に際し左記の如き左翼的乃至反軍反戦的投票ありたるが中には明らかに共産主義者の所為と認めらるるものあり、右は決戦段階に於ける都民思想並に世相の一面を如実に物語るものとして相当注意の要あり。

・戦争はやめませう。
・資本家の為めの戦争絶対反対。
・帝国主義戦争反対、ソヴェート同盟の勝利万歳。
・日本労働運動史の第一頁を血を以てかざれる輝ける非戦論者幸徳秋水に捧ぐ。
・労農の骨迄しゃぶるナチス、フアッショ都会議員の輩撃ちてし止む。
・ウソツキ政府ヤメロ。
・闇買ひと買溜の常習者の上流社会を葬れ。
・指導者階級の闇行為を厳罰に処せ。

・東條不信任。
・軍部官僚独善。
・日本滅亡万歳。
・米を出せ。
・少なきを憂へず等しからざるを憂ふ。
・反戦論者。
・早く戦争を止めろ軍人馬鹿。
・我主レーニン。

特高月報昭和18年9月号

「竹槍事件」と懲罰召集

懲罰召集、という言葉がある。刑罰として召集を受ける、という意味ではない。政府や有力者の意思・方針に逆らったがために、本来あり得ない状況で召集を受けることを指している。特に東条政権下においては、「東条憲兵」と共にこの懲罰召集が支配の道具・見せしめとして行われ、恐れられていた。召集は本来定められた基準により無作為かつ平等に選ばれるという建前があり、また本来召集は「名誉」なことであり当然「陰謀」と呼ぶことも断ることもできないという、圧力や見せしめの道具として非常に有効な道具となっていた。今回紹介する「竹槍事件」は、必ずしも反戦的な事件ではなく、むしろ陸海軍の内部対立の末に発生した事件であるが、戦時下の陸海軍の対立や報道の歪み、そして召集という大きな力を知るのに良い事例となるだろう。

太平洋戦線の苦戦

いよいよ米軍が全面的に攻勢を強めてきた1944年（昭和19年）2月。すでにソロモン諸島での1年に及ぶ戦闘に敗退し、南太平洋では1943年末（昭和18年）から米軍の反撃が激しさを増し、マーシャル諸島とギルバート諸島が相次いで陥落していた。そして2月17日・18日には海軍の根拠地である南太平洋トラック島が米軍機動部隊による大空襲を受け壊滅し、同時に多数の船舶を喪失した。太平洋での米軍の反撃を受け続ける海軍と、主に大陸での戦闘を行う陸軍。既に連合国側との技術力の差も物量も大きく開いている中を、日本陸海軍はわずかな物資や兵力の取り分、定まらない計画を巡り内部対立している状況であった。

東条英機首相は前年に内閣倒閣運動を主導していた中野正剛に圧力をかけて自殺に追い込み、2月22日の時点では首相・陸軍大臣・軍需大臣、そして参謀総長を兼任し体制を固めていた。

米軍からの反攻を一番正面で受ける立場にあった海軍は、更なる物資、特に航空機とその製造に不可欠なジュラルミンを求めていた。海軍の古賀峯一連合艦隊司令長官による直談判により、ジュラルミンの配分は陸6：海4から半分半分になったものの、不足に変わりはなかった。技術者や様々な資材も陸軍優位に配分されていく。太平洋から迫る米軍の脅威を直視していた海軍は、海軍省記者クラブ「黒潮会」で栗原悦蔵報道部長に航空機不足の窮状を訴えさせた。そして、それを聞く記者団の中に毎日新聞記者・新名丈夫がいた。新名はこの海軍ひいては太平洋戦線の窮状を伝えることは東条及び政府に歯向かうことになり、結果毎日新聞の存亡も含めてどのような末路をたどるか分からないことを意識していたが、それでも新名は戦争の実情を伝えるためにこれを記事にすることを決めた。吉岡文六編集局長もこれに賛同し、社外へ執筆者を打診したが、圧力や検閲の存在を意識してか書き手はなく、結局新名が記事を書くこととなった。2月22日の晩に記事は書き上げられた。

栗原悦蔵海軍少将

勇ましさに隠れた実情

2月23日の朝刊、そこには東条首相による非常時宣言記事の左下に、「勝利か滅亡か　戦局は茲《ここ》まで来た　眦決《まなじりけっ》して見よ、敵の鋏状侵寇《きょうじょうしんかん》」「竹槍では間に合はぬ　飛行機だ、海洋航空機だ」と題された二つの記事が掲載された。そこには、海軍の目線から見た太平洋戦線の実情と、迫る米軍の脅威と後退し続ける戦線、航空戦力の必要性が力説され、またフィリピン方面と本土方面に迫る米軍の侵攻予想図が掲載されていた。

掲載に際し、「海軍関係記事は海軍の検閲だけ受ければ良い」「古参記者は検閲されない」という不文律や地位を利用して検閲を受けることはなかった。この記事は東条と陸軍を大いに怒らせ、内務省により早速朝刊の発売禁止及び差し押さえ処分が通達されたが、すでに朝刊の配達は終わっており、多くの人々の目に触れていた。この記事は読者から大きな反響と好意的な評価を受け、また当然海軍内部でも絶賛され、報道部の田代中佐は他社の前で毎日新聞を褒めたたえた。また、同日の夕刊には、清水武雄記者による「一歩も後退許されず即時、敵前行動開始へ現戦局、全国民に要請」という記事が掲載された。これも戦争協力の体裁をとりつつ、「敵が本土に迫っている」実情を知らせるものであり、統帥権侵犯だとして東条の怒りの火に油を注いだ。

　東条と陸軍の逆襲も始まった。陸軍報道部長松村秀逸少将は東条の意向を受け、毎日新聞にあらゆる圧力をかけた。呼び出された吉岡編集局長や編集総長の高田元三郎に対し、先の朝刊発売禁止に加え、陸軍報道部への毎日記者の出入り禁止、毎日新聞への監視強化、「反戦」嫌疑のある記者への退社処分要求などを怒鳴りつけて命令した。だが高田編集総長は責任は自分が負う旨を宣言し、毎日新聞社に帰還した。さらに毎日新聞社長の奥村慎太郎は南方戦線視察から急遽帰国し、高田編集総長を伴って東条との会見に臨もうとしたが、首相官邸まで来れたものの東条に無

毎日新聞
皇國存亡の岐路に立つ
首相・閣議で一大勇猛心強調
秋正に危急総力を絞り
果斷・必勝の途拓かん
勝利か滅亡か
戰局は茲まで來た
竹槍では間に合はぬ
飛行機だ、海洋航空機だ

毎日新聞　一九四四年二月二三日朝刊

視された形で中止となった。

懲罰招集

事件から数日後、陸軍から記事を執筆した記者の指名と本籍地を明かすように問い合わせが来た。この際、新名はキャプテンとして責を負って清水記者の記事含めすべてが自分の名義であると返事を行った。そして数日後、新名は本籍地の高松市役所から赤紙を受け取った。陸軍の問い合わせは召集の予告だったのである。しかし、この召集は普通あり得ないものであった。この時新名は38歳。1926年（大正15年・昭和元年）に検査を受け、近眼による兵役免除も受けている。第二国民未教育兵として軍とはほとんど関わりもなく、また周囲の同年代にも一切赤紙が来るような事態は起きていなかった。懲罰召集である。海軍はこれを知り、新名記者を擁護して陸軍と張り合った。「陸軍で死なせるな、海軍省内で新名を自殺させれば世論を変えられる」という非常に迷惑な意見まで出たという。陸軍より数日前の日付で海軍によりパラオへの報道班員としての徴用手続まで行われ、更に一時は最初の召集が取り消されもしたが、最終的に陸軍による絶対の命令により新名の召集は確定し、新名は丸亀連隊に入隊した。入営前の検査でも近眼が証明されたが命令は絶対であった。だが、中隊長の滝川大尉は新名が以前善通寺師団の従軍記者だったことを知り、水面下で新名を優遇をした。練兵や訓練でも新名は休むことを許され、また報道部の香川中尉により将校用酒保に連れていかれて、酒と煙草で接待を受けたりした。だが、新名がこうしている裏で、巻き添えを食らったものもいた。海軍が恣意的な召集に対し抗議したため、陸軍は辻褄を合わせるとして、更に新名と同じ大正14・15年に検査を受けた、本来召集され得ないはずの250名を召集したのである。悲惨なことにこの30代後半の250名は後に硫黄島へ送られ、激戦の末に全滅することとなる。

海軍の恩義

新名には更に沖縄または硫黄島方面への転属命令が下っていたものの、丸亀連隊の独断により新名は3ヶ月で除隊された。そのままでは再び召集される可能性があるため、海軍は今度こそ新名を保護するために報道班員として徴用しフィリピンに派遣し、新名は無事に戦争を生還した。戦後も新名は自身の体験について語り継ぎ、また第二復員省（旧海軍省）による『海軍戦争検討会議記録』を編纂・出版するなどした。

空襲と民衆と都市傳説

いつの時代も、おまじないというか迷信というか、どうして生まれたのか定かではない行為が人々を引き付けている。戦時下においても、戦災や戦傷除けの迷信が流行った。政府も奨励した「千人針」から、特高月報に記されたような「らっきょうを食べる」「不幸の手紙」まで、様々なバリエーションがあるが、後者は特に戦況が悪化するにつれ広く流布したようだ。召集については長い間日本人に付きまとう物であったため、千人針や戦傷除けの呪いは古い歴史を持つ。だが戦災除けはどうだろうか。

空襲ってなんだ

日本は少なくとも明治維新以来、本土を本格的に脅かされたことはなかった。戦闘機が登場してもなお暫くは戦争がなかったこともあり、日本人には空襲は縁遠く感じられるものであった様だ。

1921年（大正10年）9月に陸軍参謀総長と海軍軍令部長の間で取り決められた『陸海軍航空任務分担協定』が日本の防空計画の始まりだった。

昭和に入り、中国・ソ連の脅威が強まると各地で防空演習が始まるようになる。1933年（昭和8年）8月には関東一円で「関東防空大演習」が大々的に開催された。これに対し、信濃毎日新聞の桐生悠々記者は社説「関東防空大演習を嗤ふ」で「帝都の上空で敵爆撃機を迎え撃つような作戦計画は、最初からこれを予定するならば滑稽そのものだ」「第一次世界大戦の航空戦でツェペリン飛行船のロンドン空襲が示したように、空襲した側の勝ちであり空襲された側の負けとなる」と書き、後の本土空襲の惨状を予見するように記した。この社説は反軍的な側面が強く見られると同時に都市部の防空意識の低さを警告する内容でもあったが、これが原因で桐生記者は退社を余儀なくされた。

なお、同年4月にはSF作家海野十三が架空戦記小説『空襲下の日本』を発表している。（当時から見て）近未来の日本・東京に「連合国軍」が空襲を仕掛けるという内容で、スパイによる誘導や毒ガスの脅威についても描写されている。

軍部は更に1937年（昭和12年）の防空法制定など演習や対策を強めたが、それでも1938年（昭和13年）の九州への中国軍機侵入（この時はビラ散布に留まった）や、太平洋戦争開戦後の1942年（昭和17年）のドーリットル空襲などを事前に防ぐことはできなかった。

必勝の歓呼浴びて東京都誕生

完璧の生活防衛に
清き皇都建設へ
大達さん抱負を語る

母堂に優し心遣
颯爽歴史の朝の初姿

東京都誕生　読売新聞　一九四三年七月二日夕刊

見せしめと生贄

太平洋戦争開戦後、1943年（昭和18年）に入り日本軍の苦戦が始まった中で、実際の戦況は当然伝えられないが、かといって国民の防空意識を啓発しなければならない中、軍・行政ともに様々な施策を行った。様々な宣伝映画の製作放映や雑誌における特集、度重なる防空訓練や防空壕の建設運動に

上野動物園の猛獣

空襲に備へて處置
あす懇ろに供養、死骸は剝製

上野動物園の殺処分　朝日新聞　一九四三年九月三日朝刊

加え、東京都では空襲の脅威を意識づけ警告を発するために、動物園の猛獣を、「空襲時の脱走」を防ぐためとして本格的な本土空襲が始まる時期より以前（１９４３年）に殺処分するようなことまで行った。これは軍部が直接命令したことではなく、また１９４１年（昭和16年）の時点で緊急時の殺処分のマニュアルもすでに出来ていたが、東京都長官に就任したばかりの大達茂雄（前占領下シンガポール市長）が前線の実情を知っており、迫る戦争を意識させるために命令したと見られている。事実、象のトンキーを仙台動物園に疎開させる手はずも整っていたが、大達はこれを中止させている（ＮＨＫの取材をもとにした絵本『そして、トンキーも死んだ』に詳しい）。１９４３年８月以後、上野動物園を手始めに全国各地の動物園で行われた戦時殺処分は「少国民」たちに対し相当の効果を発揮し、「動物を殺させた連合国」への怒りや空襲への意識へと誘導させた。

１９４１年の防空法改正では、退去の禁止が規定され、国民は空襲にあっても逃亡せず消防する義務を負わされることになった。また、１９４３年の第二次改正では建物と人の疎開も意識されるようになり、学童を始めとして多くの人々が地方へ疎開した。建物疎開は実質破壊であった。そして１９４４年（昭和19年）６月16日未明、中国の成都から飛来した75機のＢ２９が八幡製鉄所を中心とする北九州一帯を爆撃し、以後激化する本格的な日本本土空襲が始まった。後には、日本本土に接近した米軍機動部隊の艦載機による直接攻撃すら始まった。Ｂ２９による激しい絨毯爆撃は、軍の高射砲でも、民間のバケツリレーでも対処できるようなものではなかった。

このような中で、戦災の恐怖、特に空からの新しい脅威に目覚めた人々の中で、新しくそして素朴な迷信が生まれ始めていた。○○を食べると爆弾に当たらない、それを他人に教えないと効果がない、××で妖怪が生まれて空襲を予報したetc……。

東京東部憲兵隊資料ではこのような事例が乗っている。

東京（東部）憲兵隊資料　昭和二〇年　流言蜚語流布状況ニ関スル件（二月分）
東京都江戸川区平井四丁目　三葉製作所工員吉田澄一（61）
他より聞知せるを近隣に流布せり
「赤飯に「らっきょう」を食べたら爆弾に当らない　その話を聞いてから三日以内に喰わなければ爆弾に当って死んでしまう」

これと似たような話や他様々な迷信を、作家の高見順も『敗戦日記』に記録している。

敗戦日記　昭和二十年四月二十四日
爆弾除けとして、東京では、らっきょうが流行っている。朝、らっきょうだけで（他のものを食ってはいけない）飯を食うと、爆弾が当らない。さらに、それを実行したら、知り合いにまた教えてやらないとききめがない。いつか流行った「幸運の手紙」に似た迷信だ。

またこんなのも流行っているとか。金魚を拝むといいというのだ。どこかの夫婦が至近弾を食って奇跡的に助かった。その人たちのいたところに金魚が二疋死んでいた。そこで、金魚が身代わりになったのだと云って、夫婦は死んだ金魚を仏壇に入れて拝んだ。それがいつか伝わって、金魚が爆弾除けになる、という迷信が流布し、生きた金魚が入手困難のところから、瀬戸物の金魚まで製造され、高い値段で売られているとか。

有名な「件」（くだん）やそれらしき赤ん坊も何頭も生まれている。「件」とは、半人半牛（顔か体かどちらかが人と牛の代わりになっている）の妖怪で、江戸時代後期ごろから豊作や疫病などを予言してくれる妖怪として書物に記されてきた。最初はどこからともなく現れたり、家畜が件を生むバリエーションが多かったが、太平洋戦争のころには人が件を生むバリエーションが多く表れたようだ。江戸時代以来何かあるたびに出てくる件だが、戦争になると引く手あまたである。特高月報以外にも様々な郷土資料にその流言が記されているようだ。

東京（東部）憲兵隊資料　昭和二〇年　流言蜚語流布状況ニ関スル件（一月分）

千葉県松戸市松戸町一ノ一七五七　無職　渡辺セイ（50）

船橋付近京成電車内にて友人より聞知せるを更に知人に洩せるもの

「茨城県の或所にて二貫匁もある赤ん坊が生れて「今年の四月には戦争が終る」と言って死んだそうだ」

（昭和二十年）三月中ニ於ケル造言飛語　別紙　○空襲被害ニ関スル造言

松山市本町三丁目　職工　井出時行（27）

市内に於て氏名不詳の通行人の雑談を聞知し自宅に於て知人二名に洩したるもの

神戸地方では「件」が生れ自分の話を聞いた者はこれを信じて三日以内に小豆飯か「オハギ」を喰えば空襲の被害を免れると言ったそうだ

昭和１９年（１９４４）

昭和19年2月　栃木県　不穏落書

二月十七日那須郡那須村大字豊原字逃室地内国道側設置の横五尺立三尺五寸木製掲示板左隅下部に石筆を以て「**大日本滅亡**」と落書しあるを発見す。（捜査中）

特高月報 昭和19年2月号

昭和19年2月　三重県　不穏投書

二月十三日付三重七栗局消印ある発信人名義一志郡榊原村翼賛会一同と記し三重県知事宛官製葉書にて左の如き内容の投書を発見す。「**知事よ何事さすのじゃ、榊原倉庫で農民を倉庫へとして首をつらして殺したのは何事するのや、農民を殺してまで米を出さすのか殺人供出さすのか、警察官が倉庫の中へ農民をしめこんで殺さしたのは何事さすのじゃ農民ボードボード総動員**」（捜査中）

※農民ボードボード総動員→農民暴動暴動総動員か。

特高月報 昭和19年2月号

昭和18年10月　鹿児島県　反戦投書

鹿児島市西千石町一一七　第一徴兵保険鹿児島都市部長　桑原栄三（50）

客年十月末頃吉川なる偽名を用ひ鹿児島連隊区司令部宛左の如き虚偽の投書を為したる外同年十二月二十五日再度同趣旨内容の投書を同司令部に為したり。「拝啓一筆御願ト御希望ヲ申上マス。　付キマシテハ御多忙中ノ所甚ダ恐縮ニ存ジ申上マスガオ知セト御希望ヲ申上マス。実ハ私ノ妹ノ**主人ハ三十七歳デ生レテ初メテノ応召ヲ受ケ**、今回今夜入隊致シマシタガ、応召ヲ受ケルハイトハアリマセンガ、**実ハ後ニ残ルノハ老人ノ七十八歳ト七十九歳ノ父母ノ子供四人ト妻ノ弱イカラダノ者**誠ニ困リマシタ。　世間話ヲ聞キマスト内ノ差ツカエナキ人デ一度ノ徴用召集ヲ受ケヌ若イ元気ナ人ガ沢山オリマス。　マコトニ連隊区ト言ウ所モ贔屓ヲスルモノト世間話ガアリマス。……中略　私ハ只残念ニ思ウノハ妹ノ主人ハ体格ハ弱イシ、ソノ上子供四人ソノ上老人ト言ウ様ナ有様デシカモ年齢ハ三十七歳ト八ケ月デ初メテノ入営デアリマス。　何卒贔屓ヲセヌヨー御同情下サイマセタノミマス。」（一月十四日検挙、二月十五日言論出版集会結社等臨時取締法違反として送局す）

特高月報　昭和19年2月号

昭和19年3月　栃木県　不穏歌

栃木県河内郡瑞穂村大字東刑部　農業　黒須光男（23）

三月四日自宅付近に於て左の如き不穏歌詞を高唱し居るを発見せるが、相当地方青年間に流布され居る模様あり。「一、汽車や電車に身を乗せて　着いた所が茨城の霞ケ浦の航空廠　海山遠く離れ来て面会人は更になし　いやじゃありませんか徴用工　二、鬼の住む様な徴用舎　ブリキ茶腕で玄米で（忘却と称す）**ほんとにつらいな徴用工**」（訓戒処分）

※茨城県の霞ケ浦周辺には海軍航空隊の施設が集中しており、その中には第一海軍航空廠もあった。

特高月報　昭和19年3月号

昭和19年3月　静岡県　反戦不穏歌詞

静岡県清水警察署管内各中等学校、国民学校生徒児童間に左の如き反戦不穏歌詞流布されつつあるを探知す。「**一、一城焼けた、二城焼けた、三城焼けた、四城焼けた、五城焼けた、六城焼けた、七城焼けた、八城焼けた、九城焼けた、日の丸吹っとんだ**　二、昨日生れた豚の子が　蜂にさされて名誉の戦死　豚の遺骨は何時帰る　四月八日の朝帰る　豚の

母さん悲しかろ　昨日生れた蜂の子が　豚に踏まれて名誉の戦死　蜂の遺骨は何時帰る　四月八日の朝帰る蜂の母さん悲しかろ　三、嫌ぢゃありませんか徴用兵　欠けた茶腕に竹の著　仏様ぢゃあるまいし　一ぜん飯とは情ない　徴用令とは情ない　三度三度の御飯も　腹一杯は食わせないああ情ない徴用令　四、金鵄輝く十五銭　栄ある光三十銭　鵬翼上って五十銭　それを呑むのはアンポンタン　ああ一億の金が減る」（関係方面へ防止方指示警告す）

※どれも有名な替え歌である。子供はいつの時代も変わらないようだ。一の替え歌は「九城焼けた」＝宮城（皇居）焼けた↓日本が滅ぶ、と言うことだろう。二の替え歌は当時の大流行歌である「湖畔の宿」の替え歌である。漫画『はだしのゲン』でもこの替え歌が出てくる。

特高月報　昭和19年3月号

昭和19年3月　岡山県　反戦歌詞

岡山県御津郡宇甘西村方面青年学校、中学校、国民学校生徒児童間に左の如き反戦歌詞流布されつつあるを探知す。「一、腰の軍刀にすがりつき　連れて行きんせソロモンへ　連れて行くのは安けれど　女は乗せない戦車隊（中略）　厭でござんす軍隊は　金の茶腕に金の著　仏様でもあるまいに　一ぜん飯とは情ない　二、故郷を出る時学帽で　今ぢゃ甲飛の七つ銅　岡山娘が噂する予科練健児の色男（中略）　僕は南の雲の中　遠き故郷を離れ来て　**可愛彼女の片えくぼ　思**

い出してはついほろり」（関係方面へ防止方指示警告す）

特高月報 昭和19年3月号

昭和19年4月　**岡山県**　**不敬反戦言辞**

岡山県阿哲郡万歳村大字矢戸二一五四八　農業兼日稼　平松弘二郎（37）

被疑者はルッソーの民約論的の影響に依り民主主義的個人主義的思想を抱持し居たるが四月二十五日常会長会席上に於て、「国民貯蓄の割当が出来様が出来まいがそれは俺の知ったことぢゃない。**戦争には負け様が勝たうが問題ではない。**大体日本が無理な戦争をやって居るから保険に入れとか貯金せよとか言って個人を苦しめねばならんのぢゃ。**戦争を止めさえすれば皆んなそう苦しまんでも良くなる。個人あってこそ国家があるので個人が立行かぬ様になっては国家もその存立を失う。個人が本当の幸福を得世界中の者が皆んな同じ様に仲良くして行くことが出来れば国家など言うものはあってもなくても良い。**戦争に負けたら敵が上陸して来て日本人を皆殺しにすると宣伝して居るが、それは戦争を続ける為に軍部や財閥が国民を騙して言うことで自分は**米英がその様な残虐なことをするとは信ぜられん。**」と放言す。（言論等臨時取締法第一八条違反として送局）

※軍部の宣伝に踊らされず、冷静に戦況を見つめている。

特高月報 昭和19年6月号

🗓 昭和19年6月 📍 広島県 ☰ 不敬反戦投書

「(前略) 我等は日本の国が目茶苦茶に破れて**米英の属国になる事を一分間も早く神様に御祈りして居る。大竹警防団員を皆な殺しにして豚の食に与え給え！**神様暴極まる奴らを、○○も○○も○○○奴も封殺せよ殺せ一分間も早く。」と六月十八日官製はがきを以て大竹警察署長宛投書あり。(犯人捜査中)

※○○には皇族の名前が入っていたのだろうか。月報に掲載される際に隠す場合と、隠さない場合の基準は不明である。

特高月報 昭和19年6月号

昭和19年6月　京都府　不敬不穏反戦投書

六月二十三日軍事郵便用はがきを使用して公安会差出七条警察署内特高課宛左記投書あり。「東条閣下ヲ私刑　ロベスピイル　◯◯ヲ倒セ日本共和国　農家ニ暴込ミ百姓ヲ私刑　工員ヲ罷業ニ導ク　警察官ヲ人民が私刑　細民煽動ニ乗出ス　◯◯死刑軍人死刑　食料ヲ豊ナ世界　人民ヲ憐憫ニ導ク　**戦争より米ダ　暴動デ米ヲ自由ニ　米ノ配給所ニ暴込ダ**」（犯人捜査中）

特高月報 昭和19年6月号

昭和19年6月　富山県　不穏歌詞落書

富山県富山市新富町六八五　徴用工　八川健二（26）外徴用工三名

被疑者等は共作の上寄宿寮木戸に左記歌詞を落書し且つ放歌す。「大日本船渠応徴士ノ歌　牡丹江節カイ歌　一、嫌ギャ有リマセンカ徴用ハ　好キデ来タンヂャナイケレド　朝カラ晩マデ働イテ　一円五十銭ハナサケナイ　本当ニ本当ニ御苦労ネ　二、嫌ギャアリマセンカ徴用ハ　残業残業デ叩カレテ　ソレデ僅ノ五十円　ドウシテ女房ニ見セラレヨ　本当ニ本当ニ御苦労ネ」（言論出版集会結社等臨時取締法違反として送局）

※船渠とはドック（艦船の建造と整備を行う港湾施設）のこと。

特高月報 昭和19年6月号

昭和19年6月　静岡県　反戦投書

日本婦人国防婦人会長水野ます子宛（外畑俊六陸軍大将、静岡県知事等に宛てたる同種のもの五件）の左記投書発見。「会長様日本の国では米英を侮ってはなれ小島へ兵隊や軍属をやってアメリカを空襲しようと思って反対に皆殺される。輸送船は次から次と沈められその損害は何程でしょう。本国では空襲が有と言って防空訓練をして国民を恐しがらして女や子供は何の仕事も手につかずその上一ばん力になる子供は一枚の赤紙で御めしになって死で来たか生きて来たかわからない様な所へかわよいつまや子供をうちすてて行く兵隊の事も御かんがえ下さりませ。今アメリカへ行ってどんなに御金持て来日本人よかったか奴れいに使たと言っても金がなければいたしかたないと思います。わきの国を撃滅しゃう何んてそんな恐しきことは止めて**どこの国とも仲よくしていただきたいと思います**。陛下のためならと思うけれどわきの国が平和にしているのに日本でさわがしていたではわるくはないでしたか。日本はアメリカを空襲しようなんてそんなおそろしいことをしようなんてもし我国へ空襲されたらこんな小さな国で又々はなれ小島のやうに皆殺にされるかと思うといきた心ちはないと思います云々。」（犯人捜査中）

※実際、1944年後半から本土空襲は激化し、日本中の主要都市が焦土となっていく。

特高月報 昭和19年6月号

昭和19年6月　愛媛県　不穏反戦落書

愛媛県周桑郡小松町大字新屋敷　無職　近藤辰次（34）

六月二十一日五十銭紙幣に左記落書しあるを発見（同種外二件）。「敵機今治市に飛来す。甚大なる被害ありという敵国万歳万歳万歳、**余は米英崇拝者なるぞ**　『私は某高等工業学校中退者です』」　六月十六日（二十三日捜査本部に於て検挙取調中）

※今治はこの時点では空襲を受けていないので、デマと言うか単なる落書きであろう。ただし、1944年（昭和19年）6月16日に中国の成都から発進したB29が初めて本土に飛来し、福岡県の八幡製鉄所を目標に爆撃を行っている（以後本土爆撃が増加していく）。近藤はこのニュースを聴いて何かを思い立ったのかも知れない。

特高月報 昭和19年6月号

昭和19年6月　佐賀県　厭軍歌詞

農村方面流行 「（一） 御国のためとは言いながら 人も厭がる軍隊に 出て行く我身の哀れさよ 可愛い彼女と泣き別れ （二） 行く先きゃ福岡久留米市の しかも歩兵の四八で 厭な二年兵にいぢめられ 泣き泣き暮す日の長さ （三） 日は早や落ちて月が出る 月の光に照らされて 厭な二年兵の泥靴を磨く 我身の哀れさよ （四） 海山遠く離れては 面会人とて更に無く 着いた手紙の嬉しさよ **可愛い彼女の筆の跡**」（阻止）

特高月報 昭和19年6月号

昭和19年7月 奈良県 厭戦歌詞

奈良県吉野郡十津川村方面の国民学校高等科並同女子青年学校生徒間に流行す。「硯引き寄せ古郷の 色々便りを戦地に送る 主は離れた南の小島 弾に当って名誉の戦死 主の遺骨は何時帰る」（阻止）

特高月報 昭和19年7月号

昭和19年7月　**新潟県**　**不穏落書**

七月十七日新潟県北蒲原郡新発田町新発田郵便局に於て左記不穏落書ある五十銭紙幣を発見す。「インフレー紙幣真ビラ紙幣は山程有っても何の効なし。食料も配給せぬ政治が何んになる。食わづに死ぬよりうんと闇でもやってたら腹になって死ぬ　愛国憂士」（捜査中）

特高月報　昭和19年7月号

昭和19年6月　**大分県**　**不穏言辞**

大分県大野郡白山　村長　後藤幸士

被疑者は六月十日大野郡犬飼町役場に於ける町村長会席上に於て米麦供出割当問題に関して左記不穏言辞を放言す。「**結局百姓は米を食うなと言ふ政府の方針と思う**。云々。」（厳重訓戒）

特高月報　昭和19年7月号

昭和19年7月　**千葉県**　**不穏落書**

（一）七月二十四日食糧営団市川支所門柱看板を裏返し左記落書を為したる者あり。「**アノネーミナサン米自由販売しますワシャカナワンヨ**」（二）同日同様手口にて砂糖卸商業組合市川配給所に左記落書を為す。「本日砂糖自由販売所　自十時至十七時迄」（捜査中）

特高月報 昭和19年7月号

※「わしゃかなわんよ」は俳優・喜劇役者で「アーノネのおっさん」と呼ばれた高瀬実乗が「極楽コンビ」シリーズで披露した持ちネタであり、当時の流行語である。軍部は「非常時に『かなわんよ』とは何事か」とこのネタを封印させている。

昭和19年7月　高知県　不穏落書

七月二十四日高知県長岡郡後免町に於て左記内容の不穏文を記したる文書貼付しあるを発見す。「前総理大臣（早く早く）**東条英機を殺害セヨ**」（捜査中）

特高月報 昭和19年7月号

昭和19年6月　**大阪府**　**反戦落書**

六月十四日大阪駅中央公衆男子便所内に左記反戦落書あるを発見す。「大東亜戦争は我れらの戦争では無い／**我れらは米英の味方だ**　一半島壮年」（捜査中）

特高月報 昭和19年7月号

昭和19年6月　**岡山県**　**反戦反軍落書**

岡山県御津郡牧山村大字下牧一、七九三　岡山工業土木二年生　藤原稔（16）

被疑者は六月八日岡山駅に於て**一兵士が上官に厳しく叱責され**居るを見最近応召せる実父も斯くされ居るならんと軍に対する淡い不快を感じ御津郡牧山駅便所に左記落書を為す。「ヤマイニシヌトモ　タマニシヌナ　僕ハ軍人ハキライ　ドチラモマケナ　戦争ガヒドクナレ　僕ハイヤ　ヘイタイキライ」（説諭）

特高月報 昭和19年7月号

昭和19年5月　**警視庁**　**反戦言辞**

東京都北多摩郡田無町三〇二　中島航空田無製作所　徴用工　米本六助（40）

被疑者は五月五日知人方に於て左記反戦言辞を放言す。「現在の徴用は奴隷に等しい。寧ろ奴隷よりも酷な扱を受けて居る。だから会社の門を這入るのはまるで監獄の門を潜る様なものだ。奴隷扱いをされるなら戦争は勝っても負けても同じだ。早く戦争が終って日本人の奴隷扱いを受けるより**米国人の奴隷になった方が余程よい**。云々。」（送局）

特高月報　昭和19年7月号

昭和19年7月　警視庁　反戦言辞

東京都大森区大森三ノ三六二　田中航空計器株式会社　組立工　佐藤六郎（44）

被疑者は職場に於て作業中及び休憩時間等に際し同僚工員に対して左記言辞其の他を放言す。

「**露骨な言い分だが我々が是非戦争をしてくれと頼んだ訳ではないし結局戦争が本当に敗戦の域に来た時はその時だ**。今何を言っても始らない。我々には結局たいしたことはない。（送局）」

特高月報　昭和19年7月号

昭和19年6月　警視庁　不穏落書

六月二十五日日本橋区北詰共同便所（婦人用）内に左記不穏落書あるを発見す。「空腹の都民起て　そして主食増配を要求せよ　空腹で増産など寝言」（捜査中）

特高月報 昭和19年7月号

昭和19年7月　北海道　反戦不穏投書

七月二十三日付大橋渡名義発信、近衛文麿公宛、「（一）大東亜戦はアメリカが挑発せりと言うも近衛公は支那事変、大東亜戦を挑発したる国家浮沈の責任者であり国を危くするものは政治家と軍人なり　（二）大東亜戦争は困難なり**日本は神国なりと言うも悪徳と敗戦とを重ねるのみ**にして独伊も危く蘇連勝つべし　（三）**東条首相は時局担当の器に非ず**故に退陣を奨めしが何人がとって代るも日本の運命を変えること容易ならず」との趣旨を書きたる書信を投函したるものあり。（犯人捜査中）

特高月報 昭和19年8月号

🗓 昭和19年8月　📍高知県　☰ 厭戦的不穏歌詞

最近高知県の一部地方に於ては次の如き反軍厭戦、徴用嫌忌、物資欠乏を示唆する自棄的替え歌流行しあるによりそれぞれ措置取締中なり。「（一）負けて来るぞと勇ましく　誓って国を出たからは　退却ラッパ聞く度に　どんどん逃げ出す勇ましさ　道は六百八十里　長門の浦で午睡して　鼠に睾丸噛られて　猫の御陰で助かった」「（二）御国の為とは言いながら　人のいやがる徴用に　出て行くその身の哀れさよ　可愛彼女と泣き別れ　行く先大村片田舎　いやな伍長さんに叱られて　泣く泣くつとめる日の永さ　徴用工員の哀れさよ」「（三）トントントンカラリの隣組　酒屋の前迄来てみれば　本日休みと書いてある　アア情けない情けない」（阻止）

※一はあまり意味を深く考える内容ではないだろう。大体、長門の浦で昼寝している時点でまだ国を出ていない。三は当時国策により広められ流行していた「隣組の歌」の替え歌である。「ドリフの大爆笑」のテーマもこの替え歌である。

特高月報　昭和19年8月号

🗓 昭和19年7月　📍 警視庁　☰ 反軍的投書

七月二十二日渋谷区伊達町一三北村五郎名義発信、岩村前法相宛官製ハガキにて、「軍部は国民の忠言苦言を弾圧し事ここに至った責任を十分感じて下さい云々。」の投書あり。（阻止）

※茲＝ここ

特高月報　昭和19年8月号

昭和19年7月　警視庁　不穏投書

七月二十三日「憂国の志士より」として島田前海相宛官製ハガキにペン書にて、「辞職シテモ責任ヲ感ジロ／腹ヲ切レ今カラデモ遅クハナイゾ」の投書あり。（阻止）

嶋田繁太郎

※7月17日まで海軍大臣の職にあった嶋田繁太郎のことと思われる。

特高月報　昭和19年8月号

昭和19年7月　警視庁　不穏投書

七月二十三日海軍省宛官製ハガキにペン書にて、「**サイパン島カン落万歳**」と書きたるものを東横線中目黒駅ガード下道路に落したるものあり。（阻止）

※サイパン島が陥落すると日本本土がB29の航続範囲に収まる（＝日本本土の多くが爆撃の危険にさらされる）ことから、日米軍ともにここを重要な拠点と見なしていた。サイパンの戦いは民間人も多く巻き込む激戦となったが、7月7日に日本軍守備隊が壊滅した後、9日に組織的抵抗が終了した。その後、18日のラジオ放送でサイパン島守備隊の「玉砕」が国民に知らされた。

特高月報 昭和19年8月号

昭和19年10月　山梨県　反軍投書

本月二十二日甲府市古府中町甲府連隊区司令官外二名宛、消印洩発信局不明、藍色謄写版刷にて左の如き反軍的不穏投書を為したるものあり。「軍人諸君特に陸軍の将校諸君は民衆の忠誠を認識せず徒らに威丈高に叱責これを咎むるのみ急にして敗戦の責任の己自身に存することを誤魔化さんとする傾向日を追って顕著なり借問す卿等が馬鹿の一つ覚えなる（陛下の股肱）とはかくの如き得手勝手なるものか卿等に敢て告ぐ事今日に至らしめたる重大責任を反省一番し愧死して以て万罪を陛下と国民とに謝せ　人称して曰く　陸軍将校は大部分馬鹿なり　と果して然るや　小生をして言わしむればむしろ　**馬鹿なればこそ陸軍の将校などになったのである**卿等以て如何となす　慶応大学助教授 文学士 阿部隆一」（捜査中）

特高月報 昭和19年10月号

昭和19年4月　警視庁　反戦言辞

東京都芝区芝公園九号ノ六　ペンキ職　蜂巣錠吉（66）

被疑者は本年四月頃以降九月下旬頃の間隣組常会及自宅或は街路等に於て二十数回に渡り左の如き反戦不穏言辞を流布したり。「一、資本主義の国では労働者は浮ばれない今は戦争に勝つ為めだと煽てられ働かせられて居るが戦争に勝っても別に我々には希望も何もない云々」「**二、戦争モ今年の秋が峠だ愈々日本も負けだ大機動部隊がやって来て数百機で大空襲を受ける日本の現在の力ではこれを防ぐことは出来ない云々**」（取調中）

特高月報 昭和19年10月号

※機動部隊による空襲もあったが、実際には中国本土及び南洋からのB29による戦略爆撃が多かった。どちらにせよ「日本の現在の力ではこれを防ぐことは出来ない」。

昭和19年10月　警視庁　反軍言辞

東京都世田谷区代田二ノ九五五　水町四郎（33）

被疑者は本月十八日左の如き反戦反軍的不穏文を貼布すべく彷徨し居りたる所を不審尋問によって検挙せられたるものなるが取調の結果再三に渡り同様趣旨反戦反軍的言辞を流布したること発覚したり。「恥ぢ知らずの東条英機を倒せ　軍人なんか見るのもいまいましい彼等の駄法螺と大言壮語のお蔭で我々この苦労をするんだ　**我々を破滅に導くのは外敵ではないそれは恥知らずの日本軍閥共である**」（取調中）

特高月報 昭和19年10月号

昭和19年10月 **警視庁** **反戦落書**

本月八日東京都本所区江東橋四丁目一番地公衆便所内に左の如き反戦不穏落書あるを発見せり。「負傷者は戦傷ばかりの勇士なり　退院すればろくな手当もうけずこまる　戦争はいやだ日本は必ず負ける　日本は勝手な国いやな国**日本全員米英の政治下領土になれ**」（捜査中）

特高月報 昭和19年10月号

昭和19年11月 **愛知県** **不穏歌謡**

名古屋市熱田区花表町三丁目所在大同製鋼株式会社寄宿舎栄寮工員間に流行す。「**殺人工場で知られたる　其名も高き大同の　空にそびゆる煙突にゃ　二度と来るなと書いてある**」（軍国歌謡「江南便り」の調）（阻止）

※大同製鋼は現在も存続（大同特殊鋼）している。戦時中は軍需工場指定を受け、特殊鋼生産を

行っていた。

特高月報 昭和19年11月号

昭和19年11月 岐阜県 不穏歌謡

岐阜県下青少年、国民学校児童間、花柳界方面に流行す。「○嫌ぢゃありませんか芋買いに 各務原に芋買いに 鵜沼の巡査に芋取られ 悲しく帰ったこの私 ほんとにほんとに悲しいわ」（阻止）

特高月報 昭和19年11月号

昭和19年11月 北海道 厭戦歌謡

北海道北見市付近にて流行す。「○南十字の光る夜 当直勤務に付きながら 巡回する身のやるせなさ **可愛いいあの娘が眼に浮ぶ** ○貴郎散る花桜花 私吹く風春の風 散る覚悟の上ながら女にゃ辛いこの気持」（阻止）

特高月報 昭和19年11月号

昭和19年11月　福井県　不穏歌謡

福井市地方国民学校児童間に流行す。「**七つ八つの子供を連れて　今日も行く行く買出部隊　デカイ大根長イ牛芳**」（阻止）

特高月報　昭和19年11月号

官情報第629號　重要特異流言蜚語発生撿擧表

官情報第六二九号
重要特異流言蜚語発生検挙表
警視庁
昭和二十年八月三日報

流言者ノ住所職業、公職、学歴、氏名、年齢

東京都淀橋区柏木一丁目一〇四番地
鎌野一二郎方情婦
無職　野瀬貞子
高小一修　当四十四年

流言ノ内容

1、此ンナニ多勢焼ケ出サレテ　私達ハスキ好ンデコノヨウナ目ニ遭ッタンジャアルマイシ
　デモネー戦争ハ此ノ秋位デ勝ツトカ負ケルトカ区切リガツクッテ話ジャナイノ七、八月頃ハトテモ空襲ガ激シクナルソウデスヨ。

2、負ケテモ殺サレルノハ上ノ方ノ人達ダケナンダ私達見タイノ下ノ者ハ殺サレヤシナイハヨ負ケテモ私達ハ別ニ悪イコトシテル訳ジャナシ殺サレルノハ上ノ偉イ人達ダケナンデセウ

3、**本当ニ近衛サンヤ東条サンガモット確リシテ亜米利加ト手ヲ握リサヘスレバコノヨウナコトニナラナクテ済ンダンダ**
　亜米利加デ最初斯ンナニナラナイ内ニ手ヲ握ラウトシタノヲ近衛サンガ頑固ニ振リ切ッチャッタカラコンナ戦争ニナッチャッタンダハ其ノ為大勢ノ人ガ焼ケ出サレタリナンカシテ苦シムンダハ
　羅災者羅災者ッテネー人ヲ邪魔扱ヒシテ誰ノ御陰デコンナ羅災者ニナッタンダカ判リヤシナイハ。

4、**天皇陛下ハ立派ナ防空壕ニデモ這入ッテ納ッテンデセウネ　天皇陛下、天皇陛下ッテ奉ッテ居ルケレ共別ニ天皇陛下ニ喰ベサシテ貰ッテル訳ジャナシ　反ッテコッチデ働イテ喰ベサシテキル様ナモンダ**

天皇陛下ナンテアッテモナクテモ同ジダ御天道様ト米ノ飯ハツイテ廻ッテルンデスモノ。

発生経路（事情）

被疑者ハ性来饒舌雑談ヲ好ミ無自覚ナル生活ヲ為シ居リタルモノナルガ三回ニ渡ル空襲災害ニ罹リ物心両面ノ衝撃ハ厭戦反戦的トナリ日常行列買ヒ等ニ於テ聞知セル前記流言ノ内容ヲ誇張或ハ捏造シ流布セルニ至ルモノナリ

流言ノ状況並ニ影響

本年六月十日午後一時ヨリ同三時三十分ノ間渋谷区千駄ヶ谷四丁目八三八先道路ニ於テ家庭用醤油受配者列中ノ周囲婦人数名（主トシテ前ニ居リタル婦人）ニ対シ流布セルモノナリ

行列セル婦人ハ約二〇〇名位アリテ周囲婦人ニ止マルトイエドモ相当影響ヲ与エタリ

流布範囲

不敬言辞ヲ弄シタルハ前記ノ範囲ナルモ流言ニ関シテハ他ニ二回数名ニ及ベリ

警察

七月十一日被疑者検挙取調ベノ結果刑法第七十四条　陸軍刑法第九十九条　言論集会結社等臨時取締法第十七条同十八条違反被疑者トシテ七月三十日東地検事局ニ送致

社会運動の状況

昭和12年8月　福島県　反戦思想宣伝

日本無産党平支部準備会責任者　市会議員　大井川幸隆（30）

八、九の二ヶ月に渡り数回増尾幸介外数十名に対し「日本は今迄戦争の為に**台湾を奪り朝鮮を併合して来たが直接国民の生活には何の利益もなかった**、戦争は資本家や財閥の為にするものだ、**今度北支を奪っても国民生活には利益はないだろう**、今度の事変では非常に将校の死亡が多いがそれは二・二六事件の結果軍の奴等は兵士から非常に反感を買って居るので兵隊は将校の言うことを肯かない　**そこで将校は先頭に立って督戦せざるを得ないので先頭に居れば敵の方からは弾丸が来るし後からは兵隊に狙撃されるから将校の死亡が非常に多いのだ**云々」と反戦思想の宣伝を為す（十月十九日陸軍刑法第九十九条違反として送局　十月十一日起訴　十月二十二日禁錮三月の判決言渡あり控訴中）

※二・二六事件の影響は定かではないが、「士官が流れ弾で死ぬ」ことはありえないことではない。

特高月報昭和12年12月分

十一月二十七日陸軍刑法第九十九条違反として禁固三ケ月に処せられたるも不服として控訴申請

特高月報昭和13年5月分

昭和12年9月　熊本県　反戦思想宣伝

社大党鹿児島支部書記長　大衆新聞記者　林田一（31）

九月二十九日及同月三十日熊本市駕町正徳寺外三ヶ所に於て社大党市議候補者宮村又八の応援演説会に於て「七月支那事変の勃発したのは最初日本の市場獲得の為にする戦争に外ならなかったのである、即ち支那事変は資本主義的経済機構の行詰りに対する市場開拓への戦争に外ならない、最初政府は不拡大主義を唱え現地解決を欲し武力に依る侵略を試みたが、支那は意外にも反撃し長期抵抗を決意して応戦し来ったので日本の資本家の最初の目的は完全に狂ったのである、今迄の様に戦争を一部資本家の利益の為に委せる訳には行かぬ、今回の支那事変も斯る必要より戦っているが今日の戦争はブルジョアの戦争（言論の中止を命ぜらる）」と反戦思想の宣伝を為す（十月十六日陸軍刑法第九十九条違反として送局　十二月十一日起訴猶予）

※当時の左派の一般的な戦争認識の一例である。

昭和12年8月　警視庁　反戦思想宣伝

新聞配達夫　杉本徳平（34）

八月上旬山田作之助外一名に対し「今度の日支戦争は日本が支那を侵略する目的で出兵したのであって支那の民衆には気の毒だ、又日本のプロレタリア階級はお祭気分で英雄的姿をもって出征するが搾取される機会を作るのみだ、資本家は軍部を煽動して戦争をやらせて肥えるばかりだが、プロ階級には何等の利益もない大衆の利益とならない戦争は早く中止すべきだ、侵略的戦争には絶対反対だ云々」と反戦思想の宣伝を為す（十月二十七日検挙　十二月十六日陸軍刑法第九十九条違反として送局）

特高月報昭和13年3月分

客年十二月十六日陸軍刑法第九十九条違反として送局、二月八日東京区裁判所に於て禁固六月執行猶予三年の言渡あり

昭和12年8月　兵庫県　反戦思想宣伝

職工　安井平蔵（21）

八月末頃祝義彦に対し「戦争は資本家が金が無くなれば外国と戦争して其処から金を取る様にす

るから起る、今度の支那事変も日本の資本家が金が無くなって困ったので支那と戦争して此処から金を取ろうとしているのである、資本家の手先に使用される日本の兵隊なんかは労働者計りだから一つも儲かるところはない、儲けるのは資本家ばかりだからえらい損や、**国防献金なんかも労働者は損をして居る上に又献金することになるから損や、献金は資本家がすべきもので労働者のすべきものではない**云々」と反戦思想の宣伝を為す（十一月十日検挙　十二月十三日陸軍刑法第九十九条違反に依り起訴）

昭和12年10月　長崎県　反戦不敬言辞

年齢二十五六才の男

十月十一日午後十時頃佐世保市勝富町料理屋大坪浅吉方に登楼し酌婦松本フジに対し「**自分は戦争は大嫌いだ、戦場で働く奴は馬鹿だ、天皇陛下でも誰でも自分は癪に障ったら斬殺してしまうよ**云々」と反戦不敬言辞を弄す（捜査中）

昭和12年10月　三重県　反戦的言辞

繭糸業　山崎吉松（33）

十月五日阿山郡城南村大字上野地内山林に於て松茸を窃取し居りたるを監視人に発見せられその行為を難詰せられたる所同人に対し「今日本は支那と戦争しているが日本が負けるに決っている、**日本が負けりゃどうせ松茸は支那人が食うのだから俺が盗んで食っても良いではないか**云々」と反戦的言辞を弄す（厳重戒飭）

※松茸を狙うあたり、ひどく腹が減ってやむを得ず、という状況でもなさそうである。戦争という状況を利用した犯罪者もいた。

昭和12年10月　鳥取県　反軍的言辞

中谷忠吉（68）

十月十三日居村区長藤本又次郎に対し「兵隊の事はよい加減にして置けばよい、**死ねば金を貰い手柄を樹てれば金を貰い負傷しても金を貰う**、だから神様詣りなんかやった所で帰ってからそれ程恩義に対して報いはしないから云々」と反軍的言辞を弄す（厳重戒飭）

昭和12年12月　新潟県　反戦的通信

北日本農民組合常任執行委員長　後備騎兵伍長　豊岡豊太郎（33）

八月二日召集を受け仙台騎兵連隊に入隊し目下北支派遣軍に参加出征中なるが十二月二日日本無産党中蒲原支部宣伝部長池田栄松に宛て「前略我々越後兵（後備兵）は早く戦争が終ればよいと希うのです、日本の本音です、然し将校兵卒のあつかいの差一様に内地へ帰ったらこの改善を計らなければならないと希望して居るらしいです──中略──日本軍は不平不満に満ちて居ることですよ、私の今の心境は戦敗国悲惨よりも戦って勝つ方が幸福らしい感がしてならないですよ後略」と反戦的通信ありたり

※処置記載なし

昭和12年8月　岐阜県　反戦策動

陶器畫工　花井荘造（24）

客年八月中旬より同年十二月中旬迄の間に於て数回に渡り熊田幸四郎外数名に対し「今度の支那との戦争は侵略的である、**支那と戦争して領土を占領しても我々無産者には何等の利益等ない、結局戦争は資本家が金儲けするだけでこんな侵略的戦争は反対だ**、早く止めて貰いたい、仕事がなくなるから」と反戦思想の宣伝を為す。（二月十二日造言飛語罪により禁錮四月に処せらる）

昭和12年9月　警視庁　反戦策動

日本製絨株式会社職工　田中政雄（24）

共産主義思想に基づき客年九月より本年一月下旬に至る間日本製絨株式会社工場に於て休憩時を利用し、同僚たる職工橋本勇、祖山良一の二名に対し「**ロシアの労働者は日本の労働者より楽な生活をして居る、ロシアの共産主義の政策がよいから労働時間は日本より軽い**、現在の日本経済の行詰りは帝国主義戦争に発展し日本の戦争がそれであって結局帝国主義戦争はプロレタリア階級の為には絶対に幸福をもたらすものではない」と造言飛語

を為す。（二月二十二日陸刑九十九条違反として送局三月五日起訴猶予）

昭和13年4月　兵庫県　反戦策動
印刷業　田中勝（25）

共産主義思想を抱懐し客年五月頃より知人数名に対して左翼的啓蒙運動を為し居りたるが、本年四月二十二日頃成瀬五十雄を啓蒙せんとするに当り同人に対し「今度の事変は表面国の戦争になって居るが実際の所日本の資本家が行詰ってしまいその行詰りを打開する為支那を取ろうとする言わば資本主義維持の戦であってプロレタリアは只兵隊となって働かされ犠牲を払うのみで何一つ得る所がない、何も知らぬ国民こそ実に気の毒なものだ」と反戦思想の宣伝を為す。（七月二十九日控訴審に於て陸刑九十九条違反に依り禁錮八月に処せらる）

※謂はば→言わば、とした。

昭和12年7月　三重県　反戦策動
全水三重県連執行委員長　社大三重県連執行委員　大工職　新田彦蔵（45）

共産主義思想に基づき客年七月頃植木徹之助外数名に対し

「1、支那事変進展に伴い軍部資本家を中心とするファッショ傾向は益々強くなり農民の子弟は沢山戦争に行くし物価は騰るしその上言論集会等の取締迄厳重になって行く、こう言うファッショには反対だ、戦争は貧乏人の為にならぬから反対だ、

2、**今度の戦争で遺族に対し五千円やると言って居るが戦死者が何万人もあると非常な額になる、そんな金は出さぬだらう**」と反戦思想の宣伝を為す。（五月三十日陸刑九十九条違反として送局）

※話している相手は、コメディアン植木等の父であり、浄土真宗僧侶であった植木徹誠（本名：徹之助）と思われる。

昭和12年10月　沖縄県　反戦策動

小学校訓導　知念徳馬（28）

小学校教員を中心に人民戦線戦術に依る共産主義運動を為しつつありし所今次事変発生するや反戦思想宣伝の為客年十月下旬小学校教員津波徳助外四名に対し

「1、皇軍にも戦争回避をなし軍規が弛緩したことがある、それは去る昭和六年の満州事変の際召集され出征したが家には誰も家計を見るものがない、如何に皇軍の為とは言いながら実に哀れなものだと語ったことが他の兵卒に伝わり戦線の兵卒は家庭の事情を思い出し志気沮喪して前進

命令に対し一兵卒たりとも前進しなかった、

2、**日本の飛行機はロシア兵の為撃ち落されて帰れない**のにも懲りずどんどん飛行機を飛ばして国境を偵察しているそうだ、**日本のやり方は侵略的だ**」と反戦的造言飛語を為す。（五月二十日治安維持法違反及陸刑九十九条違反として起訴）

昭和12年7月　警視庁　反戦策動

無職　金子義男（31）

共産主義思想を抱持し居りたる所今次事変発生するや客年七月より本年八月迄知人に対し

「1、今度の戦争は資本家財閥の利益の為の戦争で我々の為にはならない、

2、**新聞では日本軍が何時も勝って居ると言うが負けてうる所が沢山あり支那軍が残虐だと言うが日本軍だってそれ位の事はやっている、**

3、**憲兵や将校が多く死ぬのは余り苛酷なことをするので後方から部下に撃たれるのだ、**

4、内地に兵隊を帰還させないのは戦地の状況が余り惨酷で兵隊が不平不満を持っているからだ」と反戦反軍的造言飛語を為す。（十二月十五日陸刑九十九条違反として起訴東京拘置所に収容せらる）

昭和13年3月　警視庁　反戦言辞
提灯枠製造業　南雲光三朗（53）

三月二十六日酩酊し銭湯に於て入浴中約十名位の浴客に対し「政府はいたずらに不要の戦を起し何万の人を殺し幾多の国幣を費し得る所は何だ、唯三井、三菱等の財閥の腹を肥すのみだ」と反戦的造言飛語を為す。（五月十四日陸刑九十九条違反として記録のみ送局）

昭和12年7月　三重県　反戦言辞
職工　幕谷春臣（27）

支那事変発生以来河本勝蔵外六名に対し「遺家族は可哀想なものや、交戦中は国の為に死んだのやと言って色々世話もしてくれるがづうと先になれば戦時気分も冷却して人々の空気も変って来るやろう、政府は**領土的野心はないと言って居るが満州も取ったし支那各地も占領して居るがこれでは侵略と言う様に思われる**」と反戦的言辞を弄す。（五月二十一日陸刑九十九条違反として送局五月二十八日起訴）

※（反戦編）特高月報昭和13年5月号の浅沼栄一と関連している。

昭和13年5月　和歌山県　反戦言辞

👤 農　岩城平松（52）

五月十九日理髪業陳経芝方に於て同人外来客数名に対し「今年は百姓は悲惨なものだ、連日の降雨の為麦や罌粟は皆腐って仕舞った、これは今度の**戦争で死んだ兵隊さんの亡魂が空中に舞っているからその為に悪くなるのである**、戦争の様なものはするものではない、戦争は嫌いぢゃ」と反戦言辞を労す。（五月二十六日警察犯処罰令に依り科料十円に処す）

※中々素朴な考え方である。あるいは、戦争の激化により農村が顧みられないことを皮肉ったのだろうか。

昭和13年9月　和歌山県　反戦言辞

👤 市議　中村文一（43）

九月二十五日山中製作所食堂に於て「戦争と言うもの程人類社会に害を流すものはない、**数多の精霊を殺し巨額の財を費し国民を益々塗炭の苦しみに陥いれる、実に戦争は悲惨なものである**」と反戦的言辞を弄す。（戒飭）

📅 **昭和13年1月**　📍 **大分県**　☰ **反戦的通信**

👤 特務兵　安藤今朝夫（35）

川内部隊に属し目下杭州付近に出征中なるが一月十五日妻君枝に宛て「前略、私事いよいよ近日に帰国が出来る様な話であります、永くとも一月中には帰る様皆んな話して居ります、昨年末頃だろうと思います、只今杭州と言う町で新年を迎えました、**最早一日も早く帰りたい気持だ、戦争と言うものはいやなものだ**」と反戦的通信ありたり。

※処置記載なし

※舊年→昨年、とした。日本軍が杭州を占領したのは1937年（昭和12年）12月24日のことだった。

📅 **昭和13年1月**　📍 **山形県**　☰ **反戦投書**

農民代表相澤三朗署名を以て杉山陸相宛一月三十一日付米沢局消印の左記内容の反戦的投書ありたり、「拝啓　此度の戦争について賀屋蔵相の大増税案は我々小作人を弾圧する鬼神なり、（中略）家の次男も先日応召されて名誉の戦死を遂げた、**戦争などするよりも支那と仲よしになった方が良いと思います**、杉山陸相君も長くもない命我々小作人からにくまれると賀

屋蔵相と杉山陸相君の命はあぶないから今から我々小作人の為に戦争から手をひいたらどうだろう（以下略）」（捜査中）

※中々きつい脅迫である。

昭和13年5月　京都府　反戦ビラ配布

五月二十三日午前七時十分頃京都府南桑田郡大井村尋常高等小学校の九教室に左記内容の謄写版刷ビラ二種（合計七十八枚）配布しあるを登校児童発見す。

其の一「**皆さん我々は支那を侵奪してはなりません、戦争しているのは誰の為でしょう、それは結局お金持と官僚の為です**、彼等は支那で事業をして金もうけをしたいが為に聖戦なんて言う馬鹿げた名目まで掲げて我々を戦場にかりたてているのです、私共は彼等の口車に乗って踏み迷ってはなりません踊らされてはなりません、しかもまかり違えば戦死です、一つの生命がなくなります、我等の敵に利益をやる為に私共の生命までささげて何が名誉です、ばかなまねはしてはなりません、有産者の甘言に乗せられてはなりません、中略　日支戦争反対　人民戦線の結成」

杉山元陸相

其の二「皆さん日本は何故支那を攻めるのでしょう？何故支那の人民を苦しめるのでしょう？

そして何を得るのでしょう？**先生の言うことや新聞に書いてあることだけ信ぜずに自分でよく考えてごらん、支那には巨大な資源があります、それを取るのは私達農民に取っては何の得にもなりません、利益をするのは財閥と資本家だけです**、北支に中支に投資する金のない我々農民は損をするばかりです、**生命がけで戦場に出て罪もない支那を攻めて一文の得にもならない仕事をしているのです**（後略）」（捜査中）

昭和13年5月　神奈川県　反戦ビラ貼付

五月二十一日川崎市宮前小安校便所にノートに記載せる左記内容のビラ貼付しあるを発見す

「世界的英雄中華民国独裁王
蒋介石様祈御武運長久

中華民国国民政府女王宋美齢様容共抗日救国興国失地親日防共亡国七生抗日排日侮日半日反戦主義侵略国日本人民戦線勝利東洋鬼日本共産軍勝利好戦的日本粉砕日本軍部打倒日本帝国主義国家武器無思想戦外交戦中国勝利長期交戦中国最後勝利独伊対日戦参加確信有中ソ英米仏対日戦開始近日粉砕無力日軍百万戦死侵略国日本は防共を言って居るが日本と言う国は国が小さくて人口が多く物質が無くて持たざる国である、中華民国は広大なる領土と豊富なる物質と天源資源が有る持てる国である、東亜永遠和平の美名の下に中国に対して領土的野心無しと言って居るが事実は

武力侵略を行いつつ有る（後略）」（捜査中）

※小安校＝小学校？　宋美齢は蒋介石の妻である。

昭和13年4月　新潟県　反戦落書

四月二十八日新潟県新発田裁判所便所に左記内容の落書あるを発見す、「**イザ監獄ヲブチ破リ　電信電話ヲ叩キ切リ　鉄道要所ヲ破壊セヨ**　地主資本ノ手共　帝国主義ノ真正トハ何事ダ　日本帝国主義ノ手先ヲヤッツケロ　日本共産党万歳　小作料ハ全免ダ　土地ヲ農民へ　日本共産党拡大強化万歳　ブルジョア政府打倒　労働者農民ノ政府樹立　政治犯人ヲ即時釈放しろ　迷える無産者に夜が明けた　地主の犬だ資本家の手先だ」（捜査中）

昭和13年5月　愛知県　不敬反戦ビラ

五月一日名古屋市熱田区加藤秀一方に両陛下の御尊影の裏面にも筆にて左記内容の不敬反戦文字を連ね差込みありたるを発見す、「日本国家を知らぬ者は人口九千万人とすれば二百万人それは皆月給取ばかりだ、こいつらは国家の毒蟲である、**あそんでたべている写真のよーな**

人間はたたき殺せ、真に国家を思う人間はルンペンになると思えば半島人は幸福である、せんそーにまければこふくとなる、中産以下のはせんそーにまければこふくとなる。」（捜査中）

昭和13年5月　宮崎県　反戦ビラ撒布

都城歩兵第二十三連隊山村部隊第四中隊　宮崎県監視隊本部勤務（宮崎県内）　歩兵一等兵　水谷進（26）

五月二十三日都城市五十市町狐塚地内道路に左記内容の反戦ビラ二種撒布しありたるを発見す（計十二枚）

其の一「打倒帝国主義　強盗戦争を止め召集兵者解除せよ銃後は労力不足なり　義務たる召集者なるも兵隊と将校の待遇を差別なす家庭的には兵隊が苦しい貧乏の家庭召集者は解除せよ　戦争？？長期戦に渡れば召集者の家は失業　横暴で矛盾した帝国主義を打倒せよ」

其の二「打倒帝国主義　現今の強盗戦争を止め召集者を解除せよ　働き盛りの男を取られ国民農民に労力不足なり　軍隊生活者曰く　戦争長期戦に及べば一家失業横暴で矛盾した帝国主義を打倒」（七月一日宮崎県庁構内に於て同一ビラ五十枚放置しあるを発見したるを以て予て容疑者として外廓的捜査を進めつつありたる本名を検挙し取調べたる所犯行を自供したるも思想関係其の他は目下憲兵隊に於て取調中なり）

特高月報昭和13年8月分
憲兵隊に於て取調中の所犯罪事実明瞭となりたるを以て八月十日陸軍刑法第二十九条、不穏文書臨時取締法違反、刑法第二百三十五条違反として第六師団軍法会議に送致

昭和13年12月　京都府　反戦落書

十二月三日省線福知山駅便所に「**何者ぞ天皇打倒帝国主義**」と落書しあるを発見す。（捜査中）

昭和13年12月　佐賀県　反戦落書

十二月二十二日佐賀県警察署留置場内に「**他国トノ交戦何故に数万ノ人間ヲ殺シテヤルカ一家ノ柱石ヲ殺シテ金デ償エバソレデヨイカ**」と落書しあるを発見す。（捜査中）

昭和12年7月　愛知県　反戦策動

近藤春次（34）

昭和十二年度以来度々友人等に対し、「支那事変の真の意義は日本の資本主義が行詰りこれを打開する為に一部資本家及特権階級が支那を日本の植民地に獲得せんとして起った侵略戦争である」、「戦争が長期にわたる程無産大衆の犠牲は増大し、一部資本家のみが利益を得ることは日清日露の戦争の結果から見て明な事実である」云々。又芸妓芦田ミキに対し、「お前達が僅かの金銭の鉄鎖に繋がれて自由を失い、涙の日を送っているのは社会制度の欠陥であるお前達を救うには現在の資本主義社会制度を改革しなければならぬ　そうするにはお前達が団結して共産主義運動に参加することである　斯くすることに依ってお前達も自由の天地に解放されるのであるが共産主義理論は難しいから簡単に書いて教えてやる」と称し紙片に「**天皇制打倒、共産党万歳**」と記載し手交せり。（治維法第一条及陸軍刑法第九十九条違反として起訴意見を付し五月十六日検事局送付、六月八日名古屋区裁判所に於て陸軍刑法第九十九条違反として禁錮六月（五年間執行猶予）の判決あり。検事控訴、九月十一日地方裁判所に於て前審通りの判決、服罪）

※六ヶ敷い→難しい、とした

※「天皇制打倒、共産党万歳」では逆に簡単すぎると思うが……。

昭和14年1月　京都府　反戦落書

一月二十七日京都市中京区河原町通三條下ル所在京都ニュース館三階男子便所に、「政府の政策に依り伝統的習慣のため名誉とかなんとか言って自分の息子を夫を戦場でなくしても国の為であると思っているあわれな国民とは君達のことである、有産階級を何と見るや」と落書しありたり。

（捜査中）

昭和13年12月　静岡県　不敬反戦落書

応召兵　鈴木昇太郎（34）

客年十二月二十六日浜松高射砲連隊に入隊し、本月十七日連隊内便所に、「皇祖ハ支那人、日支和協セヨ但シ其ノ兵隊。高く立て赤旗を其の影に静止せん、**ひきょう者去らば去れ我等赤旗を守る**」と落書したる外、東京市小石川区林町三三三島秀男に宛てたる通信文中（受取人不明の為所属部隊に返戻さる）軍隊生活に対する不平不満を露骨に記載す。（憲兵隊にて取調中）

※「高く立て赤旗を其の影に静止せん、ひきょう者去らば去れ我等赤旗を守る」は有名な革命歌「赤旗の歌」の歌詞。

昭和13年12月　青森県　反戦言辞

仮出獄者　今井繁太郎（39）

本名は窃盗傷害致死罪に依り懲役八年に処せられ青森刑務所に服役中客年中二月二十五日仮出獄の恩典に浴し、出所帰宅したるものなるが所轄警察員に対し、「**青森刑務所には現在満州支那の派遣部隊に於て軍法会議に廻された七、八名位の兵が居りその犯した犯罪は窃盗や満支婦女子に対する強姦、掠奪あるいは上官に反抗、脱走である。**軍務が余りに厳格であるとか、行軍が苦しいとか、目前に戦死が迫っているとかしている場合に罪を犯し遁れたのだそうだが、斯様にすると長い刑でも二年か三年の禁錮か懲役で済み生命は助かるとのことで無理はないそうだ。然しそれ等の兵より以上の重い犯罪者はうんとあるのだが発見されないでいるのだそうだ云々。」の言動ありたり。（他言せざる様厳重諭示）

※虚言などと書かれていない辺り、本当にそういう事が有ったのだろう。貴重な記録である。

昭和13年8月　和歌山県　不敬反軍言辞

東野上町長　医師　宮西虎之助（52）

客年八月頃、同町太田鎌之助に対し、「**軍首脳部は自分が出世する為に戦争している**

のだ、兵隊は可愛相なものだ　彼等は軍部に縛られて上官の命なら何でも聞かねばならぬ、大体軍人あたりが大人しくしているのがいかん、連盟を作り団結して首脳部にあたったらどうか」、「**二・二六事件は真崎や寺内が秩父宮殿下をかつぎ上げてやったことだ、殿下は事件発生後直ちに現場にあって指揮する積りで行かれたが通行不自由の為、行かなかった**云々」等の反軍不敬言辞を弄せり。（三月二十六日検挙取調中）

※臆測によるデマだろう。

昭和14年10月　徳島県　反戦投書

十月二十三日徳島連隊区司令部宛「田舎百姓一同」なる差出人名を以て、左の如き投書ありたり。「**農村に於ては労働力不足の折柄防空演習等を実施されては甚だ困る。成るべく農繁期には防空演習はやらないでほしい。**」「軍人ハ人ヲ殺スコトノミ熱狂シ人ヲ生カス道ヲ考ヘザル者ガ多シ戦争モ第一銃後農業又一層大事忠勇ナル皇軍モ腹ガヘッテハ戦ハ出来ヌ又国民モ然リダ」云々。（捜査中）

昭和15年6月　香川県　反軍日記

東京市豊島区池袋五、三四〇　帰還兵　田尾正（28）

六月十五日帰還せる者なるも日記中に左記の如き記載ありたり「（前略）状況は確実に絶望的になってしまった、軍隊は監獄の様に入ったら中々出してくれないものだと沁々思った」云々（訓戒処分に付せり）

※なって了った↓なってしまった、とした。

昭和15年1月　長崎県　不敬通信

福岡県久留米市　青木太次馬

一月十四日付中華民国領事館宛「（前略）日本の皇帝皇后を圧制せねばならん（中略）**天皇陛下　皇后両方共英国の科学により圧制してもらいたい**ものである」と通信をなしたり。（捜査中）

※なぜ中華民国領事館に、英国に期待するような手紙を送ったのかは分からない。

昭和15年7月　島根県　不穏文字
長崎県南松浦郡三薬村　溢盛太郎（54）

七月五日那賀郡今市村今市今木キヌ方にて「万国無産者団結」なる記載ある雨傘を発見追求の結果溢盛太郎の所為と判明（検挙取調中）

昭和15年6月　警視庁　不穏計画
名古屋市中区末広町二ノ七　柴田六二郎（24）

本名は名古屋市在住中脳病院に勤務せるも年来肺患に侵され、過般医師より不治の宣告を受け余命幾何もなきを自覚しせめて死出の土産に天皇陛下の関西行幸を機会に不敬行動を敢行して陛下の御尊名を侮辱し皇室の尊厳を疵つくると共に全国の眠れる共産主義同志の奮起を促さんと決意し機を狙い居たるも警戒厳にして乗ずる機なく御還幸の時東京に於て行わんと職場を捨てて上京浅草区山谷四ノ六武蔵屋旅館に投宿しいよいよ六月十四日奉拝者に混入して投石せんと手頃の石二個を拾いこれに「共産万歳」の貼紙を為して待機しありたるを特別検索に依り発見す。（六月二十三日不敬罪により起訴せらる）

※運が悪かった様だ。ただ（本人も「奮起を促さん」と自覚している通り、殺害が目的でなく）

石を投げるだけなので、成功していたとしても騒ぎになるだけだっただろう。それともまた難波大助の様に「許嫁を裕仁に犯され……」という話が出回るのか。

昭和15年10月　熊本県　不穏落書

阿蘇郡黒川村　職工　石川音松（27）

十月十八日黒川村県道電柱に「西郷もイエスも時代の血祭　受難者アルマン　侵略神社　**ノモンハンで日本は負けた、ロシアの最大マンモスグライダー機二千台極東に送る**　心貧しき者よ立ち上がれ」等の不穏落書を為したり。（陸軍刑法第九十九条違反により検挙す）

昭和16年8月　警視庁　反戦反軍言辞

東京市本郷区春木町一ノ九　牛肉商中村商店支配人　壇小三朗（42）

八月五日午後八時頃より本郷区春木町一ノ七小柳勇方に於て開催されたる隣組臨時常会に出席し小柳勇外八名の隣組員に対し絶対に惨禍を避ける方法は戦争をしない事であると前提し「戦争は破壊である、**文化を破壊し人名を損傷し財産を減失して人々を苦しめるものであるからどんな場合でも最後まで手を尽して戦争を避くべきである**、破壊を伴う戦争はどんな場合でも罪悪である、支那事変は二・二六事件の延長として日本軍部の急進的分子が意識的に計画して起したもので一般国民には関係がないのだ軍部は事変前に国際的危局迫ると言って軍用機の準備、兵員の訓練に努力して事変始まるのを予想してその準備をして居たのである、軍人の職業は戦うことだ、軍人は忠君愛国を標語にして居るが忠君愛国は軍人ばかりの気持ではないのだ、軍人は戦場で死ねばどんな場合でも戦死として扱はれ靖国の神として祭られるし、その遺族は遺族扶助料をもらい生活まで保障されるが、一般国民は空襲などの為死んでも又は職域奉公に倒れても何の保障もなく酬われる所がないのです、事変終了後は司令官より兵士に至る迄勲等の論功があるであらうが一般国民は戦争に依る犠牲を受ける計りで何の得る所もない、今度の事変で一番可愛相なのは支那人である、支那人は日本の侵略によって二百万人の戦死者を出したと言われるが、二百万とは大変な数である、みんな親もあり、兄弟もあろう、その肉親の悲しみには同情にたえない、支那事変が永く続くと経済的にもまいってしまうだろう、物資の不足で商売は出来なくなり収入はへる一方だ、それだのに物価は高くなって生活はいよいよ苦しくなり国家的にも三十億円の歳入に対して百五十億円の支出では永くやって行ける道理がない、一時的には公定価格制で生活必需品の価格を押へ、貯蓄奨励で金を吸収してインフレを防止して居るのであるが、やがて財政破綻がやって来るに違いない、ここらで事変を中止すれば国は収拾に苦しむであろうが我々は助かるであらう。」と反戦反軍に渡る造言飛語を為すの外二月一日以降八月一日迄の間に開かれたり隣組常会等に於て大体前記同様の造言飛語を為す。（検挙送局す）

昭和16年7月　大阪府　反戦投書

七月三日付大阪中央局の消印にて大阪府豊能郡小曾根村小曾根田中広宛左の内容の投書ありたり「田中君が戦死されたのは帝国の為人類の為でなく全く資本家戦争成金の犠牲になったのです、我々斯る戦争の真相を知る者は戦死遺家に対し全国的に呼びかけんとして居ます、**田中君の死を無駄にさせない為には戦争成金の為めの戦争を止めるべきです、一度享楽機関を見て御覧なさい、料理屋お茶屋芝居満員の盛況です**、一時的な下賜金や興奮によって名誉な事と思っているのは馬鹿者で戦争の真相を知らないからです。」（捜査中）

昭和16年9月　兵庫県　反戦反軍策動

尼崎市北難波金井特殊鋼線製造所　副舎監　井原菊市（41）

井原菊市は昭和十二年八月今次事変に依り応召同十四年十月召集解除となりたるものなる所、戦地生活に於ても終始階級間よりする対将校観を有し、将校は特権階級なりとの偏見を持して反軍意識を抱持しつつこれを日誌に録取し、且つ**支那軍捕虜殺戮現場写真**その他十三葉を持帰り、戦争の惨禍苦痛並将校と兵卒との差別待遇等自己の体験を通じ独断的に歪曲盲断しこれを誇張的に流布して以て相手方に共鳴と同感を喚起せんと決意し、九月下旬以降十月中旬頃に至る間本名の就職先たる金井特殊鋼線製造所寄宿舎副舎監室に於て舎監並に寄宿舎に起居する職工等に対し継続して前記支那軍捕虜殺戮の写真を提示しつつ皇軍を誹謗し反戦反軍言辞を弄す。（昭和十七年一月二十三日神戸区裁判所に於て禁錮六月）

※写真がどちらの物かについては注意して考える必要がある。

昭和16年9月　新潟県　反戦反軍言辞

新潟県中蒲原郡村松町寶町　農林学校教諭　吉野祐輔（37）

本名は昭和十五年三月津川農林学校教諭として奉職以来同校に教鞭を取り居るものなるが、九月三日第三学年生徒四十二名に対し作文「文章の種類」授業中、明治三十七年「明星」九月号掲載与謝野晶子作「**君死にたまふことなかれ**」の歌を板書し、これを生徒に筆記せしめ「**天皇は身自ら戦の庭に立たぬのだから我々も戦死する必要はない**」との主旨を以て説明を加へ反戦反軍的言辞を弄す。（厳重戒飭）

※勇気のある教師だが、皮肉なことに同時期の与謝野晶子は戦争賛美に近付いており、1942年（昭和17年）に発表された遺歌集「白櫻集」では「強きかな　天を恐れず　地に恥ぢぬ　戦をすなる　ますらたけをは」と詠んでいる。与謝野晶子は1942年5月29日に死去し、日本のその後を見ることは無かった。

昭和16年11月　**新潟県**　**反戦言辞**

新潟県北蒲原郡葛塚町大字前新田　農　青柳市太郎（33）

十一月十五日居宇常会に際し常会長より国民貯蓄割当並国債消化に関し一同に諮るや、出席者約三十名はこれに賛成せるも本名は自己の貯蓄割当に不満を持ち一同に向い大声にて「**貯金には反対だ　戦争に負けても良いから貯金には反対だ**」と国民貯蓄に反対並反戦言動をなし常会長に制止せらるるや「戦争に負けても良い貯金は反対だ」と数回繰り返したる上退場せり（厳重戒飭）

昭和16年3月　山梨県　反軍言辞

山梨県北巨摩郡篠尾町　今井壽一（50）

三月二十日北巨摩郡篠尾村神道禊教篠尾支所に於ける会計報告会席上に於て「兵隊は全部陛下が統帥しては居るが実際は将校以上が陛下の統帥で下士兵卒は連隊長の自由であるから軍人としての待遇はされぬ」「獣医は一つの営業であるから軍人としての待遇はして居らぬ従って歓迎等はする必要はない云々」と反軍的言動をなす。（科料五円）

昭和16年7月　福島県　反戦言辞

福島県石城郡湯本町　共乙　松永クニ（61）

本名は七月十四日午後四時頃居町応召兵家族たる大平野一郎方に至り同家に滞在中の佐藤真志子外二名に対し今次支那事変に関し「傷ついた兵隊さんも新聞には余り出さないそうですが日本の兵隊さんもかなりやられて居るそうです、病院には這入り切れない程入っているそうです、その兵隊さん達は皆怪我が因なそうです。」と造言飛語し更に七月二十九日午前九時三十分頃居町雑貨商鈴木イソ方に至り同家に来合せたる同町坂本廉太の両名に対し「**戦争のある年は時化が多いと昔から言われて居るが一体戦争は誰の為めでもない　皆資本家の腹を肥す為の戦争なんだ、子供や兄弟が連れて行かれて誰も喜んでは居ない。**」

と反戦言辞を弄す。（十一月二十四日陸軍刑法第九十九条違反により送局）

総和16年2月　福岡県　反軍落書

久留米市原古賀町一八二　尾形荒太（26）

二月二十四日西部第四十八連隊の営倉内に左の反戦不敬不穏落書を為す　「**日本ノ軍隊トハ最モ低級ナル集団生デアル**　現在日本ノ社会機構ハ大衆ノ為ノソレデハナクシテ資本閥ノ道具ニ過ギナイ　滅スベキ資本主義　打倒スベシ帝国主義　ソシテ真ノ大衆ノ為ノ社会ヲ建設セヨ　天皇ハ一機関ニ過ギナイ　彼ハロボットダ」（五月五日送局六月二日懲役十月）

昭和16年8月　大阪府　不穏落書

八月十六日大阪市此花区玉川町三丁目大阪市電春日出車庫玉川町出張所内便所白壁に黒鉛筆にて「資本家の走狗たる上層幹部倒せ　青年諸君よ**第三帝国の建設に立て**そして共産主義に共鳴せよ　春日出の所長よ汝事局を認識して居るか　石川啄木曰く　働けど働けど我が暮し楽にならじじっと見つめる我が手」と落書しあるを発見す（捜査中）

※この第三帝国とは、ナチスドイツのことではなく、大正時代に茅原華山と石田友治により出版された社会評論誌『第三帝国』と、そこで提唱された概念（明治維新以前の覇者的帝国、明治以後の藩閥官僚的帝国を超える「第三」の民本主義帝国を目指す）のことであろう。

昭和16年2月　兵庫県　不穏落書

神戸市湊東区楠町二丁目一〇二　三好好光（39）

二月一日神戸市神戸区元町通一丁目電柱に「鉄が高いのになぜ船を造る　船会社を潰せ」と書用紙に墨書貼付す（拘留七日）

昭和16年10月　群馬県　不敬言辞

群馬県北甘楽郡妙義町　農　田村時次郎（45）

十月二十六日居町区長杉田国五郎方に於て開催せられたる常会席上に於て出席者二十二名の居る前にて「日本もハアーどうすることも出来なくなってしまったんだからね、**皇族だっても我々と同じ国民ではないか、宮様の御祝儀だなんてあってこともない騒ぎをして一体皇族なんてものは何をして食って居るんだんべ**」と皇族に対し不敬の言辞を弄す（十一月十五日不敬罪により送局）

昭和17年2月　警視庁　不穏投書

二月二十一日警視庁宛官製郵便葉書に毛筆を以て墨書せる左記の如き内容の不穏投書ありたり
「戦は野蛮だ　日本倒せ　天皇が何だ東條を殺せ　自ぼれ根性の日本人をげき滅せよ　靖国を撤廃せよ若は焼払え　天皇の名を解消せよ　それは無用長物たからだ皇軍程馬鹿になるな　正義日本打倒支部」（捜査中）

昭和17年5月　大阪府　不敬不穏投書

五月十五日付大阪平野郵便局消印、発信人東京、宇垣一成名義を以て大阪憲兵隊長宛左記内容の不穏投書を発見せり　「不平を云う者は国家の敵だと放送する汝は東條を始め中央局課長に至る迄**毎日の如く午餐会だ晩餐会だ歓迎会だ**と宴会遊興に日尚足らざる実状に対し何と思っているのかこの馬鹿野朗目が其上本日の紙上に於て記者連の軍部への空襲問答の笑止極まる軍部の答弁にいよいよ日本機で日本空襲の醜態が暴露された更に空襲を裁可した**天皇の大馬鹿野朗**もいよいよ皇室の軍部への平身底頭を意味し実に現下の日本は大蔵省官吏の疑獄沙汰等々乱れ乱れた蔣介石治下より甚し醜態だ本日の**運送船沈没事件も日本の芝居だ**て」（捜査中）

※宇垣一成は一時期、朝鮮総督や外相を勤めた元陸軍大将。この手紙は当然詐称であり、内容も陰謀論。

昭和17年3月　大阪府　不敬不穏投書

三月十二日付大阪大正郵便局消印ある内務大臣宛左記内容の不敬不穏投書を発見せり　「東京市民諸君汝等わ馬鹿者揃だと僕は思う　何故なら東京の真中に大きな屋敷をロハで構へている馬鹿に大事な命を放る連中ばかり　彼の名を裕仁という　そんなやつは早くボイコットして東京から追出せそして**革命を起して自由の国アメリカに追従しよう**じゃないか天皇も人間でわないか」（捜査中）

※ロハ＝無料、ただ。当時革命と言えばソ連を思い起こしそうなものだが、アメリカをあげるあたり、しっかりとした自由主義者か、あるいはアメリカを手本と見ていた明治人なのかもしれない（この時代でもかなりの高齢だろうが……）

昭和17年8月　大阪府　不穏投書

八月五日須磨局消印ある大阪府知事宛、発信人名義大阪市西成区天下茶屋**破れかぶれ**生の青色インク使用ペン書せる官製はがきにて左記内容の投書を発見せり「この決戦時に特権階級や軍人ばかりぜいたくして一般民にばかり犠牲を払わす、貴族政治をやめよ　本当に一億一心を叫ぶなら共産主義を徹底してみんな平等に扱え、**大和運動なんてチャンチャラおかしくて物が言えない、民心は政府と反対の方へ方へと動いて行く**」（捜査中）

昭和17年3月　神奈川県　不敬文字記載の紙幣使用

横浜市中区浦舟町五ノ七七　横山三朗（23）

本名は横浜市所在救世軍経営民衆館の雑役夫として被雇中その動作遅鈍なる為館長柴田夫妻より度々叱責罵倒せられたるを憤慨し、**社会事業の最高命令系統は宮内省当局なるを以て柴田夫妻に罵倒叱責せらるるは結局宮内省当局より罵倒せられたると同一なるべし**と妄信し本年三月下旬頃より宮内省当局並に天皇及皇后陛下に対し奉り復讐的不逞行為を敢行せんことを決意し秘に五十銭紙幣並に一円紙幣等の裏面に「**今上天皇ノ大馬鹿野朗**」「**宮内省の大馬鹿野朗**」等の不敬不穏文字を記載して横浜市内の商店其の他に於て日用品等を購入に際し該紙幣三十枚を使用せり（目下不敬罪にて取調中）

昭和17年2月　岩手県　不敬言辞

稗貫郡宮野目村大字西宮野目　農　斉藤善太郎（49）　右同　斉藤市左衛門（47）

斉藤善太郎は客年秋頃居部落農家組合会合の席上に於て部落民斉藤市佐衛門外二名に対し「俺は秩父宮様のことに付て聞いた、**最近秩父宮様のことは一向新聞に見えないが何でも宮様は議会で人の頭を叩いたそうだ**、あの人は仏様でもなかんべ、陛下の弟だから神様にでもなったぺ」と不敬の言辞を為し、更に斉藤市佐衛門は本年二月四日頃居村新屋部落第一隣組長宅に於て高橋辰次郎等四名に対し「**秩父宮様は議会で人の頭を殴って今では神様になったそうだ**」と不敬の言辞を弄す（六月二十七日検挙同月二十九日送局十二月十五日盛岡地方裁判所に於て斉藤善太郎に対しては懲役三月斉藤市佐衛門に対しては懲役四月の判決言渡）

※大正天皇の遠眼鏡事件伝説と話が混ざっているように思われる。

思想旬報　第一號　都市に於ける食糧事情　不平不満の言動

大日本帝国政府
思想旬報　第一号（四、一〇）
警保局保安課

第二、都市に於ける食糧事情

都市に於ける所謂社会不安の温床と目せらるる事象中最も注意を要すべきは食糧問題と認めらるるなり。即ち電車、食堂、銭湯等巷に於ける民衆の食糧不足を訴へる声は愈々深刻化し、不平不満の言動も漸次反政府的色彩を帯び中には厭戦的言動すら散見せらるる状況なり。就中下層階級の間に於ては著しく焦燥感に駆られ食料物資の入手に付いては不正手段をも辞せざる態の気漂ひつつあると共に他面物資入手難の反動的鬱憤は他の階層ことに富裕階級に対する嫉妬反感に転化し思想的にも注意を要するものあるの状況にして、食糧不足を巡る巷に於ける要注意言動及特異事象の主なるものを摘記せば概ね左の如くなり。

（一）不平不満の言動

（1）昨今の米不足にはやり切れぬ、この先どうなることか、偉い人達も我々と同じであらうか、戦争もこう言ふことになるのか。

（2）二言目には増産と言ふが腹が減っては戦が出来ぬ。**今の状態が続くと増産どころか人間のミイラが出来る。**

（3）（甲）一体政府は米の割当基準を何に依って決めたのか、割当量だけでは仕事にならん

（乙）**東条さんが群馬地方に行かれた時土地の物が玄米食を出した所夫れには見向もしないで供の者が出したご馳走の弁当を食べられたそうだ**

（丙）我々下積の者は押へられてゐるが、こんなことを聞くと全く厭になるね

（二）食料物資の盗難其の他不正事件の頻発

（1）静岡県若松市所在日華油脂若松工場に於ては製品原料の豆及び脱脂大豆の盗難頻発し工場側は之が防止対策に苦慮中なり。

（2）其の他の府県に於ても空腹を訴ふる子供の心情に堪へ兼ね或は白米を飽食せんが為精米所或は駅構内の日通倉庫に侵入米穀類を窃取する事案或は又最近農村に於ける野荒しの増加、都市細民街に於ける米泥棒及食糧配給機関職員に於ける不正事件の頻発等注意を要するものあり。

（三）其の他要注意現象

（1）山口県及び愛媛県下に於ては食物を盗み食ひしたことに発端して殺人及傷害致死事件発生せり。

（2）食料物資を巡る流言中最も悪質なるものは経済警察の取締に対する反感より之を牽制せんとする意図の下に取締警察間に不正あり之を憲兵が取締べたと言ふが如き筋書きの流言全国的に流布されつつあり。

（四）下層階級の生活瞥見

兵庫県の情報に依れば

仲仕、馬車輓、工場労働者等の生活実態を見るに其の表面上の月収は

仲仕、馬車輓は　一二〇円――一八〇円程度

工場労働者及自由労働者は　一〇〇円――一五〇円程度

靴、下駄、傘類の修繕職は　一三〇円程度

なるが、之等の部層は日収の五割を自己の飲食費に充当し家族は残余の五割にて生計を営み居る状況にして一例を挙ぐれば六畳一間の家に八人の家族雑居し身には襤褸を纏ひ全く食生活に吸々とし住と衣生活には無関心を余儀なくせられ居るの実状なり。

（註）仲仕、馬車輓等の一ヶ月に於ける稼働日

数は概ね十五日にして相当の闇賃金（一日二十円位）あるも闇物価は之を上廻り居る実状なり

第三、馬糧不足を繞る要注意現象

最近馬量不足並過重なる使役を要因とする輓馬の斃死各地に発生し而かも増加の形成に在り、即ち北海道に於ける実情を見るに昨秋来の斃死馬は四百頭に達し更に病弱馬続出しつつあり其の他樺太、愛知、兵庫、山口の諸地方に於ても同様の情勢にして重要物資殊に軍需用材の船出に影響する所尠からざるのみならず、馬車夫の生活に影響を与へ居るの状況なり。

而して馬糧不足の原因は北海道に於けるが如く飼料の凶作に依るものなしとせざるも一般的には主食物増産の為の作付転換米穀の搗精統制及軍需飼料の増大に影響する所最も強く従つて荷馬車業者及馬の生産者其の他農民は飼料不足に対し

○統制を紊るは軍の買上げなり
○闇取引は軍が一番ひどい
○政府は軍馬を育てろと言ふが飼料不足で怎うにもならぬ、斯の様な状態では馬を手放す外はない食糧増産と言ふけれど労畜力不足では困難だ飼料対策に付いて考へて貰ひ度い
○最近の様に飼料が不足しては商売にならぬ馬車屋は全滅だ

等の如く自棄的乃至は軍を誹謗し或は政府の適切なる対策を要望する言動あり、之が飼料対策に付ては相当考慮を要するものありと認めらるる状況なり。

第四、京楽部面其の他に現れたる民心の動向

秋田県当局に於て調査せる同県下に於ける昭和十七、八年中の遊興飲食税、興行場入場者並に国防献金の状況は

(別表参照)

にして遊興飲食税の如きは昭和十八年度の増税率約三割一部を控除するも尚ほ八十万円の増加を示し居るに拘らず、国防献金に於ては昭和十八年度は前年に比し約六割減を示せり、之が原因に付ては更に検討を要するものあるも大東亜戦争緒戦

に於ける大勝利に戦局を楽観視しつつある県民の低調なる時局認識の一面を表現するものに非ずやと思料せられ注意を要するところなり。

ぜいたくは敵だ

思想旬報　第一号　享楽部面〜　別表

	遊興飲食税	興行場入場者	国防献金
昭和十七年	1,982,994.00	1,630,584.00	478,371.00
昭和十八年	3,372,946.00	1,721,532.00	192,256.00
増減	1389932 円減	90948 人増	286115 減

※原記事では漢数字表記だが、読みやすさを考慮し改めた。

思想旬報　第二號

大日本帝国政府
思想旬報　第二号　(四、二〇)
警保局保安課

第一、最近に於ける流言蜚語の傾向

最近に於ける流言蜚語の状況を概観するに昨年夏以来全国的に伝播せる食料不足に関連する反官的乃至軍警離間を内容とするものは其の後依然として増加の傾向にあるが、本年に入りては
一、○○島守備隊は玉砕せり
一、○○はもう駄目だそうだ
等戦局不信に関連する流言は頓に増加し更に
此の戦争は負ければ偉い人は殺されるかも知れぬが我々――百姓、労働者、貧乏人――は殺される様なことはあるまい、我々は働かねば食はれないのだから戦争に負けても勝っても大したことはない
等の如き厭戦的悪質内容の流言も相当各地に発生し、本年初頭以来既に十五府県に於て之が検挙を見たり。
之に対し一方戦争の終局近しとする流言も本年に入り著しく増加の傾向を示し、而も其の内容は
一、○○で四脚の牛の様な人が生れ此の戦争は本年中に終るが戦争が終れば悪病が流行するから梅干と韮を食べれば病気に罹らないと云って死んだ

一、○○で白髪の老人が底の無いトックリを下げて酒を買ひに来たので之に酒を入れてやると此の戦争は近い内に終ると云って出て行ったので後に附いて行ったら途中で消えた

一、○○神社の境内に珍しい茸が生えたそうだが、この茸は日露戦争の時も生えたそうで戦勝の前兆だとのことだ

等何れも迷信に基くものにして食糧不足に関連する流言の激増と相俟って治安上相当注意を要するところなり。

第二、新聞記事と民心の動向に就て

三重県編輯部会に在りては客月十一日定時会議を開催し県民の新聞に対する希望意見並に新聞への反響に関し協議検討するところありたるがその結論は大要左記の通りにして現下に於ける民心の動向の一端を窺知し得るものと認めらる。

記

一、大東亜戦争勃発以後一般県民の新聞に対する認識は著しく昂まり、之が購買希望者も日々増加の傾向にあるも用紙制限に依り需要を充し得ざる実情なり。特に配給及び戦時生活に関する記事掲載の故を以て家庭の主婦間に購読熱の存するは注目すべきなり。

一、一般読者に最も愛読されつつある記事は大本営発表及び報道班員の生々しき戦況報告（作文的記事は読まれず）を第一とし、次に生活問題の切実面を反映し物資配給に関する記事を第二とせり。

更に青少年層に在りては軍事欄、知識階級層には現地事情を詳報せる海外特派員の特電等は比較的関心を持たれつつあるも、特に輿論の一部反映と目すべき各新聞の投書欄が比較的興味を以て読まれつつ

あるは民心の動向の一端を示すものと云ふべし。

一、新聞記事に対する希望意見としては、戦局愈々重大なる折柄国民は均しく戦局の推移に重大関心を有し居り、大本営発表は往々にして簡単に過ぎ、為めに流言蜚語を誘発する虞れなしとせざるを以て戦力増強並に作戦、防諜上支障なき限り可及的詳細なる発表を要望する傾向強し、又一般的に修身教科書的記事、美辞麗句の羅列的記事よりも真実性あり簡明率直なる記事が要望され、同時に軟か味のある記事の掲載を希望せり。又各種隘路打開に関する率直且建設的なる批判的記事及び光明ある記事が相当期待されつつあり之等の点は将来新聞紙指導上注意を要するところと認めらる。

一、最近に於ける最も反響を与へたる記事は決戦非常措置要綱に基く高級享楽停止と我が内南洋方面に於ける戦況に関する記事なり。

思想旬報　第三號　不穏歌謡の流布状況（其の一）

思想旬報
第三号（四・三〇）
警保局保安課

第一、不穏歌謡の流布状況（其の一）

大東亜戦争勃発以後に於ける不穏歌謡の流布状況を概観するに、開戦第一年に於ては緒戦の大戦果並に一般国民の緊張などにより一部の工場労務者間に徴用問題を主題とする不謹慎なる歌謡流布せられたる他著しく不穏内容のものは殆んど発見せられざりしが、其の後戦局の不信並に生活の窮屈化等に伴ひ昨春頃より軍事並に生活物資の窮迫化等を主題とす反軍的乃至厭戦的歌謡乃至は不敬内容のもの漸次流布せらるるに至り、而も其の流布範囲に於ても当初は主として青壮年工場労務者方面に口吟まれつつありたるが其の後漸次一般青壮年方面に伝播し、最近に至りては国民学校児童等の間に無意識的に之等不穏歌謡を口吟む者を生ずるに至り、時局下民心の動向の一面を現はすものとして治安上注意を要するところなり。

○　之等不穏歌謡中主として軍事関係のものを摘録すれば次の如し

一城焼けた　二城焼けた　三城焼けた　四城焼けた
五城焼けた　六城焼けた　七城焼けた　宮城焼けた

○

一、腰の軍刀にすがりつき　連れて行きませソロモンへ
連れて行くのは安けれど　女乗せない輸送船
オヤホントニホントニソウナノヨ
二、大佐中佐はじじくさい　と云ふて大尉にゃ妻がある
可愛い少尉にゃ金がない　女泣かせの予備学生
オヤホントニホントニソウナノヨ
三、辛い辛いよ軍隊は　金の茶碗に金の箸
仏様ではあるまいし　一膳飯とは情ない
オヤホントニホントニソウナノヨ

○

厭でござんす兵隊は　十日十日の月給も
僅か一円五十三戦　○○代にもなりません

○

一、粋な角帽や制服を　見るも雄々しい軍服に
見上る彼の娘が目に涙　知らずや海軍予備学生

二、君に忠義　親に考　今ぢや御国の楯と散る
勇む姿の荒鷲に　熱い情の一しづく

三、腰の軍刀にすがりつき　連れて行きやんせニューギニヤ
連れて行くのは安けれど　女は乗せない戦車隊

四、女は乗せない戦車隊　長い黒髪断ち切って
粋な兵隊さんに身を替し　主のお側に参りたい

五、貴方散る花若桜　妾しや吹く風春の風
散つた貴方を胸に秘め　附いて行きたいどこまでも

六、粋な姿に一目惚れ　夜毎夜毎に頬に露
一人待つ身のやるせなさ　つれない別れのホトトギス

七、北の護りの固いのは　困苦欠乏の果越へて
アッツ桜の花と咲く　若い血潮が守るのだ

八、大佐中佐は爺くさい　少佐大尉にや妻がある
可愛い少尉にや金がない　女泣かせの予備学生

○
主が召されて門出の後は　独り淋しい蚊帳の中
我が子思ひのかげ膳すへた雑煮の冷へた淋しさよ

○
僕は軍人大嫌ひ　今に小さくなつたなら
お母さんに抱かつて乳呑んで　一線貰つて飴買へる

○
一、昨日生れた豚の子が　蜂にさされて名誉の戦死
豚の遺骨は何時帰る　明日帰る帰る
豚の母さん淋しかろ
二、豚の遺骨が今帰る　豚の母さん丸髷結つて
豚の遺骨を背負つて行く　並んで行く行く
豚の母さん元気よく
三、豚の村葬始まつた　豚の母さん涙がポロポロ
豚の遺骨が三つ並んだ並んだ　豚の母さん悲しかろ

思想旬報　第七號　時局を諷刺せる流行語使用情況

思想旬報　第七号（六・一〇）
警保局　保安課

第二、青年学校女生徒を通じて観たる国民の思想動向
山口県下松市市立青年学校に於て同校一、二年生徒女子六五名に対し四月中に見聞したる特異事項の筆答を為したる処、五十七名の提出者あり。
之を検討するに

経済事犯に関するもの	二八件
誇張言動	一三件
軍機に関すると認めらるるもの	五件
人心惑乱の虞あるもの	二件
悲観的言動	二件
不平不満言動	二件

記

青一女　某

一、だんだん今頃は元帥が戦死するが日本はだんだん負けるのではなからうかと言ふ人があります。
二、私は今頃ね、もう御飯がたらぬので困る食物でなにも食べる物もなし、戦争がこれからどんなに

ひどくなる事やらわかりませんので今からだんだんひどくなつたら私達はどうするつもりかしら、どうせ負けるのならもうやめれやええのにといふ事
三、戦争に勝て勝てと言ふが何んで勝てる物だらう人民の物の持ち物はみんな取あげて税金は多く食べる物は少ししかくれずに人間が生きるだらう
四、アメリカは大きな国で日本は小さい国でありアリコとねずみの戦争ぐらひだ勝つと言ふのがむりだなー口にはあまり出せないが

青一女　某
一、町内でおぢさん達がよく集つてはなしてゐた今日はクエゼリンとルオットで○○万戦死したと言ふと其の位はいつでもやられてゐる今度の最高指揮官になつてだんだんつまらなくなつたと言つてゐた
二、暗で砂糖を買つたら一斤が四円もするとか酒を一合が二円ならわしでも買ふと酒呑みのおぢさんが言つてゐた
三、此の世はどうでも暗をしてゐかなければどうしてもつまらない暗をしないものは馬鹿だと或る人が言つてゐた
四、貯金をせよといふがしても駄目だと言つてゐた

青一女　某
一、今頃新聞で敵の軍艦を何艦轟沈我が方の損害は軽微と書いてあるが我が方が多く沈んでゐるのであらう
二、今頃あまり戦争の話がないが我が方が敗けてゐる

三、今頃会社でも工員はあまり働かないそうだ

青一女　某

一、此の戦争が終つたら必づ大病気がはやると或る白げの生えたおぢいさんがふろしきを持つて「酒を二合程くれ」と言つたそうだからそれを上げたら此の戦争が終わつたら必ず大病気が流行ると言はれて姿を消したさうだ此んな事は決して話すべきではない聞くスパイが国民の心をゆるめ様としてやつた事だと思つた

二、此の頃風呂へ行くと良く石鹸が足らんと言はれてゐる中には此れは此の間小麦の粉と取かへたのよなんて言つてゐる人もある

三、砂糖の配給が無くなるそうだどうするの本当に困るねなんと言つてゐる奥さんがある此れも多いにつつしむべき事であると深く思つた気の弱い人が聞いたら「まあ困るね本当にゐやになるね」とよはねをはる様になると思ふ

青一女　某

一、此の前の日曜日に町に買物に行つた時六十才位のおぢいさんが早く戦争がやんで十分米がある時がくればよいと言つてゐた

二、ある所の辺では大豆粕が一升一円で米一升が十円で買ふ人があるさうです

三、衣料切符百点が百円で買ふ人がある由

四、町ばの人は田舎に行き米や大豆をもつてかえる人がある女の人は帯のたいこの中にふろしきに包んでたいこの下にかくして帰へる人

五、町の店では品物があつてもその人にはあげず得意に売つて上げると言ふ話がある

青一女　某

一、大豆粕や豆もろこし等を御飯と一つしょに炊くとお腹が悪くなると言つて百姓屋へ行つて野菜や米とかへてもらふと言ふ人が事実御座います

二、はすやいもを田舎で高いお金を出して買ひ求めいい物を食べいい着物を着るといふ時局を考へず自分さへいい着物を着て生活をすればいいと言ふ人があります

三、海岸に来て島や軍需工場を写す人があります

青一女　某

一、酒一升十五円で買はれた人があります

二、米一合が二円で買はれたそうです

三、米をもう一合ふやしたら良いと言つて居られる人もある

四、食物はないのに畠を取つて家を作らないで食物を作らせばよいのにと言ふ人があります

五、日本は戦争に負けそうなと言ふ人があります

青二女　某

一、ほうれん草一にぎり位を三十五銭で売つてをられた

二、卵一個が五十五銭で買れたといふ話

三、舟と舟との間にはさまれて兵隊様がちんぢになつて死なれたと言つて話して居られた

四、酒一升が十円になるそうなと言つておられた

青二女　某

一、所は知りませんが此の大東亜戦争は此の六月ですむから債権を買へといふことを聞きました

青二女　某

日立の事について

職工さんが日立で潜水艦を作つてゐますが今七隻出来上がつたが其の中にこちらの荷物を積んで行つて今度帰へる時に艦が沈むやうにする水槽を作らなかつたので七隻失敗したそこで此の職工さん達は晩に仕事をしに行くのだと話して居られた

青二女　某

一、或るよその人が「配給米や配給物では不足であるこれでは腹が減つていくら仕事をせよつて言つても出来るものではない一その事戦争をやめてしまへば此の様な事はない」と言つて居られたのを学校帰へりに聞きました

二、或人は配給魚では少いので野菜を沢山魚売りに上げて魚売はよそに上げる配給魚は当前へに上げず野菜を下さつた家に沢山上げられたそうです

三、今日下松の沖に潜水艦が入つてゐたとか軍事に関した事を平気で話して居られた人がありました（ママ）

四、よその男の人がふらりふらり専売局のまわりをうろついてゐろんなくひが打つてあるが何時立つ

て何んの為に立つてあるのかと問つて居られましたので畑の中で草を取つてゐられたおばさんがそれを聞いて警察迄届様と思はれましたけれどおそくなりますので自動車をなほして居られた元気な男の人に言つて届けてもらはれました

青二女　某

一、卵一個三十五銭

二、日立に○○○が出来て居るといふ事を聞きました

三、竹の子四百目一円二十銭

青一女　某

一、防諜上好くない事

○○おばさんは今頃四時半暗い頃にそつと木を売りに来て小木を一束が八十銭に売り其の明朝はもう其れより小さいのを一円二十銭に売られた闇である

二、何処のおぢさんか知らないが目鏡をかけたおぢさんが徳山行の自動車の中で徳山燃料場の油を取り出す事に就いて小さな声で一々話して居られた防諜上大変悪いと思ひました

三、小豆一升に就き三円に買つて五円に売る人があります

第三、時局を風刺せる流行語使用情況

戦争の長期化並に生活必需物資の枯渇に伴ひ最近国民の一部にありては戦争に対する倦怠的機運漸次

醸成されつつあり、之が現象として巷間に時局を風刺せる軽薄なる流行語が一般に公然と使用され而も急速に伝播の傾向あり、斯る流行語の蔓延は不穏歌謡流言などと等しく世相の底流面を暗示するものと云ひ得べきも其の反面国民の道徳水準を不識の間に低下せしめ戦意昂揚に及ぼす影響尠なからざるものあるを以て注意を要すべきなりと思考す、今之が流行語、流行部面及び暗示内容を表記すれば左の如し。

（別表参照）

第四、学校給食及雑炊食堂を繞る民心の動向

国民学校児童の体位保持及食糧不足の一対策として主要都市に於ては学校給食、雑炊食堂開設中なるが、之を繞る民心の動向を見るに概況次ぎの通なり。

（一）学校給食関係

学校給食の趣旨とする所は主として児童の体位保持に在り之に併せて家庭配給の不足を幾部なりとも緩和せんとする所にあるも、一般国民殊に父兄側に於ては専ら食糧不足の緩和策なりとして解釈し居るの状況なり、従て学校給食に対する論議の如きも以上の観点に於て為されつつあり、その意嚮は学校給食分は之を家庭に配給すべしとするもの漸次増加の傾向を示し居れるが代表的意嚮左の通りなり。

○学校給食は飯米不足の折柄であるので政府の親心に感謝せねばならぬが、多子家庭に於ては経費の点に於て可成の負担となる、自分の家では三人通学してゐるが、先月は一人二円六十銭で七円八十銭納付したが中々の負担である。

○学校での給食は量が少い為に子供は帰つてから又食事をするので家庭の不足分に対する足しにならぬ、結局経費が嵩む丈けで我々の様な俸給生活者は支出が増高して困る、僅かでもよいから家庭配給として貰ひ度い。

○学校給食は何れの面より見るもマイナスである、政府の親心は判るが之を実施するに付ての充分な

流行語	流行部面	暗示内容
闇籠（闇袋）	一般	買物籠、手提籠の類で闇取引に使用する意
闇腹	労働者	腹一杯食べたる場合
配給腹	〃	充分でない場合
月夜	一般及商人	闇値に近い意
魚雷	一般	国債々券の意で是等は現金では今受取れぬ意
提灯を持つて行け	婦人買出部隊	買出は闇値でなければ出来ないから提灯を持つて行くの意
朧月夜	一般及商人	闇の意
米櫃	一般	トランクの中に米が入れてあるとの意
消耗品	軍人一般	軍人
人生二十五年	〃	予科練、少年航空兵
臼まはり	一般	配給物資が一部上層級のみにまわり下層一般に行き渡らぬ意
スフ、人絹	〃	不良品、及人の素質低下
軍官顔闇	一般	物資を軍官が優先収得する
夜	一般及商人	闇
小作料徴収	一般	配給米の行列買
灯火管制	〃	闇
国民公定	〃	〃
マルヤ（○にヤ）	〃	〃
撃沈大破	酒間に於て	酩酊の程度
音なし	商人	闇
スコタン	一般	豚の密殺
握り込み	〃	配給品の取扱者が他人の分迄収得するの意

基礎調査が出来てゐないように思ふ。

第一の問題は燃料である学校給食を開設した丈けに余分の燃料が消費されてゐる、東京都丈の例を見ても学校給食の為に消費する燃料は業務用の約四割三〇〇万束（東京都に於ける業務用薪の一年間の消費用は約七百五〇万束）にして学校給食を開始した為に業務用に喰込んで居る、之は見方に依ては戦力の低下である、今日の薪の需給状態より見ては永続性は覚束なく既に本月分の割当は半減してゐる。

第二の問題は賄夫の給料が高額である為先生の思想を悪くしないかと言ふ点である、賄夫の勤務状態は給食丈であるから朝も遅くてよいし終業も早い夫れでゐて自分の知て居る範囲では賄長格の男は百五、六十円見習女で六十円位である。

第三の問題は給食設備が甚だ不完全である為に（注意力の欠如もあるが）最近学校の火災が多くなつてゐる。

斯様な次第であるから学校給食は之を廃止し家庭配給に廻すべきである、そうすれば以上の問題は解消され同時に食糧不足の足しともなるではないか。

（二）雑炊食堂関係

雑炊食堂は外食券なしで手軽に食事が摂れるとする所に之が開設の狙ひは存する所なるが、現在の状況を見るに食糧不足の補填場として利用せられつつあり、一杯の雑炊に在りつく為に少くも一時間前より門前に列を為し居るの状況にして家庭に於ける食糧不足の相当深刻なるものあるを思はしむるものあり。而して之が利用者の種類は食堂の所在場所に依り多少の相違あるも大体の傾向としては老幼婦女子が最も多く次ぎは勤め人、労働者の順位なり。雑炊行列に聴く巷の声として特に注意を要すと認めらるるものを摘録すれば左の通なり。

○雑炊食堂も悪くはないかも知れぬが、こんなに長く立たされては叶はない第一仕事にならぬ、米の配給量は誰れが決めたか知らぬが七勺や八勺の米で大の男が生きて行けるかと言ふ訳けだ。
○雑炊食堂に行列してゐる部層は殆んど吾々改装であつて上流家庭の者は見当らない、上流階層は適当に物資を入手してゐるからだと思ふ。して見ると政府は我々に雑炊を食つて頑張れと言つて居る訳だが其の雑炊も生易しいことでは食べられない、何とかならぬものか。
○雑炊食堂が開設してから米が横に流れてゐるそうだ、お上の気持は判るが、斯うした施設に伴ふ闇は厳重に取締て貰ひ度い。
○雑炊食堂で消費する米や蔬菜がどの位の量に上るか判らないが、雑炊食堂の利用が現在の如く時間的にも労力的にも無駄があり、而かも一杯位食つても大して足しにならぬ現状では之を廃止して家庭に廻はして貰ひ度い、家庭に廻せば量的に仮令僅少でも満足感を抱くと思ふ。
○こんなに辛い思ひをしてやつと一杯の雑炊にありつくのであるが、毎日の様に赤ん坊を背負て行列して見ると世の中が嫌になる、早やく戦争が済まんと妾達はやり切れない。
○雑炊も食堂に依て一人に二杯でも三杯でも売つて呉れるが店に依ては一人一杯と制限されるので妾達の様な多子家庭では一杯位では焼石に水です、食繋の為に支出も嵩みますが子供に空腹を訴へられると見て居れません、勢ひ無理をすることになりますが何時迄続くことやら主人の給料を引上げて貰ひ度いと思ひます。

備考

雑炊食堂に於ても学校給食と同様燃料関係に於て困難なる問題あり東京都の例を見るに雑炊食堂に於て一年間に使用する薪は現状を以てすれば約七〇万束を要することとなり夫れ丈け業務用に喰ひ込む訳にて影響する所蓋し大なるものありと認めらる。

敗戦を意識したのはいつ頃か？	
時期	パーセント
1944年6月頃 （サイパン陥落前）	2%
1944年12月頃 （フィリピン陥落、日本本土爆撃の強化）	10%
1945年3月 （本土爆撃、物資ひっ迫化）	19%
1945年6月 （沖縄陥落）	46%
降伏直前	64%

終戦後、米国戦略爆撃調査団が日本の「戦争・政治・商業指導者、それらの部下」に対し調査。

「The Survey secured the principal surviving Japanese records and interrogated top Army and Navy officers, Government officials, industrialists, political leaders, and many hundreds of their subordinates throughout Japan.」
米国戦略爆撃調査団（United States Strategic Bombing Survey）の太平洋方面報告（1946年7月1日）21Pより
Summary report (Pacific war) Washington, D.C., 1 July 1946　P.21
https://archive.org/details/summaryreportpac00unit
日中戦争に続くアメリカ・イギリスへの宣戦布告は日本人に大きなショックを与えたものの、序盤の作戦の成功（特にシンガポール占領）により、楽観的な見方が広がった。その後、報道の統制（撤退を「転進」と書くなど）も効果を奏し、物資難と疲弊の中で１９４４年を迎えても多くの人々は降伏を意識していなかった。しかしサイパン陥落により人々が空襲の脅威にさらされる様になると、その比率は増えて行った。

特高警察の時代

前身　明治時代の高等警察

　明治維新以来、相次ぐ士族の反乱が終結し、代わりに自由民権運動の波が次第に高まっていった。この様な情勢の中で政府は、出版条例（1872年）、讒謗律（1875年）、新聞紙条例（1875年）、集会条例（1880年）といった法律の制定・改正とともに、自由党を中心とする自由民権活動家の行動・演説・出版などへの監視やスパイ活動を行った。しかしこの時点では政治的問題を専門に分化した組織は存在しなかった。

　憲法制定が迫った1886年（明治19年）、警視庁官制（明治十九年勅令第四十二号）において、内閣総理大臣と警視総監の指揮の元に第三局として「高等警察」が設置され、「政治に関する結社集会新聞雑誌図書及其他出版に関し高等警察の事務を掌る」ことが決定された。翌年1887年（明治20年）、不平等条約改正運動など様々な社会運動において高知県の人士を中心とする民権活動家の活動を封じるため、政府は保安条例を制定し、皇居から三里（約12キロメートル）の範囲内から活動家達を追放した。この中には尾崎行雄、中江兆民、そして後に大逆事件被疑者となる幸徳秋水も含まれていた。こ

幸徳秋水

れらの人士の多くは大阪に移って活動を続けたため、１８８８年（明治21年）には大阪府に日本最初の高等警察課が設置されることとなる。三年後には東京にも同様の組織が設置され、更に内務省警保局内に主事が置かれるなど組織の整備が進んだ。１８８９年（明治22年）の憲法公布以後、民権運動は議会政治上の運動へと転換し、更に１８９０年代を通して資本が発展しあるいは社会主義・無政府主義思想が日本に少しずつ流入する中で、高等警察も状況に合わせて活動家の監視のみならず本格的に政治的問題全般を扱い、監視・取締りを行う組織へと進化していった。

日清戦争後、議会においては政党間の妥協が進んだが、民間においては新たな動きが始まっていた。足尾鉱山の鉱毒問題などに見られる新しい社会運動の発達。幸徳秋水らによる社会主義・無政府主義の啓蒙と、日本初の社会主義政党「社会民主党」の結党（ただし即日禁止処分）。そして日露戦争時に発展した反戦運動や、日比谷焼き討ち事件などの暴動。この様な状況の中で高等警察は１９００年（明治33年）施行の治安警察法と行政執行法の施行により大きな権限を得て、「国体」に反する様々な運動を取り締まっていった。

大逆事件と「特高警察」の誕生

１９０６年（明治39年）４月に幸徳秋水がアメリカから帰国し、民衆による直接行動論を提唱し始めた。これは秋水帰国前の同年2月に結成された合法社会主義政党「日本社会党」の議会重視路線とは相容れるものではなく、大きな対立が生じた。山県有朋はこの情勢を睨み、取締り強化の圧力を西園寺内閣に掛け、１９０７年（明治40年）には早くも日本社会党を解散させた。そして幸徳秋水にも警察の監視が向けられた。幸徳秋水による「平民社」の人脈には秋水の愛人管野スガ、宮下太吉、新山忠雄、古河力作、内山愚童といった直接行動論者がおり、警察はこれらも関連して監視した。

1910年（明治43年）5月25日、以前から監視されていた宮下太吉と新村忠雄らが、皇太子暗殺目的に爆弾を製造したとして長野県で逮捕された。大逆事件の始まりである。6月1日には関連人物として幸徳秋水と管野スガが逮捕され、この後、幸徳秋水の人脈に結び付けられて最終的に主に全国6ヶ所（長野、熊本、箱根、大阪、新宮、東京）のグループから計26人が逮捕された。実際に爆弾製造に関わっていたのは宮下太吉、管野スガ、新村忠雄、古河力作の4人で、幸徳秋水は持病の進行により活動にほとんど参加しておらず、残りの21人はただ幸徳秋水と関わっただけで事件をでっち上げ（フレームアップ）された人々であったが、官憲は様々な法令を拡大適用し、26名を大逆罪の裁判にかけた。裁判は非公開で詳細はほとんど民衆に知らされなかった。大逆罪は一審制で、有罪となれば死刑しかない。幸徳秋水始め被疑者と今村力三郎、平出修ら弁護人は法廷において、官憲の杜撰な弁論に反論を行った（また、幸徳秋水が南北朝正閏論について発言した事が外部に漏れ、問題になった）が、翌年1911年（明治44年）1月18日に幸徳秋水、管野スガ始め24名に死刑、新田融と新村善兵衛の2名は大逆罪への関与が薄いとして爆発物取締罰則で懲役刑が下された。判決に際し被告一同は「無政府党万歳」と叫んだと伝えられる。翌日には、天皇の「聖恩」を印象付けるため、政府閣議により死刑囚の内12名が無期懲役に減刑された。

死刑

幸徳秋水、管野スガ、古川力作、宮下太吉、新村忠雄、松尾卯一太、新美卯一郎、内山愚童、森近運平、大石誠之助、成石平四郎、奥宮健之

減刑・無期懲役

坂本清馬、高木顕明、峰尾節堂、崎久保誓一、成石勘三郎、飛松与次郎、佐々木道元、

武田九平、岡本頴一郎、三浦安太郎、岡林寅松、小松丑治

懲役

新田融、新村善兵衛

判決から５日後の１月24日、管野スガを除く男性死刑囚11名が絞首刑となり、翌日には管野スガ一人が絞首刑となった。「大逆事件」におけるずさんな捜査やでっち上げと言った官憲の横暴に対し、無政府主義者エマ・ゴールドマンや小説家ジャック・ロンドンなど海外の活動家らは抗議活動を行ったが、日本国内では石川啄木や徳富蘆花を始めとする一部の人々や近親者以外には、敗戦まで「天皇を殺そうとした大悪人」という見方しか広まらなかった。そして大逆事件以後、日本の社会主義運動はしばらく「冬の時代」を迎えた。

社会主義の冬の時代

大逆事件に際して、高等警察の任務は俄然重要視され、「要注意人物」の監視や視察の密度を上げる為に各地の高等警察では人員の増加などが図られた。

また、１９１１年（明治44年）６月には内務省訓令において「特別要視察人視察内規」が制定され、共産主義、社会主義、無政府主義他「国家の存在を否定する」思想を持つとされた人々への監視が指定された。この中で更なる専門性が必要とされるようになり、４月に特高警察の専従者が配置され、８月に警視庁において高等課からさらに「特別高等課」が分離した。本書で扱う特高警察の誕生である。当初は特別高等係と検閲係に別れ、14人体制での発足であった。翌年には大阪府でも同様の分離が行われ、全国各地で特高警察組織が誕生していった。

石川啄木

特高警察の発展と治安維持法

１９１２年（明治45・大正元年）７月30日に明治天皇は死亡し、嘉仁が天皇となり大正時代が始まった。この時代、新たに生ま

「水平社宣言」を行う山田孝野次郎（1924）

れた都市部市民の中から次第に普通選挙を求める運動や、労働者の権利を獲得しようとする運動が芽生え始めており、特高警察は監視対象を広げる事となった。また、1914年（大正3年）の第一次世界大戦勃発や1917年（大正6

第１回メーデー（1920）

年）のロシア革命により、海外の運動調査や在日外国人の監視が必要とされるようになり、外国からのヒトやモノの流入が多い警視庁（東京府）、大阪、兵庫、長崎に外事課が設置された。1910年の日韓併合に合わせ、在日朝鮮人に対す

朴烈と金子文子

る監視も始まっている。軍内部でも、様々な運動により軍人が影響を受けることを問題視し、憲兵隊内に特高課が設置された。

　1920年（大正9年）12月、ロシア革命に影響と後押しを受けた日本の社会主義運動は「冬の時代」を抜け出し、「日本社会主義同盟」の結成に結び付いた。また1920年代前半を通して、水平社に代表される被差別部落解放運動や朝鮮人による運動が新たに見られるようになった。特高警察はこれらの動きに対応するために更なる増強を行い、全国各県で独立した特高課の設置や人員の増加が行われるようになった。1922年（大正11年）には、過激社会運動取締法案が世論の熱烈な反対により衆議院で廃案になったものの、後の治安維持法の萌芽が現れていた。また、この年には非合法ながら日本共産党（第一次）が結成されている。

混乱の中の悲劇

1923年（大正12年）9月1日に発生した関東大震災直後の混乱の最中、特高警察は憲兵隊と協力し、亀戸事件（社会主義者10名が拘束され、習志野騎兵第13連隊により殺害された事件）や甘粕事件（無政府主義者の大杉栄、伊藤野枝、大杉の6歳の甥である橘宗一が甘粕正彦大尉を中心とする憲兵隊に殺害された事件）などを引き起こした。また、朝鮮人アナキストの朴烈と愛人金子文子も混乱の中で拘束され、後に大逆事件をでっち上げられることとなった。12月には衆議院議員難波作之進の息子である難波大助が東京・虎ノ門で天皇暗殺未遂事件を起している。この時期、政府は震災から一週間後の9月7日に緊急勅令として「治安維持ノ為ニスル罰則ニ関スル件」を施行し、後の治安維持法公布まで運用していた。

治安維持法施行

関東大震災後から大正末期にかけて、日本国内での運動と政府の関係は岐路を迎えていた。非合法かつ弾圧を受けながらも共産主義者らが活動を続けており、またロシア革命とシベリア出兵以来国交の無かった共産主義国ソ連とも経済的事情により1925年（大正14年）1月に国交樹立する中で、日本政府は国内の共産主義勢力が力を付ける事を危惧していた。また、普通選挙法を施行した後に生じるであろう様々な政治運動を前もって牽制する必要もあり、これらの事情から政府は治安維持法の制定を急いだ。結果、世論の反対もあったものの、3月に成立した普通選挙法を実質取引材料として、5月22日に治安維持法は施行された。当初は「国体ヲ変革シ又ハ私有財産制度ヲ否認スルコトヲ目的トシ」た結社に関係するもの、つまり共産主義・無政府主義者を主に運用対象とした法律だったが、後の改正のたびに法の範囲は拡大し、左翼思想はもとより自由主義者、民主主義者、国家神道以外の宗教者、歴史家、あるいは政府の公式見解と相容れない形の右翼などもこの法律により検挙されていく事となる。

この治安維持法により特高警察は共産主義者らに対する組織として更に大きな力を得ることとなる。

特高警察の力を象徴する特徴の一つをあげると、単に警察の管轄だけではなく、内務省内の組織でもあったことが注目される。内務省や道府県警の課長クラスは高等試験を合格した内務省出身のエリートが占め、対する主に実務を担う各警察署の特高係には専任の警察官が充てられていた。

日本共産党への弾圧

日本共産党は1924年（大正13年）3月に一度解党を余儀なくされていたが、大正の終わりも二十日後に迫った1926（大正15年・昭和元年）12月4日に山形県五色温泉で偽装の中、行われた第三回党大会を以て再建された。しかしこの様子は警察に察知されており、また党内部でも福本和夫による「福本イズム」（理論闘争路線）と山川均による「山川イズム」（大衆化・協同戦線路線）の対立を抱えているなど、再建は順調とはいえないものであった。12月24日に嘉仁は死亡し、裕仁が天皇となり、昭和時代が始まった。翌1927年（昭和2年）、コミンテルンは日本共産党内部の対立について調査を行い、「27年テーゼ」の元で福本イズム・山川イズムは共に否定され、日本共産党は新たな指導体制を構築した。

1928年（昭和3年）2月20日、初の男子普通選挙（第16回衆議院議員総選挙）が行われた。共産党の傘下である労働農民党を始めとする無産政党はこの選挙で466議席のうち8議席を獲得し、わずかではあるが日本に合法的な社会主義政党の議席が生まれた。共産党も選挙に際し公然と活動を行った。しかし、わずかでも無産政党の議席が誕生したことや共産党の公然活動を恐れた田中義一内閣は無産政党や共産党への弾圧を決定する。そして3月15日、特高警察は日本全国で一斉検挙を行い、治安維持法違反容疑で日本共産党、労働農民党など無産政党の関係者ら1500名以上を次々と拘束した（三・一五事件）。検挙された関係者らは徹底的な取調べ、そして拷問を受けた。この様子は小林多喜二の小説『一九二八年三月一五日』に描写され、後世に伝えられている。4月には労農党にも解散命令が下るなど、弾圧は徹底的に行われた。これらの動きの中で、「昭和天皇の即位式に向けた警備体制整備」という名目も含めて特高警察は多額の予算を得、特高警察の中心である警保局保安課の強化や検閲体制の強化、全国における特高組織の整備に充てられた。また、治安維持法も改正され、最高刑が死刑となった（ただし国内での適用者はいない）。

日本共産党の壊滅

11月6日に開催される昭和天皇の即位式（即位の礼）に向け、特高警察は全国で要視察者の監視強化や戸口訪問、予防検束などを行った。三・一五事件とその後の組織の拡充、即位式前後の活動など一連の動きから、特高警察研究の第一人者である荻野富士夫氏はこの1928年を以て特高警察体制が完成した年としている。

1929年（昭和4年）3月18日に共産党活動家の菊池克己が逮捕され、特高警察により深刻な拷問を受けた末、党中央組織について情報を漏らした。そこから芋づる式に捜査が行われ、得られた共産党員の名簿により、4月16日に全国で共産党員一斉検挙が行われた（四・一六事件）。これにより幹部を大量に失った日本共産党は壊滅的な被害を受け、以後一時的に海外からの帰還活動家や若手らによる盛り返しはあったものの、特高によるスパイ工作や党戦略の失敗により全体的には1935年(昭和10年)に最後の中央委員である袴田里見が検挙されるまで衰退していくこととなる。またこの時期、共産党内部では「特高のスパイ」に対する疑心暗鬼からリンチ事件も発生したとされる(日本共産党は一貫して否定している)。このことは、戦後再び掘り返される形で問題となった。

1932年(昭和7年)11月3日に、4日前に逮捕された共産党中央委員の岩田義道が拷問により死亡した。1933(昭和8年)年2月20日には共産党員であり、有名なプロレタリア文学者であった小林多喜二が逮捕され、築地警察署に移送された後、同日中に死亡し、「心臓麻痺」で死んだとして遺族に遺体が返されたが、その体は拷問による傷で激しく損傷していた。

1935年以後の日本共産党は党としての組織を失い、地下党員、宮本顕治や徳田球一ら獄中非転向者、野中参三ら海外に逃亡した党員による地下活動を余儀なくされながら終戦に至った。共産党を壊滅させたことにより、特高警察は残党狩りと同時に更に別の標的を探し始めることとなる。その中には単に生活上の不満を歌や詩にしただけの文学同人や、経済学の一つとしてマルクス主義を学んでいた人々にも向けられた。

同時代のソ連のイメージ

戦時中の左派の発言を見ると、ソ連、および指導者のスターリンが激しく称揚されている場合が多いことに気づくだろう。当時はコミンテルンの指導により、モスクワの本部から世界各地の共産主義運動を指導しており、日本共産党もモスクワに代表を送っていた。コミンテルンから日本共産党へは度々テーゼ(綱領、指令)が送られその度に日本共産党内でも様々な議論や対立が起きた。最終的に

1932年5月に送られた「32年テーゼ」では、第一革命として絶対主義的天皇制を打倒するためのブルジョア民主主義革命を起し、その次に第二革命としてプロレタリア革命を起こすという「二段階革命論」や、社民主義とファシストを同じ敵として分類する「社会ファシスト論」などが盛り込まれていた。この影響は大きく、徳田球一と志賀義雄らが戦後に連合国軍を「解放軍」として位置づけ歓迎し、2・1ゼネストの中止命令を受け入れてしまう下地になったと見る論者もいる。

当時のソ連は、外交的に孤立し、世界経済と切り離されていたことから皮肉にも世界大恐慌の影響を受けず、五カ年計画による重工業化の推進（それは民需を軽視したものだったが）などもあり、計画経済の成果としてその部分のみ肯定的に評価され、日本の経済政策にも一部影響を与えた（第2次近衛内閣による経済新体制確立要綱、また企画院事件など）。また、トロツキーを追放し（後に暗殺）、自身より人気のあったセルゲイ・キーロフを殺害するなど血みどろの政治闘争を経て書記長となったスターリンの権威は、1930年代半ばの時点で神格化と呼べるまでに高まっていた。レーニン時代からの反革命者狩りにスターリンの疑心暗鬼が加わり大粛清も始まりつつあったが、閉鎖的な環境の中で詳細な情報はほとんど外部に漏れず、戦前の日本ではソ連において強制収容所に入れられながらも脱走した勝野金政ら亡命者の情報などでわずかに状況を知るだけだった。

スターリン

戦後、共産党の議員を長く勤め、名誉議長にもなった野坂参三は、この時期ソ連のスパイとして活動し、モスクワに滞在していた日本人への粛正に加担していたことがソ連崩壊後の情報公開で発覚し、最晩年に共産党から追放されるなど、当時の状況的ギャップは長く尾を引いた。戦後、スターリン死後にフルシチョフによるスターリン批判やハンガリー動乱を目の当たりにするまで、ソ連に対し日本における左派が大々的に疑問を抱くことは無かった。

ソ連の構成各国語で「偉大な指導者スターリン万歳」と書かれたポスター

植民地の特高警察

1895年（明治28年）に植民地となった台湾、1910年に併合された朝鮮、1932年に成立した傀儡国家・満州国においても、特高警察やそれに準ずる組織が存在し、植民地支配の一機関として統治を助けていた。

朝鮮においては、併合以前から日本人居留民の保護を名目に大使館・領事館に警察官が派遣されていた。併合後の当初10年間は軍部による統治が行われ、警察組織も憲兵によって編成されていた。この時期は「武断統治」と呼ばれ、初代朝鮮総督の寺内正毅ら（外見からビリケン総督と呼ばれた）は併合に反対する朝鮮の人々に対し苛烈な支配を行った。後に朴烈事件の被疑者となる朴烈や一時期朝鮮の日本人親戚に身を寄せ、いじめられていた金子文子もこの時期の支配を目の当たりにしている。1919年（大正8年）に朝鮮半島全土で発生した「三・一独立運動」により、武断統治の限界を悟った政府は支配体制を転換し、文民による支配に変えられ、憲兵により担われていた治安維持も一般警察組織に転換した。1925年（大正14年）に制定された治安維持法は朝鮮においては（当初運用に慎重だった）日本本土よりも激しく運用され、本土より早くも１９２５年に朝鮮共産党に対し最初の検挙が行われている。１９２８年から29年にかけては朝鮮における高等警察でも拡充が行われ、更に大きな力を得ることとなった。

　満州国では、関東軍が主導となり建国されたことや、ソ連や中華民国に接していたことから、当初は警察力よりも軍事による統治に力が置かれていたが、日本の指導のもとに、日本の高等警察に似た「特務警察」が設立された。朝鮮独立活動家の潜伏場所や、日中戦争の前線に近いこともあり、特務警察内部にさらに保安局という組織も作られ、諜報・検閲活動を行った。また、抗日軍を取り締まる為に軍と連携した行動もよくとられていた。後に朝鮮民主主義人民共和国の主席となる金日成も朝鮮と満州を行き来しながら抗日活動を行っていたなど、満州国内にも多くの朝鮮系の活動家があり、特務警察はその監視も行っていた。満州国建国時には、日本の内務省警保局に相当する組織として民政部内に警務司がおかれ、初代司長に甘粕正彦が就いた。

「庶民」と特高警察

　１９３０年代を通して、特高警察は監視の対象を更に拡げていくこととなった。

甘粕正彦

　１９３０年（昭和５年）３月からは、特高警察内部での情報共有、回覧などを目的として『特高月報』（一時期『特高外事月報』）が刊行された。特高月報には左翼運動を始め、宗教、右翼・国粋主義運動、朝鮮人運動、水平運動（被差別部落解放運動）、労働運動、更に細々とした全国各地の政治情報が掲載され、政府側が諸勢力をどう捉え、あるいは監視・弾圧しようとしたかの重要な資料となっている。上海・ベルリン・ロンドンなどにも出先機関が設置され、海外の情報についても分析が行われていた。有名なスパイ事件であるゾルゲ事件についても特高警察が捜査を担当した。

　宗教を例にあげると、大本教、天津教、ほんみち、灯台社（エホバの証人）、セブンスデー・アドベンチスト教会、ホーリネス教会、創価教育学会などが特高警察により直接的な弾圧を受け、それ以外の既成宗教も監視や圧力により国策への加担を余儀なくされていった。単に国策に沿わないだけでなく、天津教のように例え日本民族を激しく称揚するような宗教であっても、政府の公式的な歴史観に沿わなければ弾圧された。

　教育に対しても特高警察は監視を行った。１９３３年には、長野県を中心に多くの教員が左翼教育・反戦教育を行ったとして治安維持法違反で検挙されている上、戦前の学校で度々発生していた「同盟休校」（学校運営上の不満に対し、生徒が主導となり父兄やＯＢも巻き込んで行われるボイコット）にも特高警察は介入して情報を収集した。１９３９年（昭和14年）に旧制東京高等学校の教師が左翼教育を行ったとして退職を余儀なくされた事件では、テストの答案の点数まで証拠にあげられていた。

　満州事変以後、出版や表現に対する統制はさらに強化され、反戦・厭戦的と見られた表現は容赦なく発禁処分となり、それらの購読者の身辺も調査されるなど表現の自由は厳しく制限されていった。そして日中戦争が開戦すると、特高警察は特定の主義主張のみならず国民生活全般への監視を本格的に開始した。二・二六事件の際に市井に流れた流言が掲載されるなどした例があるが、日中戦争開戦に伴い、特高月報１９３７年（昭和12年）７月分からは所謂「庶民」の行為を本格的に掲載し始めた（これが本書で扱っている区分である）。月報内では左翼運動欄の末尾に「左翼分子の反戦的策動」として庶民の会話、手紙、落書、行為などが掲載されていった。特高警察は当初から戦争により生活が逼迫し、不満が高まっていくことを予測し（事実そうなるのだが）掲載を始めたと見られる。他の運動情報は特高警察の緻密な監視が元になっていることが多いのに対し、庶民の場合は偶発的な発見や、些細な出来事による摘発も多い。もちろん密告や検閲、公共の場・交通機関における監視によって摘発された例も多い。1939年(昭和14年)からは、不穏・不敬行為の欄が分離され、こちらは政権や皇室に対する批判が主に掲載されるようになった。

不穏な銃後

1939年以後に本格化する総動員体制、そして1941年（昭和16年）12月8日の太平洋戦争開戦に伴い、特高警察は更に国策・国体に反すると見られる物事を摘発していった。尾崎行雄不敬演説事件、泊事件、横浜事件、きりしま同人事件など、こじつけやでっち上げによる弾圧も行われた。しかし同時に、1943年（昭和18年）頃から、特高警察は内部において「銃後民心」について警戒の必要性を認めるなど、戦況悪化を国内において直に体感した組織でもあった。庶民の中でも、特に態度が悪いと見られていたのは徴用工員など労働者であった。長期欠勤や労働の質の低下が見られるとレッテル貼りされ、民心悪化の中心として捉えられていた様だ。なお特高月報は1944年（昭和19年）11月分を最後に発刊されなくなり、冊子ではなく原稿のみとなった。

敗戦前後

1945年（昭和20）年に入り、硫黄島・沖縄は占領され、度重なる空襲により日本の主要都市は焦土と化した。政府は民間の和平・降伏を望む声の高まりを危惧し、特高警察は依然各地で取締を行ったが、同時に国民の疲弊を認めざるを得なくなっていた。また、「非常時」に即座に対応すべき人物のリストも作成され、戦争末期においても監視は続けられていた。3月には哲学者の三木清が、治安維持法違反で

三木清

仮釈放中のタカクラ・テルを匿ったとして逮捕され、後に終戦後まで拘束され、獄死し問題となる。

無条件降伏を勧告する連合国のポツダム宣言を黙殺した日本政府であったが、8月6日・9日の原爆投下、8日のソ連対日参戦により、いよいよ日本は無条件降伏の道を選んだ。終戦直前の8月14日には特高警察にも情報が伝えられ、治安維持活動の継続の方針が確認された。そして8月15日の終戦・玉音放送を挟み、東久邇宮内閣の下において特高警察及び治安維持法は維持され、政治犯の拘束も続いた。これまでとほとんど変らない活動のために翌年度の予算の要求が始まっていた上、一部の特高警察関係者には表彰が行われてさえいる。

その後

9月2日の降伏文書調印の後に日本を占領支配下においたGHQにおいて日本の民主化が進められる過程で、特高警察と治安維持法の存在は問題視された。さらに、9月26日に未だ拘束されていた三木清が獄死したことも問題となった。10月に入るとロベール・ギランを始めとする外国人ジャーナリストの刑務所調査活動もあり、政治犯達の置かれている状況が明らかになった。そして10月4日、GHQは政府に対し特高警察と治安維持法の廃止を命令し、東久邇宮内閣はこれに対応できず総辞職、後続の幣原内閣により10月15日に治安維持法廃止が達成された。特高警察の構成員の多くは後に公職追放の対象となった。

しかし、自由を得た左派の活動活発化を危惧した政府は、早くも特高警察に代わる実質的な後続組織として12月19日に公安課を整備し、特高警察の命脈やノウハウは戦後の警察に受け継がれることとなった。また、特高警察関係者らの多くは後に逆コースやレッドパージの流れの中で復職し、あるいは社会的地位を再び得ていくこととなった。特高警察の血は、現代の公安警察に脈々と受け継がれている。

血に彩られた〝特高〟の足跡

文化も人權も蹂躙

言語に絶する拷問

特高警察廃止

昨日全國一齊に

徳田球一氏ら釋放

日本共産黨の十六氏

出獄者を保護

逃亡中の黨員の消息

彈壓の颱風も一過

晴れて釋放される人々

特高弾圧明かに 朝日新聞 1945 年 10 月 7 日朝刊

元号	政治	戦争	国内文化と規制	国外（欧州戦線、会談など）
昭和6年（1931年）	・4月13日　浜口雄幸内閣が、前年の暗殺未遂事件による浜口病状悪化のため総辞職	・9月18日　関東軍の工作により南満州鉄道の線路が爆破される事件（柳条湖事件）が発生、これを口実に関東軍が満州で戦闘を開始（満州事変）	・9月頃　国際情勢悪化と金輸出再禁止を見越し、三井・三菱・住友などの財閥銀行がドル証券の買入れを進める（反財閥感情の激化）	・9月21日　イギリス、金本位制を停止
	・4月14日　第二次若槻礼次郎内閣成立	・11月12日　関東軍の手引きにより溥儀（清国最後の皇帝）が満州に入る	・11月12日　ナップ（全日本無産者芸術連盟）解散	・9月21日　中国政府が日本の満州侵入を侵略として国際連盟に提訴
	・9月24日　政府が満州事変不拡大方針の声明を発表	・11月19日　関東軍、チチハルを占領	・11月27日　コップ（日本プロレタリア文化連盟）結成	・12月10日　国際連盟理事会が満州事変に対する調査委員会の設置を決定
	・10月　一部軍人によるクーデター計画発覚（十月事件）			・12月11日　イギリス議会がウェストミンスター憲章を可決する（本国と自治領の平等化）
	・10月24日　国際連盟理事会が日本に対し満州撤兵勧告案を採決する（日本のみ反対、守られず）			
	・11月18日　閣議で軍隊の増派が決定			
	・11月21日　安達謙造内相、政友党・民政党による協力内閣樹立を訴えるも閣内一致見られず			
	・12月11日　第二次若槻内閣、総辞職			
	・12月13日　犬養毅内閣成立、同日金輸出の禁止を決定し金本位制を停止			

昭和7年（1932年）

・1月8日　天皇が乗車した馬車に対し、朝鮮独立活動家李奉昌が手榴弾を投げ、近衛兵が負傷（桜田門事件）

・1月9日　上海の国民党機関紙「民国日報」が桜田門事件を好意的に紹介、日本政府はこれを問題視する

・2月9日　井上準之助前蔵相が血盟団員小沼正により暗殺される

・3月1日　満州国成立、満州国執政に愛新覚羅溥儀（清朝最後の皇帝）が就任

・3月5日　団琢磨三井合名理事長が血盟団員菱沼五郎に暗殺される

・4月28日　上海の日本人地区で天長節を祝っていた日本人要人らに対し朝鮮独立活動家尹奉吉が手榴弾を投げ、二名を殺害（上海天長節爆弾事件）

・5月15日　五・一五事件発生、陸海軍将校が東京各所を襲撃し犬養毅首相を暗殺

・5月16日　犬養内閣総辞職、陸軍の圧力により政党内閣継続されず

・1月28日　邦人保護の名目で上海に日本軍が展開、戦闘を開始する（第一次上海事変）

・2月22日　上海郊外で江下武二、北川丞、作江伊之助が鉄条網爆破の際に戦死し、「爆弾三勇士」と称される

・10月1日　東京市が隣接町村を合併し、拡大する

・10月6日　赤色ギャング事件発生

・10月24日　大日本国防婦人会結成される

・12月19日　全国の新聞社が「満州国独立支持共同宣言」を発表

・1月14日　満州事変に関し、国際連盟による調査団「リットン調査団」が結成される

・5月20日　コミンテルンが32年テーゼを決定する

・6月16日　ローザンヌ会議が開催され、第一次大戦時のドイツに課せられた賠償金が減額

・7月～8月　ロサンゼルスオリンピックが開催

・10月2日　リットン調査団報告書が公表される

	・5月26日　斎藤実内閣成立、各政党より入閣し、挙国一致内閣と呼ばれる			
	・6月14日　衆議院、満州国承認決議を満場一致可決			
	・7月24日　社会大衆党が結成される			
	・10月30日　日本共産党員、熱海で会議中に全員検挙され、以後弱体化			
昭和8年（1933年）	・2月24日　国際連盟でリットン報告書に関する決議採択が行われ、反対1票（日本のみ）対賛成42票により報告書が同意され、松岡洋右日本全権が退場する	・2月23日　関東軍、熱河作戦を開始する	・2月4日　長野県で「教員赤化事件」が発覚、自由主義教育を行った教員への弾圧が始まる	・1月30日　ドイツでヒトラー内閣誕生
	・3月27日　日本が正式に国際連盟脱退を表明する（脱退の正式発効はさらに2年後）	・5月31日　塘沽協定により日華両軍は停戦、関東軍は長城線以北へ撤退	・2月20日　プロレタリア作家で潜伏中の小林多喜二が検挙され、築地署で虐殺される	・2月27日　ドイツで国会放火事件発生、ナチス政府はこれを口実に共産党を弾圧
	・6月17日　大阪で、交通違反に端を発する警察と軍の対立が発生する（ゴー・ストップ事件）		・5月26日　京大で滝川事件起きる	・3月4日　アメリカでルーズベルト大統領が就任し、ニューディール政策始まる
	・7月11日　神兵隊事件が発覚		・7月1日　関東労組協議会などが反ナチス集会を開く	・10月14日　ドイツが国際連盟脱退を通告
	・8月　関東地方防空大演習			
昭和9年（1934年）	・2月7日　中島久万吉商工大臣、かつて執筆した足利尊氏に関する記述が不敬だとして攻撃され、9日に辞任	・3月12日　水雷艇友鶴が、設計の問題により訓練中に転覆する（友鶴事件）	・1月　警保局長の指導による文芸懇話会が結成される（後に直木賞・芥川賞が誕生）	・3月24日　フィリピンで独立法が制定され、独立準備が開始される（後に日本の占領により妨害される）

	・3月1日　満州国で溥儀が皇帝となる		・4月25日　司法省に思想検事置かれる	・9月18日　ソ連が国際連盟に加盟
	・4月18日　帝人事件起こるも後に被疑者全員無罪		・5月2日　改正出版法公布される	・12月　イタリアがエチオピアと国境紛争
	・7月3日　帝人事件を受け、斎藤内閣が総辞職		・6月1日　文部省に思想局設置される	
	・7月4日　岡田啓介内閣が成立		・8月1日　レコードの検閲制度が実施される	
	・11月　士官学校の陸軍青年将校らによるクーデター計画が検挙される（士官学校事件）		・9月　東京市電を中心に大規模リストラ相次ぐ	
	・12月29日　ワシントン海軍軍縮条約の廃棄が通告される		・9月21日　室戸台風襲来	
			・11月1日　満州で特急あじあ号が運転開始	
			・12月1日　丹那トンネルが開通	
昭和10年（1935年）	・1月10日　国際連盟により日本の南洋委任統治は継続されることが決定となる	・6月10日　梅津・何応欽協定結ばれる	・2月　『赤旗』の発行が停止となる	・3月16日　ドイツが再軍備を宣言
	・2月18日　貴族院で菊池武夫議員が美濃部達吉の天皇機関説を攻撃する（機関説事件の発端）	・9月26日　第四艦隊が演習中に岩手県沖で台風に遭遇、駆逐艦を中心に大きな損傷を受ける（第四艦隊事件）	・4月9日　美濃部達吉の憲法に関する著書が発禁となる	・4月11日　英仏伊ストレーザ会談行われる
	・3月　全国の右派による圧力により、政府は機関説解釈を取り下げることを決定する		・5月1日　戦前最後のメーデー開催される（第16回）	・8月1日　中国共産党が抗日救国宣言を発表

	・7月　真崎教育相関の罷免などを受け、軍部内の統制派・皇道派の対立が深刻化する		・6月24日　日本労働組合総連合が国粋主義に転向する	・10月3日　イタリアがエチオピアに侵攻する（第二次エチオピア戦争）
	・8月3日　国体明徴声明出される		・9月1日　芥川賞・直木賞始まる	
	・8月12日　統制派の永田鉄山軍務局長が皇道派の相沢中佐により陸軍省内で斬殺される		・12月　第二次大本教事件起きる	
	・10月15日　第二次国体明徴声明出される			
	・11月　高橋是清蔵相と軍部による予算対立が発生する			
	・11月25日　冀東防共自治政府が成立する			
昭和11年（1936年）	・2月26日　二・二六事件発生、閣僚らを襲撃し、29日まで東京中心部を占拠するも鎮圧される		・3月24日　内務省がメーデー禁止を通達する	・2月16日　スペインの総選挙で左派人民戦線が勝利する
	・2月29日　岡田啓介内閣が責任を取り、総辞職する		・6月　政府が電力の国家管理方針を打ち出す	・3月7日　ドイツがロカルノ条約を廃棄し、ラインラントへ進駐
	・3月5日　広田弘毅内閣が成立する		・5月18日　阿部定事件起こる	・5月　イタリアがエチオピアを併合する
	・5月18日　軍部大臣現役武官制が復活する		・7月10日　左派・共産党系の文化団体関係者らが一斉検挙される（コムアカデミー事件）	・7月　スペイン軍部右派が反乱を起こし、スペイン内乱が発生する
	・5月29日　思想犯保護観察法公布される			・11月3日　米大統領ルーズベルトが再選する

	・7月5日 陸軍軍法会議にて二・二六事件首謀者らに死刑判決下る			・12月12日 張学良が蒋介石を拘束し、抗日への方針転換を強要する（西安事件）
	・8月11日 閣議で第二次北支処理要項決定される			・この年、ドイツとイタリアが親密な関係となる（独伊枢軸）
	・11月25日 日独防共協定調印される			
昭和12年（1937年）	・1月21日 衆議院で「腹切り問答」事件発生、軍部の圧力により組閣が不能となる	・7月7日 中国、北京郊外の盧溝橋で発砲事件が発生、これを機に日本軍が中国軍に対し攻撃を開始する（盧溝橋事件）	・3月31日 母子保護法公布される	・2月10日 中国国民党と共産党が合作を協議
	・2月2日 林銑十郎内閣が成立する	・7月28日 日本軍が中国北部で全面的攻撃を開始する	・5月31日 文部省がパンフレット「国体の本義」を配布する	・4月26日 スペイン反乱軍を支援するドイツ軍がスペインのゲルニカを爆撃する
	・5月14日 内閣調査局が廃止され、企画庁が置かれる	・7月29日 通州事件が発生する	・7月22日 日本基督教連盟が戦争への協力を表明する	・6月12日 ソ連のトハチェフスキーら軍部首脳が粛正される
	・6月4日 第一次近衛文麿内閣が成立する	・8月13日 海軍陸戦隊が上海で中国軍との戦闘を開始（第二次上海事変）	・9月10日 臨時資金調整法、戦時金融統制基本法など広範な統制・規制法案がこの日に一挙公布される。	・8月21日 中ソ不可侵条約が調印される
	・7月11日 政府が中国北部への派兵声明を出す	・9月2日 臨時閣議において中国での紛争の名称を「北支事変」から「支那事変」へ改称することが決定	・9月28日 日本婦人団体連盟が結成される	・9月23日 第二次国共合作が成立する
	・8月14日 軍機保護法、兵役法の改正公布	・12月13日 日本軍が南京を占領、南京市民に対し虐殺を行う	・9月 国民精神総動員運動により「贅沢は敵だ」などの国策標語や、パーマネント、贅沢品の排除などが始まる	・10月5日 米ルーズベルト大統領、シカゴにおける演説で日本とドイツを侵略国家として非難する

	・8月19日　二・二六事件に関与した右翼の北一輝、西田税が処刑される		・10月2日　朝鮮で「皇国臣民の誓詞」が配布される	・12月11日　イタリアが国際連盟を脱退する
	・8月24日　閣議で「国民精神総動員実施要綱」が決定される		・10月18日　全日本労働総同盟が戦争への協力を表明する	
	・9月10日　戦時経済統制三法が公布され、統制経済化する		・12月1日　矢内原忠雄東京帝大教授、反戦の意思を表明した事が問題視され、教授を辞任する	
	・10月6日　国際連盟で日本の行動に対する非難声明が決議される		・12月28日　9金以上の金製品の製造を禁止するなどの金使用規則が公布される	
	・11月5日　駐華ドイツ大使トラウトマンを介した対中和平工作が開始される		・12月　南京占領に合わせ各地で祝賀が行われ、戦争推進ムードが高まる	
	・11月6日　日独防共協定にイタリアが参加する			
	・11月20日　大本営が設置される			
	・12月5日　山川均ら労農派が相次いで検挙される（第一次人民戦線事件）			
	・12月14日　日本の傀儡政権である中華民国臨時政府が北京で発足する			

昭和13年（1938年）	・1月11日　厚生省が設置される ・1月16日　日中和平工作が打ち切られ、国民党政府を相手にしない旨声明が出される（第一次近衛声明） ・1月17日　軍需工業動員法が発動される ・2月1日　大内兵衛ら大学教授グループが検挙される（第二次人民戦線事件） ・3月3日　衆議院国家総動員法案委員会にて陸軍省所属の佐藤賢了中佐が野次に対し「だまれ」と暴言を吐き、問題となる ・3月16日　社会大衆党の西尾末広議員が総動員法推進の目的で「スターリンの様に大胆に」と例えた所問題視され、23日に議員を除名される	・5月17日　徐州の戦闘で西住小次郎中尉が戦死し、後に軍部が認めた公式「軍神」第一号となる ・5月19日　日本軍、徐州を占領する ・5月20日　中国軍の爆撃機が九州方面へ飛来し、反戦ビラを散布する ・7月11日　満州・朝鮮・ソ連の国境が入り組む張鼓峰で日ソ間の紛争が発生（張鼓峰事件）、8月10日に停戦 ・10月27日　日本軍、武漢三鎮を占領する	・1月3日　国境警備隊慰問と称し、樺太国境付近にいた日活女優岡田嘉子と新協劇団演出家杉本良吉がソ連へ密入国する（大粛清下のため、杉本はスパイ扱いされ銃殺刑、岡田は生き延び帰化する） ・1月7日　名古屋城の「金鯱」の鱗が盗難され、話題となる ・1月　『文学界』1月号に掲載された石川淳「マルスの歌」が反戦的との理由で発禁となる ・4月4日　灯火管制規則が交付される ・5月1日　ガソリンの切符制度が実施される ・8月12日　新聞用紙制限令が交付される	・2月12日　ヒトラー、ドイツの統帥権を掌握 ・3月13日　ドイツ、オーストリアを併合 ・4月16日　イギリス、エチオピアにおけるイタリアの主権を承認 ・4月25日　イギリス、アイルランドの独立を承認する ・6月13日　ソ連極東地方内務人民委員部（GPU）長官のリュシコフが、大粛清を恐れ、ソ連から満州国へ亡命 ・8月16日　ドイツよりヒトラー・ユーゲントが来日し、交流する

・4月1日　国家総動員法が公布される		・10月1日　石炭の切符制度が実施される	・9月29日　ミュンヘンで英仏独伊四カ国会談が行われ、チェコのズデーテン地方がドイツに割譲される
・4月2日　朝鮮志願兵制が実施される		・10月5日　河合栄治郎東京帝大教授、ファシズム批判の書籍を出した事が問題視され、休職となる	・11月10日　フランスの人民戦線内閣が崩壊
・4月6日　電力国家管理法が公布される		・11月4日　肥料が割当配給制となる	
・6月3日　杉山元陸相が更迭され、板垣征四郎が後任となる		・11月7日　国民精神作興週間が始まる	
・6月24日「今後の支那事変指導方針」が決定される		・11月21日　天理本道（ほんみち）の教祖及び信者380名が検挙される。	
・7月15日　1940年度東京オリンピックと万国博覧会の返上が発表される			
・11月3日　近衛首相、「東亜新秩序建設」などを謳う声明を出す（第二次近衛声明）			
・11月20日　蒋介石と対立した汪兆銘が日本側特使の間に秘密協定を結ぶ			
・12月16日　興亜院が設置される			
・12月22日　近衛首相、日中国交に関する3原則の声明を出す（第三次近衛声明）			

	・12月30日　ハノイへ脱出した汪兆銘、独自に対日講和を模索する旨声明を出す			
昭和14年（1939年）	・1月5日　平沼騏一郎内閣が成立する	・2月10日　日本軍、海南島に上陸	・1月28日　東京帝大で平賀粛学騒動が始まる	ドイツ、チェコスロバキアに圧力を掛け解体、チェコを事実上併合
	・1月6日　ドイツ外相より三国同盟が提議される	・3月30日　日本軍、フランス統治下にあった新南群島（現・スプラトリー諸島）を台湾総督府に編入	・2月16日　ポスト、ベンチなどが鉄製不急品として回収される	・3月28日　スペイン内戦、右派反乱軍の勝利により、終了する
	・1月19日　三国同盟の敵国対象をソ連とする事が決定される	・5月11日　外蒙古ノモンハンで満州国軍とモンゴル人民共和国軍の紛争が発生、次いで日本軍とソ連軍の衝突に発展（ノモンハン事件）	・3月30日　大学での軍事教練が必修化される	・4月7日　イタリア、アルバニアを併合する
	・2月9日　閣議で国民精神総動員強化方策が決定される	・5月26日　アムール川流域で日ソ国境紛争起きる（東安鎮事件）	・4月5日　映画法が公布され脚本の事前検閲など表現規制・統制が強化される	・8月23日　独ソ不可侵条約が調印される
	・5月31日　汪兆銘が東京に到着し、平沼首相らと会談する	・9月15日　東郷駐ソ大使とモロトフ外相の間でノモンハンでの停戦協定成立	・4月8日　宗教団体法が公布される	・9月1日　ドイツ軍、ポーランドへ侵攻を開始する
	・7月8日　国民徴用令が交付される		・7月6日　第一回聖戦美術展が開催される	・9月3日　英仏、ドイツに宣戦布告する（第二次世界大戦勃発）
	・7月26日　アメリカが日米通商航海条約の廃棄を通告、翌年1月に失効		・9月23日　石油配給統制規則が公布される	・9月5日　アメリカ、中立声明を発表

	・8月28日　平沼内閣、独ソ不可侵条約など激変する欧州情勢に対応できず「欧州の情勢は複雑怪奇」なる声明を出し、総辞職する		・12月12日　鹿地亘らが中国で日本人民反戦同盟を結成する	・9月17日　ソ連軍、ポーランド東部を占領
	・8月30日　安倍信行内閣が成立する			・11月30日　ソ連軍、フィンランドへの攻撃を開始
	・9月1日　毎月1日の興亜奉公日が初実施され、宮城遥拝、神社参拝、質素な食事などが求められる			・12月14日　国際連盟、ソ連を除名する
	・9月4日　政府、欧州戦線への不介入を発表			
	・11月10日　朝鮮総督府、創氏改名を公布する			
	・11月11日　兵役法施行令が改正され、短期現役制などが廃止される			
	・11月27日　厚生省が産業報国運動要綱を決定する			
昭和15年（1940年）	・1月16日　米内光政内閣が成立する	・6月12日　日本軍、宜昌を占領する	・2月6日　全国で「生活綴方」教育を行っていた教師らが検挙される	・4月9日　ドイツ軍、ノルウェー及びデンマークに侵攻
	・1月21日　イギリス軍艦が千葉県沖で浅間丸を臨検し、ドイツ人客を拘束する（浅間丸事件）	・9月23日　日本軍、北部仏印へ進駐	・2月12日　津田左右吉早大教授、日本古代史に関する4著作を発禁にされる	・5月10日　ドイツ軍、ベネルクス三国に侵攻
	・1月26日　日米通商条約が破棄される	・10月27日　日本軍731部隊、寧波でペスト菌散布を開始する	・3月29日　改正所得税法が公布される	・5月11日　イギリスでチャーチル内閣成立

・2月2日　衆議院で斎藤隆夫が反軍演説を行い、問題となり、3月7日に議員除名となる ・3月25日　聖戦貫徹議員連盟が結成される ・3月30日　汪兆銘、南京で傀儡政権「中華民国南京国民政府」を樹立する ・6月11日　聖戦貫徹議員連盟、各党の解党を求める ・7月6日　社会大衆党が解党、以後各党の解党が相次ぐ ・7月16日　第二次近衛内閣が成立する ・7月26日　閣議で大東亜新秩序、国防国家建設の方針が決定される ・7月27日　大本営政府連絡会議にて南進政策が決定される。同日、外国人スパイの一斉検挙が行われ、最終的に英国人14人が逮捕される。		・6月1日　六大都市で砂糖・マッチの切符制が開始される ・7月7日　奢侈品等製造販売制限規則が施行され、宝石・象牙などの製品が規制される（七・七禁令） ・8月23日　新協劇団、新築地劇団に解散命令が出される ・8月29日　キリスト教各派が教会組織再編について協議する ・9月21日　婦選獲得同盟が解散する ・10月31日　各地のダンスホールが閉鎖される	・6月10日　イタリア、英仏に対し宣戦布告 ・6月16日　フランスでペタン内閣が成立 ・6月22日　独仏休戦協定締結 ・6月23日　シャルル・ド・ゴールによりイギリスで自由フランス政府が成立 ・7月2日　フランスでヴィシー政府が成立 ・7月21日　バルト三国、ソ連に加盟する ・8月上旬　日本における英国人逮捕に対する報復として、イギリス領土の各地で日本人が相次いで逮捕される ・9月13日　イタリア軍、エジプトに攻撃開始

	・7月29日　27日に軍機保護法違反で逮捕された英国人の一人、ロイター通信東京支局長M・J・コックスが、東京憲兵司令部2階から飛び降り自殺する ・8月15日　民政党が解党し全政党が解党される ・9月26日　アメリカ、対日屑鉄輸出を禁輸とする ・9月27日　日独伊三国同盟が調印される ・10月12日　大政翼賛会が発会する ・11月10日　紀元二千六百年記念式典が挙行される			
昭和16年（1941年）	・1月8日　東条英機陸軍大臣、陸軍訓令第一号「戦陣訓」を示達する ・3月7日に国民保安法公布、10日に改正治安維持法公布され、釈放後に「再犯の恐れ」ある思想犯を対象とした予防拘禁制度が生まれる。 ・4月8日　企画院調査官の和田博雄が逮捕される（企画院事件）	・5月19日　ベトナムでベトミンが蜂起を開始する ・7月28日　日本軍、南部仏印への進駐を開始する ・12月8日　日本軍、マレー半島に上陸、日本海軍がハワイ真珠湾を奇襲し、米海軍戦艦部隊を攻撃する。遅れて対米英宣戦布告が行われる（太平洋戦争）	・1月1日　全国の映画館にニュース映画上映を強制させる ・2月26日　情報局が各社に執筆禁止者名簿を示し、圧力をかける ・3月1日　国民学校令が公布される	・3月1日　ブルガリアが三国同盟に加入する ・4月6日　枢軸軍、ユーゴスラヴィア、ギリシャ方面への侵攻を開始する ・6月22日　ドイツ軍、ソ連に侵攻を開始する（バルバロッサ作戦）

・4月13日　日ソ中立条約が締結される	・12月10日　マレー沖海戦が行われ、日本海軍航空隊の攻撃により英国艦隊の戦艦「プリンスオブウェールズ」「レパルス」が撃沈する	・3月31日　朝鮮総督府が朝鮮語学習禁止の方針を出す	・8月14日　ルーズベルトとチャーチルが大西洋憲章を発表
・4月16日　野村駐米大使とハル米国国務長官の間で日米交渉が開始	・12月25日　日本軍、英領香港を占領	・5月8日　月に一度の「肉無し日」が定められる	・12月6日　ドイツ軍、モスクワ付近まで迫るが占領に失敗
・6月6日「対南方施策要綱」が大本営で決定される、25日には南部仏印進駐の方針が決まる		・6月24日　政府の圧力により日本基督教団が創立される	・12月11日　独伊、対米宣戦布告
・7月2日　御前会議にて「情勢の推移に伴う帝国国策要綱」が決定され、対ソ・対米英の方針が定まる		・7月1日　全国の隣組がこの日に一斉に常会を開始する	
・7月25日　アメリカ、日本の南部仏印進駐に対し、対抗措置として在米日本資産の凍結を行う、英国と蘭印もこれに続く		・9月11日　東京市内において資源節約の為、ガソリンを使うタクシー、自家用車類が全廃される	
・7月　対ソ示威を目的として、満州で関東軍特種演習が行われる		・9月18日　山田耕作を団長に音楽挺身隊が結成される	
・8月1日　アメリカ、日本に対する石油輸出を禁止する		・10月1日　乗用車のガソリン使用が禁止される	
・10月15日　ソ連側スパイ、ゾルゲの協力者尾崎秀美が検挙される。次いで18日にリヒャルト・ゾルゲも検挙される		・10月4日　臨時郵便取締令が公布される	

	・10月16日　近衛文麿首相が東条英機陸相と対立し辞任、18日に東条内閣が成立する		・12月1日　国民勤労報国協力令が施行され、男子14～30歳、未婚の女子14～25歳に勤労奉仕が義務化される	
	11月15日　兵役法施行令改正、丙種合格者も召集されるようになる		・12月8日　対米開戦に合わせ、気象報道が中止される	
	・11月26日　米国、日本に対し中国からの撤退を求めるハルノートを回答、日本側はこれを最後通牒と捉える		・12月27日　アメリカ映画の上映禁止などが行われる	
	・12月1日　御前会議で対米英蘭開戦が決定			
	・12月8日　米英に対し宣戦布告			
	・12月9日　重慶国民政府、日独伊に対し宣戦布告			
	・12月12日　一連の戦争の公称が「大東亜戦争」と決定される			
昭和17年（1942年）	・1月18日　日独伊軍事協定が調印される	・1月2日　日本軍、米領フィリピンの首都マニラを占領	・1月1日　食塩通帳配給制、ガス使用量割当制開始	・1月1日　連合国26カ国共同宣言が調印される
	・1月25日　タイ王国、米英に宣戦布告する	・2月15日　日本軍、シンガポールを占領する、17日には昭南島と改名される	・1月2日　毎月8日を大詔奉戴日とし、必勝祈願や国旗掲揚などを行う事が閣議で決定される	・6月11日　米英ソ三国共同宣言が発せられる
	・2月23日　翼賛政治体制協議会が成立する	・3月9日　オランダ領インドネシアのオランダ軍が日本軍に降伏する	・2月1日　味噌醤油切符配給制が開始される、また同日点数切符配給制も開始される	・7月17日　スターリングラードの戦い始まる、ドイツ軍は消耗戦に引きずり込まれる

・4月24日　非翼賛推薦候補の尾崎行雄が選挙演説中に不敬発言を行ったとして起訴される、他にも非推薦候補への干渉が行われる	・4月18日　空母ホーネットから発進した米軍爆撃機が東京・神奈川・名古屋・神戸を爆撃（ドゥーリットル空襲）、軍部は衝撃を受け、ミッドウェイ島とアッツ島への進出を目指す	・2月2日　大日本婦人会が発足する	・8月12日　米英ソ、モスクワで会談を行う
・4月30日　第21回衆議院議員選挙が開催され、翼賛推薦者381人、非推薦者85人が当選	・5月1日　日本軍、英領ビルマのマンダレーを占領する	・5月9日　寺院仏閣の鐘や像が金属供出の対象となる	・8月13日　アメリカで原爆開発計画「マンハッタン計画」が始動する
・5月20日　東条首相指揮の下、翼賛政治会が発足	・5月7日　ニューギニア島南部で珊瑚海海戦	・5月26日　日本文学報国会が結成され、文学界の戦争協力が進む	・11月8日　連合国軍、北アフリカに上陸
・6月25日　全ての国民運動団体が大政翼賛会傘下に入る	・5月7日　マニラ、コレヒドール島の米軍が降伏する	・6月11日　本州と九州を結ぶ関門海峡トンネルが竣工する	
・7月25日　ドイツからの対ソ参戦要請に対し、大本営は不参加を決定	・6月5日　日本海軍、中部太平洋でのミッドウェー海戦で惨敗し空母四隻を失う。以後戦線が行き詰まる。また戦果の捏造も行われる	・6月26日　ホーリネス教会関係者らが検挙される	
・8月20日　日米交換船により野村・来栖両大使始め１４６０人が帰国。	・6月8日　日本軍、アッツ島に上陸	・8月31日　警視庁により、東京で怠業少年工など「不良青少年」がこの日から9月半ばまでに2万人以上拘束される	
・9月1日　大東亜省が設置される	・8月7日　米軍、ガダルカナル島へ上陸、以後一連のソロモン海戦が始まる	・9月12日　細川嘉六の論文「世界史の動向と日本」が掲載された『改造』誌が発禁処分となる。二日後に細川も逮捕	

	・9月26日　陸軍省が陸軍防衛召集規則を改定し、総力戦体制が一段と進む	・8月21日　ガダルカナルに上陸していた一木支隊が壊滅する	・11月7日　鉄道省が行楽や買出し目的の列車利用に制限を加える	
	・12月21日　御前会議にて「大東亜戦争完遂のための対支処理根本方針」が定められ、傀儡汪兆銘政府に参戦を要請する	・9月9日、29日　日本海軍の潜水艦艦載機が米オレゴン州の山地を空爆し、（テロなどを除き）米本土が空襲された唯一の事例となる	・12月4日　英語を使用した雑誌名が改題を強制される	
		・12月31日　御前会議にてガダルカナル島からの撤退が決定される	・12月23日　大日本言論報国会が設立される。徳富蘇峰を会長に据える	
昭和18年（1943年）	・1月9日　南京の汪兆銘政権が米英に宣戦布告を行う	・2月1日　日本軍、ガダルカナルからの撤退を開始し、7日に完了、戦死及び戦病死者は2万5000人以上	・1月1日　中野正剛の発表した「戦時宰相論」が東条首相にたいする批判であるとして発禁。中野は以後目を付けられ、10月26日に割腹自殺	・2月2日　スターリングラードのドイツ軍が降伏する
	・3月2日　兵役法が改正され朝鮮半島でも徴兵制が施行される	・4月18日　山本五十六連合艦隊司令長官、ソロモン諸島へ前線視察へ赴く途中、米軍の襲撃を受け、戦死	・1月7日　タバコが値上げされ、「光」が15銭から30銭に、「金鵄」が10から15銭に値上げとなり、この事が替え歌となる	・5月12日　北アフリカ戦線のドイツ軍降伏、翌日にはイタリア軍も降伏
	・3月13日　戦時刑事特別法改正が行われ、戦時下の犯罪が厳罰化される	・5月29日　アッツ島日本軍守備隊全滅	・1月13日　ジャズなど米英的とされた音楽の演奏が禁止される	・7月10日　連合国軍、イタリアのシチリア島に上陸
	・3月18日　戦時行政特例法などが公布され、戦時下の国家の権限が更に増大する	・7月29日　キスカ島の日本軍が撤退	・1月21日　中等学校、大学予科、高等学校などの修業年限が一年短縮される	・7月25日　イタリア首相ムッソリーニが解任、逮捕され、バドリオ元帥が後任となる

・5月31日　御前会議にて「大東亜政略指導大綱」が決定され、東南アジアの占領地政策が定められる	・10月　ソロモン諸島各地より日本軍が撤退し始める（軍部はこれを「戦略的転進」と表現）	・2月18日　出版事業令が公布される	・9月8日　バドリオ政権が連合国に対し無条件降伏する
・6月1日　東京都政が公布され、7月1日より東京府は東京都となる	・11月25日　マキン島、タラワ島の日本軍守備隊が全滅	・3月24日　金属回収が強化され、調理器具なども回収される	・9月12日　拘束されていたムッソリーニがドイツ軍特殊部隊により救出され、イタリア北部サロで政権樹立
・6月25日　学徒戦時動員体制確立要綱が定められ、学生に勤労動員の強制を始める		・3月25日　国策映画『桃太郎の海鷲』が公開される（日本初の長編アニメーション映画とされる）	・10月19日　米英ソ三国の外相がモスクワで会談
・8月1日　ビルマのバ・モー政権が名目上独立し、米英に対し宣戦布告を行う		・5月1日　薪が配給制となる	・11月28日　ルーズベルト、チャーチル、スターリンの三者がテヘランで会談
・9月15日　イタリアの降伏に伴い、日独同盟の存続が確認される		・5月1日　国鉄が車内隣組を結成、列車内の統制を強める	・12月1日　ルーズベルト、チャーチル、蒋介石によりカイロ宣言が出される
・9月30日　御前会議にて「今後執るべき戦争指導大綱」が決定される。戦線の先行きの怪しさが認められる様になる		・5月26日　富山県泊町の料亭で中央公論社と改造社の社員が「共産党再建謀議」の容疑で逮捕される（泊事件、翌年の横浜事件に続く）	・この年、枢軸軍占領下の欧州各地でパルチザン、レジスタンスといった抵抗運動が激化する
・10月12日　閣議で学生に対する徴兵猶予停止が決定される		・6月1日　東京の昭和通りが菜園化される	
・10月14日　傀儡フィリピン共和国が名目上独立する		・6月20日　創価教育学会が弾圧され、牧口常三朗と戸田城聖ら幹部が検挙される	

	・10月21日　神宮外苑競技場において雨の中「出陣学徒壮行会」が開催される		・8月10日　商工省の命令により華美な衣服など非必需品の生産が制限される	
	・10月21日　チャンドラ・ボース率いる自由インド仮政府が日本支配下のシンガポールで結成される。24日には米英に対し、宣戦布告		・9月4日　東京の上野動物園で飼育猛獣の毒殺が始まる	
	・11月5日　大東亜会議が行われ、日本支配下のアジア各地の指導者が東京に集う。翌日共同宣言が発表される		・12月17日　競馬の開催が中止される	
	・12月24日　徴兵適齢臨時特例が公布され、徴兵適齢が満19歳に引下げられる			
昭和19年（1944年）	・1月7日　大本営でインパール作戦が認可される	・2月6日　マーシャル群島のクェゼリン島、ルオット島の日本軍守備隊全滅	・1月18日　軍需会社指定が始まり、年末までに600社以上が指定される	・6月4日　連合国軍、ローマを占領
	・1月24日　大本営で大陸打通作戦が発令される	・2月17日～18日　海軍の根拠地である南太平洋トラック島が大空襲を受け壊滅、船舶の被害多数、以後トラック島は終戦まで孤立する（海軍丁事件）	・1月26日　東京と名古屋の23地区において、防空法に基づき疎開命令が出され、以後各都市で建物の強制取り壊しが始まる	・6月6日　連合国軍、北フランスのノルマンディーに上陸、ドイツ軍に対し第二戦線を結成

・2月21日　東条陸相が陸軍参謀総長を、嶋田海相が海軍軍令部総長をそれぞれ兼任する	・3月8日　インパール作戦が開始される。ビルマからインドへ向け日本軍が侵攻するも、補給の軽視による飢餓、病気の蔓延などにより壊滅する部隊が相次ぐ	・1月29日　前年の泊事件に続き、『中央公論』『改造』等の編集者9人が「共産党再建謀議」の容疑で神奈川県特高課に検挙され、更に最終的に終戦までに30人以上が検挙される（横浜事件）	・8月1日　ドイツ軍占領下のワルシャワで大規模蜂起が発生し、10月まで騒乱が続く
・2月25日　閣議で「決戦非常措置要綱」が決定され、各種動員が強化される	・3月31日　米機動部隊がパラオ島とヤップ島を空襲	・2月4日　大学と高専において軍事教育が強化される	・8月24日　ルーマニアが連合国と休戦
・5月16日　文部省が「学校工場化実施要綱」を通達する	・6月15日　米軍、マリアナ諸島のサイパンに上陸	・2月23日　毎日新聞に掲載された「竹槍では間に合わぬ」の記事が東条首相の怒りに触れ、差し押さえられる	・8月24日　パリのドイツ軍が降伏し、パリが解放される
・6月30日　閣議で「学童疎開促進要綱」が閣議決定され、大都市在住の児童を疎開させる方針が定まる	・6月16日　B29が北九州を爆撃する。以後軍需施設を目的とした日本本土への爆撃が始まる	・3月5日　日本各地の劇場が休業を命じられる、また同日、東京都内の高級料理屋や芸妓屋も閉鎖される	・9月9日　フランスでシャルル・ド・ゴールの臨時政府が成立する
・7月　相次ぐ敗北やマリアナ方面の戦況悪化により東条内閣への不信が政府上層部や皇族等の間で表面化し、倒閣工作が行われる	・6月19日　マリアナ沖海戦、日本海軍連合艦隊は敗北し、サイパンへの救援は失敗する	・3月6日　用紙不足の為、新聞各紙の夕刊が廃止となる	・9月11日　ルーズベルトとチャーチルがハイドパークで会談、原爆使用について協議
・7月13日　木戸内大臣が東条首相に接触し、圧力をかける	・7月4日　大本営がインパール作戦中止命令を出す	・6月23日　北海道洞爺湖半で大噴火が発生し、新たな山が誕生、27日に昭和新山と命名	・11月8日　ルーズベルトが大統領4選
・7月18日　東条内閣総辞職	・7月7日　サイパン島の日本軍守備隊が全滅、住民も一万人以上巻き込まれる	・8月1日　砂糖の配給が停止となる	

・7月22日　小磯国昭内閣が発足	・8月5日　大本営政府連絡会議が最高戦争指導会議に改称する	・8月19日　最高戦争指導会議が「今後採るべき戦争指導大綱」を決定する	・8月23日　女子挺身勤労令、学徒勤労令が公布される	・11月1日　首相直属の機関として総合計画局が設置される。重要政策の企画を行う	・11月10日　南京政府主席の汪兆銘が名古屋で死去、後継に陳公博が就任			
・7月21日　米軍、グアム島に上陸	・7月24日　米軍、テニアン島に上陸	・8月3日　テニアン島の日本軍守備隊全滅	・8月10日　グアム島の日本軍守備隊全滅	・8月22日　那覇国民学校の児童を乗せた疎開船「対馬丸」が米海軍潜水艦の攻撃により撃沈する	・9月15日　米軍、ペリリュー島に上陸	・10月10日　米機動部隊が沖縄を空襲する	・10月12日　台湾沖航空戦が行われる。現地からの誤認報告による大本営が架空の「大戦果」を発表する	・10月20日　米軍、フィリピンのレイテ島に上陸
・8月4日　学童疎開第一陣が上野駅を出発する	・9月30日　日本宗教報国会が結成される	・10月23日　農商省が松根油の増産方針を発表	・11月1日　たばこが隣組による配給制となる。男子一人につき1日6本	・11月7日　ゾルゲと尾崎秀美が処刑される	・11月13日　日本野球報国会がプロ野球の廃止を発表	・12月7日　フィルムの欠乏が進み映画制作が困難となり、多くの映画館へのフィルム配給が休止となる	・12月7日　東海大地震が発生するも報道管制が敷かれる	

		・10月24日　レイテ沖海戦で日本海軍連合艦隊は主力を失う。以後日本海軍は組織的な作戦行動が取れなくなる。また同戦闘より神風特別攻撃隊（特攻隊）の運用が始まり、自爆攻撃が以後常套化する		
		・11月3日　太平洋沿岸各地から風船爆弾がアメリカに向け放たれ、一部はアメリカに落着する		
		・11月24日　マリアナ基地から発進したB29およそ80機が東京を初空襲する		
		・11月27日　ペリリュー島の日本軍守備隊が全滅		
昭和20年（1945年）	・2月14日　近衛文麿が昭和天皇に対し、敗戦必至の状況と共産主義革命の恐れを伝える上奏文を提出	・1月20日　マリアナ基地の第21爆撃集団（B29による爆撃部隊）の司令官がヘイウッド・S・ハンセル准将からカーチス・E・ルメイ少将に交代、無差別爆撃が激化する	・3月15日　大都市における疎開強化要綱が決定される	・1月17日　ワルシャワが解放される
	・3月6日　国民勤労動員令が公布される	・2月19日　米軍、硫黄島に上陸	・4月1日　国民学校初等科を除き、この日から一年間学校授業が停止	・1月20日　ハンガリー臨時政府が連合国と休戦協定

・3月30日　大日本政治会が結成される	・4月5日　ソ連外相モロトフが日ソ中立条約不延長を通告する（期限は翌年4月）	・4月5日　小磯内閣が総辞職し鈴木貫太郎内閣が成立する	・6月8日　最高戦争指導会議において本土決戦の方針が打ち出される	・6月22日　戦時緊急措置法が公布され、内閣が強力な権限を持つ	・6月22日　天皇の意思により和平工作が行われ、ソ連に和平仲介が打診されるが、ソ連政府はこれを拒否する	・6月23日　義勇兵役法が公布され、15歳から60歳の男子、17歳から40歳までの女子が国民義勇戦闘隊に編成される
・2月22日　硫黄島の日本軍守備隊全滅	・3月9日、10日　B29約300機が東京を夜間空襲（東京大空襲）。以後日本各地が激しい空襲を受ける	・4月1日　沖縄に米軍上陸、沖縄戦開始	・4月7日　戦艦大和が沖縄への「海上特攻」の途中、坊ノ岬にて米軍の空襲を受け、撃沈	・5月14日　名古屋が大空襲を受け、名古屋城などが消失する	・5月25日、26日　再び東京が大空襲を受け、皇居にも被害が出る	・6月23日　沖縄の日本軍司令官牛島満が自殺し、日本軍守備隊は指揮系統が壊滅する
・5月　九州大学で米軍捕虜に対し人体実験、生体解剖が行われる（九大生体解剖事件）	・7月11日　主食の配給が一割減となる	・8月18日　内務省により、進駐軍相手に性的奉仕を行う婦女子を組織する為にRAA（特殊慰安施設協会）が設立される	・8月20日　灯火管制解除、信書の検閲停止	・8月27日に大日本言論報国会が、30日に日本文学報国会が解散	・9月3日　バーチェット記者が広島を取材し、世界に惨状を伝える（ノーモア・ヒロシマ）	・9月8日　北海道の夕張炭鉱で朝鮮人労務者による暴動発生。他にもイトムカ鉱山などで暴動が発生する
・2月9日　米英ソ三首脳がソ連のクリミア半島ヤルタで会談を行い、ドイツ降伏後の方策やソ連の対日宣戦に関する秘密協定が確認される	・4月12日　ルーズベルト米大統領が死去、トルーマン副大統領が昇格し、次大統領に就任	・4月22日　ソ連軍がドイツ首都ベルリンに突入	・4月25日　米英ソの三軍がエルベ河畔で合流、握手を交わす（エルベの誓い）	・4月25日　サンフランシスコ連合国全体会議が開催され、国連憲章が作成される	・4月28日　逃亡中だったムッソリーニがパルチザンに捕縛され、銃殺される	・4月30日　ドイツ国総統のヒトラーが自殺する

・6月30日　秋田県花岡鉱山で強制労働など劣悪な環境に耐えかねた中国人労務者数百名が蜂起するが、一週間で鎮圧される ・7月17日　連合国首脳によりポツダム宣言が発せられる。28日に日本は黙殺を表明する ・8月14日　御前会議にてポツダム宣言受諾を決定 ・8月15日未明　戦争継続派の陸軍将校が玉音放送の録音盤奪取を計画するも失敗（宮城事件） ・8月15日　昭和天皇、終戦を知らせる放送を行う（玉音放送）。同日軍人等から多くの自殺者が出る ・8月18日　満州国皇帝溥儀が退位、満州国消滅 ・8月17日　皇族の東久邇宮稔彦を首相とする内閣が成立し、国体及び秩序の維持と「一億総ざんげ」の方針が採られる ・8月28日　厚木に米軍先遣隊到着、8月30日にはマッカーサー元帥到着
・7月2日　米軍が沖縄での作戦終了を宣言する ・7月24、28日　広島県の呉軍港が米軍による空襲を受け、日本海軍残存艦艇の多くが大破する ・8月6日　米軍、広島に原子爆弾「リトルボーイ」投下 ・8月8日　ソ連が対日宣戦 ・8月9日　米軍、長崎に原子爆弾「ファットマン」投下 ・8月14日から15日未明　埼玉県熊谷市が空襲を受ける。太平洋戦争最後の本土空襲とされる ・8月15日　終戦 ・8月下旬　攻撃を続けるソ連軍に対し樺太、千島列島において戦闘が続く
・9月10日　GHQが新聞とラジオの検閲を開始 ・9月19日　GHQがプレスコードに関する覚書を出す ・9月20日　文部省、教科書の部分削除を通達（教科書の墨塗り） ・9月25日　復員船第一陣が別府へ到着 ・9月26日　三木清が獄死（享年49） ・10月9日　GHQが東京五大紙の検閲を開始 ・10月15日　在日朝鮮人連盟全国大会が開催される ・10月23日　読売新聞社で、正力松太郎ら経営者の戦争責任を問う労働争議が始まる
・5月2日　ソ連軍がベルリンを占領 ・5月7日　ドイツ国が無条件降伏 ・6月6日　ブラジルが対日宣戦布告 ・7月14日　イタリアが対日宣戦布告 ・7月16日　アメリカのニューメキシコ州で世界初の核実験「トリニティ」が行われる ・7月17日　ドイツのポツダムで米英ソ三首脳が会談を行い、日本に対し無条件降伏を迫る ・7月26日　イギリス総選挙で労働党が勝利し、アトリー内閣成立 ・8月15日　ソウルで朝鮮建国準備委員会が結成される

·9月2日　戦艦ミズーリ船上にて降伏文書調印式、連合国による占領統治が本格的に開始する	·9月2日（世界的な終戦記念日）	·12月8日　共産党他5団体により神田で戦争犯罪人追求人民大会が開催され、天皇も戦犯とされる	·8月17日　インドネシア共和国が独立宣言
·9月11日　GHQが東条英機始め39人の戦犯逮捕命令を出す。同日東条英機は自殺未遂を起す	·以後、各地で復員、及びゲリラ化していた元日本兵の投降や現地勢力への協力が始まる（最後の帰還者は1974年フィリピンのルバング島に潜伏していた小野田寛郎少尉、現地残留者としては2014年にインドネシアで死去した小野盛）	·12月15日　GHQが国家と神道の分離を指令する	·9月2日　ベトナム民主共和国が独立宣言
·9月13日　大本営が廃止される	·12月1日　サイパンで遊撃していた歩兵第18連隊衛生隊47名が投降する		·9月2日　世界的に第二次世界大戦・太平洋戦争終戦の日とされる
·9月27日　天皇がマッカーサーに面会し、二人が並んだ有名な写真が撮影される			·11月20日　ニュルンベルク国際軍事裁判が開始される
·10月4日　GHQが政治・信教・民権の自由に対する制限の撤廃を日本政府に命じ、治安維持法及び特高警察が廃止される			·11月29日　ユーゴスラビアで王政が廃止され、連邦人民共和国制が敷かれる
·10月5日　GHQの方針に対し、東久邇宮内閣は対応できず総辞職する			·12月16日　モスクワで米英ソの外相会議が行われ、極東の方針が定められる
·10月9日　幣原喜重郎内閣が成立する			
·10月10日　政治犯500人が解放される			

	・10月11日　マッカーサー元帥が幣原に憲法の自由主義化や婦人解放などについて指令する			
	・10月25日　日本の外交権が停止される			
	・11月1日　東京拘置所が戦犯収容のため連合国軍に接収され、「巣鴨プリズン」と改称される			
	・11月2日　日本社会党が結成される			
	・11月6日　GHQにより財閥解体が始まる			
	・11月9日　日本自由党が結成される			
	・11月16日　日本進歩党が結成される			
	・12月6日　GHQにより近衛文麿ら9人の戦犯逮捕命令が出される			
	・12月16日　近衛文麿が服毒自殺			
	・12月17日　衆議院議員選挙法が改正され、婦人参政権が実現する			
	・12月29日　農地調整法が改正公布され、農地改革が始まる			
昭和21年（1946年）	・1月1日　天皇が神格否定の詔書を出す		・1月12日　野坂参三が中国から帰国する	・1月10日　中国で国民党軍と共産党軍の停戦協定が成立する

	・1月4日　GHQが軍国主義者の公職追放及び超国家主義団体の解散を指令する		・1月18日　南朝の子孫を称する「熊沢天皇」なる人物が現れ、話題となる	・1月10日　ロンドンで第一回国連総会が開催され、51カ国が参加する
	・1月19日　マッカーサー元帥が極東国際軍事裁判所の設置を命令する		・2月9日　日本農民組合が結成される	・2月8日　朝鮮北部で金日成を主席とする臨時人民委員会が成立する
	・2月3日　マッカーサー元帥がGHQ民政局に日本国憲法の草案を作るように命じる		・2月23日　中等学校、高校、大学予科の学年が復活する	・2月14日　朝鮮南部で李承晩を議長とする大韓民国代表民主議院が成立する
	・2月8日　日本政府側が憲法草案をGHQに提出するが、大日本帝国憲法の焼き直しと見られ却下される		・4月20日　プロ野球が再開する	・3月5日　チャーチル元英首相が訪問先のアメリカで「鉄のカーテン」演説を行う（冷戦の始め）
	・2月13日　日本国憲法のGHQ案が日本政府に手交され、22日に閣議により受諾される		・1935年以来11年ぶりの第17回メーデーが開催される	・7月1日　米軍がビキニ環礁で核実験を行う
	・2月19日　戦後初めて天皇が巡幸を行う（神奈川方面）		・5月12日　東京都世田谷で行われた「米よこせ」区民大会の参加者が皇居に乗り込み、決議文を読み上げる	・7月7日　中国で国民党軍と共産党軍の全面的内戦が始まる
	・3月6日　政府により帝国憲法改正草案要綱を示す（現在の日本国憲法の元）		・5月19日　東京で飯米獲得人民大会（通称「食料メーデー」）が開催され、食糧事情の改善を求める。その最中、天皇を揶揄するプラカードが登場し、後に問題になる	・10月1日　ニュルンベルク国際軍事裁判の判決が出され、12名に死刑判決が出される

	・4月5日　米英ソ中四カ国により東京で連合国対日理事会が開催される		・6月22日　上記食料メーデーで掲示されたプラカードの作者が不敬罪により起訴される（これが最後の不敬罪適用となる）	・12月3日　英・インド円卓会議が行われ、インド独立について話合われる
	・4月10日　第22回衆議院議員選挙が行われ、初の共産党議席や初の婦人議員が生まれる		・7月　この頃より、全国の刑務所・拘置施設において過剰拘禁により暴動や逃走が相次ぐ	・12月19日　ベトナムの独立を認めない旧宗主国フランスがベトナムに対し攻撃を開始する
	・4月22日　幣原内閣が総辞職する		・8月1日　社会党系労組「日本労働組合総同盟」が誕生する	
	・5月3日　極東国際軍事裁判（東京裁判）が開廷、法廷で大川周明が東条英機の頭を叩く		・8月19日　共産党系労組「全日本産業別労働組合会議」が誕生する	
	・5月22日　第一次吉田茂内閣が成立する		・10月14日　GHQにより小学校での日本史授業の再開が許可される	
	・6月8日　GHQが日本の警察制度改革を考察する「バレンタイン報告書」を発表する		・12月8日　シベリアからの引き上げ船第一陣が舞鶴港に入港する	
	・6月18日　東京裁判の米側主席検事キーナンにより、天皇が戦争犯罪人として裁かれないことが決定される			
	・9月9日　生活保護法が公布される			
	・11月3日　日本国憲法が公布される（翌年5月に施行）			

昭和22年（1947年）			
・1月4日　公職追放令が改正され、適用範囲が拡大される	・4月22日　南太平洋ペリリュー島にて激戦を生き延び、遊撃していた34人の日本兵が米軍へ投降する（後に三十四会と呼ばれる）	・1月1日　吉田茂首相が年頭ラジオ演説で労働運動を非難し、問題となる	・1月28日　イギリスがビルマの独立を認める
・3月15日　東京都の35区が再編され、22区となる		・1月31日　翌2月1日に予定されていた、官公庁給与改善の為の600万人規模のゼネストがマッカーサーの命令により中止される	・2月20日　英アトリー首相がインド独立を約束する
・3月31日　日本民主党が結成され、各方面から議員が合流し、衆議院第一党となる		・1月　復金インフレが始まる	・2月28日　台湾で二二八事件起きる
・3月31日　教育基本法及び学校基本法が公布され、現在に続く6・3制教育が始まる		・3月9日　戦後初の国際婦人デーが開催される	・6月5日　アメリカがヨーロッパ復興に関する計画（マーシャル・プラン）を発表する
・4月5日　第1回統一地方選挙が行われる		・3月24日　幸徳大逆事件により無機懲役となっていた坂本清馬、岡林寅松が特赦とされる	・7月20日　インドネシアに対し宗主国オランダが攻撃を開始する
・4月7日　労働基準法が公布される		・4月1日　隣組制度が廃止される	・8月14日　パキスタンが独立
・4月20日　第1回参議院議員選挙が行われる		・6月8日　日本教職員組合（日教組）が結成される	・8月15日　インドが独立
・4月25日　第23回衆議院議員選挙が行われる		・8月14日　浅間山が爆発する	・10月5日　コミンフォルム（共産党労働者党情報局）の結成が発表される

・5月2日　大日本帝国憲法下最後の勅令（ポツダム勅令）である「外国人登録令」が駆け込み的に公布、即日施行され、在日朝鮮人・台湾人が「外国人」となり、国籍を剥奪される		・9月14日　キャスリーン台風が襲来し、大きな被害を残す	・11月29日　国連がパレスチナ分割案を可決する
・5月3日　日本国憲法が施行される		・9月　笠置シズ子の「東京ブギウギ」が大ヒットする	
・6月1日　社会・民主・国民三党連立による内閣が誕生し、社会主義者の片山哲が首相となる		・10月11日　東京地方裁判所判事の山口良忠があくまで法に従い配給食だけで生活、結果餓死し、話題となる	
・9月1日　労働省が発足する		・11月30日　歌舞伎の上演再開が許可される	
・10月14日　11宮家51人が皇籍を離脱する			
・10月26日　不敬罪が廃止される			
・10月27日　国家賠償法が公布される			
・12月17日　警察法が公布され、警察の民主化が進められる			
・12月22日　改正民法が公布され、「家」制度が廃止される			
・12月31日　内務省が廃止される			
昭和23年（1948年）			
・1月6日　ロイヤル米陸軍長官が「日本を極東における反共防壁に」と演説する		・1月24日　文部省が朝鮮人学校設立を不承認する	・1月4日　ビルマが独立する

	・2月10日　社会党内の対立を調整出来ず、片山哲内閣が総辞職する		・1月26日　帝国銀行椎名町支店で銀行員12名が毒殺される（帝銀事件）	・1月17日　オランダとインドネシアが停戦協定を結ぶ
	・3月10日　芦田均内閣が成立する		・4月8日　東宝大争議が発生する	・1月30日　ガンジーが狂信的ヒンドゥー教徒により暗殺される
	・3月15日　吉田茂を総裁に据え、民主自由党が結成される		・4月24日　朝鮮人学校閉鎖命令に対し、神戸市内で朝鮮人が抗議行動を行い、400名逮捕される	・2月26日　国連小総会にて南朝鮮単独独立が認められ、朝鮮の分断が進む
	・4月27日　英ソ中の反対を押し切り、アメリカの意向で海上保安庁設置法が公布される		・5月1日　美空ひばりがデビューする	・4月8日　朝鮮の済州島で済州島四・三事件が発生する
	・5月1日　軽犯罪法が公布される		・5月13日　永井荷風が猥褻本『四畳半襖の下張り』の作者疑惑を受け、自宅で取調べを受ける	・4月19日　平壌で南北政治協商会議が行われ、あくまで朝鮮の統一独立の方針が決議される
	・6月23日　昭和電工社長の日野原節三が収賄容疑で逮捕され、昭電疑獄事件が始まる		・6月13日　小説家の太宰治が玉川上水で愛人と入水自殺する	・5月10日　南朝鮮で単独選挙が行われる
	・7月13日　優生保護法が公布される		・6月19日　日刊スポーツに掲載された「米国裸体ショー」記事が初のプレスコード違反となる	・5月14日　イスラエルが独立する
	・7月22日　マッカーサーが芦田首相に対し、国家公務員法の改正（争議の禁止など）を指示する		・8月19日　東宝争議団が篭城する撮影所に対し警官隊、米軍支援部隊が出動する	・5月15日　アラブ諸国がイスラエルに攻撃を開始し、第一次中東戦争が勃発する

	・7月31日　公務員の争議権などを否定する政令201号が公布される		・11月22日　上野公園を夜間視察中の田中警視総監と取り巻きの取材陣が無礼を行い、多数の男娼に襲撃される	・6月24日　ソ連が[illegible]側地区を封鎖し、物資の陸上流通を妨害する。対して西側諸国は空輸で対抗する
	・8月27日　九大生体解剖事件で5名が絞首刑、4名が終身刑となる			・6月28日　ユーゴスラビア共産党がコミンフォルムから除名され、以後チトー率いるユーゴスラビアは独自路線を進む
	・9月　昭電疑獄により高官の逮捕相次ぐ			・8月13日　朝鮮南部で李承晩を大統領とする大韓民国が成立
	・10月7日　昭電疑獄により芦田内閣総辞職する			・9月9日　朝鮮北部で金日成を首相とする朝鮮民主主義人民共和国が成立し、朝鮮は分断される
	・10月19日　第二次吉田茂内閣が成立する			・11月2日　アメリカ大統領選挙でトルーマンが大統領に当選する
	・11月12日　極東国際軍事裁判で東条英機元首相始め戦犯25人に有罪判決が出される			・11月9日　中国内戦での国民党軍情勢悪化に伴い、蒋介石がアメリカに緊急援助を求める
	・11月30日　改正国家公務員法が公布される			・12月10日　国連総会で世界人権宣言が採択される
	・12月18日　GHQ、米国務省、米陸軍省の連名で「日本復興の9原則」が発表される			・12月12日　国連総会で韓国政府が唯一の朝鮮での合法政府として承認される
	・12月23日　東条英機らA級戦犯7名が巣鴨プリズンにおいて絞首刑となる。遺体は横浜保土ヶ谷火葬場で火葬される。			・12月15日　中国共産党軍が北京に入城する

・12月19日　オランダ軍がインドネシアへの攻撃を再開する
・12月26日　ソ連軍、朝鮮北部より撤兵する

昭和24年（1949年）

・1月23日　第24回衆議院議員総選挙が行われ、民主自由党が大量議席を得る
・2月16日　第三次吉田茂内閣成立
・3月7日　ドッジ公使により経済安定政策「ドッジライン」が制定される
・4月25日　1ドル＝360円の単一為替レートが実施される
・5月7日　吉田茂首相、対連合国講和後も米軍駐留を望む発言を行う
・7月4日　マッカーサーが「日本は共産主義に対する防壁」との声明を発表する
・9月8日　団体等規制令により、朝鮮人に関連する4団体に解散命令が出される
・9月19日　公務員の政治活動を制限する人事院規則が出される

・2月9日　文部省が教科書検定基準を定める
・6月14日　GHQの要請により映倫規定が制定される
・6月27日　ソ連からの引き揚げが再開される
・7月4日　国鉄が3万7000人を人員整理する第一次人員整理報告を出す
・7月6日　下山定則国鉄総裁の轢死体が常磐線路上で発見される（下山事件）
・7月12日　国鉄が6万3000人を人員整理する第二次人員整理通告を行う
・7月15日　中央線三鷹駅で無人電車が暴走し、6名が死亡する（三鷹事件）
・8月17日　東北本線松川付近で列車が転覆し、3人が死亡（松川事件）

・1月1日　蒋介石が国共和平会談を提唱する
・1月6日　国連総会が国共内戦不介入を決議する
・1月25日　ソ連の主導で、ソ連・東欧五カ国経済相互援助会議「コメコン」が設置される
・2月24日　イスラエルとエジプトが休戦協定に調印する
・4月1日　国共和平会議始まる
・4月4日　西側12カ国により北大西洋条約機構（NATO）が組織される
・4月18日　アイルランドが英連邦から離脱する
・5月6日　ドイツ連邦（西ドイツ）臨時政

ベルリン西

	・10月19日　GHQ、戦犯軍事裁判終了の方針を明らかにする		・9月24日　九州大学で「赤色教授」に対し辞職勧告が出される	・5月12日　ベルリン封鎖が解除される
	・11月1日　米国務省が対日講和条約の検討を発表し、単独講和か全面講和かの議論が活発化する		・9月　国鉄の一連の事件に関し逮捕者が相次ぐ	・7月22日　共産主義者取締法が米上院司法委員会で承認される
	・12月4日　社会党が全面講和、中立外交、軍事基地反対を骨子とした「講和問題に対する一般的態度」を決定する		・10月6日　日本学術会議が学問と思想の自由について日本政府に勧告を行う	・9月23日　トルーマン大統領がソ連の原爆保有を発表する（核競争の始まり）
	・12月24日　ソ連、細菌戦を計画したとして元日本軍人12名を告発する		・10月19日　朝鮮総連系朝鮮学校の多くが閉鎖や改組の命令を受ける	・10月1日　中華人民共和国が成立、毛沢東が国家主席となる
	・12月25日　GHQ、日本人戦犯の特赦を行う		・10月　この頃よりヒロポン、覚せい剤の蔓延が問題化する	・10月7日　ドイツ民主共和国（東ドイツ）が成立する
			・11月3日　湯川秀樹が日本人として初のノーベル賞（物理学賞）を受賞する	・11月2日　オランダ及びインドネシアが主権委譲に関するハーグ協定を調印する
			・11月24日　東大法学部生山崎晃嗣が自身の運営する闇金業者「光クラブ」の行き詰まりにより自殺する	・11月30日　対共産圏輸出統制委員会（ココム）が設立される
				・12月7日　国民党政府は台湾へ脱出
				・12月27日　インドネシア連邦共和国が成立する

昭和25年（1950年）	・1月1日　マッカーサーが年頭の辞において日本の自衛権を否定しない旨を強調する	・6月以後　朝鮮戦争に合わせ連合国軍の命令により、約8000人の日本人が機雷除去や港湾作業の為に朝鮮半島及び近海に派遣され、死者も出る	・2月13日　都教育庁が教員246人をレッドパージする	・1月5日　トルーマン米大統領、台湾への不介入声明を出す
	・1月6日　コミンフォルムが日本共産党の野坂参三による平和革命論を批判		・4月1日　魚、衣料などの統制が解除される	・1月31日　中国、チベット以外の全中国本土の解放を発表する
	・1月12日　日本共産党が野坂路線克服を表明する「所感」を発表		・4月22日　日本戦没学生記念会「わだつみ会」が結成される	・1月31日　トルーマン米大統領、水爆の製造を命令する
	・1月19日　論争の末、日本共産党はコミンフォルムの批判受け入れを発表し、共産党は徳田球一ら所感派と志賀義雄ら国際派に分裂し、対立激化		・6月　南太平洋アナタハン島に残留し、忘れ去られていた20名（内女性1人）が発見され、順次救出、「アナタハンの女王事件」として話題になる	・2月9日　マッカーシー米上院議員が国務省内の共産主義者について演説、「マッカーシー旋風」始まる
	・1月19日　社会党第5回大会で社会党が左右両派に分裂する		・6月26日　警視庁が伊藤整訳『チャタレイ夫人の恋人』を猥褻文書として押収、9月に伊藤を起訴	・6月25日　朝鮮戦争が勃発する
	・1月31日　米統合参謀本部議長ブラッドレーが来日し、日本の軍事態勢の強化を表明する		・7月2日　金閣寺が放火で全焼する	・6月27日　トルーマン米大統領が空海軍に出動命令を出す
	・2月10日　GHQが沖縄での恒久的軍事基地建設計画を発表する		・7月15日　小倉で黒人米兵が集団脱走、近隣の住宅を襲撃する	・6月28日　北朝鮮軍がソウルを占領
	・3月1日　民主自由党と民主党の一部が合流し、自由党が結成される、吉田茂が総裁となる		・9月　全国の大学でレッドパージ反対の動きが起る	・7月8日　国連軍最高司令官にマッカーサーが任命される

	・3月1日　池田隼人蔵相が「中小企業倒産もやむをえない」と発言し、問題となる		・10月17日　文部省が国旗掲揚、君が代斉唱を通達する	・9月15日　国連軍が仁川に上陸
	・4月15日　公職選挙法が公布される		・11月10日　NHKがテレビジョン実験放送を始める	・10月3日　韓国軍が38度線を越え、北進
	・5月1日　共産党が50年テーゼを発表			・10月11日　中国軍、チベットに侵攻開始
	・5月3日　マッカーサーが共産党を「侵略者の手先」と非難			・10月20日　国連軍、平壌を占領
	・6月6日　マッカーサーにより共産党中央委員24人の追放が指示され、共産党所感派は非公然状態となる			・10月25日　中国人民義勇軍が北朝鮮軍に加勢
	・6月16日　政府により全国でデモ集会禁止が指令されるが25日には解除となる			・12月5日　平壌が北朝鮮軍により奪回される
	・6月25日　マッカーサーにより共産党機関紙『アカハタ』の30日間発行停止が命令される			・12月16日　トルーマン米大統領、国家非常事態を宣言する
	・7月8日　マッカーサーが吉田首相への書簡で警察予備隊創設と海上保安庁増員を指令する			
	・7月18日　アカハタの発行停止が無期限となる			
	・7月24日　GHQが新聞協会にレッドパージ（共産主義者追放）を勧告、28日にメディア各業界でレッドパージ始まる			

	・8月10日　警察予備隊令が公布される			
	・9月1日　公務員のレッドパージ方針が決定される			
	・11月4日　沖縄群島政府が発足する			
	・11月10日　旧軍人3250名の追放が解除される			
	・12月7日　池田隼人蔵相が「貧乏人は麦を食え」と発言し、問題となる			
昭和26年（1951年）	・1月1日　マッカーサー、年頭声明で講和と集団安全保障方針を強調する		・1月24日　日教組が「教え子を戦場に送るな」という戦争方針を出す	・2月1日　国連総会で、朝鮮戦争における中国の行動が「侵略」と決議される
	・1月25日　ダレス講和特使が来日し、吉田首相と面会する		・3月5日　東北地方の児童らの文集「山びこ学校」が刊行され、生活綴方教育が注目される	・2月21日　ベルリンで世界平和評議会総会が開催され、米英仏ソ中の五カ国による平和協定締結が求められる
	・2月23日　共産党第4回全国協議会で武装闘争方針が採られる		・3月9日　三原山が爆発する	・7月9日　英仏豪三カ国が対独戦争状態の終結を宣言する
	・3月1日　警察予備隊が旧軍人の特別募集を開始する		・3月31日　改正結核予防法が公布され、日本各地でBCG接種の光景が見られる	・7月10日　朝鮮戦争に関する休戦会談が始まる
	・4月1日　琉球臨時中央政府が発足する		・5月1日　第22回メーデーが行われるが、皇居前広場の使用が禁止される	・10月10日　米国で相互安全保障法（MSA）が成立する

・4月11日　マッカーサーが国連軍最高司令官を罷免され、16日に離日、後任はリッジウェー中将		・6月21日　ユネスコ、ILO（国際労働機構）が日本国の加盟を承認する	・10月24日　米国が対独戦争状態の終結を宣言する
・4月18日　米軍の日本駐留協定についての交渉が行われる		・7月6日　アナタハン島に取り残されていた日本人22名が帰国する、内女性が1名のみだったため「アナタハン島の女王」として話題となる	・10月25日　朝鮮休戦会談が板門店で再開される
・5月1日　占領下諸法令修正の権限が日本政府に委譲される		・7月31日　戦後初の民間航空会社として日本航空が設立される	・12月30日　マーシャルプランが終了する
・6月20日　第一次追放解除が行われ、政財界人2958人の追放が解除される（逆コース）		・8月4日　奄美大島の住民約八千名が、日本本土復帰を要求し、断食を行う	
・7月10日　財閥解体措置が終了する		・9月10日　黒沢明監督の映画『羅生門』が第12回ベネチア国際映画祭でグランプリを獲得する	
・8月6日　第二次追放解除が行われ、1万3904人の追放が解除される		・10月1日　読売など新聞各誌で夕刊が復活する	
・8月16日　対日講和条約最終草案全文が公表される		・11月12日　天皇の京都大学来校に対し、京大学生が抵抗を行う	
・8月16日　旧軍人1万1185人の追放が解除される			

	・9月8日　サンフランシスコで対日講和条約及び日米安保条約が調印される			
	・10月16日　共産党第5回全国協議会が開催され、武装闘争路線「51年テーゼ」を採択する			
	・10月24日　社会党臨時大会が行われ、講和・安保条約に対する対応により社会党は左右両派に分裂する			
	・10月26日　衆議院で講和・安保条約が承認される			
	・11月18日　参議院で講和・安保条約が承認される			
昭和27年（1952年）	・1月18日　韓国政府が日本海海上に「李承晩ライン」を設定する		・2月20日　東大構内で行われた学生劇団ポポロ座の公演「小林多喜二祭」に潜入していた警官が学生有志に拘束される（東大ポポロ事件）	・1月11日　国連総会で軍縮委員会設置決議が可決される
	・1月21日　札幌市警警備課長の白鳥一雄警部が路上で射殺され、共産党員が犯人として逮捕される（白鳥事件）		・4月1日　砂糖が自由販売となる	
	・2月28日　日米行政協定が調印される		・4月9日　民間旅客機「もく星号」が三原山に墜落する	
	・3月6日　吉田茂首相が「自衛のための戦力は違憲ではない」と発言し、問題となる		・4月10日　NHKラジオドラマ「君の名は」の放送が開始され、大ブームとなる	

	・3月28日　閣議で破壊活動防止法案の要綱が決定される		・4月12日　破防法反対のためのゼネストが行われる	
	・4月1日　GHQに接収されていた建造物が接収解除となる		・5月1日　第23回メーデーが開催されるが、警官隊と群集が衝突し、デモ隊2名が射殺される（「血のメーデー」事件）	
	・4月1日　沖縄中央政府が発足する			
	・4月11日　ポツダム政令の廃止に関する法律が公布される			
	・4月21日　公職追放令が解除される			
	・4月26日　海上保安庁法改正が公布され、海上警備隊が設置される			
	・4月26日　最後まで公職追放されていた29名の追放が解除される			
	・4月28日　サンフランシスコ講和条約発効が発行され、日本は主権を回復し、GHQ等は廃止される			
	・4月28日　対日平和条約と日米安保条約が発効する			

『戦前反戦発言大全』あとがき

日中戦争の時点で、既に民衆は疲弊していた。毎年8月15日が近づくと、降り注ぐ焼夷弾としての空襲や、原爆のイメージが何度もテレビに現れる。だがそれらは太平洋戦争開戦後の出来事である。家を焼かれなくても、すでに人々は統制され、規制され、飢え、奪われていた。1940年の皇紀2600年記念も、祭事は縮小されたものであり、同年のオリンピックも中止となる。これに、1941年以降の太平洋戦争が加わる。大陸と太平洋を同時にこの小さな島国が相手するのだ。「軍内部にも良識派はいた」「天皇あるいは東条個人は戦争に反対だった」と言う説も、庶民にはあまり関係なさそうだ。

それでも、緒戦の快進撃に心動かされない訳でもない。当時の新聞を見続けていると、不思議にも確かに引き込まれていく気もする。常に戦闘ばかり伝えていた訳ではなく、紙面上の海外旅行の様に南洋の様子や現地住民の姿も載った。権力は規制だけでなく統制も行い、様々な情報で人々を導く。

だがやがて当然戦況が悪化しても、何かがおかしいと言うには、言論は無力だった。新聞も、陸軍と海軍の勢力争いを利用する形でしか、暗に米軍の反撃を伝えられなかった。頭上に爆弾が降る様になっても、薄くなった新聞や雑誌はただ戦うことを伝えた。敗戦時にも天皇の「聖断」を称え、そして急に、1945年9月以降、「民主的」な言論があふれ出していった。

日本は、そして日本軍は壊滅的状況にあった。陸軍はニューギニア、インパールを始めとして各地で飢餓に晒され、方々で玉砕し、サイパンや沖縄を始めとした各地で民間人を巻き込み、最後には満州で圧倒的なソ連軍と対峙した。それらを犠牲にして時間を稼いででも本土の要塞化を行い兵士も揃えたかと思えば、それは根こそぎ徴兵徴用された形ばかり兵士の飢えた民衆であった。海軍も、既に稼働する軍艦はほとんどが海に沈み、残った僅かな軍艦も燃料不足で浮き砲台と化していた。そして、若者は特攻に駆り出された。植民地・占領地の人々も飢餓に巻き込まれていく。日本は第二次世界大戦最後の枢軸国として世界を相手に敗戦を迎える。

様々な発言者が本書に現れる。それは下らないものであっても、口や行動に出来るだけで、全人口の中でわずかな人々であっただろう。多くの人々はせいぜい無視し、咎め、さらには密告するような立場にあった。ある発言が笑えても、誰かがそれを罪にしたということは考えておきたい。

ここにおいて、戦後の警察予備隊・保安隊・自衛隊の変遷や、在日米軍、権力の姿について深く語る気は無い。しかし、自由が盤石で揺るがないものだとは思わないようにしたい。近年も秘密保護法を始めとして様々な言論に関わる法律が制定されている。本書の内容がずっと「過去のもの」であるとは限らない。

『戦前ホンネ発言大全』あとがき

私がこの本を出版し、また読者の皆さんが今この本を手に取っているこの状況は、自由その物である。我々は戦争に反対できるし、天皇を少なくとも崇拝しなくて良いし、あるいはそれらを深刻に扱わず冷かすことだってできる、そういう時代にいる。もちろんそれを悪い状況だと考える人々もいるだろうが。

何を言って良いのか・何をしていいのか、という表に出る行動以前に、「何を考えてはならないのか」というところから、規制や抑圧は始まっていた。本書で扱った内容には、戦死者や思想・信仰に関わるとても深刻かつ根深い問題もあれば、下らないもの、意味不明なものもある。しかし、それらを一緒くたに取締ったのが、特高警察達であり、戦前という時代である。落書がせいぜい器物損壊ではなく治安維持法違反となり、些細な発言がせいぜい名誉棄損ではなく不敬罪となる。

特高月報または憲兵隊記録において、（落書などは別として）人名が記載されているということは、つまりその行為の真偽は別として何らかの弾圧を受けたと言うことである。どんな人も、ただそう見られたというだけで、監視であれ取調であれ一時拘束であれ懲役であれ、圧力を受けたということである。そのことだけは忘れないようにしたい。特高警察に捕まった後の問題もある。（本書の時代より古いが）大津事件における政治干渉への抵抗や、尾崎行雄不敬事件での無罪判決、吉田久裁判官による翼賛選挙無効判決などが、戦前における司法の独立などとして注目を浴びるのは、つまり普段は国家による裁判への干渉が強かったことも意味している。他の様々な歴史問題においても指摘されることだが、とうとう日本人は自分たちの手でこの状況を変えることが出来ず、敗戦を迎えた。

それでも、覆い隠せぬものがあり、無視出来ぬ矛盾があり、どうしても言わなければならないことがあり、単に腹が立つことがあった上で、ホンネを叫びまた落書やビラにした人々がいる。言ってはならないことがある時代に堂々と言った人々から、建前上自由があるはずの時代にそれでも違和感を覚える人々へ、特高警察や憲兵の記録という皮肉を通して、伝えられていることがあるかもしれない。

今回は庶民の発言が対象であるため、本書では扱わなかった分野も非常に多い。共産党関係、宗教者、水平運動、朝鮮人・台湾人・中国人など、様々な問題が特高月報で扱われており、それらはとても貴重な記録となっている。また、大正時代以前の人々の記録も存在している。もし、機会があるならば、これらも本シリーズで再び紹介したい。

この本自体に至る話も書いておきたい。私は、小学校で「せんそう」と言うものを学ばせられるよりも早く、祖父母から身近な戦争体験を聞かされていた。太平洋戦争時、祖母は東北地方の国民学校生徒であり、北陸出身の祖父は海軍航空隊に志願して１９４４年から山陰地方の０基地で訓練していた（実機に乗ることは無かったが）。帰省時、祖母は空襲の様子を実地で教えてくれた。祖父は学校での軍事教練や、山陰地方に向かうために港で家族と別れる話、体が大きいために装備が合わず困った話を繰り返し話した。この話達が単なる言い聞かせの昔話でなく一人一人の大切かつ貴重な記憶であると知るにはもう少し時間が必要だったが、このような様々な、教科書的ではない話に囲まれて育った。思えばこの時点で「戦前の不敬・反戦発言Ｂｏｔ」に繫がる素地があったのかもしれない。また、私は母親が南米パラグアイ共和国出身（辿ればイタリア・スペイン系移民）のハーフでもある。「歴史の狭間」とか「混沌」とでもいうものに目を引かれるのはこの出自も影響しているかもしれない。

　最初に、特高月報に記された様な庶民の記録を見付けた時、そしてそれらが（なぜか？）あまり広まっていないと気づいた時、どう言う訳か私はＴｗｉｔｔｅｒのＢｏｔにしようと考えた。もちろん１００％純粋に「みんなにこの血の滲む圧政の被害者の記録を見てほしい」などと言う様な意図だった訳でもなく、下ネタや天皇に関する今でもそうそうみられない悪口を面白がる意図もあった。最初の頃は特高警察の性質とか皇室に関する知識もあまりない状況だったが、Ｂｏｔが私の予想を超えて多くの人に見られるようになり、それに付随して私も本腰を入れて収集に向き合う様になった。そんな頃、２０１４年の秋に本書の編集者であるハマザキカク氏から企画の提案を受け、本書が生まれることとなった。提案を受けた時は実の所、「本になるって何だ？？？」という状況であり、ハマザキカク氏には初歩から説明して頂く状態だった。また私事によるブランクや様々な変遷、勝手な停滞もあった。それでも、見捨てずに叱咤激励してくださったハマザキカク氏の協力と助言、またＢｏｔ閲覧者の楽しみ興味深く見てもらっている様子の後押しもあり、そして再び日の目を浴びてほしいと言う思いで、本書は完成にこぎ着けることが出来た。

まず、本書に記載されている様な、戦前のありとあらゆる、かつ一人一人の「一庶民」や闘士の方々へ。本書を手に取り読んでくださった貴方へ。編集者のハマザキカク氏へ。深く感謝したい。

また、歴史の面白さを教えてくれた祖父母や、企画について言えなかったが生活を支えてくれた両親へ。数週間おきに何度も同じ本を借りたり分厚い特高月報を三年分も一度に書庫資料請求しても変な顔一つせず取り次いでくれた司書の方々へ。企画について完遂直前まで話せなかったが、色々なインスピレーションと援助を与えてくれた、高橋文樹氏始め破滅派同人の方々へ。Ｔｗｉｔｔｅｒの戦前の不敬・反戦発言Ｂｏｔを見て下さり、あるいは私をフォローしている方々へ。超個人的ではあるが、私に色々な意味で「前進あるのみ」と教えてくれた故・奥崎謙三氏（及び原一男監督）へ。誰かとの出会いが欠けても、恐らく今の形には辿り着かなかった。どうもありがとう。

２０１９年５月
髙井　ホアン

知ったことではない改元を過ぎて

高井ホアン　Juan Takai

1994年生まれ。作家・ライター。日本人とパラグアイ人の混血（ハーフ）。埼玉学園大学卒（専門はカリブ史）。小学校時代より「社会」「歴史」科目しか取り柄のない非国民ハーフとして育つ。高校時代より反権力・反表現規制活動を行う中、その過程で戦前の庶民の不敬・反戦言動について知り、そのパワフルさと奥深さに痺れて収集と情報発信を開始。2013年よりTwitter上で「戦前の不敬・反戦発言Bot」「神軍平等兵 奥崎謙三Bot」などを運営中。教科書的・国家的な歴史の表面には出てこない人々をこれからも紹介していきたい。小説家としては株式会社破滅派よりJuan.B名義で電子書籍『混血テロル』『天覧混血』を刊行中。

（以上、2019年現在の情報）。

Twitter:@GreatJuanism

mixduchesne@gmail.com

戦前ホンネ発言大全　第2巻

戦前反戦発言大全

落書き・ビラ・投書・怪文書で見る
反軍・反帝・反資本主義的言説

2019年6月1日　初版第1刷発行
2023年8月1日　初版第2刷発行
著者：高井ホアン
装幀＆デザイン：合同会社パブリブ
発行人：濱崎誉史朗
発行所：合同会社パブリブ
東京都中央区東日本橋2丁目28番4号
日本橋CETビル2階
03-6383-1810
office@publibjp.com
印刷＆製本：シナノ印刷株式会社